Tom 1
94

LÉGENDAIRE

DE LA

NOBLESSE

DE FRANCE

LÉGENDAIRE

DE LA

NOBLESSE

DE FRANCE

PAR LE COMTE

O. DE BESSAS DE LA MÉGIE

PARIS

LIBRAIRIE CENTRALE

24, *Boulevard des Italiens*, 24

—

MDCCCLXV

Tous droits réservés.

1865

Imprimé chez BONAVENTURE et DUCESSOIS, quai des Grands-Augustins.
Procédé BOULAY, rue Gozlin, 19.

A. LA MÉMOIRE

DE MON PÈRE

LE COMTE A. DE BESSAS DE LA MÉGIE

ANCIEN MAIRE DE PARIS (NOMMÉ A L'ÉLECTION)

Officier de la Légion d'honneur, etc., etc.

Oscar DE BESSAS DE LA MÉGIE

INTRODUCTION

Encore un livre sur la noblesse, vont dire quelques esprits, plus prévenus qu'ils ne pensent contre les tendances de notre époque ?

Oui, sans doute, encore un livre de plus, vous répondrai-je, sur cette magnifique institution que peu comprennent, que beaucoup envient, dont tous sentent pourtant la grande nécessité.

Qu'est-ce, en effet, que la noblesse, je ne dis pas pour un esprit vaniteux qui n'a d'autre mérite que l'illustration du sang ; mais pour un homme sensé, pour un philosophe chrétien, pour un gentilhomme de notre patrie, dont le premier et le plus beau des titres, après tout, est d'appartenir à la grande et noble famille française ?

La noblesse, c'est tout à la fois, surtout en France, une obligation d'honneur pour celui qui en porte les insignes, une garantie d'avenir pour la famille, un gage de stabilité pour l'État.

Le vieil adage de nos ancêtres que noblesse oblige, n'est pas un simple mot ; c'est une idée puissante, sublime, pleine d'avantage pour tous, féconde en dévouement pour le noble cœur qui en comprend bien toute l'étendue.

En effet, quels ne sont pas les devoirs d'un gentilhomme, quand il prend à cœur de soutenir le nom qu'il a reçu de ses ancêtres !

Plus que tout autre ne se doit-il pas à son pays, à ses concitoyens, à la science ?

N'est-il pas porté naturellement à l'abnégation, à la générosité, à l'honneur, plein du désir de ceindre la couronne de la vraie gloire, qui ne s'acquiert que par le courage et la vertu ? Le nom qu'il porte, n'est-il pas un encouragement au travail, plutôt qu'un inexplicable prétexte d'orgueil et d'inaction ?

Heureux le gentilhomme français qui comprend ainsi la noblesse. Il ne tardera pas à s'illustrer lui-même en se rendant digne de la noble lignée dont il est issu ; quand surtout élevé dans les idées sagement progressistes de son époque, il sera doué d'un génie assez vaste pour en saisir les nuances et en utiliser les généreuses inspirations. Alors il raisonnera cette qualité qu'il porte, il l'étudiera dans son passé pour en percevoir la direction dans l'avenir. Il n'aura pas de peine à se persuader que cette qualité doit être pour sa postérité un signe de ralliement au travail, comme elle a été pour ses ancêtres le fondement de l'édifice sur lequel ils ont élevé sa maison !

Ah ! qu'ils étaient judicieux dans leurs choix d'expression

nos pères, quand ils distinguaient par ce terme de maison les diverses familles dont leurs mains laborieuses travaillaient si glorieusement les berceaux ! Ce qui s'est élevé par le travail, dit le philosophe, ne peut se soutenir que par le labeur et la peine ! Travail et peine, c'est là la double expression caractérisant le mouvement de la vie qui s'accomplit dans l'existence d'une famille noble. C'est en même temps la raison et la religion s'entendant de concert dans cette œuvre éminemment conservatrice et progressiste.

Qui oserait jamais disputer à un jeune gentilhomme la propriété inviolable et sacrée de la naissance, dès le moment qu'il en ferait un tel usage ? Évidemment, personne.

Quand on verra que la naissance est une mine féconde à explorer, une terre fertile à cultiver, un héritage à augmenter, il ne se trouvera pas un seul homme sur cette terre généreuse de France qui ne soit prêt à soutenir de toute son influence une institution au maintien de laquelle tous ont intérêt de travailler, dès le moment qu'on l'envisage à ce glorieux point de vue.

Il ne faut pas s'y tromper ; si la famille est solidaire d'un de ses membres, toutes les familles sont solidaires les unes des autres et forment un édifice majestueux dont l'État est la personnification. Dès lors on comprend toute l'importance attachée par les vrais politiques à la distinction de la naissance. Du moment où les prééminences accordées à l'illustration du sang ne sont plus des immunités de travail, mais des obligations de labeur, toute récrimination doit cesser.

La noblesse est dans son rôle, elle a rempli son devoir, elle a compris son époque, elle s'exécute pour le bien de tous.

Malheur, mille fois malheur au gouvernement qui dans de

telles conditions n'en priserait pas les nombreux avantages !
Pour l'État c'est la stabilité, pour la patrie c'est la propriété de
la gloire, la plus sacrée de toutes les propriétés, se transmettant par le sang ! Pour la religion c'est un soutien intelligent
et plein de force, pour les politiques c'est un moyen puissant de
gouvernement, dans une monarchie héréditaire, surtout, c'est
un prestige indispensable, nécessaire à une famille destinée à
représenter toute la gloire d'une nation !

Quels bras dans ces phalanges militaires appelées héréditairement à verser leur sang pour la prospérité de leur pays ! Quelles
lumières dans ces magistrats intègres se transmettant de père
en fils le feu sacré de la science et de la justice ! Quelle noble
envie de servir l'Église parmi les membres de ces familles assez
heureuses pour donner séculairement au sanctuaire des ministres vertueux, charitables et profondément savants !

Mais que dire de ces immenses avantages de la naissance,
quand à une époque de logique inexorable, comme est la nôtre,
tout homme de cœur peut se dire : A moi aussi il est possible
d'arriver là ! Quel encouragement à se signaler ! Que les politiques qui réservèrent aux chefs des États la prérogative de
l'anoblissement firent preuve de judicieuse connaissance du
cœur humain !

Nouvelle noblesse, diront quelques-uns peut-être ?... A
ceux-là je répondrais volontiers : si vous n'aviez pas l'honneur
d'être décorés des lauriers de vos ancêtres, peut-être ne seriez-vous pas les premiers à en moissonner pour vos descendants !

Nouvelle noblesse, sans doute, mais noblesse personnelle
qui suppose le mérite réel et qui doit singulièrement vous

émouvoir, si vous n'avez à faire montre que des trophées écrasants de vos pères.

Suivez plutôt l'impulsion généreuse de votre époque, tendez fraternellement la main à celui qui relève la force de vos rangs, et ne les laissez pas disparaître sous l'entrain bouillant de ces nobles cohortes, qui sont appelées par la divine Providence à vous renforcer et non à vous détruire ! Tel est le peuple français épris de gloire, il veut partout en avoir sa part et en revêtir les insignes. Rien, en effet, de plus convoité que la noblesse parmi nous.

Voyez plutôt ce qui se passe. Tour à tour rétablie et abolie, la noblesse dans notre pays suit les phases diverses des gouvernements qui se succèdent. On la sape et on la massacre dans l'anarchie, on la relève avec l'ordre sous n'importe quel drapeau. Je ne crains pas d'assurer que cette institution est appelée à surnager à toutes les vicissitudes sociales par la suite, quelles qu'elles puissent être.

C'est qu'en France, si les passions sont extrêmes, le bon sens finit toujours par dominer les masses et régler le mouvement intellectuel. C'est que tous sentent, comprennent, apprécient aujourd'hui cette nécessité de la transmission héréditaire de la propriété de la gloire : ce besoin doit surtout se révéler chez un peuple qui en est plus avide que tout autre, je veux dire le peuple français.

Rien de plus antipathique, pour certaines personnes que la noblesse en France, rien de plus poursuivi en réalité que cette qualité ; rien de moins digne en apparence d'attirer l'attention, rien pourtant de plus propre à faire effet sur notre société égalitaire que l'éclat d'un nom aristocratique, quand surtout il est rehaussé par le mérite personnel de celui qui le porte.

L'Empereur Napoléon III avec cette connaissance profonde des hommes, que caractérise un tact exquis en tout, n'a pas manqué, sans déroger le moins du monde aux lois ni aux exigences actuelles de l'État, de décorer la noblesse d'un nouveau lustre. En rétablissant la noblesse de l'Empire, ce prince éclairé a suivi en cela la conduite prudente et sage du roi Louis XVIII, qui en permettant à l'ancienne noblesse de reprendre ses titres, reconnut aussi ceux du premier Empire ; tous ont approuvé. C'est qu'en France, on discute, on raisonne, on étudie : on voit que la noblesse est une institution universelle ayant existé de tout temps, chez tous les peuples anciens et modernes de l'univers, on est persuadé que quoi que l'on fasse pour la grandeur nationale, que si grand que soit le progrès intellectuel, scientifique et industriel, que si fréquents que deviennent les dévouements, que si général que soit l'amour de la gloire militaire chez le peuple français, néanmoins il y aura toujours des degrés dans les divers genres de mérite, et par conséquent des raisons puissantes de maintenir la noblesse honorifique parmi nous.

Les législateurs si éminents de notre époque, les jurisconsultes si éclairés de notre magistrature, comprennent tous, en face de l'avidité inouïe, avidité toujours croissante de l'or et des richesses, combien il est urgent qu'il y ait un mobile plus élevé pour les âmes généreuses, pour les cœurs désintéressés ! Ils devinent, du reste, que cette avidité basse et honteuse des biens matériels a besoin d'être contre-balancée par une soif d'honneurs acquis légitimement ; qu'il serait dangereux enfin, alors que l'on fait tout pour la prospérité sociale, de ne rien faire pour les nobles appétits de l'esprit et du cœur, si vifs chez les natures d'élite et au sein du peuple français qui les compte par milliers. A ceux qui me feraient quelques objections, je leur répondrais en terminant : Que réclamez-vous ? De quoi vous plaignez-vous ? La noblesse n'est plus qu'une distinction purement honorifique, tout privilége, toute prérogative, tous degrés d'inégalité sociale sont pour jamais bannis parmi nous; personne ne peut avoir la folie de les faire revivre. La noblesse épurée par la révolution ne revendique qu'une seule chose, l'honneur ! Vous n'êtes pas en droit de le lui refuser, c'est sa propriété, propriété sainte qui lui est plus chère que la vie.

Vous vous récriez, parce que vous ne participez pas à ces distinctions ; libre à vous de les conquérir.

Aujourd'hui les gouvernements continuent comme autrefois à conférer la noblesse à ceux qui s'en montrent dignes; il faut vous résigner ! Que diriez-vous si le pauvre voulait entrer en possession de votre patrimoine? Vous en appelleriez aux lois ; eh bien ! il en est de même pour la noblesse. Mais vous approuveriez l'artisan qui, par son savoir et sa conduite, élèverait l'édifice de sa fortune ; et nous aussi nous applaudissons à l'homme du peuple qui aujourd'hui sait mériter et obtenir un titre de noblesse.

Ma tâche est finie, j'ai hâte de terminer cette introduction déjà trop longue par quelques observations qui ont spécialement trait au genre d'ouvrage que je livre à la publicité après beaucoup de recherches et un travail incessant.

D'abord je dois dire que, sollicité par beaucoup de personnes, j'ai été obligé de traduire les devises en français, chaque fois que la devise avait rapport aux armoiries, j'ai décrit les armes ; quand j'ai pu trouver l'origine de la devise, je la raconte le plus brièvement possible ; malgré toutes les recherches, bien des familles nobles n'ont pu figurer dans ce recueil, je me ferai un devoir, dans la prochaine édition, d'insérer leurs réclamations.

J'ai choisi le classement des noms par ordre alphabétique ; mais ne voulant pas m'ériger en inquisiteur, porter le trouble dans les familles nobles, blesser dans leur honneur telle ou telle maison noble qui, à raison ou à tort, croit avoir droit à tel titre ou à tel autre, je n'en ai donné à personne, si ce n'est aux maisons ducales, dont le titre sous la famille royale de Bourbon passait avant celui de prince, et que le roi seul se réservait le droit de conférer, titre qui donnait, ainsi que chacun le sait, aux hommes le droit de monter dans les carrosses du roi, de suivre les chasses royales et d'entrer en voiture dans la cour du Louvre et dans celles des autres châteaux royaux ; aux femmes le droit d'avoir un tabouret à la cour, de s'asseoir devant la famille royale : puis à l'ancienne cour, quand on avait l'honneur d'y être présenté, on faisait demander à l'impétrant, qui avait dû faire ses preuves, quel titre il désirait porter, s'il n'en avait point, à part celui de duc, il choisissait parmi ceux de marquis, de comte, de vicomte ou de baron. On exigeait cette formalité pour le grand air et la décoration de la cour, de même dans l'état militaire, quand on montait d'un grade, on s'informait auprès de l'officier du titre qu'il désirait que l'on mît dans son brevet avant de le faire signer par Sa Majesté.

Une grande partie de l'antique noblesse de France n'a jamais été titrée légalement, les noblesses créées par Napoléon Ier, par Louis XVIII, par Charles X, par Louis-Philippe Ier et par l'Empereur Napoléon III, noblesses qui n'ayant pas subi le baptême du sang, peuvent seules montrer des parchemins en règle ; du reste qu'importe le titre quand on est noble ; rappelons-nous la parole de François Ier, ce roi chevaleresque, qui, ne faisant aucun cas des titres, disait qu'à ses yeux, le plus beau de tous les titres était d'être né gentilhomme.

DE LA DEVISE

Dans tous les pays, surtout en France, on s'est occupé de la noblesse, des hommes spéciaux, des savants érudits nous ont transmis dans des ouvrages remarquables les origines, les généalogies et les alliances des maisons nobles de notre patrie. Les d'Hozier, les La Chesnaye des Bois, les d'Eschavannes, les Borel d'Hauterive, les Potier de Courcy, les Gourdon de Genouilhac, les Bizemont, les Magny se sont faits les consciencieux historiographes des familles nobles, mais presque tous ont ou entièrement oublié de s'occuper de la devise, ou s'ils l'ont fait, ils n'en ont parlé que très-superficiellement.

La Chesnaye des Bois se contente de nous dire que les devises servirent d'abord à distinguer les personnes considérables et qu'elles furent ensuite des marques de la noblesse des familles.

Cependant la devise est bien antérieure au blason et remonte à la plus haute antiquité.

Peu de personnes étudient la science du blason, pour la plupart même, les armoiries et les figures héraldiques ne sont qu'un langage véritablement hiéroglyphique auquel ils ne comprennent absolument rien; tandis que la devise qu'ils entendent très-bien leur est d'un sens tout à fait péremptoire; cependant la devise n'est autre chose qu'une armoirie écrite.

Les Grecs et les Romains connaissaient les devises, ainsi des auteurs grecs, entre autres Xénophon, nous ont conservé les devises de Cyrus, de Darius, de Cambyse, de Xercès. Il est donc évident que c'est tout à fait à tort que certains auteurs, comme Fauchet, ont confondu la devise avec les armoiries; c'est qu'en effet la devise est de beaucoup antérieure à celles-ci qui ne datent, telles du moins que nous les avons et comme chacun le reconnaît aujourd'hui, que de l'époque des premières croisades.

Un auteur italien nous définit parfaitement la devise : c'est, dit-il, la langue des héros, *linguagio degli eroi*.

L'auteur des *Entretiens d'Eugène et d'Ariste* nous dit que la devise est le langage des cours : un autre écrivain met tout le secret de la devise dans l'expression laconique et forte d'une pensée noble, sublime ou majestueuse, ayant trait aux exploits d'une famille ou d'un pays.

Il faut donc que la devise rappelle aux familles les actions d'éclat ou qu'elle leur expose énergiquement des sentiments de fidélité, d'honneur, de religion.

La devise était arbitraire dans les maisons nobles, elle ne

s'accordait pas du moins toujours avec l'ensemble de l'art héraldique; elle faisait allusion, soit à la personne, soit à ses armoiries, soit à son rôle politique, soit aux traits historiques de ses ancêtres, et il arrivait souvent, comme on le verra dans ce livre, qu'une même famille avait plusieurs devises et même qu'elle en changeait quelquefois.

On en rattache assez généralement l'origine aux expéditions françaises du quinzième siècle, temps auquel la coutume de porter des devises passa de l'Italie à la France, sous Charles VIII. Rien du reste ne saurait être absolu en pareille matière ; aussi voyons-nous la devise porter le cachet particulier de chaque époque de l'histoire.

C'est ainsi que jusqu'à la renaissance, elles n'ont pour objet que Dieu et la religion ; à cette époque, on y voit poindre la galanterie pour les dames. Depuis Louis XIV, tout se transforme en un culte aveugle pour la royauté, plus tard, la fidélité et le patriotisme s'y dépeignent, et de nos jours, elles prennent une couleur d'orgueil qui a bien aussi son caractère distinctif.

La devise est généralement en latin, parce que cette langue classique a le mérite incontestable d'unir la précision à l'énergie de la pensée, et aussi parce que c'est une langue répandue partout.

Les rois, les reines, les personnages marquants et même de simples particuliers, des familles choisirent des devises qui, selon le cas, furent particulières et propres, ou héréditaires et générales; de là deux sortes de devises, les particulières et les générales. Blaise Pascal avait choisi celle-ci : *Scio cui credidi*, avec une couronne d'épines pour armes ; le philosophe

Descartes : *Qui benè latuit, benè vixit;* il est inutile de multiplier les exemples de devises surtout héréditaires, puisque cet ouvrage en est le recueil, que l'on ne ferait par la même qu'anticiper, sans aucune utilité présente.

Pour qu'une devise soit parfaite, elle doit se composer d'un corps et d'une âme.

Le corps de la devise est l'objet qui forme le rapport, le point de comparaison.

L'âme de la devise est l'idée énoncée dans la sentence qui en explique le corps; ainsi la maison de Marmet de Vaumale avait pour devise : *implebuntur odore,* le corps était une rose, qui était le cimier des armes de cette famille. La maison de Potier, duc de Gesvres portait cette devise : *Dextera fecit virtutem, dextera salvabit me.* Le corps de cette devise se trouvait dans les armes mêmes de cette maison qui étaient deux mains dextres d'or.

Quelquefois les devises rappellent les sentiments de religion et de piété des familles, telles sont celles des du Prat, de Fromessent, de Sauvanelle, Le Boulleur de Courlon, de Plomby; souvent elles font allusion à des sentiments d'honneur et de courage comme celles des Riancey, des Laqueuille, des Rechignevoisin, des Chamborant, des d'Épinay Saint-Luc, des Tascher de la Pagerie; celles-ci nous dépeignent la fidélité des Coynart, des Castries, des La Place de Chauvac; celles-là parlent d'amour comme dans le blason des La Roque du Mazel.

Certaines devises nous peignént l'ancienneté, l'indépendance et la bravoure de leurs possesseurs comme chez les Barthélemy d'Hastel, les La Rochefoucauld, les Riollet de Morteuil.

Quelques devises n'auraient aucun sens, si on les lisait sans voir les armoiries auxquelles elles se rattachent; ainsi la devise des Bouclans de Girangy, des Dampierre, ne signifierait rien sans la définition des armes de ces maisons.

Y a-t-il une devise plus juste, plus tristement vraie que celle de l'antique maison de Montboucher ? *Quand elles sont pleines d'amis assez*, devise qui n'aurait pourtant aucune signification sans les armes qui sont : d'or, à trois marmites de gueules. Il en est de même pour grand nombre de familles, par exemple pour celles des Bassano, des Le Bascle d'Argenteuil, des Carcado Molac.

La devise quelquefois peint les caractères : ainsi celle de l'illustre maison de Casabianca nous montre ces gentilshommes, *in bello leones, in pace columbœ*; pour faire ressortir la rigidité d'un magistrat, nous avons la devise des Petit de la Fosse, *dura lex, sed lex*. D'autres devises ne sont que la reproduction des paroles prononcées par des souverains et qui expriment des sentiments d'honneur, de courage et de vertu; telles sont celles qui se lisent dans les armes des Bastard, des L'Étendard, des Boulay de la Meurthe, des Larrey.

Après ces devises héréditaires, il y a les devises de circonstances, comme celles qui furent prises dans les joutes, les tournois, les carrousels, ou à la mort d'un roi, d'un prince, d'un prélat ou d'un grand personnage : l'usage voulait que le jour de l'enterrement on plaçât dans l'église sur les tentures funèbres des devises, presque toutes en l'honneur du défunt, devises tirées pour la plupart de l'Écriture sainte.

Quand l'usage de la devise se généralisa, on vit à l'envi, les provinces, les villes, les chapitres nobles, les abbayes, les ordres militaires et religieux s'empresser de choisir des emblèmes et des sentences.

Quelques écrivains nous disent que la devise héréditaire se place toujours au-dessus des armoiries et la devise personnelle au-dessous ; qu'il me soit permis de ne pas être ici de leur avis. En Angleterre, où toutes les familles nobles ont des devises, on les place toujours au-dessous des armoiries, comme en France, c'est le cri de guerre qui se met au-dessus des armes. Les Espagnols et les Corses placent souvent la devise dans l'écu même, sur une bordure qui se blasonne comme les autres pièces, mais si étrange que cette coutume puisse paraître, elle a cela de bon, que la devise faisant alors partie des armes, devient inviolable, c'est par là-même un moyen fort précieux d'en assurer la perpétuelle hérédité.

DEVISES

DES

EMPIRES ET ROYAUMES D'EUROPE

AUTRICHE (Empire d')

MAXIMILIEN. — Première devise : A. E. I. O. U. — Première signification : *Austriacorum est imperare orbi universo.* — Il appartient aux Autrichiens de commander à l'univers entier. — Deuxième signification : *Aquila electa Jovis omnia vincit.* — L'aigle élu de Jupiter vainct tout. — Deuxième devise : *Chacun son temps.*

MATHIAS. — *Concordi lumine major.* — Toujours grand dans un reflet égal de gloire, *ou bien :* Plus grand qu'une gloire toujours brillante.

HENRI V. — *Mortem optare malum, timore pejus.* — Désirer la mort est un mal pire que la crainte.

MARGUERITE D'AUTRICHE. — *Fortuna infortunat fortiter unam.* — Il en est une que la Fortune rend malheureuse dans sa force.

Armes : D'or à l'aigle éployée de sable, couronnée d'or, tenant de la dextre une épée nue et un sceptre d'or, de la senestre un globe impérial du même. La maison de Lorraine a chargé la poitrine de l'aigle d'un écu : tiercé en pal ; au premier d'or, au lion de gueules, couronné d'azur, qui est de Habsbourg ; au second de gueules, à la fasce d'argent, qui est d'Autriche ; au troisième d'or, à la bande de gueules, chargée de trois alérions d'argent, qui est de Lorraine.

Souverain actuel.— FRANÇOIS-JOSEPH Ier (CHARLES), né le 18 août 1830, empereur d'Autriche, roi de Hongrie, de Bohême, de Dalmatie, de Croatie, d'Esclavonie, de Gallicie et d'Illyrie, par l'abdication de son oncle et la renonciation de son père, du 2 décembre 1848 ; marié, le 24 avril 1854, à Élisabeth-Amélie-Eugénie, fille de Maximilien, duc de Bavière, née le 24 décembre 1837.

BAVIÈRE

Gerecht und beharrlich. — Droit et ferme.

MARGUERITE DE BAVIÈRE. — *Lacessitus.* — Provoqué.

Armes : Fuselé en bandes d'argent et d'azur de vingt-une pièces.

Souverain actuel. — MAXIMILIEN II (JOSEPH), roi de Bavière, comte palatin du Rhin, duc de Franconie et de Souabe, né le 28 novembre 1811, héritier du trône par l'abdication de son père, du 21 mars 1848, marié le 12 octobre 1842, à Frédérique-Françoise-Auguste-

Marie-Hedwige, reine de Bavière, née le 15 octobre 1825, fille du prince Guillaume de Prusse.

BELGIQUE

L'union fait la force.

Armes : de sable, au lion couronné d'or.

Souverain actuel. — LÉOPOLD Ier (Georges-Chrétien-Frédéric), roi des Belges, duc de Saxe, prince de Saxe-Cobourg-Gotha, né le 16 décembre 1790, élu roi le 4 juin 1831, couronné le 21 juillet 1831, veuf le 5 novembre 1817 de Charlotte, fille de Georges IV, roi de la Grande-Bretagne; remarié le 9 août 1832 à Louise-Marie-Thérèse-Charlotte-Isabelle d'Orléans, née le 3 avril 1812; veuf le 11 octobre 1850.

BRUNSWICK-WOLFENBUTTEL

Nunquam retrorsùm. — Jamais en arrière.

Armes : de gueules, au cheval effaré d'argent.

Duc actuel : AUGUSTE-LOUIS-GUILLAUME-MAXIMILIEN-FRÉDÉRIC, né le 25 avril 1806, feld-maréchal du royaume de Hanovre, général de cavalerie au service de Prussè, reconnu duc de Brunswick le 25 avril 1831.

DANEMARK

Dominus mihi adjutor. — Le Seigneur est mon secours.

Armes : d'or, semé de cœurs de gueules, à trois lions léopardés, couronnés d'azur et posés l'un sur l'autre.

Souverain actuel. — FRÉDÉRIC VII (CHARLES-CHRISTIAN), né le 6 octobre 1808, roi de Danemark, succède à Christian VII, son père, le 20 janvier 1848; marié, le 1er novembre 1828, à Wilhelmine, fille de Frédéric VI, roi de Danemark, divorcé en septembre 1837, remarié le 10 juin 1841 à Caroline, fille du grand-duc de Mecklembourg-Strélitz; divorcé le 30 septembre 1846, remarié morganatiquement le 7 août 1850 à Louise-Christine, comtesse Danner.

DEUX-SICILES (Ancien royaume des)

Malo mori quàm fœdari. — J'aime mieux mourir que d'être déshonoré.

RENÉ D'ANJOU. — Pas à pas.

RENÉ II D'ANJOU. — Première devise : *Devot luy suis.* — Deuxième devise : *Arco per lentare piaga non sana.* — Troisième devise : D'ardent désir.

LADISLAS. — *Aut Cæsar aut nihil.* — Ou César ou rien.

Armes : Écartelé, au premier d'azur, semé de fleurs de lis d'or, à la bordure componée d'argent et de gueules, qui est de Bourgogne ; au second d'or, à six pals de gueules, flanqué en sautoir d'argent, à l'aigle couronnée de sable, qui est d'Aragon ; au troisième d'argent, à la croix potencée d'or, cantonnée de quatre croisettes du même, qui est de Jérusalem ; au quatrième d'azur semé de fleurs de lis d'or, au lambel d'argent, qui est d'Anjou-Sicile ; sur le tout : d'azur à trois fleurs de lis d'or, à la bordure de gueules, qui est d'Anjou moderne.

Ex-roi. — FRANÇOIS II (Marie-Léopold), né le 16 janvier 1836, roi des Deux-Siciles le 22 mai 1859, marié le 3 février 1859 à Marie-Sophie-Amélie, fille du duc de Bavière, née le 4 octobre 1841.

ESPAGNE

CHARLES-QUINT. — *Nec plus ultrà.* — Pas plus loin.

PHILIPPE I*er*. — *Quis vult.* — Qui veut.

PHILIPPE II. — *Ut quiescat altas (alias) Dominus mihi adjutor.* — On peut reposer quand on a le Seigneur pour soi.

PHILIPPE III. — *Et patri et patriæ.* — Et à mon père et à ma patrie.

Armes : Écartelé, aux un et quatre de gueules, au château sommé de trois tours d'or, qui est de Castille ; aux deux et trois d'argent, au lion couronné de gueules, qui est de Léon ; enté en pointe d'argent, qui est de Grenade ; et, sur le tout, d'azur à trois fleurs de lis d'or, qui est de France ancienne.

Reine actuelle. — ISABELLE II (Marie-Louise), reine d'Espagne et des Indes, née le 10 octobre 1830, succède à son père Ferdinand VII, le 29 septembre 1833, en vertu du nouvel ordre de succession établi par décret du 29 mars 1830, mariée le 10 octobre 1846 à François-d'Assise-Ferdinand, duc de Cadix, né le 13 mai 1822, titré roi le 10 octobre 1846.

ÉTATS DE L'ÉGLISE

LE PAPE CLÉMENT VIII. — Première devise : Regardez-nous, ô Dieu, notre protecteur. — Deuxième devise : *Si mei non fuerint dominati, tum immaculatus essem.* — Si les miens ne m'eussent dominé, je serais sans tache.

LE PAPE GRÉGOIRE XVI. — *Delubra ad summa.* — Les temples tendent à l'infini.

LE PAPE MARTIN IV. — *Portio mea sit in terra viventium.* — Que mon héritage soit dans la terre des vivants.

LE PAPE PAUL IV. — *Dominus mihi adjutor.* — Le Seigneur est mon secours.

LE PAPE SIXTE-QUINT. — *De ventre matris meæ, tu es Deus protector meus!* — Vous êtes, Seigneur, mon protecteur dès le sein de ma mère!

LE PAPE URBAIN VIII. — *Sponte favos, œgre spicula.* — Volontiers des rayons de miel, avec peine des aiguillons. — *Armes :* D'azur à trois abeilles d'or.

Souverain Pontife actuel. — PIE IX (JEAN-MARIE), des comtes de Mastaï-Ferretti, né à Sinigaglia, le 12 mai 1792, archevêque d'Imola, puis créé *in petto* cardinal le 23 décembre 1839, élu pape le 16 juin 1846.

Armes : Écartelé, aux un et quatre d'azur, au lion couronné d'or, lampassé de gueules, la patte senestre de derrière appuyée sur un globe d'or, qui est de Mastaï ; aux deux et trois d'argent, à deux bandes de gueules, qui est de Ferretti.

FRANCE

Montjoie, Saint-Denys.

(Ancienne devise de la maison royale de France)

Armes de l'Empire français : D'azur, à l'aigle d'or, empiétant un foudre du même ; l'écu, entouré du collier de l'ordre impérial de la Légion d'honneur et accolé de la main de justice et du sceptre passés en sautoir. Le tout placé sur un manteau de pourpre doublé d'hermines, semé d'abeilles d'or et surmonté de la couronne impériale française.

Empereur actuel. — NAPOLÉON BONAPARTE (Charles-Louis), né à Paris le 20 avril 1808, proclamé empereur des Français, sous le nom de Napoléon III, le 2 décembre 1852, fils de Louis Bonaparte, né à Ajaccio le 2 septembre 1779, roi de Hollande en 1806, et de Hortense-Eugénie de Beauharnais, fille du premier lit de l'impératrice Joséphine et d'Alexandre, vicomte de Beauharnais, décédée le 3 octobre 1837. L'empereur Napoléon III a épousé, le 30 janvier 1853, Marie-Eugénie de Guzman et Portocarrero, comtesse de Téba, fille du comte de Montijo, duc de Pénaranda, sénateur et grand d'Espagne, née le 5 mai 1826.

GRANDE-BRETAGNE

Première devise, entourant l'écu : Honni soit qui mal y pense. — Deuxième devise, placée au bas de l'écu : Dieu et mon droit.

ÉDOUARD Ier. — *Hinc fortius ibo.* — D'ici j'irai plus vaillamment.

HENRI VII. — Première devise : *Non dormit, qui custodit.* — Quiconque garde ne dort pas. — Deuxième devise : *Rutilans rosa sine spina.* — Rose éclatante sans épines.

L'Écosse porte les devises suivantes :

Première devise : *In defens.* — Deuxième devise : *Pro lege et pro grege.* — Pour la loi et pour le troupeau. — Troisième devise : *Dulce meum terra tegit.* — La terre couvre ce qui m'est doux.

L'Irlande.

Erin go brah ! — Pour toujours l'Irlande !

Armes : Écartelé, aux un et quatre de gueules, à trois léopards d'or, qui est d'Angleterre ; au deux d'or, au lion de gueules, enfermé dans un double trescheur fleurdelisé du même, qui est d'Écosse ; au trois d'azur, à la harpe d'or, qui est d'Irlande.

Reine actuelle : ALEXANDRINE-VICTORIA Ire, reine du royaume-uni de la Grande-Bretagne et d'Irlande, née le 24 mai 1819, fille du prince Édouard, duc de

Kent, succède, le 20 juin 1837, à son oncle Guillaume IV, est couronnée le 28 juin 1838 ; mariée le 10 février 1840 à Albert-François-Auguste-Charles-Emmanuel, prince de Saxe-Cobourg-Gotha, né le 26 août 1819, mort en 1862.

HANOVRE

Suscipere et finire. — Entreprendre et achever.

Armes : de gueules, au cheval effrayé d'argent.

Roi actuel. — GEORGES V (FRÉDÉRIC-ALEXANDRE-CHARLES-ERNEST-AUGUSTE), roi de Hanovre, duc de Brunswick-Lunebourg, né le 27 mai 1819, successeur d'Ernest-Auguste, son père, le 18 novembre 1851, marié le 18 février 1843 à Alexandrine-Marie-Wilhelmine, née le 14 avril 1818, fille aînée du duc de Saxe-Altenbourg.

LUCQUES

Deus et dies. — Dieu et le jour.

Armes de l'ancienne république de Lucques : D'azur à la bande d'or, côtoyée de deux cotices du même et chargée du mot *libertas*, c'est-à-dire liberté.

Armes de la ville de Lucques : D'argent coupé de gueules.

Armes de l'ancienne maison régnante, sur son écu et sur les monnaies : De France ancienne, à la bordure de gueules, chargée de huit coquilles d'argent. Le duc de Lucques avait résigné, le 5 octobre 1847, ses États entre les mains du grand-duc de Toscane, lorsque le décès de l'archiduchesse Marie-Louise, veuve de l'empereur Napoléon Ier, le 18 décembre 1847, l'appela à recueillir les duchés de Parme, de Plaisance et de Guastalla. Aujourd'hui tous ces duchés sont réunis au royaume d'Italie.

OLDENBOURG

Ein Gott, ein Recht, eine Wahreit. — Un Dieu, un droit, une vérité.

Armes : D'or, à deux fasces de gueules.

Grand-duc actuel. — NICOLAS-FRÉDÉRIC-PIERRE, né le 8 juillet 1827, grand-duc d'Oldenbourg, duc de Schleswig-Holstein, le 27 février 1853, fils du feu grand-duc Auguste et d'Ida d'Anhalt-Bernbourg, marié le 10 février 1852 à Élisabeth-Pauline-Alexandrine de Saxe-Altenbourg, née le 26 mars 1826.

PAYS-BAS

Je maintiendrai.

LA PROVINCE DE ZÉLANDE. — *Luctor et emergo.* — Je lutte et je triomphe.

GUILLAUME DE NASSAU. — *Audaces fortuna juvat.* — La fortune aide celui qui sait oser. — Deuxième devise : *Mediis tranquillus in undis.* — Tranquille au sein des flots.

MAURICE DE NASSAU. — Première devise : *Pro lege, grege et rege.* — Pour la loi, le peuple et le roi. — Deuxième devise : *Bonæ spei.* — Bon espoir. — Troisième devise : *Tandem fit surculus arbor.* — L'arbuste finit par devenir arbre.

Armes : D'azur, semé de billettes d'or, au lion couronné du même, tenant de la dextre une épée nue, de la senestre un faisceau de flèches d'or.

Roi actuel. — GUILLAUME III (ALEXANDRE-PAUL-FRÉDÉRIC-LOUIS), roi des Pays-Bas, prince de Nassau-Orange, grand-duc de Luxembourg, duc de Limbourg, né le 19 février 1817, roi le 17 mars 1849, marié le 18 juin 1839 à Sophie-Frédérique-Mathilde, née le 17 juin 1818, fille de Guillaume Ier, roi de Wurtemberg.

PORTUGAL

In hoc signo vinces. — Tu vaincras avec ce signe.

Armes : D'argent, à cinq écussons d'azur posés en croix, chargés chacun de cinq besans d'argent rangés en sautoir, qui est de Portugal ; à la bordure de gueules, chargée de sept tours d'or ouvertes d'azur, qui est des Algarves.

Roi actuel. — JEAN, duc de Béja, né le 16 mars 1842, fiancé à S. A. R. la princesse Marie-Pie, née le 16 octobre 1847, fille du roi Victor-Emmanuel.

REUSS

Jch bau auf Gott. — Je bâtis sur Dieu.

Armes : Parti, au premier de sable, au lion d'or couronné, armé et lampassé de gueules ; au deuxième d'argent, à une grue de sable.

Prince actuel. — HENRI XX, prince de Reuss-Greitz, né le 20 juin 1794, marié le 25 novembre 1834 à Sophie-Marie-Thérèse, princesse de Lœwenstein-Rosenberg, veuf le 21 juillet 1838, remarié le 1er octobre 1839 à Caroline-Anne-Élisabeth, née le 19 mars 1819, fille du prince Gustave de Hesse-Hombourg, dont Henri XXII, né le 28 mars 1846.

SAVOIE

Première devise : *Fert! fert! fert!* — Deuxième devise : *Fortitudo ejus Rhodum tenuit.* — Son courage a tenu Rhodes.

PHILIPPE DE SAVOIE. — *Paratior.* — Plus dispos.

CHARLES Ier. — *Non tamen indè minus.* — Il n'en est cependant pas moins pour cela que ce qui est.

CHRÉTIEN DE FRANCE. — Plus de fermeté que d'éclat.

HUMBERT. — *J. D. D.*, c'est-à-dire *Jussu Domini Dei.* — Par l'ordre du Seigneur Dieu.

Roi actuel.— VICTOR-EMMANUEL II (Marie-Albert-Eugène-Ferdinand-Thomas), né le 14 mars 1820, roi de Sardaigne le 23 mars 1849, proclamé roi d'Italie à Turin en 1861, marié le 12 avril 1842 à Adélaïde, fille de Reinier, archiduc d'Autriche, veuf le 20 janvier 1855.

Armes : D'argent, à la croix de gueules, cantonnée de quatre têtes de Maures, qui est de Sardaigne, chargée en cœur d'un écu de gueules, à la croix d'argent, qui est de Savoie.

SAXE

AUGUSTE DE SAXE. — *Bona causa tandem triumphat.* — La bonne cause triomphe enfin.

CHRÉTIEN DE SAXE. — *Fide sed vide.* — Ayez foi, mais voyez.

Armes : Burelé d'or et de sable au crancelin de sinople.

Grands-ducs actuels. — Grand-duc DE SAXE-WEIMAR-EISENACH (Charles-Alexandre-Auguste-Jean), grand-duc de Saxe-Weimar, né le 24 juin 1818, marié le 8 octobre 1842 à Wilhelmine-Marie-Sophie-Louise, née le 8 avril 1824, sœur de Guillaume III, roi des Pays-Bas.

Duc DE SAXE-MEININGEN (Bernard-Eric-Freund), duc de Saxe-Meiningen, né le 17 décembre 1800, marié le 23 mars 1825 à Marie-Wilhelmine-Christine, née le

6 septembre 1804, fille de Guillaume II, électeur de Hesse.

Duc DE SAXE-ALTENBOURG (ERNEST-FRÉDÉRIC-PAUL-GEORGES-NICOLAS), né le 16 septembre 1826, duc le 3 août 1853, marié le 28 avril 1853 à Frédérique-Amélie-Agnès d'Anhalt-Dessau, née le 24 juin 1824.

Duc DE SAXE-COBOURG-GOTHA. — ERNEST II (AUGUSTE - CHARLES - JEAN - LÉOPOLD - ALEXANDRE - ÉDOUARD), né le 21 juin 1818, duc de Saxe-Cobourg-Gotha le 9 janvier 1844, marié le 3 mai 1842 à Alexandrine-Louise-Amélie-Élisabeth-Sophie, née le 6 décembre 1820, fille du grand-duc de Bade.

Roi DE SAXE (JEAN-NEPOMUCÈNE-MARIE-JOSEPH). — Roi de Saxe le 9 août 1854, né le 12 décembre 1801, marié le 21 novembre 1822 à Amélie-Auguste, née le 13 novembre 1801, fille de feu Maximilien-Joseph, roi de Bavière.

SUÈDE ET NORWÉGE

Droit et vérité.

Armes : Parti, au un d'azur, à trois couronnes d'or, qui est de Suède ; au deux de gueules, au lion couronné d'or, armé et lampassé d'argent, tenant une hache d'arme du même, emmanchée d'or, qui est de Norwége.

Roi actuel. — CHARLES XV (LOUIS-EUGÈNE), né le 3 mai 1826, roi de Suède et de Norwége le 8 juillet

1859, marié le 19 juin 1850 à Louise-Wilhelmine-Frédérique-Alexandrine-Anne, princesse d'Orange, cousine germaine du roi des Pays-Bas, née le 5 août 1828.

TOSCANE

COSME DE MÉDICIS. — Première devise : *Animi conscientia et fiducia fati.* — Conscience de son courage et confiance de son amour. — Deuxième devise: *Semper.* — Toujours. — Troisième devise : *Festina lentè.* — Hâte-toi, lentement. — Quatrième devise : Ουδε μοι αλλα κοσμω. — Pas pour moi, mais pour le monde.

JEAN DE MÉDICIS. — *E che non puote amore.* — Et que ne peut l'amour.

PIERRE DE MÉDICIS. — *In viridi tenebras exurit flamma medullas.* — C'est jusque dans la moelle du rameau verdoyant que la flamme épuise la séve d'une fumée ténébreuse.

MARIE DE MÉDICIS. — *Solem sola sequor.* — Seule je suis le soleil.

CATHERINE DE MÉDICIS. — *Ardorem extincta testatur flamma.* — Une flamme éteinte prouve l'embrasement.

Armes : D'or, à cinq tourteaux de gueules, rangés en orle, surmontés en chef d'un écu rond d'azur à trois fleurs de lis d'or.

Ex-grand-duc de Toscane. — FERDINAND IV (Salvator-Marie-Joseph), archiduc d'Autriche, né le

10 juin 1835, grand-duc de Toscane par l'abdication de son père, en juillet 1859, marié le 24 novembre 1856 à Anne-Marie, fille du roi de Saxe, née le 4 janvier 1836, veuf le 9 février 1859.

TURQUIE

Allah! Allah! — Dieu! Dieu!

Armes : De sinople, au croissant d'argent.

Sultan actuel. — ABD-UL-AZIZ-KHAN, sultan, né le 9 février 1830, succède à son frère le sultan Abd-Ul-Medjid, le 25 juin 1861.

WURTEMBERG

Furchtlos und treu. — Sans crainte et fidèle.

ÉBERARD DE WURTEMBERG. — Gloire à Dieu! guerre au monde.

Armes : Parti, au un d'or, à trois demi-bois de cerf de sable, l'un sur l'autre, chevillés de cinq pièces du côté du chef; au deux d'or, à trois lions léopardés de sable.

Roi actuel. — GUILLAUME Ier (FRÉDÉRIC-CHARLES), roi de Wurtemberg, né le 27 septembre 1781, marié le 24 janvier 1816 à Catherine de Russie, fille de l'empereur Paul Ier, décédée le 9 janvier 1819, remarié le 15 avril 1820 à sa cousine germaine Pauline-Thérèse-Louise, née le 4 septembre 1800, fille de feu Louis-Frédéric-Alexandre, duc de Wurtemberg.

ORDRES
CIVILS ET MILITAIRES DE FRANCE

CHARDON, ou de SAINT-ANDRÉ (l'ordre du). — Première devise : *In defens.* — Deuxième devise : *Nemo me impunè lacessit.* — Nul ne me provoque impunément.

CROIX DE BOURGOGNE (ordre de la). — *Barbaria.* — Barbarie.

GENEST (ordre du). — *Deus exaltat humiles.* — Dieu élève les humbles.

HERMINE et l'ÉPI DE BRETAGNE (ordre de l'). — A ma vie.

JUILLET (la Croix de). — Liberté et Patrie. — Sur le revers : 27, 28, 29 juillet 1830.

LÉGION D'HONNEUR (la Croix de la). — Napoléon, empereur des Français. — Sur le revers : Honneur et Patrie.

MÉRITE-MILITAIRE (ordre du). — *Pro virtute bellicâ :* Au courage de la guerre. — Sur le revers : *Ludovicus XV instituit :* — Louis XV, fondateur.

SAINT-ESPRIT (les Chevaliers du). — Au droit désir.

SAINT-LOUIS (ordre de). — *Ludovicus Magnus instituit.* — Louis le Grand l'a fondé. — Sur le revers : *Bellicæ virtutis præmium :* — Récompense de la valeur guerrière.

ABBAYES

CHAPITRES NOBLES, CONFRÉRIES DE FRANCE

Alix (Chapitre d'). — *Auspice Galliarum patrona.* — Sous l'étendard de la patronne de la France. — Sur le revers : *Nobilis insignia voti.* — En mémoire d'un noble vœu.

Baume-les-Messieurs (Chapitre noble, à Besançon). — *Nobilis ecclesiæ Balmensis decus.* — Honneur de la noble église de Baume.

Brioude (Chapitre noble de). — *Ecclesia comitum Lugduni.* — Eglise des comtes de Lyon. — Sur le revers : *Ludovicus decimus quintus instituit.* — Louis XV, fondateur.

Pour être reçu du Chapitre noble de Saint-Jean de Brioude, il fallait seize quartiers de noblesse, huit paternels, huit maternels.

Citeaux (Abbaye de). — *Quia mecum solus certasti, mecum solus sedebis.* — Puisque seul tu as combattu avec moi, seul tu siégeras avec moi.

Jumièges (Abbaye de). — *Sancta Maria, ora pro nobis.* — Sainte Marie, priez pour nous.

Lyon (les Chanoines, comtes de). — *Prima sedes Gal-*

liarum. — Première église des Gaules. — Sur le revers : *Ecclesia comitum Lugduni*. — Église des comtes de Lyon.

Minimes (Ordre des). — *Charitas*. — Charité.

Neuville-en-Bresse (Chapitre noble de). — *Genus, decus et virtus*. — Noblesse, honneur et vertu.

Oratoire (Prêtres de l'). — *Jesus, Maria!* — Jésus et Marie.

Sainte-Croix de la Bretonnerie (Chanoines de l'ordre de). — *In hoc signo vinces*. — Avec ce signe tu vaincras.

Saint-Denis (Abbaye de). — Montjoie, Saint-Denys !

Saint-Étienne, de Metz (Chapitre noble de). — *Religionis decus et virtutis præmium*. — Ornement de la religion et récompense de la vertu.

Sainte-Marie de Leigneu (Chapitre de). — Louis XV en a honoré le Chapitre en l'an 1759.

Saint-Martin de Salles (Chapitre de). — *Virtutis nobilitatisque decus*. — Eclat de la vertu et de la noblesse.

Saint-Victor de Marseille (Chapitre de). — *Divi victoris Massiliensis*. — Céleste vainqueur de Marseille. — Sur le revers : *Monumentis et nobilitatis insignis*. — Aux monuments et aux insignes de la noblesse.

DEVISES DES VILLES DE FRANCE

ABBEVILLE. — *Semper fidelis.* — Toujours fidèle. — (Devise donnée à la ville d'Abbeville par le roi Charles V). — *Armes* : D'or, à trois bandes d'azur à la bordure de gueules.

AGEN. — *Nisi Dominus custodierit.* — A moins que le Seigneur ne la garde. — *Armes :* Parti : au premier de gueules à l'aigle au vol abaissé d'argent, tenant dans ses serres une légende où est écrit : Agen, en lettres de sable; au deuxième de gueules à la tour d'or crénelée de quatre pièces, ouverte et maçonnée de sable, sommée de trois tourelles couvertes en clocher, girouettées d'or.

ALBY. — *Stat baculus, vigilatque leo, turresque tuetur.* — Le bâton est droit, le lion veille et garde les tours. — *Armes :* De gueules, à la croix archiépiscopale d'or en pal, à la tour d'argent, crénelée de quatre pièces et ouverte de deux portes, les herses levées et au léopard du second émail, les pattes posées sur les quatre créneaux, brochant sur la croix, en chef dextre un soleil rayonnant d'or à sénestre, une lune en décours d'argent.

AMIENS. — *Liliis tenaci vimine jungor.* — Je tiens

aux lis par un osier solide. — *Armes :* De gueules à deux branches d'alisier entrelacées d'argent.

ANGOULÊME. — *Fortitudo mea cirium fides.* — Ma force est la foi des citoyens. — *Armes :* D'azur, semé de fleurs de lis d'or, à la bande componée d'argent et de gueules.

ANNONAY. — *Cives, semper cives.* — Citoyens, toujours citoyens. — *Armes :* Échiqueté d'or et de gueules.

ARCACHON. — *Heri solitudo, hodiè vicus, cras civitas.* — Hier solitude, aujourd'hui village, demain cité. — *Armes :* Fascé de sable et d'or de six pièces.

ARLES. — Première devise : *Ab irâ leonis.* — De la colère du lion. — Deuxième devise : *Alma leonis uri Arelatensis hostibus est nisi.* — La mère du lion furieux est une mère pour tous, fors ses ennemis. — Troisième devise : *Ab irâ leonis hostibus hostis et ensis.* — Par la colère du lion elle est pour ses ennemis un ennemi et une épée. — *Armes :* D'argent, au lion accroupi d'or, tenant la patte dextre levée.

ARRAS. — Par allusion à leurs armes, les habitants d'Arras, en 1640, avaient placé sur une porte de cette ville l'inscription suivante :

> Quand les Français prendront Arras,
> Les rats mangeront les chats.

Après la prise de la ville, on se contenta de retrancher le *p* de prendront, et le vers devint :

> Quand les Français rendront Arras,
> Les rats mangeront les chats.

— *Armes :* D'azur à la fasce d'argent, chargée de trois rats de sable, accompagnée en chef d'une mitre d'or et en pointe de deux crosses de même, posées en sautoir.

AVALLON. — Première devise : *Esto nobis, Domine, turris fortitudinis.* — Sois nous, Seigneur, une tour inexpugnable. — Deuxième devise : *Turris Avallonis.* — Tour d'Avallon. — *Armes :* D'azur à une tour d'argent maçonnée de sable.

AVIGNON. — *Unguibus et rostro.* — Avec les ongles et le bec. — *Armes :* De gueules à trois clefs d'or posées en fasce. Support : deux aigles.

BAYONNE. — *Nunquam polluta.* — Jamais souillée. — *Armes :* De sable à une baïonnette d'argent, la poignée d'or, posée vers le chef.

BEAUVAIS. — *Palas ut hic fixus, constans et firma manebo.* — Je demeurai constant et ferme comme un pieu fixé en terre. — *Armes :* D'azur au pal, au pied fiché d'or.

BESANÇON. — Première devise : *Utinam !* — Plût à Dieu ! — Deuxième devise : *Deo et Cæsari fidelis perpetuo.* — Toujours fidèle à Dieu et à César. — *Armes :* D'or à l'aigle éployée de sable entre deux colonnes du même. — L'archevêché de Besançon avait déjà une aigle dans son blason, lorsque l'empereur Charles-Quint, en 1526, octroya à la ville le droit de battre monnaie, et lui donna en même temps pour armoiries l'aigle impériale entre deux colonnes (allusion aux colonnes d'Hercule que ce prince avait adoptées pour emblème), avec cette légende : *Plus ultrà.* — Plus loin.

BLANC (le). — Sans tache comme lui. — *Armes :* D'azur au cygne d'argent.

BORDEAUX. — *Lilia sola regunt lunam, undas, castra, leonem.* — Les lis seuls régissent la lune, les ondes, les camps, le lion. — *Armes :* De gueules au château d'argent, sommé d'un lion léopardé d'or et au croissant d'argent en pointe au chef cousu d'azur semé de fleurs de lis d'or.

BOULOU (le). — *La villa del volo.* — La villa de l'oiseau. — *Armes :* D'argent à une fleur de lis d'azur en chef et à un vol abaissé de sable.

BOURGES. — *Summa imperii penes Bituriges.* — Le souverain empire est au pouvoir des Bituriges. — *Armes :* D'azur à trois moutons passants d'argent, accornés de sable, accolés de gueules et clarinés d'or, à la bordure engrelée de gueules. — Bourges était la ville la plus importante des Gaules.

CASTRES. — Debout ! — *Armes :* Parti émanché d'argent et de gueules de six pièces, au chef de France ancienne.

CHALONS-SUR-MARNE. — *Et decus et robur.* — Et l'honneur et la force. — *Armes :* D'azur à la croix d'or cantonnée de quatre fleurs de lis d'or.

CHARLEVILLE. — *Solus dedit, solus protegit.* — Seul il a donné, seul il a protégé. — *Armes :* D'azur à un dextrochère au naturel, mouvant d'une nuée d'argent, armée d'une épée d'or entre deux rameaux, l'un à dextre, l'autre à senestre de palmier de sinople. La pointe de l'épée d'un soleil rayonnant d'or.

COMPIÈGNE. — *Regi et regno fidelissima.* — Très-fidèle au roi et au trône. — *Armes :* D'argent, au lion d'azur, armé et lampassé de gueules, couronné d'or et chargé de six fleurs de lis de même. — Ces armes et cette devise furent données, dit-on, par le roi Philippe-Auguste, en 1218, à la ville de Compiègne.

COULOMMIERS. — *Prudentes ut serpentes, dulces ut columbœ.* — Prudents comme les serpents, doux comme les colombes. — *Armes :* D'azur à un colombier rond, maçonnée de cinq assises de sable, surmontée d'une lanterne d'argent, sommée d'une boule et girouettée d'or; la porte fermée et ferrée et la lanterne ouverte du même; le colombier accosté de deux serpents d'or, langués de gueules, entrelacés par la queue en pointe; à dextre de la lanterne, quatre colombes d'argent, dont deux sortent et deux rentrent, et à senestre quatre colombes d'argent, dont trois rentrent et une sort.

DIEPPE. — Ancien dicton : Elle a bon mast, et ancre et quille. — *Armes :* Parti d'azur et de gueules au navire d'or ancré, les voiles ferlées, brochant sur le tout.

DIJON. — Moult me tarde. — *Armes :* De gueules, au chef parti au premier d'azur semé de fleurs de lis d'or à la bordure componée d'argent et de gueules, qui est de Bourgogne moderne; au deuxième, bandé d'or et d'azur à la bordure de gueules, qui est de Bourgogne ancienne.

DOLE. — *Justiciâ et armis Dola.* — Dôle est telle par la justice et par les armes. — *Armes :* Coupé au premier d'azur, chargé d'un lion naissant d'or brochant sur un semé de billettes du même, au deuxième de gueules à un soleil rayonnant d'or. — Dôle portait autrefois la devise : *Justiciâ* (par la justice). Après son premier siège, mis par Pierre de Craon, elle repoussa l'ennemi en octobre 1477, et ajouta au mot *justiciâ* les mots : *Et armis* (et par les armes). Cette devise a varié; autour d'anciens écussons de cette ville, on lit la devise suivante : *Religio et justicia œterna urbis fata.* — La religion et la justice sont les éternels destins de cette ville.

DOUAI. — Douay! — *Armes :* De gueules au cœur saignant d'or, percé d'une flèche posée en bande, mouvant de dextre surmonté d'un D gothique d'or.

DOULLENS. — *Infinita decus lilia mihi prœstant.* — Pour moi l'honneur vient d'une multitude de lis. — *Armes :* Semé de France ancienne, à l'écusson en abime d'argent chargé d'une croix de gueules.

ELBEUF. — Tout le monde y travaille. — Paroles prononcées par Napoléon Bonaparte, premier consul, lorsqu'il traversa la ville d'Elbeuf. — *Armes :* D'argent à une ruche d'azur, posée sur une terrasse de sinople et entourée d'un essaim au chef de gueules chargé de trois abeilles d'or.

GRENOBLE. — Légende : *Sigillum civitatis Gratianopolis.* — Sceau de la cité de la ville de Gratianus. — *Armes :* D'argent à trois roses de gueules.

LANNION. — *Laus Deo.* — Louange à Dieu. — *Armes :* D'azur, à l'agneau couché d'argent, tenant de l'un de ses pieds de devant une croix de triomphe d'or, sur la croisée de laquelle il y a un guidon de gueules.

LYON. — Première devise : Ung Dieu, ung roi, une loi. — Deuxième devise :

> Suis le Lyon qui ne mords point,
> Sinon quand l'ennemi me poind.

— *Armes* : De gueules, au lion d'argent, au chef cousu de France ancienne.

MARSEILLE. — Victor deffend verramment Marseille et lous cioutadans. — Victor défend vraiment Marseille et ses habitants. — *Armes :* D'argent à une croix d'azur.

MÉES (LES). — *De rosis ad lilia.* — Des roses aux lis. — *Armes :* De France ancienne, au chef d'argent chargé de trois roses de gueules.

MEULAN. — Très fydèle au roy et à la nation. — *Armes :* D'azur, semé de fleurs de lis d'or.

MONTBÉLIARD. — Dieu seul est mon appui. — *Armes :* De gueules à la croix d'argent, chargée en cœur d'une étoile d'azur.

MONTBRISON. — *At expiandum hostile scelus.* — Pour expier le crime de l'ennemi. — *Armes :* De gueules, à la tour d'argent crénelée de cinq pièces senestrée, d'un avant-mur de même crénelé de huit ; la tour et le mur ouverts, ajourés et maçonnés de sable, au chef d'azur chargé de trois fleurs de lis d'argent.

MONTPELLIER. — Première devise : A. M. — *Ave Maria.* — Salut Marie. — Deuxième devise : *Virgo mater, natum ora, ut nos juvet omni horâ.* — Vierge mère, prie ton Fils pour qu'il nous protège à toute heure. — *Armes :* D'azur, au portail antique d'or, sous lequel est assise une Vierge vêtue d'azur, tenant l'enfant Jésus, ayant à ses pieds un écu d'or au tourteau de gueules.

MORLAIX. — S'ils te mordent, mors-les. — *Armes :* De gueules, à un navire d'or habillé d'hermines, flottant sur une mer d'argent. — *Alias :* Un lion accosté de deux léopards. — *Alias :* D'azur, au navire d'or, aux voiles éployées d'hermines.

NANCY. — Première devise : Qui s'y frotte s'y pique. — Deuxième devise : *Non inultus tremor.* — On ne nous met pas en alerte impunément. — *Armes :* Coupé au premier d'or à la bande de gueules, chargé de trois alérions d'argent ; au deuxième d'argent, au chardon de sinople fleuri de gueules.

NANTES. — Première devise : *Sperant Domine oculi omnium.* — Les yeux de tous, Seigneur, espèrent en toi. — Deuxième devise : *Favet Neptunus eunti.* — Neptune favorise celui qui part. — *Armes :* De gueules au navire d'argent, habillé d'hermines et voguant sur une mer de sinople, au chef d'argent, chargé de sept mouchetures d'hermine.

NAPOLÉON-VENDÉE. — V prairial an XII. — *Armes :* D'argent à une ville naissante, maçonnée et ajourée de sable, issante d'un rocher de sinople, en chef une bonne foi d'or.

NÉRAC. — *Christus noster sol justitiæ.* — Le Christ est notre soleil de justice. — *Armes :* D'azur à un soleil d'or, dont on ne voit que les rayons, le corps étant couvert d'un tourteau de gueules, chargé du nom de Jésus à l'antique d'or, le tout enfermé dans un orle d'argent chargé de la devise citée ci-dessus.

NISME. — Légende : *Col. Nem. (Colonia Nemausensis).* — Colonie Némausienne. — *Armes :* De gueules au crocodile de sinople, enchaîné et colleté d'or, attaché à un palmier terrassé et soutenant une couronne de laurier de sinople et placé entre les lettres : *Col. Nem.* d'or.

PARIS. — *Fluctuat nec mergitur.* — Il flotte, mais ne sombre pas. — *Armes :* De gueules au navire d'argent, sur une onde du même, au chef cousu d'azur, semé de fleurs de lis d'or. — Sous la Terreur, les édifices publics, un grand nombre de maisons particulières étalaient cette inscription sinistre : Unité, indivisibilité de la République, liberté, égalité, fraternité, ou la mort. — L'auteur de cette devise doit être connu : C'est Pache, alors maire de Paris.

PIERRE-LE-MOUTIER (SAINT). — *Præpositure sancti Petri monasterii.* — Préposé au monastère de Saint-Pierre. — *Armes :* De gueules à une église d'argent et une clef double de même en pointe, au chef cousu d'azur chargé de trois fleurs de lis d'or.

REIMS. — Dieu en soit garde. — *Armes :* De gueules à

deux branches d'olivier courbées et passées en sautoir de sinople, au chef cousu d'azur semé de fleurs de lis d'or.

RÉOLE (LA) *Urbs regula ducatus Aquitaniæ.* — Ville règle du duc d'Aquitaine. — *Armes :* D'azur à une porte de ville flanquée de deux tours et sommée de deux autres tours d'argent, maçonnée et surmontée de trois fleurs de lis d'or, rangées en chef.

ROCHELLE (LA). — *Servabor rectore Deo.* — Sous la garde de Dieu je serai sauvé. — *Armes :* De gueules à un navire d'argent, aux voiles éployées, voguant sur des ondes au naturel.

RODEZ. — *Fidelis Deo et Regi.* — Fidèle à Dieu et au Roi. — *Armes :* De gueules à trois besans d'or.

ROSCOFF. — *Ro, sco.* — Donne, frappe. — *Armes :* D'azur au navire d'argent, flottant sur les ondes de même, les voiles éployées d'hermines, au chef cousu aussi d'hermines. — C'est dans ce port, assiégé et brûlé par le duc de Cambridge en 1373, pillé par Fontenelles en 1592, que débarqua, en 1548, Marie Stuart, qui venait épouser le dauphin, depuis François II.

ROUEN. — Légende : *Sigillum communie urbis Rothom.* — Sceau communal de la ville de Rouen.— *Armes :* De gueules à l'agneau pascal d'argent, la tête contournée, tenant une croix d'or, à la banderole d'argent, chargée d'une croisette d'or, au chef de France ancienne.

SAINT-DENIS. — Montjoie! Saint-Denis! — *Armes*

D'azur, — *Alias*: de gueules, semé de lis d'or, au chef d'argent, chargé des mots : Montjoie! Saint-Denis! de sable.

SAINT-GERMAIN-EN-LAYE. — 5 septembre 1638 (date de la naissance de Louis XIV). — *Armes :* D'azur au berceau fleurdelisé d'or, accompagné en chef d'une fleur de lis du même, en pointe de l'inscription : 5 septembre 1638.

SAINT-POL-DE-LÉON. — *Non offendo sed defendo.* — Je n'attaque pas, mais je défends. — *Armes :* D'or au lion morné de sable, tenant une crosse de gueules de ses pattes de devant. — *Alias :* D'hermines au sanglier de sable, accolé d'une couronne d'or, le sanglier dressé en pied, soutenant une tour de gueules au canton dextre.

SARLAT. — *Fidelis Deo ac Regi.* — Fidèle à Dieu et au Roi. — *Armes :* De gueules à une salamandre couronnée d'or, couchée dans les flammes du même, au chef cousu de France ancienne.

SARREBOURG. — *Urbs Sarraburgiensis cum ipsis hostem repulit et repellit.* — La ville de Sarrebourg, grâce à eux, a repoussé et repousse l'ennemi. — *Armes :* D'azur à un pont d'argent maçonné de sable, soutenu d'une rivière du second émail, surmonté de trois bois de cerf du même.

SEDAN. — *Undique robur.* — De toute part forte. — *Armes :* D'argent au sanglier de sable passant devant un chêne de sinople sur une terrasse du même.

SENS. — *Fidelis et inexpugnabilis arte.* — Par l'art fidèle et inexpugnable. — *Armes :* D'azur semé de fleur de lis d'or, à une tour crénelée d'argent, ou verteet maçonnée de sable.

TOURS. — *Sustinent lilia turres.* — Les tours soutiennent les lis. — *Armes :* De sable à trois tours crénelées d'argent, maçonnées de sable, au chef cousu de France ancienne.

VERTUS. — Ancienne devise : *Vincit post funera virtus.* — Le courage vainct après la mort. — Devise moderne : *Virtus præstat.* — Le courage l'emporte. *Armes :* D'argent à un cœur de gueules, percé de sable, ferré d'argent.

VIENNE. — *Vienna civitas sancta.* — Vienne est une sainte cité. — *Armes :* D'argent à l'orme de sinople, fruité d'argent, chargé d'un saint ciboire d'or et d'une sainte hostie d'argent, le tronc lié d'une légende d'argent portant la devise citée ci-dessus.

DEVISES DES ROIS DE FRANCE

LOUIS IX. — Hors cet anel, point n'ay d'amour. — Le roi saint Louis portait une bague représentant en émail et en relief une guirlande de lis et de marguerites, sur le chaton était gravé un crucifix sur un saphir avec ces mots : « Hors cet anel, point n'ay d'amour. » En effet, cet anneau lui offrait l'image et l'emblême de tout ce qu'il avait de plus cher : la religion, la France et son épouse. — Le roi saint Louis institua à Sens, en 1234, l'ordre de la Cosse du Genest, dont la devise était : *Exaltat humiles.* — Il élève les humbles.

CHARLES V. — *Rectè et fortiter.* — Avec justice et courage.

CHARLES VI. — *Hoc Cæsar me donavit.* — César me donna cela.

LOUIS XI. — *Ultus avos Trojæ.* — Nous avons vengé nos aïeux de Troie. — Cette devise fait allusion à la prétendue origine par laquelle les Francs descendaient de Francus, fils d'Hector.

LOUIS XII. — Première devise : *Immensi tremor Oceani*. — Tremblement de l'immense Océan. — Deuxième devise : *ominùs et Ceminùs*. — De près et de loin.

FRANÇOIS Ier. — *Nutrisco et extinguo*. — Je me nourris et je m'éteins. — Artus de Gouffier, seigneur de Boisy, comte d'Étampes, grand-maître de la maison du roi Louis XII, qui lui avait confié l'éducation du duc d'Angoulême, depuis François Ier, trouvant dans son élève un caractère plein de feu, capable de toutes les passions grandes ou mauvaises, fit adopter à son royal élève la devise : *Nutrisco et extinguo*, et pour symbole une salamandre au milieu des flammes.

HENRI II. — Première devise : *Plena est œmula solis*. — L'émule du soleil est pleine. — Deuxième devise : *Donec totum impleat orbem*. — Jusqu'à ce qu'elle remplisse le monde entier. — Le roi Henri II avait adopté les emblêmes de Diane de Poitiers, à savoir : Un croissant sur des montagnes avec les deux devises citées ci-dessus.

FRANÇOIS II. — Première devise : *Spectanda fides*, — C'est ainsi qu'on doit respecter la foi. — Deuxième devise : *Lumen rectis*. — La lumière est dans la droiture.

CHARLES IX. — *Pietate, justitiâ*. — Par la piété, par la justice.

HENRI III. — *Manet ultima cœlo*. — La dernière est au ciel. — Cette devise est celle que prit Henri III par allusion aux deux couronnes de Pologne et de

France, et à la troisième couronne, celle du ciel ; les Ligueurs avaient ainsi travesti cette devise : *Manet ultima claustro*. — Le roi portait trois couronnes pour emblême.

HENRI IV. — Première devise : *Unus duos protegit*. — Un en protége deux. — Deuxième devise : *Vide et fide*. — Voyez et croyez. — Troisième devise : *Undiquè tutus*. — En sûreté de tous côtés. — La première de ces devises a pour corps une épée surmontée d'une couronne royale.

LOUIS XIV. — *Nec pluribus impar*. — Au-dessus de tous. — Le corps de cette devise était un soleil resplendissant.

LOUIS XV. — *Lilia non laborant neque nent*. — Les lis ne travaillent et ne filent point.

S. A. R. HENRI, duc de Bordeaux, comte de Chambord. — *Fides et spes*. — La foi et l'espérance.

DEVISES DES REINES DE FRANCE

BLANCHE DE CASTILLE. — *Lilium inter lilia.*
— Lis entre des lis. — Blanche de Castille, fille d'Alphonse VIII, roi de Castille, et d'Éléonore d'Angleterre, s'était donnée pour corps de devise un lis au naturel, placé sur un champ de fleurs de lis héraldiques.

MARGUERITE DE PROVENCE. — *Roygna de parterra, ancilha roygnæ de cœly.* — La reine du parterre est la servante de la reine du ciel. — Marguerite de Provence, fille de Raymond Béranger III, comte de Provence et de Forcalquier, et de Béatrix, fille de Thomas, comte de Savoie, portait pour emblème la fleur des champs appelée reine-marguerite, avec la devise ci-dessus citée, qui est en latin barbare ou peut-être en langue provençale d'alors.

ANNE DE BRETAGNE. — *Potius mori quàm fœdari.*
— Plutôt mourir que se salir. — Anne de Bretagne, fille unique de François II, duc de Bretagne, et de Marguerite de Foix, portait la devise de la maison de Bretagne.

CLAUDE DE BRETAGNE. — *Candida candidis.* —

Candide aux âmes candides. — Cette reine, première femme du roi François Ier, était remarquable par sa piété; elle mourut à Blois, le 25 juillet 1524, à l'âge de 25 ans.

ÉLÉONORE D'AUTRICHE. — *Unica semper avis.* — Oiseau toujours unique. — Cette reine, fille de l'archiduc Philippe d'Autriche, sœur des empereurs Charles-Quint et Ferdinand Ier, seconde femme de François Ier, avait choisi pour corps de devise un phénix.

MARGUERITE DE VALOIS. — *Non inferiora sequatur.* — Qu'elle ne soit pas en dessous de ce qui précède. — Cette princesse, sœur du roi François Ier, étant reine de Navarre adopta alors cette devise.

MARIE STUART. — Ce que j'ai de plus doux est caché sous la terre. — Cette reine, fille de Jacques V, roi d'Écosse, et de Marie de Lorraine, veuve du roi François II, avait adopté cette devise, dont le corps était une plante de réglisse.

LOUISE DE LORRAINE DE VAUDÉMONT. — *Aspice ut aspicior.* — Regarde afin que je sois regardée. — Cette reine, fille de Nicolas de Lorraine, comte de Vaudémont, duc de Mercœur, épouse négligée de Henri III, avait choisi cette devise, dont le corps était un cadran sous le soleil.

MARGUERITE DE VALOIS. — *L'ardor temo et gielo m'offende.* — Je crains l'ardeur et la froideur m'offense. — Cette reine, fille de Henri II et de Catherine de Médicis, après la rupture de son mariage avec Henri IV, avait fait graver sur sa vaisselle, sur ses meubles et sur son sceau une tige de vigne avec le vers du Tasse cité ci-dessus.

MARIE DE MÉDICIS. — *De mi caida, mi candor.* — De ma chute, ma blancheur. — Cette reine, fille de François de Médicis, dernier duc de Toscane, et de Jeanne d'Autriche, avait fait graver dans les médaillons, qui formaient les angles de ses tapisseries à Bruxelles, une cascade avec cette devise.

ANNE D'AUTRICHE. — Première devise : Mon prix n'est pas dans ma couronne. — Deuxième devise : *Per te, non tecum.* — Par toi, et non avec toi, — Cette reine, fille de Philippe III, roi d'Espagne, et de Marguerite d'Autriche, au commencement de sa régence avait choisi cette phrase, et pour emblème une lune qui se lève au coucher du soleil.

MARIE LECZINSKA. — Tout pour eux, tout pour elles. — La fille du roi de Pologne avait adopté cette devise, et pour emblème une corbeille de lis et de roses.

ÉLISABETH DE FRANCE. — En des temps inégaux sa vertu fut égale. — On avait donné à madame Élisabeth, sœur de Louis XVI, cette devise, et pour emblème une boussole.

DEVISES

ADOPTÉES PAR DIVERS PERSONNAGES

CHARLES Ier de Bourbon. — *Requies hæc certa laborum.* — C'est là le repos certain des travaux.

CHARLES II, cardinal de Bourbon. — Première devise : *Folium ejus non defluit.* — Sa feuille ne tombe pas. — Deuxième devise : Ni espoir ni peur.

CHARLES III, cardinal de Bourbon. — Première devise : *Superat candore et odore.* — Il l'emporte par la blancheur et le parfum. — Deuxième devise : *Gloria immortalis.* — Gloire immortelle.

LOUIS, cardinal de Bourbon. — *Melior fortuna notabit.* — Une meilleure fortune le marquera.

JEAN Ier de Bourbon. — *Sub sole, sub umbrâ virem.* — Que je croisse sous le soleil, et sous l'ombre.

JEAN II de Bourbon. — *Par obitus.* — Mort égale.

HENRI Ier de Bourbon. — *Quo fata trahunt.* — Où les destins m'entraînent.

HENRI II de Bourbon. — *Te nunquam timui.* — Je ne t'ai jamais craint.

HENRI de Bourbon, duc de Montpensier. — *Suaviter olet.* — Il sent bon.

MARIE, duchesse de Montpensier. — *In manibus tuis sortes meæ.* — Mon sort est entre tes mains.

NAVARRE (la maison de). — Espérance.

ORLÉANS, duchesse de Berry (S. A. R. la princesse d'). — Courte et bonne. — Plus sensuelle qu'attachée à la vie, la duchesse de Berry, fille du régent, s'était choisi cette devise. Cette princesse mourut le 21 juin 1719, âgée de vingt-quatre ans.

AGLIÉ (le comte Philippe d'). — *Torquent et decorant.* — Elles enlacent et honorent. — Le comte Philippe d'Aglié, intendant de la maison de Madame royale, étant en prison à Vincennes, se choisit cette devise, qu'il porta jusqu'à sa mort, et, pour emblême, prit un amas de chaînes.

AIGUILLON (la duchesse d'). — *Omnis in una.* — Tout dans une.

ALBERTAS (Antonio d'). — *Fata viam invenient.* — Les destins me tracent la voie.

AMBOISE (Charles d'). — *Mitem animum agresti sub tegmine servo.* — Je conserve un doux esprit sous un toit champêtre.

AVAUX (d'). — Première devise : *Nomem sibi fecit eundo.* — Il se fit un nom en allant. — Deuxième devise : *Non uni debeor orbi.* — Je ne me dois pas à un seul monde. — Le comte d'Avaux, ambassadeur, ministre, etc., avait adopté ces deux devises ; le corps de la première était un fleuve, celui de la seconde une étoile brillant dans la nuit.

BALAGNY (S. DE). — *Possum nec fulmina possunt.* — Je peux et les foudres ne peuvent rien. — Le corps de cette devise était un vent qui poussait un laurier ébranché.

BASSOMPIERRE (le maréchal DE). — *Da l'ardore l'ardire.* — Donne-moi l'ardeur et je brûle. — Le corps de cette devise était une fusée.

BAUDRICOURT (ROBERT DE). — Beau, dru et court. — Roger, sieur de Beaudricourt, qui en 1429 conduisit Jeanne d'Arc à Tours, s'était donné cette devise, et pour corps un cep de vigne. — Cette devise se lisait y a encore quelques années au-dessus de la porte d'entrée du château de Baudricourt, situé près de Brienne, en Champagne.

BÉARN (GASTON-PHŒBUS, souverain de). — *Gratiâ Dei sum id quod sum.* — Je suis ce que je suis par la grâce de Dieu. — Cette devise était celle de Gaston-Phœbus, souverain de Béarn, en 1350. C'est la même qu'on lit sur les pièces de monnaie frappées en Béarn et connues sous le nom de Morlaas.

BENTIVOGLIO (CHARLES DE). *Vicissim servare fidem.* — Tour à tour garder sa foi.

BENTIVOGLIO (FERDINAND DE). — *Exilis non transilis.* — Frêle, mais qui ne rampe pas.

BESSAS, chanoine, comte de Brioude (BERTRAND DE).

— *Vigilate quia nescitis.....* — Veillez, parce que vous ne savez... — Le corps de cette devise était une tête de mort près d'un sablier.

BEUVRON (DE). — Où je veux. — Le marquis de Beuvron, dans un carrousel qui eût lieu place Royale, à Paris, sous le règne de Louis XIII, portait cette devise, et pour corps, un vent qui poussait une foudre devant lui.

BOISSIAT (PIERRE DE). — Première devise : *Dùm vivo, multa video.* — Tant que je vis, je vois beaucoup. — Deuxième devise : *Qui se humiliat exaltabitur.* — Celui qui s'humilie sera élevé. — Pierre de Boissiat, surnommé Boissiat l'Esprit, porta la première de ces devises une grande partie de sa vie, mais sur la fin, il tomba dans des excès de dévotion et porta alors cette seconde devise ; il mourut en 1662.

BONCHAMPS (DE). — Pour eux, comme eux ! — Madame et mademoiselle de Bonchamps, veuve et fille du héros Vendéen, avaient adopté cette devise et, comme emblème, des lis brisés.

BONNE, duc de LESDIGUIÈRES (FRANÇOIS DE). — Première devise : *Frangit inaccessa.* — Il brise les choses inaccessibles. — Deuxième devise : *Pennæ nido majores.* — Des plumes plus grandes que le nid.

BONNE DE LESDIGUIÈRES (la duchesse A. DE). — Le fruit n'en défend pas la fleur. — La marquise de Sévigné avait donné à la duchesse de Lesdiguières, qui était grand'mère à trente ans, cette devise, et pour emblème un oranger couvert de fleurs et de fruits

BOUCHERAT (Nicolas).— *Quæ nocent, docent.*— Les choses qui nuisent, instruisent.

BOULLION (Godefroy de). — *At avis et armis.* — Aux ancêtres et aux armes.

BRIMEU (David de). — Première devise : Quand sera-ce ? — Deuxième devise : Autrefois mieux.

BRUSLARD (Denys de). — *Inconsumptibilis.* — Il brûle sans se consumer.

CABARRUS (dona, Thérésa de) — Le méchant n'y voit que l'épine. — Étant madame Tallien, mademoiselle D. T. de Cabarrus s'était choisi cette devise et pour emblême une rose.

CANDALE (H. d'Épernon, dernier duc de). — Elle peut me placer parmi les astres. — Le corps de cette devise était une massue.

CAYLUS (de). — *Nulla aconita bibuntur fictibus.* — On ne boit pas de poisons dans des vases de terre. — Le comte de Caylus, célèbre antiquaire, avait adopté pour devise ce vers de Juvénal et pour corps une coupe étrusque. Hyacinthe de Caylus, favori de Henri III était de cette maison ; à sa mort le roi lui fit ériger dans l'église Saint-Germain-l'Auxerrois un superbe tombeau, sur lequel on lisait ce vers de la façon de Henri III.

Des regrets d'Appollo triste et doux monument.

CHAMPIGNY (de), surintendant des finances. — *Abstinet inventis fidus.* — Il s'abstient de ce qu'il trouve.

COLBERT, surintendant des finances.—*Servat et abstinet*. — Il garde et s'abstient.

CONDÉ (le prince DE). — *Pro rege sæpè, pro patriâ semper.* — Pour le roi souvent, pour la patrie toujours. — Devise composée par Ménage pour le grand Condé.

CRÉQUY (DE). — Souvent m'en est. — Cette devise fut portée par Baudoin, sire de Fressin et de Créquy. — *Prisca lux, dux certa salutis.* — L'ancienne lumière est le guide certain du salut. — Cette devise était celle du cardinal Antoine de Créquy. — *Piango suà morte e mia vita.* — Je pleure sa mort et ma vie. — Devise choisie par Armande de Saint-Gelais, duchesse de Créquy, le corps en était une tourterelle. — Point de fiel, mais du souvenir. — Caroline de Tessé de Froullay, marquise de Créquy, avait adopté cette devise et pour emblème un pigeon d'Alexandrie portant une lettre.

CROY DE CHIÈVRES (GUY DE).—*Dulcia mixta malis.* — Les choses douces sont mêlées de maux.

DUNOIS (le comte DE). — *Terræ solum natale tuetur.* — Je préserve et je défends ma terre natale.

DURANT (le cardinal). — *Moderata durant.* — Les choses modérées durent.

FOIX DE LAUTREC (ODET DE). — *Dove é gran fuoco, e gran fumo.* — Où il y a grand feu, il y a grande fumée.

FOIX (le cardinal Pierre de). — *Servire Deo regnare est.* — C'est régner que servir Dieu.

FOIX (Phœbus de). — *Tocquoy si gauses.* — Touches-y si tu l'oses.

FOIX (le duc de). — *Longè levis aura feret.* — Un vent léger le portera loin.

FYOT D'ARBOIS (Jean de). — *Fines tuos jano.*

FYOT DE BARAIN (François de). — *Dum nascor fio, fioque dum morior.* — Je prends l'existence en naissant et je prends aussi l'existence en mourant.

GENLIS (Ducrest de Saint-Aubin, madame de). — Aimée de l'enfance. — Gouvernante des enfants du duc d'Orléans, madame de Genlis s'était donnée cette devise et pour emblême une noisette.

GIÉ (le maréchal de Rohan de). — Première devise : A la bonne heure la pluie nous prit. — Deuxième devise : Dieu garde le pèlerin.

GROLÉE (Aymon de). — *Turbant sed extollunt.* — Ils troublent mais ils élèvent.

GROLÉE (Louis de). — *Remigiis utar si non afflaverit aura.* — Je ramerai si le temps n'est pas favorable.

GROS (évêque de Versailles). — *In laborem requies.* — Repose-toi dans le travail.

HERMITE (Tristan l'). — Prier vaut à l'hermite.

LAGRANGE (Pierre de). — *Conscientia et fama.* — Conscience et renommée.

LALAING (Charles de). — *Aultre ne quiert.*

LAVALETTE, duc d'Épernon (Henri de). — *Clarius in adversis.* — Plus brillant dans l'adversité.

LENCLOS (Ninon de). — *No mudo, si no mudan.* — Je ne varie point, quand ils ne changent pas. — Cette personne avait adoptée cette devise et pour emblême une girouette entre quatre vents.

LUXEMBOURG, sire de Beauvoir (Jean de). — *Nemo ad impossibile tenetur.* — Personne n'est tenu à faire l'impossible.

LUXEMBOURG HAUBOURDIN (Jean de). — J'y entrerai, si le soleil y entre.

LUXEMBOURG (Louis de). — *Obstantia nubila solvet.* — Il dissipe l'obstacle des nuages.

LYOBARD (Claude de). — *Togâ, religione et armis.* — Par la toge, la religion et les armes.

MARSILLAC (François VIII de la Rochefoucauld, prince de). — *Cheto fuor commoto dentro.* — Tranquille au dehors, agité au dedans. — Le corps de cette devise était une montre.

MEULAN (mademoiselle M. de). — Il faut me chercher.

MIRANDOLE (Pic de la). — Première devise : Il est mûr en naissant. — Deuxième devise : *Se nemo luz, mas vida.* — Plus de vie, si moins de lumière. — Pierre de Médicis avait donné cette devise à Pic de la

Mirandole, qui se mourait de labeur et, pour corps de devise, un flambeau brûlant des deux bouts.

MONTAIGNE (MICHEL DE). — Première devise : Sais-je ? — Deuxième devise : Plus il est vide plus il s'élève, plus il est plein plus il s'abaisse. — Michel de Montaigne avait pris pour corps de la première devise une balance. — Le corps de la seconde de ces devises était un épi très-plein et penché vers la terre.

MONTMORENCY (MARIE DES URSINS, duchesse DE). — Première devise: *Elegi abjecta esse in domo Dei magis quam habitare in tabernaculis peccatorum*. — J'ai préféré être abjecte dans la maison de Dieu plutôt que d'habiter sous les tentes des pécheurs. — Deuxième devise : *Sola domo mœret vidua*. — La veuve solitaire pleure dans sa maison. — Troisième devise : *Ardet ab extincto*. — Elle brûle encore d'un feu qui n'est plus. — Après la mort d'Henri II duc de Montmorency et de Damville, premier baron et pair, amiral et maréchal de France, chevalier des Ordres, comte de Dammartin et d'Ossemont, décapité à Toulouse le 30 octobre 1632, sa veuve étant entrée en religion, au lieu de l'orgueilleuse devise de la maison de Montmorency : Dieu ayde au premier baron chrétien, choisit pour devise l'humble maxime du roi-prophète. — Le père Lemoine, donna les deux autres devises à cette veuve infortunée ; la seconde devise avait pour corps, une tourterelle perchée seule sur une branche sèche. — Le corps de la troisième devise est une nuée ardente encore remplie de la chaleur et de la lumière que le soleil couchant a laissées. — De son chef la duchesse de Montmorency, née Marie Félice des Ursins, de l'illustre maison ita-

lienne des Ursins, portait la devise : *Sauciat et defendit.*
— Il blesse et défend.

NEVERS (Charles II de Gonzague de Clèves, duc de).
— Fides et ολυμπος. — La foi et l'Olympe. — Le duc de Nevers s'était donné pour cimier le mont Olympe.

NEVERS (Les officiers de l'élection de). — Les élus sont pour le ciel. — Les officiers de l'élection de Nevers portaient pour armes : d'argent à un globe d'azur chargé de trois fleurs de lis d'or, entouré de ces mots en lettres de sable : Les élus sont pour le ciel.

NIVERNAIS (le duc de). — J'ai blanchi sous mes liens. — Le duc de Nivernais, qui vivait sous Louis XV, époux très-fidèle avait adopté cette devise et pour emblême une chicorée.

POITIERS (la duchesse Diane de). — *Qui me alit, me extinguit.* — Celui qui me nourrit, m'éteint.

PRAT (le chancelier du). — *Virescit vulnere virtus.* — La vertu se produit par la blessure.

RICHELIEU (le cardinal duc de). — Première devise : *Non deserit alta.* — Il ne quitte pas ce qui est grand. — Deuxième devise : *Firmatque regitque.* — Il affermit et gouverne. — Troisième devise : *Non commovebitur.* — Il ne sera pas ébranlé. — Le corps de cette troisième figure était un globe marqué de trois fleurs de lis d'or.

RICHELIEU (le maréchal duc de). — *Arda para subir.* — Brûle de l'élever.

ROHAN GUÉMÉNÉ (la princesse ANNE DE). — *Spes durat avorum.* — L'espoir des ancêtres persévère.

ROLIN (NICOLAS). — *Nihil agere pœnitendum, pudendum, imo reparandum.* — Ne rien faire dont on puisse se repentir, rougir et surtout qu'on ne puisse réparer.

ROUVILLE (LOUIS DE), grand veneur de France, mort en 1527. — Qui chasse le droit garde le change.

SALES (SAINT-FRANÇOIS DE). — *Nunquam excidet* (sous entendu *charitas*). — Jamais sa charité ne cessera.

SALES, sieur DE ROISY (FRANÇOIS DE). — En bonne foy.

SALES, sieur DE VILLAGEROT (GALOIS DE). — *In paucis quies.* — La quiétude est dans peu de choses.

SALES (JEAN DE). — Adieu, biens mondains.

SALVAING (AYMON DE). — Jusques à ma fin.

SALVAING (DENYS DE). — *Regi devota Jovique.* — Dévoué au roi et à Jupiter.

SCALION DE VIRBLUNEAU, sieur D'OFAYEL. — *Indè mors, indè vita.* — De là la mort, de là la vie. — Scalion de Virbluneau, sieur d'Ofayel, vivant en 1599, avait adopté comme supports de ses armes deux colonnes entourées de feuillages, sur l'une est un hibou en dessous duquel on lit la devise *Indè mors*; sur l'autre est une lampe avec la devise *Indè vita*.

SCARRON (PIERRE), évêque de Grenoble. — *Vis duplex fulget in uno.* — Une double force brille en un seul.

SÉNEÇAY (DE). — *Ponderibus liberata suis*. — Délivrée de ses poids. — Le corps de cette devise portée par le baron de Sénéçay dans le carrousel de la Place royale, sous Louis XIII, était le globe de la terre.

SÉVIGNÉ (Mme DE BUSSY-RABUTIN, marquise DE). — Le froid me chasse. — La marquise de Sévigné s'était choisi cette devise, et pour corps une hirondelle.

SIMIANE (MARIE DE), duchesse d'Arpajon. — *Deficio dum deficior*. — Je m'éteins parce que je suis éteinte. — La duchesse d'Arpajon étant morte en couche, perdit sa qualité de mère et de duchesse ; on lui donna cette devise et pour emblême une lune qui s'éclipse en sa plénitude.

SOUVRÉ DE LOUVOIS (LE TELLIER DE). — *Ut te soli explicit uni*. — Il faut t'utiliser au service d'un seul. — Devise portée par Le Tellier de Souvré de Louvois, ministre du roi Louis XIV.

TOUR (HENRI DE LA), duc de Bouillon. — *Dant adversa decus*. — L'adversité donne de l'honneur.

TOURNON (Le cardinal DE). — *Non quæ super terram*. — Non les choses qui sont sur la terre.

TRÉMOUILLE (JEAN DE LA). — Ne m'oubliez.

TRICAUT (JOSEPH DE). — Ma droiture me soutient. — Devise donnée par le roi Louis XIV, avec une colonne pour emblême.

VALETTE (le marquis DE LA), depuis duc d'Épernon.

— *Spes et fortuna Valetœ.* — A Valette espérance et fortune.

VALLORI (Philippe de). — *Ove alzata per se non fora mai.* — Où jamais de lui-même il n'aurait pu monter. — Philippe de Vallori adopta cette devise en souvenance du rôle qu'il avait joué lors des noces de Come de Médicis avec Marie-Magdelaine d'Autriche.

VARENNES (Jacques-Thomas de). — *Crescat flos, debitus astris.* — Que la fleur qui est due aux astres croisse.

VERNON (de). — *Non dormit qui custodit.* — Celui qui veille ne dort pas. — Cette devise portée par S. d'Amiguet de Vernon, grand fauconnier de France, en 1514.

VERNON (de). — *Semper fidelis Deo et Regi.* — Toujours fidèle à Dieu et au Roi. — Le marquis de Vernon, écuyer commandant du roi Louis XVIII, outre l'antique devise de sa maison, portait cette devise.

VIDU (Théophile de). — *Musis, Marti et ingenio.* — — Aux Muses, à Mars et à l'esprit.

VILLARS (Le maréchal de). — *Mars restitutor, vindex, pacifer.* — Mars qui restitue, vengeur, pacificateur. — — Le maréchal de Villars vivant en 1711, avait adopté cette devise qu'il avait fait graver sur une frise de son hôtel, rue de Grenelle-Saint-Germain ; on la lisait encore avant 1793.

VILLEROY (le maréchal DE). — J'ai réglé qui nous règle. — Ancien gouverneur du roi Louis XV, le maréchal de Villeroy s'était donné cette devise, et pour emblême, une clef de montre.

VINCENT (N. DE). — *Omnia virtuti cedunt.* — Tout cède au courage. — Devise adoptée par N. de Vincent, échevin de la ville de Lyon, en 1544.

DEVISES

PORTÉES PAR DIVERS PERSONNAGES DE LA COUR DE LOUIS XIV, DANS UNE FÊTE DONNÉE AU PALAIS DE VERSAILLES, LE 7 MAI 1664

D'ARTAGNAN, page du roi. — *Nec cesso, nec erro.* — Jamais ne me repose et jamais ne m'égare. — Le corps de cette devise était un soleil de pierreries.

J. DE PLOMBY, page du duc de Saint-Aignan. — *De mi golpes mi ruido.* — De mes coups, mon bruit. — Le corps de cette devise était un timbre d'horloge.

H. DE POTIER, page du duc de Noailles. — *Fidelis et audax.* — Fidèle et hardi. — Le corps de cette devise est un aigle.

LE DUC DE GUISE. — *Et quiescente pavescunt.* — Ils tremblent même quand il sommeille. — Corps de devise : un lion endormi.

LE COMTE D'ARMAGNAC. — *Ex candore decus.* — Sa blancheur fait sa beauté. — Le corps de cette devise est une hermine.

LE DUC DE FOIX. — *Longè levis aura feret.* — Le souffle léger des vents le portera bien loin. — Le corps de cette devise est un vaisseau voguant en pleine mer.

LE DUC DE COASLIN. — *Spendor ab obsequio.* — Il brille parce qu'il obéit. — Le corps de cette devise est un soleil et un héliotrope.

LE COMTE DU LUDE. — *Non fia mai sciolto.* — Il ne sera jamais rompu. — Le corps de cette devise est un chiffre en forme de nœud.

LE PRINCE DE MARSILLAC. — *Chieto fuor, commoto dentro.* — Tranquille au dehors, agité au dedans. — Le corps de cette devise est une montre en relief dont on voit tous les ressorts.

LE MARQUIS DE VILLEQUIER. — *Uni militat astro.* — Il combat pour un seul astre. — Le corps de cette devise est un aigle qui plane devant un soleil.

LE MARQUIS DE SOYECOURT. — *Vix æquat fama labores.* — A peine sa renommée égale ses travaux. — Le corps de cette devise était la massue d'Hercule. — Le marquis de Soyecourt, qu'on appelait le grand Saucourt, passait pour avoir les plus grands talents et les plus grands succès en amour; c'est à cela que fait allusion le quatrain suivant :

> Voici l'honneur du siècle, auprès de qui nous sommes,
> Et même les géants, de médiocres hommes;
> Et ce franc chevalier, à tout venant tout prêt,
> Toujours pour quelque joute a la lance en arrêt.

LE MARQUIS D'HUMIÈRES. — *No quiero menos.* — Je n'ambitionne pas moins. — Le corps de cette devise était toutes sortes de couronnes.

LE MARQUIS DE LA VALLIÈRE. — *Hoc jurat uri.* — Heureux d'être embrasé de ses feux. — Le corps de cette devise était un phénix sur un bûcher allumé par le soleil.

MONSIEUR LE DUC, (Louis III de Bourbon, duc d'Enghien, prince de Condé, petit-fils du grand Condé). — *Certo ferit.* — Il frappe à coup sûr. — Le corps de cette devise était un dard entortillé de lauriers.

L'ACADÉMIE FRANÇAISE. — A l'immortalité.

DEVISES HÉRÉDITAIRES

DES

MAISONS ET FAMILLES NOBLES DE FRANCE

A

ABBADIE (D'). — *Lucem virtus amat.* — Le courage aime la lumière.

ABBANS (DE JOUFFROY D'). — *Virtus cum pietate juncta.* — Le courage est joint à la piété.

ABBEVILLE TUNC (DE BOUBERS D'). — *Fidelior in adversis.* — Plus fidèle dans l'adversité.

ABEL DE CHEVALET. — *Ferrer forte è spesso.* — Blesser fort et souvent.

ABELLY (D') — *A Domino factum est.* — Cela a été fait par le Seigneur.

ABLAING (D') — *Cassis tutissima virtus.* — Le courage est le plus sûr de tous les casques.

ABLAINSVELLE (DE GANTÉS D') — Première devise : Noble sang, noble cœur. — Deuxième devise : *Sensere gigantes*. — Les géants l'ont senti.

ABON (D'). — Union maintient.

ACHARD DÉ BONVOULOIR. — Première devise : Bon renom et loyauté. — Deuxième devise : *Dulcis amor patria, ratione valentior omni*. — Le doux amour de la patrie est plus fort que toute raison.

ACHARD DE LE LUARDIÈRE. — Bon renom et loyauté. — *Armes :* D'azur au lion d'argent armé et lampassé de gueules, chargé de deux fasces de gueules alésées, brochant sur le tout.

ACHARD. — *Ex virtute nobilitas*. — La noblesse naît du courage.

ACHARD DE POMMIER. — *Ex virtute nobilitas*. — La noblesse naît du courage. — *Armes :* D'argent à trois fasces de gueules surmontées de six triangles de sable, clerchés et entrelacés deux à deux et bien ordonnés.

ACHARD DE LA VENTE. — Bon renom, loyauté.

ACHARD DE VOCOGNE. — Bon renom et loyauté.

ACHÉ DE LARREY (D'). — *Bellica virtus*. — La valeur guerrière.

ACHER DE MONTGASCON (D'). — *Morte reperiunt vitam*. — Par la mort ils retrouvent la vie.

ACHEY (D'). — Jamais las d'acher. — *Armes :* de gueules à deux haches d'or, adossées en pal.

ACIGNÉ (D') — *Neque terrent monstra.* — Les prodiges eux-mêmes ne les terrifient pas.

ADAM (DE VILLIERS DE LISLE). — Va outre !

ADHÉMAR (D'). — Plus d'honneur que d'honneurs. — *Légende : Lancea sacra.* — Lance sacrée.

ADORNE, ou ADORNO DE TSCHARNER. — *Restate uniti per esser forti.* — Restez unis pour être forts.

ADOUE DE SAILHAS. — Première devise : *Tendit ad ardua virtus.* — Le courage tend aux choses ardues. — Deuxième devise : Toujours doux.

AGEN (D'). — *Nisi Dominus custodierit.* — A moins que le Seigneur ne la garde. — *Armes :* De gueules au griffon d'or, tenant à ses pattes un écriteau portant ces mots : *Nisi Dominus custodierit*, à dextre d'un château d'argent.

AGLIÉ DE SAINT-MARTIN. — Sans départir.

AGNEAUX (DE SAINTE-MARIE D'). — *Fidelis fortisque simul.* — Fidèle et fort à la fois.

AGNEL DE BOURBON D'ACIGNÉ. — *Probitas, virtus et fidelitas.* — Probité, courage et fidélité.

AGOULT (D'). — *Avidus committere pugnam.* — Avide d'engager le combat. — Ancien dicton provençal : Hospitalité et bonté d'Agoult.

AGOULT DE BEAUVESIN (D'). — *Avidus committere pugnam.* — Avide d'engager le combat.

AGOULT DE VOREPPE (d'). — *Avidus committere pugnam.* — Avide d'engager le combat.

AGUADO DE LAS MARISMAS. — *Nigra sed formosa.* — Noire mais belle.

AGUT (d'). — *Sagittæ potentis acutæ.* — Les flèches acérées du puissant. — *Armes :* D'azur à trois flèches d'or, posées en pal et en sautoir les pointes en bas.

AIGLUN (de Rochas d'). — *Potius cruciari quàm dedecorari.* — Plutôt être torturé que déshonoré. — *Armes :* D'or à la croix de gueules, au chef d'azur chargé d'une étoile d'or.

AIGNAN (de Beauvilliers, de Saint-). — *In tuto del core.* — En toute chose du cœur. — Cette maison ducale est éteinte.

AIGREMONT (d'). — Toujours en croissant.

AIGUE (de l'). — En arrosant.

AIGUES (Cental de la Tour d'). — *Satiabor cum apparuerit.* — Je serai satisfait lorsqu'il sera apparu.

AIGUEBELETTE (Fabre de l'). — *Fide et securitate.* — Avec foi et sécurité.

AILLY (d'). — Anciens dictons Picards. — Premier dicton : Ailly, Mailly, Tanques, Créquy, tel nom, telles armes, tel cry. — Deuxième dicton : Pour les Créquy, Mailly, d'Ailly, tels noms, telles armes, tel cry.

D'où vient qu'on dict qu'armes parlantes
Ou sont bien bonnes ou bien méchantes.

DES AIMARS. — *Stimulis agitabit amaris.* — Il l'agitera avec des aiguillons amers.

AIMARS (Escalins des). — Par moi seul.

AIMOIS (Le Riche d'). — *Dives, multos numerabis amicos.* — Riche, tu compteras beaucoup d'amis.

AINEVAL (d'). — *Nescit labi virtus.* — Le courage ne sait pas broncher.

AISNE (d'). — *Impavidi fuimus.* — Nous avons été sans peur.

ALATRUYE. — Pense à ta fin.

ALBAN DE VILLENEUVE. — *Per hæc regnum et imperium.* — Par ces choses on règne et on domine. Armes : De gueules, fretté de douze hampes de lance d'or et semé d'écussons du même ; chargé d'un écu d'azur, à une fleur de lis d'or.

ALBANEY (d'). — *Alba me Domine.* — Blanchis-moi Seigneur.

ALBANS (de Bourg de Saint-). — *Lilium inter spinas.* — Parmi les épines le lis.

ALBERTAS (d'). — *Talis noster amor.* — Notre amour est tel.

ALBIGNAC (d'). — *Nihil in me nisi valor.* — En moi il n'y a rien que la valeur.

ALBIN (Corbeau de Saint-). — *Nil nisi virtute.* — Rien que par le courage.

ALBIS (d'). — *Albus in albis.* — Blanc parmi les blancs. — *Armes :* D'azur à un cygne d'argent, surmonté d'un croissant accosté de deux étoiles, le tout du même.

ALBON (d'). — *A cruce victoria.* — La victoire vient de la croix. — *Armes :* Écartelé au un et quatre de sable à la croix d'or, à deux et trois d'or au dauphin d'azur allumé, locré et peauté de gueules.

ALBRET (du Gout d'). — *Crucis sub arbore tutus.* — En sûreté à l'ombre de la croix.

ALBYVILLE (White d'). — *Semper inclyta vitus.* — Courage toujours renommé.

ALEN de Saint-Wolstons. — *Fortis et fidelis.* — Brave et fidèle.

ALESSO (d'). — *Charitatis opus.* — Œuvre de charité.

ALEXANDRE de Haldat. — *Præmium salutis Franciæ et regis.* — Récompense du salut de la France et du roi.

ALEXANDRE d'Hanaches. — Partout et toujours fidèle à Dieu et au roi.

ALEXANDRE du lys. — *Præmium salutis Franciæ et regis.* — Récompense du salut de la France et du roi.

ALEYRAC (de Salvaire d'). — *Sempre il re.* — Toujours le roi.

ALEZ (d'). — Allez comme allez.

ALIGNY (Quarré d'). — *Quadrati æquales undiquè recti.* — Des carrés bien faits sont droits de tous côtés.

ALINGES (d'). — Sans varier.

ALOIS. — *So de qui so.* — Je suis ce que je suis.

ALLAIS (Viton de Saint-). — *Semper, fuerunt semper.* — Toujours, ils furent toujours.

ALLEMAN de Montrigaud. — Première devise : Place, place à Madame. — Deuxième devise : *Tot in corde quot in armis.* — Autant dans le cœur que dans les armes. — Cette seconde devise est en parfait rapport avec les armes de cette maison qui sont : Semé de fleurs de lis d'or, à la bande d'argent brochant sur le tout.

ALLEMAND (d'). — Anciens dictons du Dauphiné. — Premier dicton : Parenté d'Allemand. — Deuxième dicton : *Arces, Varces, Granges et Commiers.* — Tels les regarde qui ne les ose toucher ; mais garde la queue des Allemand, des Béranger.

ALLEMANS (du Lau d'). — Vaillance mène à gloire.

ALLENO de Saint-Allouarn. — *Mad è quelen è peb amzer.* — Un conseil est bon en tout temps.

ALLONVILLE (d'). — Tout pour l'honneur.

ALMAZAN (de Guignard de Saint-Priest d'). — *Esse quam videri.* — Plutôt être que paraître.

ALMONT (Chevalier d'). — *Honor et fides.* — Honneur et foi.

ALNOS (Daudé d'). — *Deo dati.* — Donnés par Dieu.

ALRICS (des). — Tant qu'il luira. — *Armes :* Tiercé en fasce, au premier d'argent au soleil de gueules, au deuxième de gueules au chevron d'or, accompagné de trois croisettes pattées de même, au troisième d'or semé de fleurs de lis et de tours d'azur.

ALTVILLARS (d'). — Première devise : *Nube altius.* — Plus haut qu'un nuage. — Deuxième devise : *Halaac!* — *Armes :* D'argent à l'aigle éployée de sable, becquée, membrée et couronnée de gueules.

ALVÈRE (de Lostanges de Sainte). — *Fortitudine et sapientiâ.* — Par force et sagesse.

ALVISET de Maisières. — *Rex et virtus.* — Le roi et le courage.

ALSACE (Hennin-Liétard d') — Seul contre tous. — Le 26 octobre 1736, l'empereur d'Allemagne accorda à la maison d'Alsace Hennin Liétard le titre de prince du Saint-Esprit. Le 2 mars 1828, le roi Charles X conféra le même titre à cette famille.

ALZON (d'). — *Deo dati.* — Donnés par Dieu.

AMAZY (de Bouez d'). — Noblesse et droiture.

AMBEL (d'). — *Sed virtus nescia frangi.* — Mais le courage ne peut être brisé.

AMBERT (de Merle d'). — *Spes mea Deus.* — Dieu est ma seule espérance.

AMBLY (d'). — Première devise : *Non divitias sed honorem insequor.* — Je recherche l'honneur et non les richesses. — Deuxième devise : *Dambelitii semper et ubique catholici.* — Les d'Ambly toujours et partout catholiques. — Troisième devise : *Vig. vir. cus. hon. Dam.* — Premier sens : *Vigilantia virtutis custodit honorem Dambelitiorum.* — La vigilance de la vertu garde l'honneur des d'Ambly. — Deuxième sens : *Vigilo, viresco, custodio, honoro, damno.* — Première traduction : Je veille, je grandis, je garde, j'honore, je condamne. — Deuxième traduction : Je mûris par ma garde, j'honore par ma peine. — Troisième sens : *Vigilat virtus custodit honor Dambelitii.* — La valeur des d'Ambly réveille et leur honneur garde. — Quatrième sens : *Vigilentiâ virginem, cuspide honoro Damas.* — Par mon respect j'honore la Vierge, par ma lance les bêtes fauves. — Cinquième sens : *Vigilavit virtus, custodivit honor Damascum.* — Ma vertu a veillé sur Damas et mon honneur l'a gardée. — Quatrième devise: *Deum timete, regem honorificate.* — Craignez Dieu, honorez le roi. — Cinquième devise : *Deo et regi.* — A Dieu et au roi. — Sixième devise : *Angoulevent.* — Contre le vent. — La première devise des d'Ambly fut adoptée par François d'Ambly, marquis des Ayvelles, aide de camp du duc de Vendôme. La deuxième devise fut prise par tous les d'Ambly, en Champagne, en Lorraine et en Franche-Comté, à l'époque des guerres de religion ; elle leur avait été donnée par un moine de leur famille, confesseur du duc de

Guise, sous la Ligue. Toutes les interprétations de la troisième devise font allusion soit aux armes de la maison d'Ambly, qui sont : D'argent à trois lions de sable lampassés de gueules ; soit plutôt à diverses circonstances de son histoire et aux traits de courage, d'honneur, de vertu, de plusieurs de ses membres, surtout en Terre-Sainte. Parmi ceux qui portèrent cette devise, citons d'abord Jean-Louis d'Ambly, enseigne de gardes-du-corps du roi, tué à la bataille de Senef, après des prodiges de valeur, et Jean d'Ambly, major des chevau-légers, du duc Charles de Lorraine, tué à Hombourg, à peu près à la même époque. La quatrième devise fût portée par François d'Ambly, aumônier du roi Henri III, en Pologne et en France. La cinquième devise si commune dans la noblesse de France, fut prise par beaucoup de d'Ambly, sous Louis XIV et Louis XV. La sixième devise est portée dans cette famille depuis Louis IX ; Régnault d'Ambly qui avait battu les Sarrasins, à la croisade, malgré les vents contraires, reçut le surnom d'*Angoulvent*, du roi saint Louis.

AMBOISE d'Aubijoux. — Première devise : *Telis opponit acumen.* — Aux traits il oppose sa pointe — Deuxième devise : *Nec me labor iste gravabit.* — Ce labeur ne m'accablera pas.

AMBREVILLE (d'). — *Per ardua gradior.* — Je marche à travers les difficultés.

AMBROIS (d'). — *Sancte Ambrosi, tui sumus.* — Saint Ambroise, nous sommes tiens.

AMBRUGEAC (DE VALON D'). — *Meriti honores.* — Honneurs mérités.

AMÉCOURT (DE PONTON D'). — Ayde à autruy, Dieu t'aydera.

AMIGUET DE VERNON (D'). — *Vernum semper viret.* — Le printemps fleurit toujours.

AMYOT DE MOYENCOURT. — Plutôt mourir que se salir. — *Armes :* D'azur à trois fasces d'or, à la bande d'argent chargée de trois hermines de sable, posées dans le sens de la bande. — Supports : Deux hermines au naturel avec colliers herminés.

AMYS DU PONCEAU. — *Virtus et fidelitas.* — Courage et fidélité.

ANCELOT. — *Spes et solatium.* — Espérance et consolation. — Devise donnée par le roi Louis XVIII à monsieur Ancelot, membre de l'Académie française, etc., etc., en même temps que des lettres de noblesse.

ANCENIS (D'). — *Folium ejus non defluet.* — Sa feuille ne tombera pas. — *Armes :* De gueules à trois quintefeuilles d'hermines.

ANCENIS (DE RIEUX D'). — Tout un.

ANDELOT (D'). — Les combats sont mes ébats.

ANDIGNÉ (D'). — *Aquila non capit muscas.* — L'aigle ne prend pas des mouches.

ANDIGNÉ DE SAINT-GEMME (D'). — *Aquila non capit muscas.* — L'aigle ne prend pas des mouches.

ANDIGNÉ DE LA BLANCHAYE (d'). — *Aquila non capit muscas* — L'aigle ne prend pas des mouches.

ANDIGNÉ DE LA CHASSE (d'). — *Aquila non capit muscas.* — L'aigle ne prend pas des mouches.

ANDIGNÉ DE RESTEAU (d'). — *Aquila non capit muscas.* — L'aigle ne prend pas des mouches. — *Armes :* D'argent à trois aigles de gueules, becquées et membrées d'azur.

ANDRÉ (Conen de Saint-). — Qui est sot à son dam. — Le mot dam signifie préjudice.

ANDRÉ DE CHAMPEAUX. — Sans venin.

ANDRÉE DE RENOUAD (d'). — Je crois pour être utile.

ANGE (de l'). — Première devise : *Hàc ad illam.* — Par là vers elle. — Deuxième devise : *Nomine l'ange et homine.* — Il est ange par le nom et ange en réalité.

ANGELIN. — A jamais.

ANGELIN DE CHAMPLENEYS. — A jamais.

ANGER, ou ANGIER DU PLESSIAUGER. — *Fides.* — Foi.

ANGERVILLE (d'). — *In his renascimur omnes.* — Nous renaissons tous en eux.

ANGOSSE (d'). — *Deo duce, comite gladio.* — Sous la conduite de Dieu et la garde de mon épée. — *Armes :* D'azur à trois épées d'argent rangées en pal, les pointes en haut ; au chef d'or chargé d'un cœur de gueules, acosté de deux merlettes de sable et couronnées d'argent.

ANGOULVENT. — *Vorat*. — Il dévore.

ANGLADE (D') ou DANGLADE. — Faisons bien, laissons dire.

ANGLAS (Boissy d'). — Fais bien et laisse dire.

ANGLURE DE BOURLEMONT (D'). — *Juravit Dominus David veritatem.* — Le Seigneur a juré à David la vérité.

ANGLURE (Cardon d'). — Ne crains rien.

ANSTRUDE (D'). — *Periissem ni periissem.* — J'aurais péri, si je n'avais péri.

ANTIGNATE (D'). — *Lilium sustinuit.* — Il a soutenu le lis.

ANTIGNY (DE Damas d') — *Et fortis et fidelis.* — Et brave et fidèle.

ANTONELLE. — *Ex hoc in illud.* — De ceci en cela.

ANTONIS DU HASOY. — *In Sanctis confido.* — Je me confie aux Saints.

APPLAINCOURT (D'). — Première devise : *Crucibus salus et lumine.* — Le salut est dans les croix et la lumière. — Deuxième devise : Alors comme alors.

APPLAINCOURT (DU Maisniel d'). — *Os ad hostem* — Le visage vers l'ennemi.

ARAMON (DE SAUVAN D'). — *Salvum Deus faciet.* — Dieu donnera le salut.

ARANDEL (D') ou DARUNDEL DE CONDÉ. — *Deo date.* — A Dieu donnez.

ARBALESTE DE VILLARGEAULT. — *Domine, ut videam !* — Seigneur, que je voie !

ARBALESTRIER DE MONTCLAR. — Le coup n'en faut.

ARBAUD DE JOUQUES (D'). — Première devise : *Mihi nascitur et perit ira.* — Chez moi naît et périt la colère. — Deuxième devise : *Semper fidelis.* — Toujours fidèle.

ARBLADE (D'). — *Crescit eundo.* — Elle croit en marchant.

ARC (JEANNE D'). — Première Devise : *Virgo regnum mucrone tuetur.* — La vierge protège le royaume avec l'épée. — Deuxième devise : *Regem eduxit labyrintho.* Elle délivra le roi du labyrinthe. — Troisième devise : *Invito funere vivet.* — Malgré la mort elle vivra. — Quatrième devise : *Mares hæc fœmina vincit.* — Cette femme a vaincu les hommes.

ARCEL (D'). — L'honneur y git.

ARCES (D'). — Première devise : Le tronc est vert, les feuilles sont arces. — Deuxième devise : Ni duc, ni prince ne veux être. — Anciens dictons du Dauphiné : Premier dicton : Charité d'Arces. — Deuxième dicton : *Arces, Varces, Granges et Commiers,* tel les regarde qui ne les ose toucher.

'ARCES DE RÉAUMONT. — M'a piqué la plus belle.

ARCET (D'). — *Virtus, labor, honos.* — Courage, travail, honneur.

ARCHAMBAULT (DE BOURBON L'). — Je ne le quitte à nul autre

ARCHAMBAULT DE LANGUEDOUE. — *In armis leones.* — Des lions en armes.

ARCHER (L'). — Le coup n'en faut. — *Armes:* De gueules à trois flèches d'argent.

ARCINE (COLLOMB D'). — *Deo duce comite virtute.* — Avec l'aide de Dieu et la garde de la vertu.

ARDANI (D'). — L'honneur y gist.

ARDRES DE COURTEVILLE. — Pour jamais de Courteville.

AREL DE KERMARQUER. — L'honneur y gist.

ARGENSON (LE OU DE VOYER DE PAULMY D'). — Première devise : *Vis et prudentia vincunt.* — La force et la prudence l'emportent. — Deuxième devise : *Major famâ.* — Plus grand que la renommée.

ARGENTAYE (RIOUST DE L'). — *Cantat pugnatque vicissim.* — Il chante et combat tour à tour. — *Armes:* D'azur au coq d'argent crêté et membré de gueules, accompagné de trois étoiles d'or.

ARGENTEUIL (LE BASCLE D'). — *Sinè macula macla.* — Des macles sans tache. — *Armes:* d'argent à trois macles de gueules.

ARGENTRÉ (D'). — *Porta cœli, crux.* — La porte du ciel c'est la croix. — *Armes:* D'argent à la croix pattée d'azur.

ARGILLÈRES (D'). — *Me decet augustum pignus virtutis avorum.* — L'auguste gage du courage de mes ayeux me plait. — Cette devise se lisait avant la révolution de 1789 sur les vitraux et sur les tombes des principaux membres de cette famille, dans l'église de Clermont en Beauvaisis.

ARGIOT DE LA FERRIÈRE. — *Pro rege meo, sanguis meus.* — Pour mon roi, mon sang.

ARIAN (DE SABRAN D'). — *Noli irritare leonem.* — Veuillez ne pas irriter le lion. — *Armes:* De gueules au lion d'argent. *Alias* : au lion d'or.

ARLHAC (D'). — Première devise : *Nasci, laborare, mori.* — Naître, travailler, mourir. — Deuxième devise : *Illis semper fidelitas.* — Pour eux toujours la fidélité. — La maison d'Arlhac est originaire de Suisse, où elle s'appelait primitivement d'Erlhac; ses armes étaient : de gueules, au pal d'argent, chargé d'un chevron de sable, avec la devise : *Nasci, laborare, mori.* — Pierre d'Arlhac servait en qualité d'écuyer dans l'armée de Jean-le-Bon; il fut créé baron pour un brillant fait d'armes à la bataille de Poitiers, par le Dauphin (depuis Charles V). Il reçut en outre de ce prince le droit de porter en chef d'honneur, sur son écusson : de gueules aux deux lis d'argent, avec cette devise : *Illis semper fidelitas*, devise que la maison d'Arlhac a exclusivement conservée.

ARLOZ (d') ou D'ARLOS. — *Nobilis, miles, potens.* — Noble, soldat, puissant.

ARMAND. — *Regi Armandus et legi.* — Qui s'arme pour le roi et la loi.

ARMISSAN (de Chefdebien d'). — *Dux fui, sum et ero.* — Je fus chef, le suis et le serai.

ARMUET DE BONREPOS. — Première devise : *Deum time.* — Crains Dieu. — Deuxième devise : *Arma mihi requies.* — Mon repos est dans les armes.

ARMUON DE LATOUR. — *Turris pro rege.* — Tour pour le roi. — *Armes* : De gueules à la tour d'argent.

ARMYNOT DU CHATELET. — *Armis notus.* — Renommé par les armes.

ARNAUD (Baculart d'). — *Datur laurea vincenti.* — Le laurier se donne au vainqueur.

ARNAUD DE L'ESTANG. — *Apris coram rege captis.* — Sangliers pris devant le roi.

ARNAUD. — *Mihi adhærere Deo bonum est.* — Mon bien c'est d'être attaché à Dieu. — On lit cette devise écrite par le Docteur en Sorbonne sur son bréviaire; il la portait également gravée en-dessous de ses armes.

ARNAULD DE NIBLES (d'). — *Eo dulcior quo fortior.* — D'autant plus doux qu'il est plus fort.

ARNAULD DE VITROLLES (d'). — *Eo dulcior quo fortior.* — D'autant plus doux qu'il est plus fort.

ARNOULT DE BERRY. — *Libertas!* — Liberté!

AROD DE LA FAY (d'). — Sans rien feindre.

ARUNDEL (d'), ou D'ARANDEL DE CONDÉ. — *Deo date.* — A Dieu donnez.

ARTAUDIÈRE (DE LA PORTE DE L'). — Pour elle tout mon sang. — *Armes :* De gueules à la croix d'or.

ARTHUYS (d'). — Franc au roi suis.

ARTHUYS DE CHARNISAY (d'). — Franc au roi suis.

ARTHUYS DE VAUX (d'). — Franc au roi suis.

ARVILLARS (d'). — Ancien dicton du Dauphiné : Visage d'Arvillars.

ASNENS DE DELLEY. — *Jussu Domini Dei.* — Par l'ordre du Seigneur Dieu.

ASSAILLY (d'). — *Terris altius.* — Plus haut que la terre. — *Armes :* D'azur à trois lis au naturel posés deux et un.

AUBERS (BLONDEL d'). — *Cruce et ense.* — Par la croix et l'épée.

AUBÉRY (d'). — *Sustinent imperium virtus et lancea.* — Le courage et la lance soutiennent l'empire.

AUBIER DE LA MONTEILLE. — *Unguibus et rostro fidelis.* — Avec les ongles et le bec fidèle.

AUBIGNAN (DE SÉGUINS d'). — Première devise : *Sola*

salus servire Deo. — Le seul salut est de servir Dieu. — Deuxième devise : *Tendit ad sidera virtus.* — Le courage élève jusqu'aux astres. — Troisième devise : *Servire Deo regibusque suis.* — Servir Dieu et ses rois.

AUBIGNY (Lennox d') — En la rose je fleuris.

AUBIJOUX (Amboise d'). — Première devise : *Telis opponit acumen.* — Il oppose sa pointe aux traits. — Deuxième devise : *Nec me labor iste gravabit.* — Ce labeur ne m'accablera pas.

AUBIN DU PLUMELEC (de Saint-). — *Transfixus et non mortuus.* — Transpercé mais non mort.

AUBIN (Villaines de Saint-). — *Dum spiro spero.* — Tant que je respire, j'espère.

AUBREMÉ (d'). — *Regi et Patriæ.* — Au roi et à la patrie.

AUBUISSON (d'). — L'honneur est mon seul guide.

AUDEBERT. — *Levant hæc pondera cives.* — Les citoyens soulèvent ces poids. — Jacques Audebert, maire de la ville de Poitiers en 1640, choisit cette devise, que ses descendants continuèrent à porter.

AUDIFFRET (d'). — *Virtus omni obice major.* — Le courage est plus grand que tout obstacle.

AUDIFFRET DE VÉNASQUE (d'). — *Virtus omni obice major.* — Le courage est plus grand que tout obstacle.

AUDIGIER (D'). — Première devise : *Noi a falhimen.*
— Point de mensonge. — Deuxième devise : *Avorum non moritura virtus.*—Courage immortel des ancêtres. La première des devises de cette maison se compose de trois mots en vieille langue provençale, qui se trouvaient dans un discours adressé en 1216, aux portes d'Avignon, aux comtes Raymond VI et Raymond VII, de Toulouse, par Arnaud d'Audigier, homme sage et noble cœur, né à Avignon de très-haute parenté, dit la *Chronique sur la Croisade contre les Albigeois*, traduite par M. Fauriel.

AUFFRERY (DU BOURG D'). — Une foy, un roy, une loy.

AUGÉCOURT (LE FROTTER ou LE FROTER D'). — *Nil conscire sibi.* — N'avoir point de remords.

AUGUSTIN (D'). — *Cominus et eminus.* — De près et de loin. — *Armes :* De sable à la fasce d'or, accompagné de trois hérissons de même.

AULAN (DE SUAREZ D'). — Première devise : *Mas alto.* — Plus haut. — Deuxième devise : *Uni cuique sua res.* — A chacun son dû.

AULNIS (D'). — Prudence et fidélité.

AULPS (DE BLACAS D'). — *Pro Deo, pro rege.* — Pour Dieu, pour le roi.

AUMONT (DE VILLEQUIER D'). — *Uni militat astro.* — Il combat pour un seul astre.

AUNAY (LE PELETIER D'). — *In cruce spes et robur.* — Dans la croix espérance et force. — *Armes :* D'azur à une croix pattée d'argent chargée en cœur d'un chevron de gueules, accompagnée en chef de deux molettes de sable et en pointe d'une rose de gueules.

AURAISON (d'). — Ancien dicton de Provence : Ingéniosité d'Auraison.

AURIOL (d'). — Je le ferai. — Cette devise n'est portée que par la branche de la maison d'Auriol réfugiée en Suisse depuis la révocation de l'édit de Nantes.

AUTEUIL (de Combauld d'). — Je ne le quitte à nul autre.

AUTICHAMP (de Beaumont d'). — Première devise : Amitié de Beaumont. — Deuxième devise : *Impavidum ferient ruinæ.* — Les ruines le frapperont sans qu'il tremble (Cette devise est tirée d'une ode d'Horace).

AUTIER DE VILLEMONTÉE. — *Nec dura, nec aspera terrent.* — Ni dureté, ni aspérités ne l'épouvantent.

AUTRET DE KERMABON. — *Dré ar mor.* — A travers la mer.

AUTRET DE MISSIRIEU. — *Dré ar mor.* — A travers la mer.

AUVERS (Morin de Prétot d'). — *Fortis fidelisque simul.* — Fort et fidèle en même temps.

AUVRAY DE COURSANNE. — *Semper armatus in hostem.* — Toujours armé contre l'ennemi.

AUVRAY DE LA BATAILLE. — *Semper armatus in hostem.* — Toujours armé contre l'ennemi.

AUVRAY DE LA GONDONNIÈRE. — *Semper armatus in hostem.* — Toujours armé contre l'ennemi.

AUVRAY DE SAINT-RÉMY. — *Semper armatus in hostem.* — Toujours armé contre l'ennemi.

AUXILLON (d') ou DAUXILLON. — *Auxilium meum à Domino.* — Mon secours vient du Seigneur.

AUXŸ. — Et toi Auxÿ. — A la bataille d'Azincourt, six chevaliers de l'antique maison d'Auxÿ se trouvaient présents ; tous six étaient, après des prodiges de valeur, restés sur le champ de bataille, lorsque le prince, depuis le roi Charles VII, conféra selon l'usage, la chevalerie à quelques hommes d'armes. Comme le prince étendait son épée vers les survivants, il vit le dernier des d'Auxÿ se soulever à ses côtés ; il ajouta en avançant son épée vers le sire de cette maison : « Et toi Auxÿ ». Ces mots commémoratifs sont restés la devise de cette maison.

AUZONVILLE (d'). — *Virtus, honor.* — Courage, honneur.

AVAIZE (de Delley d'). — *Jussu Domini Dei.* — Par l'ordre du Seigneur Dieu.

AVARAY (de Bésiade d'). — *Vicit iter durum pietas.* — La piété surmonte la route la plus dure. — Cette maison, originaire du Béarn, vint s'établir dans l'Orléanais vers l'an 1650 ; elle reçut le titre de duc héréditaire, le 7 août 1817.

AVAUGOUR (d'). — *Utimur !* — Nous usons !

AVENAS (Guillin d'). — *Ibunt undiqué.* — Ils iront de tous côtés.

AVENAYS (d'). — *Deduc me, Domine, in viâ tuâ.* — Conduisez-moi, Seigneur, dans votre voie.

AVÈNE (d'). — *Tenui meditatur avenâ.* — Il prélude sur un léger chalumeau.

AVENNES. (d') — *Fortis simul et prudens.* — Brave et en même temps prudent.

AVESNE DES MÉLOIZES (Renaud d'). — Droit partout.

AYMOUR (de Caix de Saint-). — Première devise : *Fortior in adversis.* — Plus brave dans l'adversité. — Deuxième devise : *Valor, virtus et fides.* — Valeur, courage et foi.

AYVELLES (des). — *Aio velle, aio velle.* — Je dis vouloir, je dis vouloir.

AZANNE (d'). — *Auspicium terris hæc domus habet, manet altera cœlis.* — Cette maison a de l'avenir sur la terre, elle en a un autre dans le ciel.

AZOLETTE (de la Croix d'). — *In cruce salus.* — Dans la croix le salut.

AZY (Benoist d'). — *Benefacientes benedicti.* — Bénis soient les bienfaisants.

B

BABINET. — *Licet major, semper idem.* — Il peut devenir plus grand, mais c'est toujours le même.

BABINET DE RANCOGNE. — *Licet major, semper idem.* — Il peut devenir plus grand, mais c'est toujours le même. — Cette maison a continué de porter cette devise qui fut choisie par Pierre-Mathieu Babinet, seigneur de Rancogne et de Chaume, maire de la ville de Poitiers de 1727 à 1731.

BACCARAT (Gaillard de). — *Deus et honor.* — Dieu et honneur.

BACHASSON (de). — Paix et peu.

BACHELIER (de). — *Propios ostentat honores.* — Il montre les honneurs qui sont à lui.

BACHET (de). — *Nescit labi virtus.* — Le courage ne sait broncher.

BACHIMONT (de Lamire de). — *Virtutis regula miræ.* — Modèle de courage admirable.

BACULART D'ARNAUD. — *Datur laurea vincenti.* — Le laurier se donne au vainqueur.

BAGLION DE SAILLANS (DE). — *Omne solum forti patria est.* — Pour le brave tout pays est patrie.

BAHUNO DU LISCOËT (DU). — Plutôt rompre que ployer.

BAILE (DE) ou DE BAYLE. — Qui croit en Dieu, croit.

BAILE. — *Virtus et ensis.* — Courage et épée.

BAILLANCOURT (COURCOL DE). — *Fulmina et astra.* — Foudres et astres.

BAILLET (DE). — *Non omnibus idem.* — N'est pas le même pour tous.

BAILLEUL (DE GOMBERT DE). — *Simplex et fidelis.* — — Simple et fidèle.

BAILLIF DE COËTJUNVAL (LE). — *Meruere coronam.* — Ils ont mérité la couronne. — *Armes :* D'azur à deux estamaux ou orceaux d'or, couronnés de même.

BAILLIVY (DE POTIER DE). — *Dextera fecit virtutem, dextera salvabit me.* — Ma droite a fait mon courage, ma droite me sauvera.

BAINS DE BANISY. — *Peregrinatio et militia.* — Voyage et guerre.

BAISSEY (DE). — Assez monte qui s'abaisse.

BAISSEY (DE). — *Vive ut post vivas.* — Vis, afin que tu vives plus tard.

BAYARD DU TERRAIL. — Sans peur et sans reproche.

BAYERS (DE LA ROCHEFOUCAULD DE). — C'est mon plaisir.

BAYGNAN DE LA JOMMERAYE.
> Je scay sans doutance
> Au poine sans offense.

BALBIAN DE VIAL. — *Prœvide futura.* — Prévois l'avenir.

BALESTRIER (DE). — *Vis virtute victa.* — La force ramène par le courage.

BALINCOURT (TESTU DE). — *Vis leonis.* — Force de lion. — *Armes :* D'or a trois lions léopardés l'un sur l'autre de sable, lampassés et armés de gueules, le second contrepassant.

BALLUÈRE (DE LAUNAY DE LA). — Tout pour Dieu et l'honneur.

BALLYHIGUE (CANTILLON DE). — *Fortis in bello.* — Brave à la guerre.

BALME (DUPORT DE LA). — *Cingit et obstat.* — Il entoure et s'oppose.

BALME D'ANDRENET (DE LA). — Éternité.

BALME DES MARES (DE LA). — Sans espoir.

BANAINVILLE (DE PHÉLIPPES, OU DE PHÉLIPES DE). — Je me contente.

BANGE (Ragon de). — *Bonorum operum gloriosus fructus.* — Fruit glorieux des bonnes œuvres.

BANISY (Bains de), — *Peregrinatio et militia.* — Voyage et guerre.

BANNAY (Orye de). — *Ubi non ascendam ?* — Où ne monterais-je point ?

BANNES (Duport de). — *Cingit et obstat.* — Il entoure et s'oppose.

BANVILLE (de). — *Dam aye, Diex el volt.* — Cette maison porte cette devise depuis Guillain de Banville, qui accompagna Guillaume-le-Conquérant à la conquête de l'Angleterre. — Le fils de Guillain de Banville suivit le duc Robert en Orient; en souvenir de ce voyage d'outre-mer, il prit cette glorieuse devise : *Vellus peltastis in Jerusalem assumpsi et non dimittam, ni in monte Sion.* — J'ai pris pour mes guerriers des habits de laine à Jérusalem et je ne les leur ferai quitter que sur la montagne de Sion.

BAPTENDIER (de). — *Durat cum sanguine virtus avorum.* — Le courage des aïeux dure autant que leur race.

BAR (de). — *Inter sidera crescet.* — Il croîtra parmi les astres.

BAR DE LAGARDE (de). — *Inter sidera crescet.* — Il croîtra parmi les astres.

BARACÉ (d'Estriché de). — *Nullibi non victor et triumphans.* — Partout vainqueur et triomphant.

BARACÉ DE SÉNONNES (DE LAMOTE DE). — *Lenitati fortitudo comes.* — Bravoure unie à douceur.

BARAIL (LE PRÉVOST DU). — *Votum Deo regique vovit.* — Il a fait vœu à Dieu et au roi.

BARAIN (DE FYOT DE). — *Dum nascor fio, fioque dum morior.* — En naissant je prends l'être et je prends l'être en mourant.

BARBENTANE (DE ROBIN DE). — *Piu forte nel' aversita.* — Plus fort que l'adversité.

BARBEREY (DE) — *In spem, contra spem.* — En espérant contre l'espérance.

BARBIER. — Noble deux fois par une porte et une fois par les deux autres. — *Armes :* D'or à trois portes de gueules parsemées de fleurs de lis d'argent. — Cette maison fort ancienne est des lignages de Verdun, en Lorraine : on sait que les portes figurent ces familles.

BARBIER DE KERJEAN. — *Var va buez.* — Sur ma vie.

BARBIER DE LAUVERNEN (LE). — Sur ma vie.

BARBIER DE LESCOËT (LE). — Sur ma vie.

BARDONENCHE (DE), ou BRADONÊCHE (DE). — *Tutum forti præsidium virtus.* — Le courage est un refuge assuré pour le brave.

BARENTIN (DE). — A moi ne tienne.

BARET DE ROUVRAY. — Tout à Dieu et au roi.

BARGE (Charrier de la). — *Semper in orbitâ.* — Toujours dans l'orbite. — *Armes* : D'azur à la roue d'or.

BARGEMONT (de Villeneuve de). — *Per hæc regnum et imperium.* — Par ces choses, règne et domination. — Épithète donnée par le roi René: Libéralité de Villeneuve.

BARIZIEN (Collin de). — *Collis non timet montem neque comes ducem.* — La colline ne craint pas la montagne, ni le comte le duc.

BARLES (Péruzzis de). — *Datum de super.* — Donné d'en haut.

BARON. — *Meriti fiducia tanta est.* — Tant est grande la confiance du mérite.

BARONAT (de), ou DE BARONNAT. — Vertu à l'honneur guide.

BARQUIER (de). — *Dulce est pro patria mori.* — Il est doux de mourir pour la patrie.

BARRAS (de). — Ancien dicton provençal : *Fallace et malice de Barras.* — Devise : Vaillance de Barras.

BARRE (Fabry de la). — *Candidè et securè.* — Avec candeur et sécurité.

BARRE (Mirieu de la). — *Calamitum Burdigalæ et Aquitaniæ provinciæ reparator.* — Réparateur des calamités de Bordeaux et de la province d'Aquitaine.

BARRE (de Radeval de Selletot de). — *Virtus omnia in se habet.* — Le courage a tout en lui.

BARRES (des). — *Ad superos tandem stemmata penna vehit*. — Mon aile porte jusqu'aux dieux mon antique noblesse.

BARRET (de). — *Dominus providebit*. — Le Seigneur pourvoiera.

BARRIÈRE (d'Ecravayat de la). — *Pro Deo et virtute*. — Pour Dieu et la vertu.

BARRUEL (de). — *Virtute altius sideris*. — Plus élevé que les astres par la vertu.

BARRUEL DE SAINT-PONS (de). — *Virtute altius sideris*. — Plus élevé que les astres par la vertu.

BARSCAOU (de). — Temporiser.

BARTHÉLEMY (de). — *Quod natura dedit, tollere nemo potest*. — Personne ne peut enlever ce que la nature a donné.

BARTHÉLEMY D'HASTEL (de). — *Quod natura dedit, tollere nemo potest*. — Personne ne peut enlever ce que la nature a donné.

BARTHELIER (de). — *Cœli enarrant gloriam Dei*. — Les cieux racontent la gloire de Dieu.

BARTILLAT (Jehannot de). — *Transit fama, ni renoventur labores*. — La gloire s'éteint si les exploits ne se renouvellent.

BARTON, ou BARTHON DE MONTBAS. — Sans y penser.

BARVILLE DE SAINT-GERMAIN (de). — Soldat et brave.

BASCHI DU CAYLA (de). — *Potius mori quàm fœdari.* — Plutôt mourir que se souiller.

BASCLE D'ARGENTEUIL (le). — *Sinè maculâ macla.* — Macles sans tache. — *Armes:* D'argent à trois macles de gueules.

BASEMON (de). — Première devise : *Estote prudentes sicut serpentes, simplices sicut columbæ.* — Soyez prudents comme des serpents, simples comme des colombes. — Deuxième devise : *Prudens simplicitas.* — Simplicité prudente. — Troisième devise : *Prudentè simplicitè.* — Prudemment, simplement. — *Armes:* D'azur à deux serpents d'or, adossés, tortillés et entrelacés en triple sautoir, au chef cousu de gueules, chargé d'une colombe d'argent membrée d'or.

BASSABAT DE POURDIAC. — Il m'est fidèle.

BASSANO (Maret de). — *Quod non deleverit ætas.* — Que ne détruirait le temps. — *Armes:* Coupé, au premier tiercé en pal d'or, de gueules et d'argent; du deuxième, de gueules à la main ailée d'or, écrivant avec une plume d'argent; sur le tout d'argent, à la colonne de granit surmontée d'une couronne de chêne au naturel et accompagnée de deux lions de gueules affrontés et rampant contre la colonne; au chef ducal. — Cette devise a été donnée par Napoléon Ier à Hugues-Bernard Maret, duc de Bassano, le 29 septembre 1809; elle a rapport aux armes de cette maison et rappelle la main qui envoyait au monde entier (le duc de Bassano était ministre des relations extérieures) la nouvelle des victoires et conquêtes de l'empereur Napoléon Ier.

BASSERODE (LE PRÉVOST DE). — Rhodes! Rhodes!

BASSET. — *Valentior omni fortuna animus.* — L'énergie est plus forte que la fortune.

BASSOMPIERRE (DE). — *Quod nequeunt tot sidera præstat.* — Ce qu'ils ne peuvent l'emporte sur tant d'astres.

BASTARD (DE). — *Cunctis nota fides.* — Bonne foi connue de tous. — Devise concédée par le roi Charles VII.

BASTINES (DE COLOMB DE). — *En fedelta finira la vita.* — Ma vie finira dans la fidélité.

BATAILLE (DE). — *Ex bello pax.* — De la guerre, la paix.

BATAILLE DE JAUCOURT (DE). — Vertu me guide, honneur me conduit. — *Armes :* De sable à deux léopards rampant d'or.

BATAILLE DE MANDELOT. — Bataille pour Dieu. — *Armes :* D'argent à trois flammes de gueules, mouvantes de la pointe de l'écu.

BATEMAN (DE). — *Sidus adsit amicum.* — Qu'un astre ami me favorise.

BATEMIN (DE). — *Nec prece, nec pretio.* — Ni par prières, ni par dons.

BATIE (PUY DE LA). — Ne peur, ne mal.

BATILLY (POTERAT DE). — *Prosperat tutè.* — Il prospère en sûreté.

BAUD (BESCHARD OU BÉCHARD DE SAINT-). — *Memorare novissima tua.* — Souviens-toi de ta dernière fin.

BAUD (de Guernizac de). — *Ped bepret*. — Prie sans cesse.

BAUDARD DE SAINT-JAMES. — A beau dard noble but.

BAUDOIN DE LA BUSSONIÈRE. — *Ubi crux, ibi patria*. — La patrie est où est la croix. — *Armes* : De gueules à la croix pattée d'or.

BAUDRY DES LOZIÈRES. — *Læsus sed invictus*. — Blessé, mais invaincu.

BAUFFREMONT (de). — Ancien adage Bourguignon : Li Bauffremont, li bons larrons. — Devise : Dieu aide au premier chrestien. — Légende : Plus de deuil que de joie. — Cette maison, originaire de la haute Lorraine, établie depuis 1220 dans les deux Bourgognes, reçut le titre de prince de l'empire, le 8 juin 1757, puis le titre de duc, par ordonnance du roi Louis XVIII, le 13 août 1817.

BAUGÉ (de la Ville de). — Tiens ta foy.

BAULX (de). — Ancien dicton provencal : Inconstance de Baulx.

BAUME MONTFALCONNET (de la). — Là ou ailleurs.

BAUME MONTREVEL (de la). — La Baume!

BAUME PLUVINEL (de la). — L'honneur guide mes pas.

BAUME SUZE (de la). — *Dulce et decorum est*. — Il est doux et glorieux.

BAUSSEN (Labina de). — *Deo et regi.* — A Dieu, au roi.

BAUSSET (de). — *Sola salus servire Deo.* — Le seul salut est de servir Dieu.

BAY (de Montfort de). — On ne me prend pas.

BAYANE (de Latier de). — Première devise : La foy, le roy, la loy. — Deuxième devise : Pour trois.

BÉARN (de Galard de Brassac de). — *Invia nulla via.* — Nulle voie impraticable.

BEAUCHAMP (de). — *In scopulis virtus.* — Courage dans les écueils.

BEAUCHEMIN (de Willot de). — *Is mihi pro aris et rege animus.* — Tel est mon courage pour l'autel et le roi.

BEAUCORPS (de). — Fiez-vous-y.

BEAUCORPS CRÉQUY (de). — Première devise : Fiez-vous-y. — Deuxième devise : Nul s'y frotte.

BEAUCOURROY. — *Major in prœliis.* — Plus grand dans les combats.

BEAUFORT (de Gouyon de). — Liesse à Gouyon !

BEAUFFORT (de). — *In bello fortis.* — Brave à la guerre.

BEAUFFORT SPONTIN (de). — *In bello fortis.* — Brave à la guerre.

BEAUFFORT (Lefèvre de). — *Dedit hæc insignia virtus.* — Le courage nous a donné ces insignes.

BEAUFRANCHET (de Pelet de). — Première devise : *Bello Franci.* — Francs à la guerre. — Deuxième devise : *Fideles contra infideles.* — Fidèles contre les infidèles.

BEAUHARNAIS (de). — Autre ne sers. — Cette maison, originaire de l'Orléanais, par suite du mariage d'Eugène Rose de Beauharnais, fils adoptif de Napoléon Ier avec la fille du roi Maximilien de Bavière, reçut de ce roi les titres de duc de Leuchtenberg et de prince d'Eichstædt, d'Altesse Royale ; sa maison fut déclarée la première maison princière de la monarchie bavaroise et prit rang immédiatement après les princes de la maison royale.

BEAUJEU (de). — Première devise : Fort, fort. — Deuxième devise : A tout venant Beaujeu.

BEAUJEU (de la Chapelle de). — Dieu la protége.

BEAUJEU (de Minette de). — A tout venant Beaujeu.

BEAULIEU (Bernard de). — Honneur et tout pour honneur.

BEAULIEU (Duval de). — *Fidelitate.* — Par la fidélité.

BEAULIEU (Drujon de). — *Curare quæsita.* — Prendre soin de ce qu'on a acquis.

BEAULIEU (Hémery de). — *Antiquâ fortis virtute.* — Brave d'un antique courage.

BEAULIEU (Pierrot de). — *Vivat rex!* — Vive le roi!

BEAULIEU (Chauvins de). — *Et majores vestros et posteros cogitate.* — Songez à vos ancêtres et à vos descendants.

BEAULINCOURT (de). — Pour le mieux.

BEAUMANOIR DE LAVARDIN (de). — Première devise : J'ayme qui m'ayme. — Deuxième devise : Bois ton sang, Beaumanoir. — La première devise de cette maison est sculptée au-dessous du blason des Beaumanoir, dans la rue des Chevaliers, à Rhodes. — La deuxième devise date du combat des Trente, où se distingua tout particulièrement un Beaumanoir.

BEAUMONT (d'Autichamp de). — *Impavidum ferient ruinæ.* — Les ruines le frapperont sans qu'il tremble.

BEAUMONT du Repaire (de). — Première devise : *Impavidum ferient ruinæ.* — Les ruines le frapperont sans qu'il tremble. — Deuxième devise : Amitié de Beaumont.

BEAUMONT de Saint-Quentin (de). — Première devise : *Impavidum ferient ruinæ.* — Les ruines le frapperont sans qu'il tremble. — Deuxième devise : Amitié de Beaumont. — *Armes :* De gueules fascé d'argent à trois fleurs de lis d'azur.

BEAUMONT (Bertrand de). — *Potius mori quàm fœdari.* — Plutôt mourir que d'être souillé. — *Armes :* Losangé d'hermines et de gueules.

BEAUMONT (Bonin de la Boninière de). — *Virtute comite sanguine.* — Courage uni à la noblesse. — Armes : D'argent à la fleur de lis de gueules.

BEAUMONT (Chassepot de). — *Semper vigil.* — Toujours vigilant. — Armes : D'azur à la fasce ondée d'or, accompagnée de trois quintefeuilles du même.

BEAUMONT (Éon de). — *Vigil et audax.* — Vigilant et audacieux.

BEAUMONT (Fizelet de). — Mon âme à Dieu, ma vie au roi.

BEAUMONT (de). — Pour la défense.

BEAURECUEIL de Laugier (de). — *Vicit leo.* — Le lion a vaincu.

BEAUREGARD (Fournier de). — *Nec tactus abibis.* — Tu ne t'en iras pas sans avoir été touché.

BEAUROIRE (de). — Bien sert, jamais ne dessert.

BEAUVAIS VOUTY (de). — *A cruce salus.* — De la croix le salut.

BEAUVAIS (le Pape de). — Point gêhené, point gêhenant.

BEAUVAU du Riveau (de). — Sans départir.

BEAUVAU (de). — Los en croissant. — Cette maison, originaire de l'Anjou, reçut le titre de prince du Saint-Empire, le 13 novembre 1722.

BEAUVERGER (de Pourcelet, ou de Porcelet de). — Grandeur des Porcelet.

BEAUVERT (de Barruel de). — *Virtute, sideris.* — Vertu, céleste.

BEAUVESIN (d'Agoult de). — *Avidus committere pugnam.* — Avide d'engager le combat.

BEAUVILLÉ (Charpentier de). — *Securi securus.* — Se fiant en sa hache.

BEAUVILLIERS de Saint-Aignan (de). — *In tuto del core.* — En toute chose du cœur. — Cette maison ducale s'est éteinte le 19 décembre 1828.

BEAUVOIR DU ROURE DE GRIMOARD (de). — *A vetustate robur.* — La force vient de l'antiquité.

BECDELIÈVRE (de). — *Hoc tegmine tutus.* — En sûreté sous ce toit.

BÉCORDEL (de Morel de). — *Nescit labi virtus.* — Le courage ne sait faiblir.

BECTOZ. — Plaisir et lois.

BÉDUER (de Lostanges de). — *Fortitudine et sapientiâ.* — Par force et sagesse.

BÉHAGUE (de). — Bon guet, chasse male aventure.

BÉLARBRE. — *Protegit et pascit.* — Il ombrage et nourrit. — *Armes :* D'or au palmier de sinople sur une terrasse de même.

BELBEUF (Godard de). — *Floreat semper.* — Qu'il fleurisse toujours.

BÉLIGNY (Richard de). — *Quo fortior eo ditior.* — D'autant plus riche qu'il est plus fort.

BÉLIN (de Saint-). — *Ex utroque fortis.* — De part et d'autre fort.

BELLASSYE (de). — Bonne et belle assez.

BELLE (de Clocheville de). — *Fac et spera.* — Fais et espère.

BELLEFONT (Gigault de). — *Una sen mas.* — Un signe (une distinction) de plus.

BELLEGARDE (de Clinchamp de). — *Pro Deo et rege.* — Pour Dieu et le roi.

BELLÈRE DU TRONCHAY. — *Tot tela quot hostes.* — Autant de traits que d'ennemis. — *Armes :* D'argent au porc-épic de sable.

BELLEVAL (du Maisniel de). — *Os ad hostem.* — Le visage tourné vers l'ennemi.

BELLEVILLE (Devin de). — *Ut maturescant.* — Afin qu'ils mûrissent.

BELLI (de). — *Nec interit unquam.* — Il ne périt jamais.

BELLI D'ARBUZENIER (de). — *Nec interit unquam.* — Il ne périt jamais.

BELLI DES ECHELLES (de). — *Nec interit unquam.* — Il ne périt jamais.

BELLIÈRE (du Chastel de la). — *Dà vad é teni.* — Tu n'as qu'à venir.

BELLINGANT DE CRÉNON (DE). — Dieu y pourvoiera.

BELLISLE (FOUQUET DE). — *Quo non ascendam?* — Où ne monterai-je pas ? — *Armes :* D'argent à l'écureuil rampant de gueules.

BELLOY (DE). — *Lauream tulit, civicam recepit.* — Il remporta une couronne de laurier et reçut la couronne civique. — Sous le règne de Louis XV, L. de Belloy ayant fait une tragédie intitulée le *Siége de Calais*, les habitants de cette ville lui décernèrent le brevet de citoyen de Calais. Les lettres du nouveau citoyen lui furent envoyées dans une boîte d'or sur laquelle étaient gravées les armes de la ville, entourées d'un côté d'une branche de laurier, de l'autre d'une branche de chêne avec cette devise : *Lauream tulit, civicam recepit*, que la maison de Belloy a continué de porter.

BELLUSIÈRE (GRAND DE). — *Serpent unquam.* — Ils ne ramperont jamais. — *Armes :* D'azur à trois serpents ailés d'argent posés l'un sur l'autre. Cimier : Un serpent ailé.

BELLI (DE). — *Dubius eventus belli.* — Douteuse issue de la guerre.

BELMONT (VACHON DE). — *Solerti simplicitate in melius.* — Il tend à un meilleur destin avec une habile simplicité.

BÉLOT DE FERREUX (DE). — *Deo et Regi.* — A Dieu et au roi. — Cette devise fut adoptée par Charles

Aleps de Bélot, écuyer, seigneur de Chéry, lorsqu'il fut envoyé par Louis Ier, duc de Savoie, pour accompagner en France Charlotte de Savoie, lors du mariage de cette princesse avec le roi Leuis XI. — Charles de Bélot se fixa alors en France, et se consacra au service de la reine.

BÉNAC (DE). — Première devise : *Deo Regi semper fidelis*. — Toujours fidèle à Dieu et au roi. — Deuxième devise : Mon âme à Dieu, mon cœur au Roi.

BÉNAVANT DE CABANNES (DE). — Jamais arriéré.

BENEYTON ou BÉNÉTON. — *Benè tonitrua gerit*. — Il porte bien la foudre.

BENGY DE PUY VALLÉE (DE). — Bien faire et laisser dire.

BENOIST D'AZY. — *Benefacientes benedicti*. — Les bienfaisants sont bénis.

BENOIST DE LA PAILLONNE (DE). — *Voca mecum benedicis*. — Apelle avec moi pour les bénir.

BÉRANGER (DE). — Ancien dicton du Dauphiné : Garde la queue des Allemand et des Béranger.

BERARD (DE). — Première devise : *Suaviter et fortiter*. — Doucement et fortement. — Deuxième devise : *Donec dent sidera sedem*. — Jusqu'à tant que les astres me donnent une demeure.

BÉRARD DE KERMARTIN. — *Qui statuit legem elegit*. — Celui qui a porté la loi l'a choisie.

BERBIS DE DRACY (DE). — *Sicut ovis.* — Comme une brebis. — *Armes :* D'azur au chevron d'or accompagnée en pointe d'une brebis d'argent, paissant sur un champ de sinople.

BERBISY (DE). — *Et factum est ita.* — Et cela a été fait ainsi.

BERGIER (DE). — *Finis præcepti charitas.* — La charité est la fin du précepte.

BERGIER DE MONTFLEURY (DE). — *Finis præcepti charitas.* — La charité est la fin du précepte.

BERGIER DU ROUX (DE). — *Finis præcepti charitas.* La charité est la fin du précepte.

BÉKERLEY (DE). — Dieu avec nous.

BERLUC DE PÉRUSSIS (DE). — A recommencer.

BERMON (DE). — Dieu et mon épée.

BERMOND DE VAUX (DE). — *Plus fidei et fidelitati quam vitæ.* — Plus à ma foi et à ma fidélité qu'à ma vie.

BERNARD. — *Junior fui, etenim senui.* — J'ai été jeune, car j'ai vieilli.

BERNARD. — Tiens bon. — *Armes :* De gueules au sautoir d'argent, au lion d'azur, armé, lampassé et couronné d'or, brochant sur le tout.

BERNARD DE BAUGÉ. — Honneur et tout par honneur.

BERNARD DE COUVERT. — *Diex aie de Couvert.*

BERNARD DE LAUZIÉRÉ. — *Fortitudo et mansuetudo.*

BERNARD DE MONTBRISON. — *Et pace et bello.* — Et en paix et en guerre.

BERNARD DE SASSENAY. — *Et pace et bello.* — Et en paix et en guerre.

BERNECOURT (DE MOUSIN DE). —

> Sur terre sans fortune je chemine
> Au ciel par espérance me confine.

BERNETZ (DE). — *Col tempo.* — Avec le temps.

BERNIER DE PIERREVERT. — *Hostium terror, tutatur amicos.* — Terreur de ses ennemis, il défend ses amis.

BERNIÈRE (DE). — *Ah! fuge!* — Ah! fuis!

BERNIS (DE PIERRE DE). — Armé pour le roi.

BERNON (DE). — Dieu te regarde et te garde. — *Armes :* D'azur au chevron d'or, accompagné de trois roses d'argent au chef cousu de gueules, chargé de trois étoiles d'or.

BERNON (DE). — *Virtutem a stirpe traho.* — Je tire mon courage de mon origine.

BERNON DE LA GUILLEMAUDIÈRE (DE). — *Virtutem a stirpe traho.* — Je tire ma force de mon sang. *Armes :* D'azur au lion d'or, armé et lampassé de gueules.

BERRUYER ou BERRYER. — *Meliora sequentur.*— Ils suivront les choses meilleures.

BERRY (Arnoult de). — *Libertas!* Liberté!

BERT-CHAFFAT (de). — *Securo sensu, curâ remotâ metuque.* — Avec sang-froid, sans se soucier ni craindre.

BERTHELOT, ou BARTHELOT DE RAMBUTEAU. — Noblesse oblige.

BERTHEMONT (de Tartereau de). — *Infractus et fidelis.* — Inébranlable et fidèle.

BERTHIER DE WAGRAM. — *Commilitoni victor Cæsar.* — César vainqueur à son compagnon d'armes. — Cette maison reçut le titre de prince de Neufchâtel le 31 octobre 1806, prince de Wagram en 1809, duc de Wagram le 31 août 1817.

BERTHOUVILLE DE RESSENCOURT. — (Morin de) *Fortis fidelisque simul.* — Brave et fidèle en même temps.

BERTIE (de). — *Virtus ariete fortior.* — Le courage est plus fort que le bélier.

BERTON DES BALBES DE CRILLON (de). — Fais ton devoir. — Cette maison originaire de Quiers reçut les titres de duc de Crillon par diplôme papal en 1725, duc français le 11 juin 1817.

BERTON DES BALBES DE CRILLON DE MAHON (de). — Fais ton devoir. — Cette maison reçut le titre de duc de Mahon en 1782.

BERTRAND. — Courage et fidélité, honneur et travail.

BERTRAND (DE). — *Rex Philippus mihi dedit.* — Le roi Philippe me l'a donné. — Cette famille fut anoblie par le roi Philippe VI au mois d'août 1340.

BERTRAND DE BEAUMONT. — *Potiùs mori quàm fœdari.* — Plutôt mourir qu'être souillé. — *Armes* ; Losangé d'hermines et de gueules.

BERTRAND DE LA BERTRANDIÈRE. — *Regi semper fidelis.* — Toujours fidèle au roi.

BERTRIER (DE). — *Ex labore fructus.* — Le fruit du travail.

BERTRIER DE MIGIEN (DE). — *Ex labore fructus.* — Le fruit du travail.

BERTRIER DE VERFEY (DE). — *Ex labore fructus.* — Le fruit du travail.

BESCHARD DES FAVRIER. — *Memorare novissima tua.* — Souviens-toi de ta dernière fin.

BÉSIADE D'AVARAY (DE). — *Vicit iter durum pietas.* — La piété surmonte le plus rude chemin.

BESNIER DU PONT. — *Memento et spera.* — Souviens-toi et espère.

BESSAS (DE). — *Semper audax et tenax.* — Toujours audacieux et tenace.

BESSAS DE CHATEAUNEUF (DE). — *Semper audax et tenax.* — Toujours audacieux et tenace.

BESSAS DE LA BLANCHERIE (DE). — *Semper audax et tenax.* — Toujours audacieux et tenace.

BESSAS DE LAFOND (DE). — *Semper audax et tenax.* — Toujours audacieux et tenace.

BESSAS DE LA MÉGIE (DE). — *Semper audax et tenax.* — Toujours audacieux et tenace.

BESSO (DE ROSMADEC DE). — Première devise : En bon espoir. — Deuxième devise : *Uno avulso non deficit alter.* — Quand l'un est arraché, un autre ne manque pas.

BESSY (DES COURTILS DE). — *Virtus sine fortuna est manca.* — Le courage ne sert de rien sans la fortune.

BÉSUCHET DE SAUNOIS. — Avec l'aide de Dieu,

BÉTHISY (DE). — *Et virtus et sanguis.* — Et force et noblesse.

BÉTHUNE (DE). — *Spes in Deo non vana.* — L'espérance en Dieu n'est pas vaine. — Cette antique maison, originaire de l'Artois, reçut le titre de prince du Saint-Empire, le 6 septembre 1781.

BÉTHUNE SULLY (DE). — *Disulere mihi fugio.* — Je ne veux pas être en désaccord avec moi-même. — Le duc de Sully, ami du roi Henri IV, avait choisi la devise : *Ardeo ubi aspicior*, qui signifie : Je brûle dès que je vois.

BETS (CHARBONNEL DU). — *In corde decus et honor.* Dans le cœur gloire et honneur.

BEUFVIER DE PALIGUYA. — *Sunt etiam præmia laudi.* — Il y a aussi des prix pour la gloire.

BEUGNON DE LA TOUCHE. — *Sportellia majora dabit.* — Il donnera de meilleurs parts. — Le premier personnage de cette maison qui adopta cette devise, fut H. Beugnon de la Touche, conseiller-maire de la ville de Poitiers, en 1624.

BEUVRON (de). — *Potiùs mori quam fœdari.* — Plutôt mourir que de se déshonorer.

BEYNAGUET DE PENNAUTIER (de). — *Cara patria, carior libertas.* — La patrie est chère, plus chère est la liberté.

BEZANNES (de). — *Nec fugit, nec metuit.* — Il n'a fui et n'a craint.

BIGARS DE LA LONDE (Le Cordier de). — *Hono dux sequor.* — L'honneur pour guide, je fais mon chemin.

BIGAULT (de). — *Mittit crystallum suum sicut buccellas.* — Il a lancé le cristal comme le souffle de la bouche.

BIGORGNE. — *Mihi Tubalcaïn pater.* — Tubalcaïn est mon père. — *Armes* : De gueules à la bigorne renversée d'argent en fasce, chargée d'une tour sur un socle de trois marches de même, accompagnée de deux rameaux d'or. — Noble et très-ancienne famille des lignages de Verdun en Lorraine.

BIGORIE (de). — *Rectè.* — Droitement. *Armes* : — D^e sinoples à trois pals d'argent.

BIGORIE DU CHAMBON. — *Vincit omnia virtus.* — Le courage vient à bout de tout.

BIGOT DES JONCHÈRES. — Tout de par Dieu.

BIGOT DE KERGARIOU. (LE). — Tout de par Dieu.

BIGOT DE LOURMEL (LE). — Tout de par Dieu.

BIGOT DE MOROGUES. — Tout de par Dieu.

BIGOT DE PONTBODIN. — Tout de par Dieu.

BIGOT DE PRÉAMENEU. — Tout de par Dieu.

BIGOT DE VILLANDRY. — Tout de par Dieu.

BIHAN DE PENNELÉ (DE). — *Vexilla florent.* — Les étendarts fleurissent.

BILIOTTI (DE). — *Pensate al fine.* — Pensez à la fin. *Armes :* De gueules au chef d'argent chargé d'un renard passant de gueules. — *Cimier :* Un renard de gueules tenant un gonfalon sur lequel sont les quatre lettres : S. P. Q. F., c'est-à-dire : *Senatus Populusque Florentinus.* — Le Sénat et le peuple de Florence. — *Supports :* Deux bannières représentant les monnaies de Florence avec les deux légendes à dextre : *Senatus Populusque Florentinus.* — Le Sénat et le peuple de Florence. — A sénestre : *Jesus rex noster et Deus pater.* — Jésus notre roi, et Dieu notre père.

BINET. — Je le veuil.

BINET D'ANDIGNY. — Première devise : Je le veuil. — Deuxième devise : *Ille vicit.* — Il vainquit.

BINET DE JASSON. — Je le veuil.

BINET DE MARCOGNET. — Première devise : Je le veuil. — Deuxième devise : *Ille vicit.* — Il vainquit.

BIOTIÈRE (DE). — *Tam fortis quam nobilis.* — Aussi brave que noble.

BIRAGUE (DE). — *Jubet agnus aris.* — L'agneau commande sur les autels. — Le cardinal de Birague portait la devise : *Non cedunt ignibus ignes.* — Les feux ne cèdent pas aux feux.

BIRON (DE GONTAUT). — Première devise : *Perit sed in armis.* — Il périt, mais sous les armes. — Deuxième devise : *Crede Biron.* — Crois Biron.

BISACCIA (DE LA ROCHEFOUCAULD DE). — C'est mon plaisir.

BISSY (REGNAULT DE) — *Ardens et æquum.* — Ardent et juste.

BISSY (DE THIARD DE). — *Retrocedere nescit.* — Il ne sait pas reculer.

BIZIEN DE KÉRIGOMARC'H. — *Virtus ut astra micat.* — La vertu brille comme les astres.

BIZIEN DU LÉZARD. — *Virtus ut astra micat.* — La vertu brille comme les astres.

BLACAS D'AULPS (DE). — *Pro Deo, pro rege.* — Pour Dieu, pour le roi. — Cette maison, originaire d'Aulps en Provence, reçut le titre de duc, le 20 mai 1821.

BLACHE (FALCOZ DE LA). — *Semper in altum.* — Toujours vers le haut.

BLAISE DE BLAIRCOURT ou BLERCOURT EN LORRAINE. — *Blesensis melis.* — Blaireau des Blaises. — *Armes* : De sable au blaireau accroupi d'argent en chef et à trois mottes de terre d'or en pointe, placées deux et une.

BLANC. — Première devise : *Sinè maculâ.* — Sans tache. — Deuxième devise : En tout candeur. — Troisième devise : Tout vient à point.

BLANC DE BRANTÈS (DU). — *Fata et facta constantiam probant.* — Les destins et les œuvres prouvent la constance.

BLANC DE PERCY (DE). — L'honneur guide mes pas.

BLANC DE PRUNIER (LE). — *Sustentant lilia turres.* Les lys soutiennent les tours, ou les tours soutiennent les lys. — *Armes :* Au maine d'or semé de fleurs de lys et de tours d'azur.

BLANC DE ROUVIÈRE (LE). — Une vie, une mort.

BLANCMESNIL (ASNENS DE DELLEY DE). — *Jussu Domini Dei.* — Par l'ordre du Seigneur Dieu.

BLANC DE MONTBRUN DE LA ROLIÈRE (DE). — L'honneur guide mes pas.

BLANCHERIE (DE BESSAS DE LA). — Première devise: *Semper audax et tenax.* — Toujours audacieux et tenace. — Deuxième devise : *Semper regi fidelis.* — Toujours fidèle au roi.

BLANCHETTI (DE). — *Fidus et vigil pro patriâ.* — Loyal et vigilant pour la patrie.

BLANCHEVAL (Cauvet de). — *Cave, cave canem.* — Gare, gare au chien.

BLANCMESNIL (Potier de). — *Dextera fecit virtutem, dextera salvabit me.* — Ma main droite a fait mon courage, ma main droite me sauvera. — *Armes* : D'azur à trois mains droites d'or, au franc quartier échiqueté d'argent et d'azur.

BLANGY (de). — Saint Sauveur.

BLANOT (de). — *Tandem flavescent.* — Enfin ils jauniront. — *Armes* : D'azur au croissant d'argent, soutenant une tige de trois épis d'or,

BLANQUART DE BAILLEUL. — *Simplex et fidelis.* — Simple et fidèle.

BLAREGNIES (Duval de). — *Fidelitate.* — Par la fidélité.

BLÉ (du). — En tous temps du blé.

BLICTERSWICH (de). — Honneur y gist.

BLOIS (de). — *Agere et pati fortia.* — Faire et souffrir de grandes choses.

BLONAY (de). — Pur comme l'or, prompt comme l'éclair.

BLOND DE BOISPOUSSIN (le). — *Tot in corde, quod in armis.* — Autant dans le cœur que dans les armes.

BLONDEL D'AUBERS. — *Cruce et ense.* — Avec la croix et l'épée.

BLONDEL DE LONGVILLIERS. — *Cruce et ense*, — Avec la croix et l'épée.

BLONDEL DE POINCY. — *Cruce et ense*. — Avec la croix et l'épée.

BLONDY DE LA CROIX. — *Sine crucem, mors.* — Laisse la croix, ô mort.

BLOSSEVILLE (Poret de). — *Ex robore robur.* — La force vient de la force. — *Armes :* D'azur à trois glands d'or, posés deux et un.

BOCHART (de). — *Inventis fidus abstinet.* — L'homme loyal s'abstient de ce qu'il trouve.

BOCHES (de). — *Mas fortuna, mas velas.* — Plus de fortune, plus de voiles.

BOCHETEL DE SASSI. — De cœur et de bouche tel.

BOCQUET DE COURBOUZON. — *Præmium virtutis honor.* — L'honneur est la récompense du courage.

BOCSOZEL DE MONTGONTIER. — Quoi qu'il en advienne.

BODARD (de). — A beau dard noble but.

BODARD DE LA JACOPIÈRE (de). — Ce n'est rien, vive le Roi! — Marius de Bodard de la Jacopière, garde du corps du roi Louis XVIII, reçut neuf blessures à Cossé, en 1815; ramené presque mourant, sans force et couvert de sang devant le front des troupes royales, il put encore leur dire en se relevant :

Ce n'est rien, vive le Roi ! Paroles que cette famille a adopté pour devise.

BODÉRU (DE). — *Bèpret creuw.* — Toujours fort.

BODON (TOURNEMOUCHE DU). — *Plus mellis quàm messis.* — Plus de miel que de moisson. — *Armes :* D'argent à une ruche de sable accompagnée de sept abeilles de même posées en orle.

BODRIEC (DE LA MARCHE DE). Ferme à la marche.

BOESSIÈRE (DE LA). — *Vexillum regis.* — Étendart du roi.

BOFFIN (DE). — *Deo, regi, pietas et fides.* — Piété et fidélité à Dieu et au roi.

BOFFSHEIM (MUEG DE). — *Virtus et honor.* — Courage et honneur.

BOHAL (HENRI DE). — *Potiùs mori quàm fœdari.* — Plutôt mourir que de se souiller.

BOHAN (DE). — *Andreas sanctus, Petri frater*, ανδρος ανηρ. — Soyez-nous père. — *Armes :* De gueules du sautoir d'or ou de sable. *Alias :* du sautoir d'argent.

BOHIER DE SAINT CYERGUE. — Première devise : S'il vient à point, me souviendrai. — Deuxième devise : *Virtuti omnia parent.* — Tout obéit au courage. — Cette seconde devise fut choisie par Antoine Bohier, abbé de Fécamp et d'Issoire, archevêque de Bourges, cardinal, mort en 1519.

BOILEAU DE CASTELNAU. — De tout mon cœur.

BOIS (du). — Loué soit Dieu.

BOIS DE LA ROCHE BOURDEIL (du). — Loué soit Dieu.

BOIS D'ESCORDAL (du). — *Fortis et generosus.* — Brave et généreux.

BOIS DE TERTU (du). — *Utinam!* — Plaise à Dieu. — *Armes :* D'azur à trois trèfles d'argent.

BOIS DE LA MOTTE (de Cahideuc du). — *Antiquâ fortis virtute.* — Brave d'un antique courage.

BOIS DE LA VILLERABEL (du). — *Semper virens.* — Toujours verdoyant. — *Armes :* Parties d'argent à trois pins de sinople et d'azur à un duc d'or accompagné de quatre merlettes d'argent.

BOISBILLY (Provost de). — *Adversis major et secundis.* — Au-dessus de l'adversité et de la prospérité.

BOISBOUESSEL (de) ou DE BOISBOISSEL. — *Hæc soli gestant insignia fortes.* — Les braves seuls portent ces insignes.

BOISGELIN (de). — *In virtute vis.* — La force est dans le courage.

BOISGELIN DE KERGOET (de). — *In virtute vis.* — La force est dans le courage.

BOISGUEHENNEUC (du). — *Garantez ha guirionez.*

BOISJOURDAN (de). — *A Jordane decus avorum.* — L'honneur de nos ancêtres date du Jourdain.

BOISREGNAULT (Parent de). — De tout temps apparent.

BOISRUAULT (Kerhoent de). — Sur mon honneur.

BOISSAT (de). — Ny regret du passé, ny peur de l'avenir.

BOISSE (de). — Amour et honneur.

BOISSE (de Mortemart de). — A ton cheval, noble duc. — *Légende : Drutus a mortuo mari.*

BOISSEAU DE LA GALERNERIE. — *Hoc tegmine tutus.* — En sûreté dans cet asile.

BOISSEAU DU ROSEY. — Selon le temps.

BOISSET (Chastanier de). — *Sic tibi, sic aliis.* — Ainsi pour toi, ainsi pour les autres.

BOISSON DE LA BOULE. — *Astitit regina in dextris tuis in veste deaurata.* — La reine s'est tenue à ta droite, vêtue d'une robe brodée d'or. — Le premier de cette famille qui porta cette devise fut S. Boisson de la Boule, conseiller et maire de la ville de Poitiers, en 1584.

BOISSY D'ANGLAS. — Fais bien et laisse dire.

BOISSY DU COUDRAY (de). — *Moderatur et urget.* Il tempère et brûle.

BOITOUSET (de). — Sans reproche.

BONALD (de). — *Prima sedes Galliarum.* — Premier siége des Gaules — Cette devise est celle de S. E. Monseigneur le cardinal de Bonald, archevêque de Lyon et de Vienne, primat des Gaules.

BOLIERS (DE). — Fidélité de Boliers.

BON DE LIGNIM. — *Semper et ubique bonus.* — Bon toujours et partout.

BONADONA (DE). — *Hæc sunt bona virtutis dona.* — Tels sont les dons précieux de la vertu.

BONCOURT (DE MOREL DE). — *Nescit labi virtus.* — Le courage ne sait broncher.

BONDY (DE TAILLEPIED DE). — *Aspera non terrent.* — Ils ne craignent pas les difficultés.

BONFILS LAPEYROUSE (DE). — Tu es bon fils.

BONGARS (DE). — Première devise : Bon sang ne faille. — Deuxième devise : Bon sang ne peut mentir.

BONREPOS (ARMUET DE). — Première devise : *Arma mihi requies.* — Les armes sont mon repos. — Deuxième devise : *Deum time.* — Crains Dieu.

BONTEMPS. — *Amore, scientiâ, labore.* — Par amour, par science, par travail.

BONVALLET. — *Semper lilium.* — Toujours le lis. — Armes : De gueules à une fleur de lis d'or, au chef de sable chargé d'un casque également d'or.

BONNAY (DE). — Oncque ne dévie.

BONNE DE LESDIGUIÈRES (DE). — Première devise : *Gradiendo robore floret.* — En croissant en force il fleurit. — Deuxième devise : *Nihil nisi a numine.* — Rien si ce n'est par la divinité. — Cette maison ducale est éteinte.

BONNECHOSE (DE). — *Fide ac virtute.* — Par foi et courage.

BONNEFOY DE BRETAUVILLE (DE). — Honneur, courage et fidélité.

BONNEGONS DES HERMITANS (DE). — *Boni sunt probi.* — Les bons sont honnêtes. — Devise donnée par le roi Louis XVIII.

BONNET (DE). — *Fortitudo et virtus.* — Force et courage.

BONNETERRE (LE VASSOR DE) — *Semper virens.* — Toujours florissant.

BONNEVAL (DE). — Ancien dicton limousin : Richesse d'Escars, noblesse de Bonneval. — *Armes :* D'azur au lion d'or armé et lampassé de gueules.

BONNEVAL (DE PHÉLIPPE OU DE PHÉLIPES DE). — Je me contente.

BONNEVAL (DU VAL DE). — *Dei gratiâ et avito jure.* — Par la grâce de Dieu et le droit des aïeux.

BONNEVIE DE POGNIAT (DE). — De Bonnevie nous sommes.

BONNIFACE (DE). — Ancien dicton provençal : Vanterie des Bonniface.

BONVOULOIR (ACHARD DE). — *Dulcis amor patriæ*

ratione valentior omni. — Le doux amour de la patrie est plus fort que toute raison.

BONY DE LAVERGNE (de). — *Bisantiis nummis pauperibus adest.* — Il vint en aide aux malheureux avec des monnaies byzantines. — *Armes :* De gueules à trois besants d'argent, posés deux et un.

BORD (de). — *Fugat omne venenum.* — Il fuit tout poison.

BORDAGE DE MONTBOURCHER (du). — Assez d'amis, quand elles sont pleines. — *Armes :* D'or à trois marmites de gueules, posées deux et une.

BORDE (Pelletrat de). — *Fides et patria.* — Foi et patrie.

BORDES (de). — *Gratus honore labor.* — Tout travail passe avec l'honneur.

BORDES (Dupuis de). — *Immobilis in mobili.* — Immobile dans le mouvement.

BORDENEUVE (de Lary de). — *Crede.* — Crois.

BORDERIE (de la). — *Finis coronat opus.* — La fin couronne l'œuvre.

BOREL D'HAUTERIVE. — Jusqu'où?

BORGNE DE KERMORVAN (le). — Première devise : Attendant mieux. — Deuxième devise : Tout ou rien. — *Armes :* D'azur à trois huchets d'or liés et virolés de même.

BORGNE DE KERVEN (le). — *Utroque lumine*

valet. — Il voit aussi bien d'un œil que de l'autre. — *Armes :* D'argent au chef endenché de gueules.

BORGNE DE LA TOUR (LE). — Attendant mieux.

BOSCAGE DE GUILLAUMANCHE (DU). — Première devise : *Nunquam jugatus*. — Jamais lié. — Deuxième devise : *Indocilis jugum pati*. — Indocile à souffrir un joug. — Troisième devise : *Indomitus ferit*. — Il frappe indompté. — *Armes :* D'argent au taureau passant de gueules, surmonté d'un lambel de gueules.

BOSC DE RADEPONT (DU). — Plus qu'ung lyon. — Cette devise fait allusion aux armes de cette maison, dans lesquelles figurent quatre lions.

BOSCREGNOULT DE LENTEUIL (DU). — *Mens sibi conscia recti*. — Esprit qui a conscience de la droiture.

BOSSUET. — *Rebus inest velut orbis*. — Il en est de l'essence des choses comme d'un cercle.

BOTDÉRU (DU), ou BODÉRU (DE). — *Bepret crenw*. — Toujours fort.

BOTGLAZEC. — *Pungit spina tenacem*. — L'épine pique celui qui résiste. — *Armes :* D'argent à trois branches d'épine de sinople.

BOTGLOZEC DE ROSSERF DE KERMADIO (DE). — Quitte ou double.

BOTIGNEAU (DE). — A l'adventure.

BOTMEUR (DE). — *Libera nos de ore leonum*. — Délivre-nous de la gueule des lions. — *Armes :* Écartelé aux un et quatre d'or, au lion de gueules, armé d'azur, aux deux et trois d'argent, au lion de gueules.

BOUBERS ABEVILLE TUNC (DE). — *Fidelior in adversis.* — Plus fidèle dans l'adversité.

BOUCAUT. — Amour ne peut où rigueur veut.

BOUCHAGE (DE GRATET DU). — Tout à tout.

BOUCHEL DE MÉRENVEUE. — *Crux ad sidera tollit.* — La croix élève jusqu'aux astres. — *Armes :* D'azur à la croix d'argent, chargée d'un cœur de gueules, accompagnée de deux croissants d'argent en chef et de deux étoiles d'or en pointe.

BOUCHER DE LA MOTTE. — *Honor et rex.* — L'honneur et le roi.

BOUCHERAT (DE). — Première devise : Partout fidèle. — Deuxième devise : *Noctè dieque vigil.* — Vigilant nuit et jour. — *Armes :* D'azur au coq d'or, becqué, membré, crété, barbé de gueules.

BOUCHIAT ou DE BOUCHAT (DE PLAISANT DE). — *Esse quàm videri.* — Être plutôt que paraître.

BOUCICAUT (LE MEINGRE DE). — *In altis habito.* — J'habite les hauteurs.

BOUCLANS (DE). — *Vel avulsæ frondescent.* — Même arrachés, ils fleurissent. — *Armes :* D'or à un lion de gueules, accompagné de trois arbres de sinople arrachés, posés deux en chef, l'un en pointe.

BOUDENS DE VANDERBOURG. — Aultre ne veux.

BOUDIN DE TROMELIN. — *Ad sidera tentat.* — Il

s'efforce de monter jusqu'aux astres. — *Armes :* De sable à une épée en pal d'argent, la pointe en haut, surmontée de deux étoiles d'or.

BOUEXIÈRE (DE LA). — Tout en paix. — *Armes :* De gueules à sept annelets (*alias :* merlettes) d'or, posés trois, trois et un; écartelé de gueules à une fasce accompagnée de six mâcles, le tout d'or.

BOUEXIÈRE (DE LA). — *Vexillum regis.* — Étendart du roi. — *Armes :* De sable au sautoir d'or.

BOUEXIÈRE (DE LA). — *Nec pertimescit hyemem.* — Il ne craint pas même l'hiver. — *Armes :* D'argent au buis arraché de sinople, accosté à sénestre d'un chabot de gueules en pal.

BOUEZ D'AMAZY (DE). — Noblesse et droiture.

BOUFFLIERS (DE). — *Dextra lilium sustinet.* — De sa droite il soutient le lis.

BOUGNE (DE). — *Sicut desiderat cervus ad fontes aquarum.* — Comme un cerf désire des fontaines d'eau. — *Armes :* De sable au cerf effaré d'argent, ramé d'or.

BOUGY (DE). — *Perseverando ac sperando.* — En persévérant et en espérant.

BOUGY (HUE DE CARPIQUET DE). — Croissez et multipliez comme les étoiles du firmament pour le roi et la patrie.

BOUHIER DE L'ÉCLUSE. — Tout par labeur.

BOUILLÉ (DE). — Première devise : *A vero bello*

Christi. — A partir de la vraie guerre du Christ. — Deuxième devise : Tout par labeur.

BOUILLÉ DU CHARIOL (DE). — Première devise : *A vero bello Christi*. — A partir de la vraie guerre du Christ. — Deuxième devise : Tout par labeur.

BOUILLÉ DU TRONÇAY (DE). — Première devise : *A vero bello Christi*. — A partir de la vraie guerre du Christ. — Deuxième devise : Tout par labeur.

BOUILLON (GODEFROY DE). — *Atavis et armis*. — Par les aïeux et les armes.

BOULAY DE LA MEURTHE. — « Boulay est certainement un brave et honnête homme. » — Paroles prononcées à Saint-Hélène par l'empereur Napoléon Ier, en souvenir des immenses travaux, de la probité incorruptible et du désintéressement du comte Boulay de la Meurthe, ancien président du conseil des Cinq-Cents, ancien président de la législation au Conseil d'État, l'un des rédacteurs du Code civil, ministre d'État, proscrit, historien, décédé en février 1840. Lors de la mort de son fils, le comte Henry Boulay de la Meurthe, ancien député, ancien président du Conseil d'État, ancien vice-président de la république, sénateur, etc., etc., M. Godart de Saponay, vice-président de la société pour l'instruction élémentaire, lut à la séance générale du 19 juin 1859 une notice nécrologique sur le comte Henry Boulay de la Meurthe; président honoraire de la société élémentaire, discours dont nous extrayons le passage suivant : « Peu d'hommes, il faut le dire, ont su mieux accomplir les devoirs de la vie, sous le triple rapport de la vie politique, de la vie municipale et enfin de la vie philanthropique ; son existence fut celle d'un ami du bien public, entièrement dévoué à son pays et qui sut mériter qu'on lui reportât l'éloge que Napoléon Ier, du rocher de son exil, adressait à la mémoire de son père, éloge qui devint en quelque sorte une devise de famille : Boulay de la Meurthe est certainement un brave et honnête homme. »

BOULOGNE (DE). — *Stemata quid faciunt ?* — Que font les armoiries ?

BOULLEUR DE COURLON (LE). — *Sperare Deo.* — Espérer en Dieu.

BOURBEL DE MONTPINÇON (DE). — L'an 936.

BOURBON L'ARCHAMBAULT (DE). — Je ne le quitte à nul autre.

BOURCIER (DE). — *Pro fide et rege.* — Pour la foi et le roi.

BOURDONNAIE (DE LA). — *Pro aris et focis.* — Pour les autels et les foyers.

BOURDON (OLIVIER DE). — Ni trop, ni trop peu.

BOURG (DU). — *Lilium inter spinas.* — Le lys au milieu des épines. — *Armes :* D'azur à trois épines d'argent, posées deux et une.

BOURG (DU). — *Virtute duce.* — Le courage pour guide.

BOURG DE SAINT-ALBANS (DU). — *Lilium inter spinas.* — Le lys au milieu des épines.

BOURG DE LA ROUE (du). — *Lilium inter spinas.* Le lys au milieu des épines.

BOURG DE TERNAY (du). — Une foi, une loi, un roi.

BOURGBLANC (du). — Première devise : *Dynam!* — Sans souillure! — Deuxième devise : *Custodi nos, Domine.* — Seigneur, gardez-nous.

BOURGEOIS DE TOURNAY (le). — *Reddite Deo et Cæsari.* — Rendez à Dieu et à César.

BOURGNON DE LAYRE (de). — *Fulgent inter lilia rosæ.* — Les roses brillent parmi les lys.

BOURGOGNE DE VIEILLECOUR (de). — Tout par amour, rien par force.

BOURGUIGNEMONT (Parent de). — De tout temps apparent.

BOURGUIGNON DE LAMURE (de). — *Contra hostem surrectus.* — Debout contre l'ennemi.

BOURKE (de). — Première devise : *A cruce salus.* — De la croix le salut. — Deuxième devise : *Semper et ubique fidelis.* — Toujours et partout fidèle. — Armes: Coupé au premier d'or plein, au deuxième d'hermines à la croix de gueules, cantonnée de quatre croissants d'or.

BOURMONT (de Ghaisne de). — Première devise : A Ghisne, Gand, Coucy ! — Deuxième devise : Charité, valeur, loyauté. — Troisième devise : Toujours à Dieu, toujours au droit.

BOURNON (de). — *Legem tuam meditatus sum.* — J'ai médité votre loi. — *Armes :* De sinople au livre d'argent fermé d'azur et garni d'or.

BOURRELIER DE MAUTRY. — Loyal et gay.

BOUSIES (de). — Bousies au bon fiz.

BOUSQUET DE SAINT-PARDOUX (de). — Toujours prêts.

BOUSSAROQUE DE LAFONT. — Je résonne jusques dans les cieux.

BOUT (de). — De bout en bout.

BOUTEILLER (le). — *Sinè maculis.* — Sans tache.

BOUTEILLER DE LA HOUSSINIÈRE (le). — Crois sur trois mondes. — *Armes :* Aux 1 et 4 d'azur à trois mondes croissetés d'or, aux 2 et 3 d'argent à la bande fuselée de sable.

BOUTEILLER DE MAUPERTUIS (le). — *Sinè maculis.* — Sans taches.

BOUTEILLER DE RANCÉ (le). — *Marte etiam invicto.* — Invincible aussi à la guerre. — *Armes ;* D'azur à trois épées d'or.

BOUTELIÈRE DE SAINT-MARS (Prévost de la). — Défense !

BOUTON DE CHAMILLY. — Première devise : Le bouton vaut bien la rose. — Deuxième devise : Le souvenir tue le bouton.

BOUVANS (de). — Plus n'est possible.

BOUVET (Hamon de). — En bon espoir.

BOUVIERS (de). — *Caput inseret astris.* — Il enfonce sa tête dans les astres.

BOUVIER DE PORTES (de). — *Caveto!* — Gare!

BOVENT (le Vaillant de). — *Fortis ut mors.* — Fort comme la mort. — Les armes de cette ancienne maison se composent de têtes de mort.

BOVIS (de). — Devoir quand même.

BOYER. — S'il vient à point m'en souviendrai.

BOYNET DU PLESSIS. — *Oculis vigilantibus erit.* — Il aura des yeux vigilants.

BOYSSEULH (de). — *Tinximus sanguine nostro.* — Nous l'avons teint de notre sang. — *Armes :* D'azur à la bande de sable, chargée de trois larmes de gueules et d'argent. — Les armes et la devise de cette antique maison auraient été prises par l'un des plus anciens auteurs de cette famille, qui blessé aux yeux dans la chaleur d'un combat, les avait comme troublés et obscurcis par des larmes ou gouttes de sang. — En vieux langage limousin : Boysse eulh, signifie : essuye yeux. — Quelques auteurs ont cherché l'étymologie du nom de Boysseulh dans le même fait. Le cri : Essuye tes yeux, adressé par un chevalier, au fort de la mêlée, à l'ancêtre dont il s'agit, aurait complété sa dénomination et serait devenu la désignation patronymique de ses descendants.

BRAILLY (Buigny de). — Va ferme à l'assaut, Buigny a la prise !

BRANCAS (de). — Première devise : *Unguibus leo semper et ubique fidelis.* — Le lion armé de griffes est toujours et partout fidèle. — Deuxième devise : Premier gentilhomme chrétien par la grâce de Dieu. — *Armes:* D'azur au pal d'argent chargé de trois tours de gueules et accosté de quatre jambes de lion d'or mouvantes des flancs de l'écu. — La première des devises de cette maison ducale, l'une des plus illustres de France, se rapporte aux armes de cette famille. — La seconde se place en exergue autour de l'écu, en voici l'origine : La tradition rapportée par les plus anciens auteurs du moyen âge et reproduite par Alain Marquesius, affirme que saint Pierre débarquant en Italie rencontra Brancassius, patricien de la plus haute naissance, *pernobilissimæ familiæ Brancassiorum* (de la très-noble famille des Brancas), et lui conféra le baptême. Le dernier représentant mâle de cette maison était Louis-Marie Bufile de Brancas, duc de Lauraguais en 1822, duc de Brancas en 1824, décédé en 1852 ; sa fille unique a épousé le chef de la maison de Hibon de Frohen.

BRANCION (de). — Au fort de la mêlée !

BRANTÈS (du Blanc de). — *Fata et facta constantiam probant.* — Les destins et les actes prouvent la constance.

BRAQUE (de). — *In homine virtus oppressa resurget.* — Le courage comprimé dans un homme ressuscite.

BRASSAC (Ducroc de). — *Diex el volt.* — Dieu le veut.

BRASSAC (de Galard de Béarn de). — *Invia nulla via.* — Aucune route impraticable.

BRAVARDS D'EYSSAT DU PRAT (DES). — *Spes mea Deus.* — Dieu mon espérance.

BRÉAUTÉ (DE). — *Pars est mihi magna triumphi, et comes vinclis me retinet virtus, ferocior exibit; fiat via vi; æquora placat; nescit discrimina pectus impavidum; mens agit atra venena; comprimit illa tumentes; unus cuncta mihi; patres cecidere ruinâ.* — J'ai une grande part du triomphe et la compagnie de la vertu me retient dans les fers, elle en sortira plus excitée; que la route s'ouvre par force; elle apaise les mers; un cœur intrépide ne connaît pas d'hésitation; mon esprit agite de noirs poisons, il comprime les furieux; un seul est tout pour moi; mes pères ne sont tombés que dans la ruine.

BRÉCOURT (LENEZ DE COTTY DE). — *Impavidum ferient ruinæ.* — Impassible sur les ruines du monde.

BREDA WASSENAER (DE). — *Dominus protector vitæ meæ, à quo trepidabo?* — Le Seigneur est le protecteur de ma vie, de qui aurai-je peur?

BRÉHANT (DE). — Foi de Bréhant mieux vaut qu'argent.

BREIGNON (THÉPAULT DU). — Dieu sur le tout.

BREIL DE PONTBRIAND DE LA CAUNELAYE (DU). — *Parcere subjectis, debellare superbos.* — Pardonner aux vaincus, combattre les superbes.

BRÉMOND (DE). — *Ex totâ animâ meâ, ex toto corde meo.* — De toute mon âme, de tout mon cœur.

BRÉMOND D'ARS (DE). — Première devise : *In fortuna virtutem*. — Dans la fortune la vertu se montre. — Deuxième devise : *Nobilitas est virtus* (Juvénal.) — La noblesse, c'est la vertu. — Troisième devise : *Virtute Ars, virtute Mars*. — Par la vertu, c'est Minerve, et par la valeur, c'est Mars. — *Armes :* D'azur à l'aigle éployée d'or à deux têtes au vol abaissé, langué de gueules. — Le marquis Pierre de Brémond d'Ars, député de la noblesse de Saintonge aux états-généraux du royaume, ajouta à l'antique devise de sa maison une nouvelle légende qu'il plaça au-dessus du cimier de ses armes : *Nobilitas est virtus*. — Sous le règne de Louis XIII, il était de mode de faire composer des devises faisant allusion au nom, aux armes. Voici celle que la tradition a conservée : *Virtute Ars, virtute Mars*. — Par la vertu, c'est Minerve, et par le courage, c'est Mars. — L'abbé Pelleprat fait allusion à cette devise lorsqu'il dit :

> Martem amo qui socia Musis sit Pallade concors
> Nec magis esse animi, quam volo mentis inops :
> Ars vocor : una mihi jungatur littera, ero Mars :
> Nimirum studio Mars stat et Arte meus.

Ces vers latins ont été très-souvent traduits, en voici un exemple :

> J'aime Mars cultivant les muses, la sagesse,
> Il enflamme mon cœur et charme mon esprit :
> Mon nom qui vient de Mars exalte ma noblesse,
> Et les arts sont vainqueurs, puisque Mars leur sourit.

BRENAS (DE). — *O crux, ave, spes unica.* — Salut, o

— 140 —

croix ma seule espérance. — *Armes :* De vair à la croix de sable.

BRÉON (DE LANCRAU DE). — *In Deo spes mea.* — En Dieu mon espérance.

BRÉONIS (DE). — *Semper fidelis.* — Toujours fidèle.

BRÉQUIGNY (LE MÉNEUST DE). — *Ut olim de republicâ.* — Comme autrefois au sujet de la république.

BRESCANVEL (DE POULPIQUET DE). — De peu assez.

BRESSIEU DE BEAUVERSANT. — Première devise : *Assai avanza, chi fortuna passa.* — Assez avance celui qui dépasse la fortune. — Deuxième devise : *Remigiis utor, si non efflaverit aura.* — Si le vent ne souffle pas, je me servirai des rames.

BRETAGNE (LA MAISON DUCALE DE). — A ma vie.

BRETAGNE (DE). — *Nequid nimis.* — Rien de trop.

BRÉTAUVILLE (DE BONNEFOY DE). — Honneur, courage et fidélité.

BRETEUIL (LE TONNELIER DE). — *Nec spe, nec metu.* — Ni par espoir, ni par crainte.

BRETON (LE). — *Moriamur pro rege nostro.* — Mourons pour notre roi.

BRETON DE LA HAIZE (LE). — *Moriamur pro rege nostro.* — Mourons pour notre roi.

BRETONNIÈRE (DE LA COULDRE DE LA). — *Sinè maculâ.* — Sans tache.

BREUIL (LE) — *Cœlare divinum opus*. — Ciseler un divin ouvrage.

BRÉZAL DE ROSNIVINEN (DE). — *Spes mea Deus.* — Dieu mon espérance.

BREZÉ (MAILLARDOZ DE). — *Feriendo triumphat.* — En frappant il triomphe.

BRIANÇON VACHON DE BELMONT (DE). — *Solerti simplicitate, in melius.* — Avec une habile simplicité tendre aux meilleures fins.

BRIANCOURT (L'ABBÉ DE GRAND DE). — Sans vertu rien de grand.

BRIANT (DE). — Sans détour.

BRIANT DE KERVAGAT (DE). — Sans détour.

BRIANT DE LAUBRIÈRE (DE). — Sans détour.

BRIANT DU LISCOET (DE). — Sans détour.

BRIÇONNET (DE). — *Ditat servata fides.* — La foi gardée enrichit.

BRIEN (O'). — Vigueur de dessus.

BRIENNE (DE LOMÉNIE DE). — *Pondere firma suo.* — Solide par son propre poids.

BRIGITTE DE SARSFIELD (DE). — *Virtus non vetitur.* — Le courage ne souffre point d'opposition.

BRIGNAC (DE). — *Amore et ardore.* — Par amour et par ardeur.

BRIGNAY (DE CAHIDEUC DU). — *Antiquâ fortis virtute.* — Fort d'un antique courage.

BRIGODE (DE). — *Patriæ regique fidelis.* — Fidèle à la patrie et au roi.

BRIMEU (DE). — Première devise : Plus que toutes. — Deuxième devise : Quand sera ? — Troisième devise : Autrefois mieux.

BRIOLLES (DE). — *Spes, fides, amor.* — Espérance, foi, amour.

BRIOT DE LA MALLERIE. — *Dei et regi antiquus amor.* — Antique amour pour Dieu et pour le roi.

BRIOU (LE MAIRE DE). — Maintenant Le Maire de Montifault. — Première devise : *Sine maculâ fertur.* — Il marche sans tache. Il est engendré sans tache. — Deuxième devise : Monter tous jours il fault.

BRISIS (HÉRAIL DE). — *Neque Charybdis, neque Scylla.* — Ni Charybde ni Scylla. — *Armes :* D'azur au navire d'or, fretté, équipé, voilé d'argent sur des ondes de même.

BRISOULT (DE). — *Cor unum, via una.* — Un seul cœur, une seule route.

BRISSAC (DE COSSÉ DE). — Première devise : *Æquabo si faveas.* — Si tu m'es favorable, j'égalerai. — Deuxième devise : *Virtute, tempore.* — Avec le courage et le temps. — Cette maison, originaire de l'Anjou, reçut les titres de duc de Brissac en 1611, duc non héréditaire de Cossé en 1784.

BRIVAZAC (DE). — *Nil timet.* — Il ne craint rien.

BROGLIE (DE). — Première devise : Pour l'avenir. — Deuxième devise : A nul autre. — La première devise: *Pour l'avenir*, bien que française, remonte au temps où cette maison était encore en Italie. — *Titres :* Duc héréditaire en 1742, prince du Saint-Empire le 28 mai 1759.

BROISSIA (DE FROISSARD DE). — *Quis ut Deus?* — Qui est comme Dieu?

BRONDEAU (DE). — En tout temps et en tout l'an.

BROSSAIS DE SAINT-MARC. — *In omnibus caritas.* — Charité pour tous. — *Armes :* D'azur au pélican en sa piété d'argent,

BROSSARD DE CLÉRY (DE). — *Audenti succedit opus.* — L'audace donne le succès.

BROSSE (DE). — *Quô fata sequor?* — Où suivrai-je les destins? — La devise de cette maison se voit gravée en dessous de ses armes sur la tombe de Claude de Brosse dans l'église de Beaujeu.

BROSSE (DE CAHIDEUC DE). — *Antiquâ fortis virtute.* — Fort d'un courage antique.

BROU (DE). — *Spes mea in Deo est.* — Mon espérance est en Dieu.

BROUILLAC (DU CHASTEL DE). — *Da vad è teni.* — Tu n'as qu'à venir.

BROUSSE (DE VERTEILLAC DE LA). — Oncques ne rebrousse.

BROUSSE (Ferron de la). — Sans tache.

BROUVILLE (Colas de). — *Ulterius ardet.* — Il brûle encore au-delà.

BROUVILLE DE MALMUSE (Colas de). — *Ulterius ardet.* — Il brûle encore au delà.

BRUC (de). — Première devise : *Flos florum, eques equitum.* — Fleurs des fleurs, chevalier des chevaliers. Deuxième devise : *Flos florum, Virgo Maria in te confido.* — Fleurs des fleurs, Vierge Marie, je me confie en toi.

BRUC DE MONTPLAISIR (de). — Première devise : *Flos florum, eques equitum.* — Fleur des fleurs, chevaliers des chevaliers. — Deuxième devise : *Flos florum, Virgo Maria, in te confido.* — Fleurs des fleurs, Vierge Marie, je me confie en toi. — *Armes :* D'argent à une rose de gueules de six feuilles simples, au bouton d'or. — *Cimier :* La sainte Vierge Marie, tenant l'enfant Jésus.

BRUEUIL (du). — Ancien dicton provençal : Tricherie des Apericulos, ou des du Brueuil.

BRUGES ou BRYDGES (de). — Maintiens le droit.

BRUN DE CHARMETTES (le). — J'aime la croix.

BRUN DE MAREK (le). — J'aime la croix. — *Armes :* D'argent à la croix d'azur.

BRUN DE MONTESQUIOU. — Invincible.

BRUN DE VIVIER (le). — J'aime la croix. — *Armes :* D'argent à la croix d'azur.

BRUYEIS DE SOUVIGNARGUES. — *Oculi mei semper ad Dominum.* — Mes yeux sont toujours vers le Seigneur.

BRUYÈRES DE CHALABRE (DE). — *Sola fides sufficit.* — La foi seule est nécessaire.

BRUYÈRES DE SAINT MICHEL (DE). — *Sola fides sufficit.* — La foi seule est nécessaire.

BRUYSET (DE). — *Fidelis obsequio.* — Fidèle avec dévouement.

BUATIER. — *Immundus cedit honesto.* — L'immonde cède à l'honnête. — *Armes :* D'or au sanglier de sable colleté par un limier de gueules.

BUCHER (DE). — *Neque te munera, nec preces.* — Avec toi ni présents, ni prières.

BUCHÈRE DE L'ÉPINOIS (DE). — *Fidelis ad mortem.* — Fidèle jusqu'à la mort.

BUCHÈRES (DE NOEL DE). — *Pacem inveniret.* — Il trouverait la paix.

BUDE DE CAMPAGNOLLE. — *Fortis et fidelis.* — Fort et fidèle.

BUGEAUD DE LA PICONNERIE D'ISLY. — *Ense et aratro.* — Par l'épée et la charrue. — Cette devise fut adoptée par Thomas-Robert Bugeaud de la Piconnerie, duc d'Isly le 16 septembre 1844.

BUISSERET (DE). — Première devise : *Non secundum faciem.* — Ne pas se fier aux apparences. — Deuxième devise : Attente nuit.

BUISSON (DE). — *Semper virens*. — Toujours florissant. — *Armes* ; d'or à un arbre ou buisson de sinople.

BUISSY (DE). — Attente nuit Buissy.

BULLÉGNEVILLE (DE SALES DE). — La tour du Seigneur est ma forteresse.

BULLET (DE). — *Virtutem a stirpe traho*. — Je tire ma force de mon origine.

BURGH (O'FARREL DE). — Ung Roy, ung foy, ung loy.

BURLE. — *Cruore Christi corusco*. — Je brille du sang du Christ.

BURON (HERSART DU). — *Evertit et æquat*. — Il renverse et égalise.

BURTEUR (DE). — *Vulcana tela ministrant*. — Ils fournissent les armes de Vulcain.

BUS DE GHISIGNIES (DE). — *Finis laborum palma*. — La palme est la fin des travaux.

BUSSIÈRE (RENOÜARD DE). — *Non renuo ardua*: — Je ne renonce pas aux choses ardues. — Un chevalier de Renoüard s'étant distingué sous le règne de François Ier, est cité par Mézerai, comme l'un des gentilshommes qui se sont le plus vaillamment comportés à la bataille de Marignan, c'est à cette occasion que le double aigle a été ajouté aux armes de cette maison primitivement composées de trois étoiles de gueules en champ d'argent. La même tradition dit que cette famille prit alors la devise : *Non renuo ardua.* Le roi ayant dit qu'elle faisait mentir son nom. *Renuo ardua.*

BUSSY (DE). — Encore ne me tenez.

BUSSY (LECLERC DE). — *Deus clypeus meus est.* — Dieu est mon bouclier.

BUSSY (DE RENARD DE). — *Golpil en bien conselt* — Le renard est de bon conseil. — *Armes :* de gueules au renard rampant d'or.

BUTET (DE). — La vertu mon but est.

BUTLER (DE). — Soyez ferme.

BUYSSON (DU). — Qui s'y frotte s'y pique. — *Armes :* Écartelé au premier : d'or à un arbre de sinople, aux deux et trois d'azur à une épée d'argent à poignée d'or, posée en pal, accompagnée de trois molettes d'éperon d'or à cinq pointes posées deux en chef, une en pointe, au quatre : d'or à trois arbres arrachés de sinople.

BUZIC DE LESPERVEZ DE KERDAOULAS. — *Comzit mad.* — Parlez bien.

C

CABARRUS (DE), — *Fide publicâ.* — Par la foi publique.

CABASSOL. (DE SÉGUINS DE), —. Première devise : *Sola salus servire Deo.* — Le seul salut est de servir Dieu. Deuxième devise : *Tendit ad sidera virtus.* — Le courage s'élève aux astres. — Troisième devise : *Servire Deo regibusque suis.* — Servir Dieu et ses rois.

CABIRON (DE). — *Virtus et honor.* — Courage et honneur.

CABOT DE LA FARE (DE). — *Semper cor, caput Cabot.* — Toujours le cœur et la tête de Cabot. — Armes : d'azur à trois chabots d'or posés deux et un.

CADENET (DE). — *Nec timeas, nec optes.* — Ne crains point, ne désire point.

CADIOT DE PONTENIER (DE). — *Virtus et fidelitas.* — Courage et fidélité.

CADIOT DE SAINT-PAUL (DE). — *Virtus et fidelitas.* — Courage et fidélité.

CADOT, ou KADOT DE SÉBEVILLE. — Sauve roi.

— *Armes* : de gueules à une hure de sanglier au naturel en abîme couronnée d'or, accompagnée de trois roses d'or, deux en chef une en pointe.

Une légende rapporte qu'un jeune seigneur de la maison de Cadot de Sébeville tua dans une grande chasse un sanglier furieux qui s'était retourné contre le roi, et lui sauva ainsi la vie.

CAFFARELLI (DE). — *Sola patriciis.* — Réservée aux patriciens.

CAHIDEUC DU BOIS DE LA MOTTE (DE). — *Antiquâ fortis virtute.* — Fort d'un antique courage.

CAILLE, ou DE LA CAYE DE SAINTE-BLAISE (DE LA). — En Dieu fiance et bon espoir.

CAIX DE SAINT-AYMOUR (DE). — Première devise: *Fortior in adversis.* — Plus fort dans l'adversité. — Deuxième devise : *Valor, virtus et fides.* — Valeur, courage et foi.

CALBIAC ou DE CALVIAC (DE). — *Semper paratus.* —Toujours prêt.

CALF DE NOIVANS. — Valeur et droiture.

CALIGNAC (DE). — Aimer, se souvenir.

CALIGNY (HÜE DE). — Première devise : *Ad astra feror.* — Je suis emporté jusqu'aux astres. — Deuxième devise : *Cum bonis ambula.* — Marche avec les bons.

CALIGNY (LE MARCHANT DE). — *Nostri servabit odorem.* Il conservera notre parfum.

CALLIAN (DE LYLE DE). — An X may.

CALMELS-PUNTIS (DE). — *Sustinet et abstinet.* — Il supporte et se prive.

CALONNE (DE). — Cœur, foy où tu le treuves.

CALLOUET DE LANIDY. — Advise-toi.

CAMBEFORT (DE). — *Musis et armis.* — Par les muses et les armes.

CAMBOUR (DU CHASTEL DE). — Première devise : *Dâ vad è teni.* — Tu n'as qu'à venir. — Deuxième devise : *Ma car Douè.* — S'il plaît à Dieu.

CAMBRONNE. — La garde meurt et ne se rend pas !

CAMELIN (DE). — *Deo favente.* — Dieu aidant,

CAMÉREUX, ou DE CAMÉRU (DE). — *En quichen rei, è ma quémeret.* — Quand on a donné, il faut prendre.

CAMOIN DE VENCE. — *Per hæc regnum et imperium.* — Par ces choses on règne et on domine.

CAMPAGNOLLE (BUDE DE). — *Fortis et fidelis.* — Brave et fidèle.

CAMPLONG (LACGER DE). — A mon honneur.

CAMPSART (DE HIBON DE). — Dieu aide au bon chevalier. — Dans le vieil idiome, la devise est : Dieu ayde hi bon chevalier.

CANDAU (DE NAŸS DE). — *Tollam et defendam.* — Je

l'élèverai et la défendrai. — *Armes* : D'argent à une croix de sable fleuronnée.

CANDOLE, ou DE CANDOLLE (DE). — Aide Dieu au bon chevalier. — Ancien dicton provençal : Envieux de Candole.

CANTEL (DE). — Dieu en aide.

CANTILLON DE BALLYHIGUE (DE). — *Fortis in bello.* — Fort à la guerre.

CANTILLON DE LA COUTURE (DE). — *Fortis in bello.* — Fort à la guerre. — Henry de Cantillon, seigneur de Cantelou, suivit son souverain, Guillaume, duc de Normandie, à la conquête de l'Angleterre, et commandait un des vaisseaux qui transportèrent les troupes de Guillaume sur les côtes de Sussex. Après la bataille de Hastings, Guillaume le Conquérant, pour récompenser le courage de Henri de Cantillon, lui donna la devise : *Fortis in bello.*

CANOLLE (DE), — *In utrumque paratus.* — Prêt à l'un et à l'autre.

CAPPONI (DE). — *Post tenebras lux.* — Après les ténèbres la lumière.

CARADEUC (DE). — Arreste ton cœur.

CARAMAN (RIQUETTI, ou RIQUET DE). — *Juvat pietas* — La piété aide.

CARBONEL (DE) — Jamais hors l'ornière.

CARBONNEL D'HIERVILLE (DE). — Devise primitive : *Qui non laborat non manducet.* — Celui qui ne travaille pas ne doit pas manger. — Devise depuis 1715 : Jamais : hors l'ornière.

CARCADO MOLAC (LE SÉNÉCHAL DE). — *Macula sine maculâ*. — Mâcle sans tache. — *Armes :* D'azur à neuf mâcles d'or posées trois, trois et trois.

CARDAILHAC (DE). — *Toto noscuntur in orbe.* — Ils sont connus de tout l'univers.

CARDANVILLE (DE COSNE DE). — *Deus et rex.* — Dieu et le roi.

CARDEVAC (DE). — Mieux mourir que se ternir !

CARDEVAC D'HAVRINCOURT (DE). — Première devise : Mieux mourir que se ternir. — Deuxième devise : Au ciel Beaumont. — Troisième devise : A jamais Cardevac. — *Armes* D'hermines au comble de sable.

CARDINAL DE KERNIER (LE). — L'âme et l'honneur.

CARDINAL DE KERGLAS (LE). — L'âme et l'honneur.

CARDON D'ANGLURE (DE). — Ne crains rien.

CARENCY (DE TOUSTAIN DE). — Première devise : Vive le sang des Rois Normands ! — Deuxième devise : *Toti sanguine tincti*. — Tous teints de sang.

CARHEIL (DE). — *Potius mori quàm fœdari.* — Plutôt mourir qu'être souillé.

CARION, ou DE CARRION DE LA GUIBOURRIÈRE (DE). — *Nihil virtute pulchrius.* — Rien n'est plus beau que la vertu.

CARIOU DE KERGUINIOU. — *Urgent stimuli.* — Les aiguillons pressent.

CARIOU DE KERLÉAN. — *Urgent stimuli.* — Les aiguillons pressent. — *Armes :* D'azur à trois molettes d'or, posées deux et une.

CARITAT DE CONDORCET. — *Charitas!* — Charité !

CARLET DE LA ROZIÈRE. — *Lilia semper et armis et corde.* — Toujours les lis dans les armes et dans le cœur.

CARMEJANE DE PIERREDON (DE). — *Deus, Patres, Patria,* — Dieu, les Pères, la Patrie.

CARNÉ (DE). — Plutôt rompre que plier.

CARONDELET (DE). — *Aquila et leo.* — Aigle et lion.

CARPENTIER DE CHANGY. — Dieu m'aide.

CARPENTIER DE VANNES. — Dieu m'aide.

CARPENTIER DE CUMONT. — A tout.

CARRÉ DE LUZANÇAY. — *Nusquam devius.* — Jamais dévié.

CARREVILLE (CARRÉ DE). — Première devise : *Nusquàm devius.* — Jamais dévié. — Deuxième devise : *Nullibi solidius.* — Nulle part plus solidement.

CARRIÈRE (DE). — *Fidelior.* — Plus fidèle. — Pour comprendre la devise, il faut s'inspirer du sens des ar-

mes, qui sont : « De gueules au chien ou levrier d'ar-
« gent, colleté et bouclé d'or, la tête contournée;
« percé d'une flèche enbarrée du second émail posé
« sur une terrasse de sinople, la patte dextre levée;
« au chef cousu d'azur, chargé d'un croissant d'argent,
« accosté de deux étoiles de même. »

CARRIÈRE DE MONTMOREL (DE). — *Fortis et fidelis.* — Brave et fidèle.

CARS, ou D'ESCARS (DES). — Première devise : *Sic per usum fulget.* — C'est ainsi que par l'usage il brille. — Deuxième devise : Fais ce que dois, advienne que pourra. — Cette maison, originaire de la Marche, reçut le titre de duc en 1569. La première branche ducale s'est éteinte en 1822. La seconde branche fut titrée ducale le 30 mai 1825.

CARVOISIN (DE). — *Duce non erramus Olympo.* — Nous n'errons pas ayant pour guide l'Olympe.

CASABIANCA (DE). — *In bello leones, in pace columbæ.* — Lions dans la guerre, colombes dans la paix. — Cette maison, qui a régné au neuvième siècle sur la Corse, et dont les descendants ont joué les principaux rôles dans l'histoire de cette île, porte pour armes : Parti : au premier de gueules, à la tour sommée d'une guérite et à dextre d'un cyprès, le tout d'argent; au deuxième d'or à l'arbre de sinople sommée d'une colombe d'argent, au franc quartier à dextre d'azur au miroir d'or en pal, autour duquel se tortille et se mire un serpent d'argent, signe distinctif des sénateurs sous le premier Empire.

Telles sont les armes que portaient le comte de Casabianca, sénateur sous le premier Empire, et que ses descendants portent ; mais dans les anciennes armes de cette antique et royale maison, le pin au naturel est sommé d'une colombe d'argent portant dans son bec une banderolle sur laquelle est écrite la devise citée plus haut.

CASANOVA (AVOGRADO DE). — *Nisi lacessitus lædo.* — Je ne blesse que si l'on m'outrage.

CASSAGNE (DE). — *Jus a stirpe traho.* — Je tire mon droit de ma race.

CASSAGNE DE BEAUFORT DE MIRAMON (DE). — *Atavis et armis.* — Aux aïeux et aux armes.

CASSAN (DE). — *Diex el·volt !* — Dieu le veut !

CASTEL (DE). — Par guerre et par labeur.

CASTELLANE (DE). — Ancien dicton provençal : Dissolution de Castellane. — Devise : *Honor ab armis.* — L'honneur vient des armes. — *Armes :* de gueules au château d'or sommé de trois tours.

CASTELBAJAC (DE). — *Lilia in cruce floruere.* — Les lis fleurirent dans la croix. — *Armes :* D'azur à la croix alaisée d'argent surmontée de trois fleurs de lis d'or, posées deux et une.

CASTELGAILLARD (DE NORGUÈS DE). — *Liliorum amore viget.* — Il fleurit par amour des lis.

CASTELNAU (BOILEAU DE). — De tout mon cœur.

CASTELNAU (DE CURRIÈRES DE). — *Post gloriam*

currens semper. — Courant toujours après la gloire.— *Armes :* D'azur au lévrier d'argent colleté d'or.

CASTELNAU (Villerasse de). — *Non mihi, sed Deo.* — Pas pour moi, mais pour Dieu.

CASTELPERS (de Génibrouse de). — *Semper fidelis.* — Toujours fidèle.

CASTÉRAS (de). — *Si consistant adversum me castra, non timebit cor meum.* — Quand ils placeraient leur camp à l'encontre de moi, mon cœur ne craindra pas.

CASTILLE (Froment de). — Fais ce que dois, advienne que pourra.

CASTILLON (de). — Première devise : Dieu le veut! — Deuxième devise : *Pretium vitæ mori pro patriâ.* — Le prix de la vie, c'est de mourir pour la patrie. — Troisième devise : *Deo et regibus semper ut olim.* — Toujours à Dieu et aux rois comme autrefois. — Michel de Castillon, vivant en 1587, prit le premier la seconde de ces devises. — J.-F. de Castillon, chanoine de Saint-Denis, avait choisi cette troisième devise. — La maison de Castillon les porte encore toutes les trois.

CASTILLON DE SAINT-MARTIN. — *A laqueo malignantium libera me Domine!* — O Seigneur, délivrez-moi du filet des méchants !

CASTILLON DE SAINT-VICTOR. — *Pro rege et fide.* — Pour le roi et la foi.

CASTRIES (de la Croix de). — Fidèle à son roi, à

l'honneur. — Cette maison reçut les titres de duc à brevet en 1784, de duc héréditaire le 4 juin 1814.

CATHELINEAU (DE). — Dieu et le roi. — Devise donnée par le roi Louis XVIII.

CATHERINE DE VARANGES. — *His virtus erecta rotis.* — Le courage est porté par ces roues.

CATIN DE FLAVIGNEROT. — *Spoliatis arma supersunt.* — A ceux qu'on a dépouillé il reste des armes.

CATINAT (DE). — *Omnia virtuti parent.* — Tout cède au courage.

CAULAINCOURT DE VICENCE (DE) — Désir n'a repos. — Cette maison reçut le titre de duc de Vicence en 1806.

CAULIERS (DE). — *Sicut erat in principio.* — C'était ainsi au commencement.

CAUMONT DE CAULINCOURT (DE). — *Fortior coronatur.* — Le plus fort est couronné.

CAUMONT (DE LAMIRE DE). — *Virtutis regula miræ.* — Règles admirables du courage.

CAUVET DE BLANCHEVAL. — *Cave, cave canem.* — Gare, gare au chien.

CAVAN (DE). — *Caveant.* — Qu'ils prennent garde. — *Armes :* D'or à trois chouettes de sable.

CAVELIER DE CUVERVILLE (DE). — *Spes mea Deus.* — Dieu mon espérance.

CAYLA (DE BASCHI DU). — *Potius mori quàm fœdari.* — Plutôt mourir que se souiller.

CAYLUS (ROBERT DE LIGNERAC DE). — *Dum spiro spero.* — Tant que je respire j'espère. — Cette maison reçut le titre de duc à brevet en 1783; de duc héréditaire de Caylus le 31 août 1817.

CENTAL DE LA TOUR D'AIGUES. — *Satiabor cum apparuerit.* — Je serai rassasié quand il apparaîtra.

CÉRISY (LEVAVASSEUR DE).— *Fortis et prudens.*— Fort et prudent.

CERNON (DE PINTEVILLE DE). — *Prodesse omni, obesse nulli.* — Être utile à tous et nuisible à personne.

CERTON (DE). — *Tene certum, dimitte incertum.* — Tenez le certain, rejetez l'incertain.

CHABANNAIS (COLBERT DE). — *Perite et recte.* — Habilement et franchement.

CHABANNES (DE). — Je ne le cède à nul autre.

CHABANNES CURTON DE LA PALICE (DE). — Je ne le cède à nul autre.

CHABANNES DU VERGER (DE). — Je ne le cède à nul autre.

CHABERT (DE). — *Postes portasque refregit.* — Il pulvérise les poteaux et les portes.

CHABEU (DE). — Tant vaut l'homme, tant vaut la terre.

CHABRIGNAC (DE GEOFFRE DE). — J'offre tout à la patrie.

CHAILLOUVRES (DE JOLY DE). — *A Domino factum est istud.* — Cela a été fait par le Seigneur.

CHALABRE (BRUYÈRES DE). — *Sola fides sufficit.* — La foi seule suffit.

CHALANT (DE). — Tout est et n'est rien.

CHALANT D'AOUSTE (DE). — Tout est et n'est rien.

CHALECY DE SAVIGNY. — *Virtus mihi lumen et ensis.* — La lumière pour moi, c'est le courage et l'épée.

CHALLUDET (DE). — Désir sans vanité.

CHALONS (DE). — Au plus avant.

CHAMANS (DE SAINT). — *Nihil nisi vincit amor.* — Rien ne me dompte si ce n'est l'amour.

CHAMBELLAN DE FOURGERAY. — *Colloquia prava parva.* — Les mauvais entretiens sont petits.

CHAMBELLAN DE LA GARENNE. — *Colloquia prava parva.* — Les mauvais entretiens sont petits.

CHAMBGE (DU). — Pour un mieux du Chambge.

CHAMBGE D'ELBHECQ (DU). — Pour un mieux du Chambge.

CHAMBGE DE LIESSARD (DU). — Pour un mieux du Chambge.

CHAMPAGNEUX (DE). — *Men'espée va où de vouaï.* Mon épée va où je vais. — *Armes :* D'azur à l'épée d'or en pal.

CHAMPALIER (Muguet de). — *Post fata superstes.* — Survivant après le trépas.

CHAMPCENETS (Quentin de). — *Semper stabit claritas.* — La clarté durera toujours.

CHAMPEAUX (Andrée de). — Sans venin.

CHAMPEAUX VAUXDIMES (des). — *Dieix el volt!* — Dieu le veut !

CHAMPGRAND (Labbé de). — *Constantia duris.* — Dans l'adversité la constance.

CHAMPIER (de). — *Tu ne cede malis, sed contra adventior ito.* — Ne cède pas au malheur, mais marche avec plus d'audace.

CHAMPION DE CICÉ. — Au plus vaillant le prix.

CHAMPLAGARDE (de). — *Dominus dat incrementum.* — Le Seigneur donne l'accroissement.

CHAMPLENEYS (Angelin de). — A jamais.

CHAMPLOST (Quentin de). — *Semper stabit claritas* — La clarté durera toujours.

CHAMPORCIN (des Michels de). — *Signo, manu, voce vinces.* — Par le signe, la main, la voix j'enchaîne. — J'indique de la main, j'opère de la voix. — *Armes :* D'azur à une croix de Lorraine, une épée et un cor de chasse d'or. — Monseigneur Étienne François-Xavier des Michels de Champorcin, dernier évêque comte de Toul de 1774 à 1790, prince du saint empire romain portait outre la devise de sa maison celle-ci : *Semper in Deo sperare.* — Toujours espérer en Dieu.

CHANALEILLES (DE). — *Fideliter, alacriter.* — Fidèlement et joyeusement. — Légende : *Canes ligati.* — Les chiens liés. — *Armes :* d'or a trois lévriers de sable, courant l'un sur l'autre, colletés d'argent.

CHANCEL DE LA GRANGE. — Chancel ne chancelle mie.

CHANDIÉ (DE). Ἐν τῷ ποιεῖν ἄπλανος. — Franc et droit dans ses œuvres.

CHAMPVALLINS (DE GAIGNEAU DE). — *Quo fata?* — Où sont les destins?

CHANDIEU. — Pour l'éternité.

CHANGEY (DELECEY DE). — *Dulce.* — Doucement.

CHANGY (CARPENTIER DE). — Dieu m'aide.

CHANGY (CHARRIER DE). — *Semper in orbita.* — Toujours dans l'orbite.

CHANGY DE ROUSSILLON. — Vous m'avez, vous m'avez.

CHANTAL (DE). — Première devise : Aimez loyaulté. Deuxième devise : *In hoc signo vinces.* — Tu vaincras par ce signe.

CHANTOME (TERRAT DE) — *Pristini memorare status.* — N'oublie jamais ta première position.

CHANU DE CARDINAL. — Pour fidèlement tenir.

CHANU DE KERHÉDEN. — Pour fidèlement tenir.

CHANU DE LIMUR. — Pour fidèlement tenir.

CHANZÉ (DE LAURENCIN DE). — *Lux in tenebris; post tenebras spero lucem*. — Lumière dans les ténèbres; après les ténèbres j'espère la lumière.

CHAPELIER (DE). — *Ad alta*. — Vers les grandes choses.

CHAPELLE (DE BEAUFRANCHET DE LA). — Première devise : *Bello franci*. — Francs à la guerre. — Deuxième devise : *Fideles semper contra infideles*. — Fidèles toujours contre les infidèles.

CHAPELLE (MARTIN DE LA). — *Stella in tempestate* — Étoile dans la tempête. — *Armes :* d'azur à la croix pattée d'or, cantonnée en chef d'une étoile à dextre d'un croissant à sénestre, le tout d'argent.

CHAPELLE (DE ROSMADEC DE LA). — Première devise: En bon espoir. — Deuxième devise : *Uno avulso non deficit alter*. — Si l'un est arraché, l'autre ne manque pas.

CHAPELLE (DE LA). — En bon espoir. — *Armes :* de gueules à la passe d'hermines.

CHAPELLE-BEAUJEU (DE LA). — Dieu la protége.

CHAPONAY, OU DE CHAPPONAY (DE). — *Gallo canente spes redit*. — Au chant du coq l'espérance revient. — *Armes :* d'azur à trois coqs d'or, becqués, crétés, barbés et membrés de gueules.

CHAPPELIER (DE). — *Rerum prudentia victrix*. — La prudence est victorieuse de toute chose.

CHAPPO (DE). — Marie dame de Benoiteveaux, protégez oncques les mens de Bezonvaux.

CHAPPUYS DE LA FAY. — *Dulcedine et fortitudine.* — Par la douceur et la force.

CHAPT DE RASTIGNAC (DE). — *In Domino confido.* — Je me confie dans le Seigneur.

CHAPUYS DE MONTLAVILLE (DE). — *Miseris succurrere disco.* — Je sais secourir les malheureux. — Cette devise a été donnée par le roi Louis XIV à l'un des ancêtres de la maison de Chapuys de Montlaville en récompense de sa noble et belle conduite lors de la famine de 1709. S. de Chapuys de Montlaville, avait nourri pendant l'épidémie tout un baillage en livrant le grain de ses propriétés et de ses achats au prix où il se vendait avant l'enchérissement des blés. Le roi Louis XIV l'autorisa en outre à porter dans ses armes un pélican qui s'ouvre le sein pour nourrir ses petits.

CHARAUDIÈRE (MÉNARDEAU DE). — *Telis opponit acumen.* — Il oppose sa pointe aux traits.

CHARBONNEAU DE L'ÉCHASSÉRIE. — *Pro fide scuta et rege lilia.* — Les écus pour la foi, et les lis pour le roi. — *Armes :* D'azur à trois écussons d'argent posés deux et un accompagnés de dix fleurs de lis d'or posées quatre, trois, deux et une.

CHARBONNEL (DE). — *In corde decus et honor.* — Dans le cœur gloire et honneur.

CHARBONNEL DU BETZ (DE). — *In corde decus et honor.* — Dans le cœur gloire et honneur. — Guy de

Charbonnel prit part à la première croisade l'an 1096, il fit prisonnier un chef Sarrazin, et plaça alors dans ses armes un croissant accompagné de trois molettes et adopta la devise ci-dessus.

CHARCE (DE LA TOUR DU PIN CHAMBLY DE LA). — Première devise : *Turris fortitudo mea.* — La tour est ma force. — Deuxième devise : Courage et loyauté. — *Armes :* Écartelé aux un et quatre d'azur à la tour d'argent maçonnée de sable, au chef cousu de gueules, chargé de trois casques d'or, posés de profil, aux deux et trois d'or au dauphin d'azur crêté et oreillé de gueules.

CHARMASEL (DE). — Première devise : *Fere magiora.* — Deuxième devise : *Non juvat ex facili.* — Je n'ai nul goût pour ce qui est sans difficulté.

CHARMETTES (LE BRUN DE). — J'aime la croix.

CHARNAGE (DE). — Toujours en bon lieu.

CHARNISAY (D'ARTHUYS DE). — Franc au roi suis.

CHARPENTIER DE BEAUVILLÉ. — *Securi securus.* — Se fiant en sa hache.

CHARPIN DE FOUGEROLES (DE). — *In hoc signo vinces.* — Tu vaincras avec ce signe. — *Armes :* d'argent à la croix ancrée de gueules, au franc quartier d'azur chargée d'une molette d'or.

CHARPY DE JUIGNY (DE). — *Nec spe, nec metu, in variis varius.* — Ni l'espérance, ni la crainte ni les changements ne me changent.

CHAROST (Legras de). — *Stat fortis in arduis.* — Le brave se soutient dans les difficultés. — *Armes :* d'azur au lion d'or à trois contre cotices de même brochant.

CHARRAS (de la Laurencie de). — Va où tu peux, meurs où tu dois.

CHARRIER MOISSARD (de). — *Turrem vi defendam.* — Je défendrai la tour par la force. — *Armes :* Écartelé aux un et quatre d'azur à la roue d'or, aux deux et trois d'azur à la tour d'argent.

CHARRIER DE LA ROCHE (de). — Charrier droit. — *Armes :* d'azur à la roue d'or.

CHARTONGNE (de). — Famille de Lorraine et de Champagne porte de gueules à cinq anneaux d'or en sautoir. — *Vice vices vici.* — D'un coup j'ai emporté tous les coups. — Cette devise fut donnée par Louis XIV avec ces nouvelles armoiries à un Chartongne qui dans un tournoi avait remporté les cinq anneaux du jeu.

CHARTONNIÈRE (de Phélines de la). — Première devise : Prompt et sûr. — Deuxième devise : *Nunquam deflectit.* — Jamais il ne dévie.

CHARRUEL (de). — *Calonec a drec'h bep trà.* — L'homme de cœur surmonte tout.

CHARRUEL GOAZOUHALLÉ (de). — *Ober ha tevel.* Faire et taire.

CHASSAGNE (d'Assier de la). — Suis de bonne trempe.

CHASSAGNY (Jordan de). — *In veritate virtus.* — Dans la vérité est le courage.

CHASSEBRAS (de). — *Tempora tempore tempera.* — Avec le temps tempère le temps.

CHASSEPOT DE BEAUMONT (de). — *Semper vigil.* — Toujours vigilant.

CHASSERIE (Collet de la). — L'âme et l'honneur.

CHASSEY (de). — Bien pourchassé.

CHASSIEU (Arod de). — Sans rien craindre.

CHASTANIER DE BOISSET. — *Sic tibi, sic aliis.* — Ainsi pour toi, ainsi pour les autres.

CHASTEIGNIER DE LA CHATEIGNERAIE. (de) — *Atavis et armis.* — Par les ayeux et par les armes.

CHASTEL (du). — Première devise : *Mar car Doué.* — S'il plaît à Dieu. — Deuxième devise : *D'a vad é teni.* — Tu n'as qu'à venir. — Ancien surnom : Vaillant du Chastel.

CHASTEL DE FRÉMEUR (du). — *D'a vad é teni.* — Tu n'as qu'à venir.

CHASTEL DE TONQUÉDEC TRÉMAZAN (du). — Première devise : *D'a vad é teni.* — Tu n'as qu'à venir. — Deuxième devise : *Mar car doué.* — S'il plaît à Dieu. — Ancien surnom : Vaillant du Chastel.

CHASTELET (du). — *Pring, pring.* — Piquant, piquant.

CHASTELIER DE CHATEAULOGIER (du). — *Non*

inferiora secutus. — N'a pas fourni une carrière moins glorieuse.

CHASTELLUX (DE). Fermeté et loyauté.

CHASTENAY (DE). — *Vigil et audax*. — Vigilant et audacieux. — *Armes :* d'argent au coq de sinople, crêté, becqué, onglé, barbé et couronné de gueules, ayant la patte dextre levée, et accompagné de trois roses 'de roses de gueules boutonnées d'or, deux en chef, une en pointe.

CHASTENET DE PUYSÉGUR (DE).—*Spes mea Deus* — Dieu mon espérance.

CHAT DE KERSAINT (LE). — Mauvais chat, mauvais rat.— *Armes :* de sable au chat effarouché d'argent.

CHATEAUBODAU (DE). — *Spectantibus terrorem incutit leo rugiens*. — Le lion rugissant frappe de terreur ceux qui le regardent.

CHATEAUBRIAND (DE). — Première devise : Je sème l'or. — Deuxième devise : Mon sang teint les bannières de France. — Les armes anciennes de cette maison étaient : de gueules semé de pommes de pin d'or avec la devise : Je sème l'or. — Le roi Saint Louis pour récompenser la valeur incroyable que Geoffroy de Châteaubriand déploya au combat de la Massoure, changea les pommes de pin en fleurs de lis d'or et lui donna la devise : Mon sang teint les bannières de France.

CHATEAUCHALON (DE). — Selon le lieu.

CHATEAUFUR (DE). — *Var an tré ha var al lano*

Castelfur co va hano. — Au jusant comme au flux, Châteaufur est mon nom. — *Armes :* d'azur au château d'argent.

CHATEAUGIRON (DE). — Pensez-y ce que vous voudrez. *Alias :* Pensez-y ce qu'il vous plaira.

CHATEAUGIRON DE LA JAULNAY (DE). — Pensez-y ce que vous voudrez. — *Alias :* Pensez-y ce qu'il vous plaira.

CHATEAUNEUF-RANDON (DE). — *Deo juvante.* — Dieu aidant.

CHATEAUNEUF (DE BESSAS DE). — *Semper audax et tenax.* — Toujours audacieux et tenace.

CHATEAUNEUF DE LABATISSE (GIRARD DE). — *Spes mea Deus.* — Dieu mon espérance.

CHATEAUNEUF (DE RIEUX DE). — Première devise : Tout un. — Deuxième devise : A tout heurt bélier, — A tout heurt Rieux.

CHATELET (ARMYNOT DU). — *Armis notus.* — Connu par ses armes.

CHATILLON DE BLOIS (DE). — *Agere et pati fortia.* — Agir courageusement et souffrir patiemment.

CHATILLON (GAUCHER DE). — Jamais arrière!

CHATRE (DE LA). *Gloriæ et amori.* — A la gloire et à l'amour.

CHATON, ou CHATTON DE MORANDAIS. — Première devise : Dieu et mon courage. — Deuxième devise : A peine un chat y peut atteindre.

CHATON, ou CHATTON DE RANLÉON. — Première devise : Dieu et mon courage.— Deuxième devise : A peine un chat y peut atteindre. — *Armes* : d'argent au pin arraché de sinople chargé de trois pommes d'or.

CHAUBRY DE TRONCENOR. — Faire bien et laisser dire.

CHAUDÉE (DE). — Ja ne fera Chaudée.

CHAUMONT-QUITRY (DE). — *Furibundi calvi montenses.* — Les montagnards furibonds et chauves.

CHAUMONT (LAMOUREUX DE). — Première devise : *Semper Deo et Regi fidelis.* — Toujours fidèle à Dieu et au roi. — Deuxième devise : *Magnificat anima mea Dominum.* — Mon âme glorifie le Seigneur.

CHAUMONT (LE RAY DE). — *Semper et ubique fideles.* — Toujours et partout fidèles.

CHAUSSEGROS DE LIOUX (D'ESTIENNE DE). — *Triplex difficile rumpitur.* — Il est difficile de rompre ce qui est triple.

CHAUVAC (DE LA PLACE DE). — *Regi et Deo semper fidelis morior.* — Je meurs toujours fidèle à Dieu et au Roi.

CHAUVANCE (DE MONTAIGNAC DE). — *Pro fide et patriâ.* — Pour la foi et la patrie.

CHAUVEAU (DE). — Quand même?

CHAUVENET (DE). — *Ex labore fructus.* — Le fruit vient du travail.

CHAUVETON DE SAINT-LÉGER. — *Deus, Rex, honor.* — Dieu, le Roi, l'honneur.

CHAVANNES DE RANCÉ (DE). — *Crescendo virtus augetur.* — En croissant le courage s'augmente.

CHAVIGNÉ (DAVY DE). — *Candidior cygnis.* — Plus blanc que les cygnes.

CHAVIREY (DE). — *Moderatè.* — Modérément.

CHEFDEBIEN (DE). — *Dux fui, sum et ero.* — J'ai été chef, je le suis et je le serai.

CHEFDEBIEN D'ARMISSAN (DE). — *Dux fui, sum et ero.* — J'ai été chef, je le suis et le serai.

CHEFFONTAINES (DE). — *Plura quàm opto.* — Plus que je désire.

CHÊNE (DU). — Bon gland du chêne.

CHÉNECEY (PILLOT DE). — Tire droit.

CHENEZ (MARTINEAU DES). — *Sub umbrâ tuarum.* — Sous l'ombre des tiennes.

CHÉRIO (OPEZZY DE). — Tout espoir en Dieu.

CHÉRISY (HUME DE). — Fidèle jusqu'au bout.

CHÉRY (DE MATHAREL DU). — *In hoc signo vinces.* — Tu vaincras par ce signe.

CHESNAY (DE LA FOREST DU). — *Favite, stellæ.* — Favorisez-nous, étoiles. — *Armes :* d'argent à la bande d'azur chargée de trois étoiles d'argent.

CHESNE (Chesnier du). — *Robur*. — Force. — *Armes :* d'azur au chêne arraché d'argent.

CHESNE (de Ferron du). — Sans tache.

CHEVALIER. — Tant elle vaut, celle pour qui je meurs. — Étienne Chevalier, contrôleur des finances sous le roi Charles VII, était l'ami dévoué d'Agnès Sorel, serviteur de cette reine de beauté, il fit peindre sur ses armes cet emblème : le mot tant, une aile d'oiseau, le mot vaut, une selle de cheval, les mots : pour qui je, et enfin un mors de bride, ce qui voulait dire : Tant elle vaut, celle pour qui je meurs.

Plus tard, sur la porte de son hôtel, rue de la Verrerie, à Paris, Étienne Chevalier fit graver la devise suivante dont tout le mérite consistait à rappeler, sous forme de rébus, le nom de Surel ou de Sorel.

Rien sur L, n'a regard.

CHEVALIER D'ALMONT. — *Honor et fides*. — Honneur et foi.

CHEVALIER DE BAUSSET. — *Sola salus servire Deo*. — Servir Dieu est le seul salut.

CHEVALIER DU COUDRAY. — *Multo labore*. — Par un grand travail.

CHEVALIER DE PONTIS. — *Semper fidelis*. — Toujours fidèle.

CHEVALLET (Abel de). — *Ferrer forte e spesso*. — Blesser fort et souvent.

CHÉVERNY (Huraut de). — *Certat majoribus*. — Il combat contre les plus grands.

CHEVILLARD (DE). — Je rapporte fidèlement ce que je trouve.

CHEVOLLEREAU (DE). — *Fides et justitia.* — Foi et justice.

CHEVRIÈRES DE SAYVE (DE LA CROIX DE). — *Indomitum domuere cruces.* — Les croix ont dompté l'indompté. — *Armes :* d'azur à une tête de cheval d'or, animée de sable; au chef cousu de gueules, chargé de trois croisettes d'argent.

CHEYLUS, ou DE CHEILUS (DE). — *Fe et honour.* Foi et honneur.

CHEYROY (DE). — *Cœlum non solum.* — Le ciel non le sol.

CHIEL (DE). — Ny tost ny tard.

CHIENS (DES). — *Leo victus.* — Le lion vaincu. — *Armes :* Écartelé au premier et quatrième de gueules à trois têtes de chiens d'argent, au deux et trois d'argent au lion de gueules.

CHIÉVRES (DE CROŸ DE). — *Dulcia mixta malis.* — L'amertume mêlée à la douceur.

CHIFFLET. — *Deo, Cæsari, Patriæ.* — A Dieu, à César, à la Patrie.

CHIFFLOT (DE). — *Flos semper virens virtus.* — La vertu est une fleur toujours verdoyante.

CHILLAUD DE FIEUX (DE). — *Cum civibus libertatem præsto.* — Avec les citoyens je défends la liberté.

CHIMAY (DE RIQUET DE CARAMAN DE). — *Juvat pietas.* — La piété me plaît.

CHINOT DE FROMESSENT (DE). — *Laus Deo semper.* — Toujours louange à Dieu.

CHISSÉ (DE). — Toujours.

CHIVALLET (DE). — Liberté aiguillonne.

CHOART DE BUZANVAL. — Qui s'abaisse, s'élève.

CHOIN (DE JOLY DE). — *A Domino factum est istud.* Cela fut fait par le Seigneur.

CHOPIN DE SERAINCOURT. — *Angelis suis mandavit de te.* — Il a chargé ses anges de veiller sur toi.

CHRESTIEN DE POMMORIO. — En bon chrestien.

CHRISTOPHE. — *Eminent undique vires.* — De toutes parts les forces s'élèvent.

CIBON. — Léauté passe tout.

CICALA (DE CASTEL DE). — *Nunquàm retrorsum.* — Jamais en arrière.

CILLART (DE). — Mon cor et mon sang.

CILLARD DE KERMAINGUY (DE). — Mon cor et mon sang.

CILLARD DE LAVILLENEUVE (DE). — Mon cor et mon sang. — *Armes :* de gueules au cor de chasse d'argent.

CINTRÉ (DE JOLY DE). — Toujours serai.

CIRCOURT DE GÉRAUVILLIERS (de).
> Toujours aimant,
> Jamais mentant;
> Toujours vaillant
> En brave mourant.

CIREY DE MAGNY. — *Virtute duce, comite fortuna.* — Le courage pour guide, la fortune pour compagne.

CISSEY (Courtot de). — *Quo Deus volvet.* — Où Dieu me conduira.

CLAIRAC (Pouzols de). — *Fortitudo.* — Force.

CLAIRON (de). — Sonne haut, Clairon, pour l'honneur de ta maison.

CLAPIERS (de). — *Ab alto ad altum.* — De ce qui est élevé on va vers ce qui est haut.

CLARET DE FLEURIEU. — *Claret non nocet.* — Il brille et ne nuit pas.

CLARKE. — *Omnia nobis prospera.* — Tout nous est prospère.

CLAYE (de Maynard de la). — *Pro Deo et Rege.* — Pour Dieu et le Roi.

CLAYE (de Ricouard de la). — *Sub umbrâ solis nascitur virtus.* — A l'ombre du soleil naît la force.

CLAYETTE (de Noblet de la). — *Nobilitat virtus.* — La vertu ennoblit.

CLÉMENT DE SAINT-MARQ (le). — Clémence et vaillance.

CLERCAMP (Villegas de). — *Vilia ne legas.* — Ne choisis pas des choses viles.

CLERC LA DEVÈZE (de). — *Virtute clarâ.* — Avec un brillant courage.

CLERC DE FRANCONVILLE (le). — Première devise : *Tu tibi sis ipse fortuna.* — Sois à toi-même ta propre fortune. — Deuxième devise : *Susceptum perfice munus.* — Achève ce que tu as commencé.

CLERC DE JUIGNÉ (le). — *Ad alta.* — Vers les hauteurs.

CLERC DE VEZINS (le). — *Ad alta.* — Vers les hauteurs.

CLÉREMBAUT DE VENDEUIL (de). — De Vendeuil nous sommes.

CLERMONT MONT-SAINT-JEAN (de). — *Et si omnes ego non.* — Et si tous, moi non.

CLERMONT-TONNERRE (de). — *Et si omnes ego non.* — Et si tous, moi non. — Depuis qu'en l'an 1123, un comte de la maison de Clermont rétablit le pape Calixte II sur son trône, cette famille porte cette devise.

Le pape Calixte II donna pour armes aux Clermont, deux clefs d'argent en sautoir, au lieu d'un soleil au-dessus d'une montagne qu'ils portaient autrefois : quand un membre de cette maison se trouve à Rome lors du couronnement d'un souverain pontife, au lieu que tout le monde lui va baiser le pied, lui se met à côté du Saint-Père, tire son épée, et dit :

Et si omnes ego non.

Cette maison qui eut pour berceau la baronnie libre de Clermont en Dauphinée, reçut les titres de duc non enregistrés en 1752, et de duc enregistrés en 1775.

CLÉRY (DE). — *Pro Deo et Rege.* — Pour Dieu et le Roi.

CLÉRY (DE BROSSARD DE). — *Audenti succedit opus.* — Tout réussit à l'audacieux.

CLEUZIOU (RAISON DU). — Toujours Raison.

CLINCHAMP (DE). — *Pro Deo et Rege.* — Pour Dieu et le Roi.

CLINCHAMP DE BELLEGARDE (DE). — *Pro Deo et Rege.* Pour Dieu et le roi. — Rodolphe de Clinchamp, sire de Mirepoix, château dont il s'empara sur les Albigeois au nom du roi Saint-Louis, reçut de ce roi pour gage de satisfaction et pour le récompenser du courage dont il fit preuve sur les champs de bataille de la Palestine la devise : *Pro Deo et Rege.*

CLISSON (DE). — Pour ce qu'il me plaît.

CLISSON (OLIVIER DE). — *Sub pondere virtus crescit.* Sous le fardeau la force s'accroît.

CLOCHEVILLE DE BELLE (DE). — *Fac et spera.* — Fais et espère.

CLOS (DES). — *Salus in adversis.* — Salut dans l'adversité.

CLOS (SAUVAGET DE LA SOUCHE DES). — Dieu ayde qui s'ayde.

CLOSNEUF (LE CHAT DE). — Mauvais chat, mauvais rat. — *Armes :* de sable au chat effarouché d'argent.

CLUGNY-THÉNISSEY (DE). — Généreux et fidèle.

CLUZEAU (DU TILLET DU). — *Virtute et fide.* — Par le courage et la foi.

COATANFROTER (LE GENTIL DE). — *Gentil d'ann oll.* — Gentil pour tous.

COATANLEM (DE). — *Germinavit sicut lilium et florebit in æternum ante Dominum.* — Il a germé comme un lis et il fleurira dans l'éternité devant le Seigneur. — *Armes :* d'argent à une fleur de lys de sable, surmontée d'une chouette de même, becquée et membrée de gueules.

COATANDON DE KERDU (DE). — Tout à souhait.

COATAUSCOURS DE KERJEAN (DE). — *Il a galon vat.* — De grand cœur.

COATGOUREDEN (DE). — Première devise : Je me contente. — Deuxième devise : *In cruce spes et murcimen.* — Dans la croix l'espérance et la consolation.

COËSMER (DE ou DU REFUGE DE). — Première devise : A tous refuge. — Deuxième devise : *Victrix innocentia.* — L'innocence victorieuse.

CŒTANFAO (KERHŒNT DE). — Première devise : En Dieu est. — Deuxième devise : Sur mon honneur.

CŒTANGARS (DU CHASTEL DE). — *Dà vad è teni.* — Tu n'as qu'à venir.

CŒTANTAS (DE). — J'aime qui m'aime.

CŒTANSCOURT (DE). — *Il a galon vat.* — De grand cœur.

CŒTELEZ (LE NY DE). — Humble et loyal.

CŒTFREC (DU PARC DE). — Vaincre ou mourir.

CŒTIVY DE TAILLEBOURG (DE). — Première devise : *Pret de !* — Il serait temps ! — Deuxième devise. — *Bepret.* — Toujours.

CŒTJUNVAL (DE). — *Meruere coronam.* — Ils méritèrent une couronne.

CŒTLÉON (DE). — Humble et loyal.

CŒTLOGON (DE). — *A peb emser Cœtlogon.* — De tout temps Coëtlogon.

CŒTLOSQUET (DU). — Franc et loyal.

CŒTLOSQUET (LE MAREC DE).—*In te, Domine, speravi, non confundar in œternum.* — Seigneur, j'ai espéré en vous, je ne serai pas confondu dans l'éternité.

CŒTMANACH (DE). — A bien viendra par la grâce de Dieu.

CŒTMEN (DE). — *Item! Item!* — De même! De même!

CŒTMENEC'H DE LESGUERN. — Soit!

CŒTMEUR (DE). — Aultre n'auray.

CŒTNEMPREN DE KERSAINT (DE). — *Et abundantia in turribus tuis.* — Et l'abondance dans tes tours. — *Armes :* d'argent à trois tours de gueules, ouvertes du champ ajourées et maçonnées de sable.

CŒTQUELFEN, ou DE CŒTQUELVEN. — *Beza' é peoc'h.* — Être en paix.

CŒTQUEN DE VAURUFFIER D'UZEL (DE). — Que mon supplice est doux!

CŒTRIEUX (DE). — *Tria unitas utrique veneranda.* — De toute part on doit vénérer la triple unité. — *Armes :* Écartelé aux un et quatre d'argent à trois fascés de gueules, aux deux et trois d'argent à l'arbre de trois branches de sinople, accompagné de trois quintefeuilles de gueules.

CŒTUDAVEL (DE). — *Red é ve.* — Il faudrait.

CŒUR. — A cœur vaillant rien d'impossible. — Devise de Jacques-Cœur, grand argentier de France.

CŒURET DE NESLE (DE). — Plus de cœur que de vie. — *Armes :* d'argent à trois cœurs de gueules posés deux et un.

COIGNY (DE FRANQUETOT DE). — *Post prælia præmia.* — Après les combats la récompense. — Cette maison originaire de Normandie, reçut le titre de duc en 1747.

COISLIN (DE CAMBOUT DE). — Jamais en vain. — Cette maison reçut le titre de duc en 1663.

COHEN DE VINKENHŒF. — *Onwrikbaar.* — Qui ne peut faire naufrage.

COHORN (DE SÉGUINS DE). — Première devise : *Sola salus servire Deo.* — Le seul salut est de servir Dieu.

Deuxième devise : *Tendit ad sidera virtus*. — Le courage élève aux astres. — Troisième devise : *Servire Deo regibusque suis*. — Servir Dieu et ses rois.

COLABAU DE JULIÉNAS. — *Sinè macula*. — Sans tache.

COLAS DES FRANCS. — *Ulterius ardet*. — Il brûle ultérieurement.

COLAS DE LA NOUE. — *Ulterius ardet*. — Il brûle ultérieurement. — *Armes :* d'or au chêne de sinople terrassé de sable au sanglier du même brochant sur le fût de l'arbre.

COLBERT, ou DE COLBERT. — *Peritè et rectè*. — Habilement et franchement.

COLBERT, ou DE COLBERT DE CHABANNAIS. — *Peritè et rectè*. — Habilement et franchement. — *Armes :* d'or à une bisse ou couleuvre d'azur.

COLIGNY (DE). — Je les éprouve tous.

COLIGNY (DE PILLOT DE CHÉNECEY DE). — *Virtus et fides, per Deum et gladium*. — Courage et foi, par Dieu et par le glaive.

COLLET DE LA CHASSERIE. — L'âme et l'honneur.

COLLET (MAGNIN DU). — Sans luy rien.

COLLOMB D'ARCINE. — *Deo duce, comite virtute*. — Sous la conduite de Dieu et la garde de la vertu.

COLLONGUE (DE). — *Implebuntur oaore*. — Ils seront remplis de parfum. — La maison de Marmet de Vaumale s'étant éteinte dans celle de Collongue, cette famille en porte les armes écartelées avec les siennes ainsi que la devise qui se rapporte au cimier des de Marmet de Vaumale qui était : des roses.

COLOMB DE BASTINES (DE). — *En fedeltà finira la vita.* — La vie finira dans la fidélité.

COLOMBE (DE SAINTE). — *Spes mea Deus.* — Dieu mon espérance.

COLOMBET (DE). *Simplicitas.* — Simplicité.

COLOMBIÈRE (VULSON DE LA). — Première devise : Pour bien faire. — Deuxième devise : *Uno avulso non deficit alter.* — L'un arraché un autre le remplace. — Troisième devise : *In utrumque paratus.* — Prêt de part et d'autre.

COLOMÉ (DU BARRY DE). — Boutez en avant.

COLONGES (GILBERT DE). — Le dessein en est pris.

COLONNA WALEWSKI (DE). — *Usque ad fines.* — Jusqu'aux limites. — *Armes :* de gueules à une colonne d'argent, sommé d'une couronne ducale d'or.

COLONNA DE LÉCA. — *Flectimur, non frangimur undis.* — Nous flottons sur les ondes et ne sommes pas brisés par elles.

COMARQUE (DE). — *Cum arcâ.* — Avec l'arche. — *Armes :* d'azur à une arche d'alliance d'argent, surmontée de deux étoiles d'or.

COMBAUD D'AUTEUIL (DE). — Je ne le quitte à nul autre.

COMMIERS (DE). — Première devise : *Sub pennis ejus sperabo.* — J'espèrerai sous ses ailes. — Anciens dictons du Dauphiné. — Premier dicton : Force de Commiers. — Deuxième dicton : *Arces, Varces, Granges et Commiers.* — Tel les regarde qui ne les ose toucher.

COMMINES (DE). — Sans mal.

COMMINGES (DE). — Première devise : En amendant. — Deuxième devise : En vivant nous amendons.

COMNÈNE (STHÉPHANOPOLI DE). — *Fama manet, fortuna perit.* — La renommée demeure, la fortune passe.

COMPASSEUR DE COURTIVRON (LE). — *Cuncta ad amussim.* — Tout au compas. — *Armes :* Coupé : au premier, d'azur à trois compas d'or ouverts ; parti, d'or au créquier de gueules ; au second, d'azur à trois bandes d'or.

CONCEYL (DE). — *Rex fortissimo.* — Le roi au plus brave. — Franc de Conceyl ayant eu l'honneur de recevoir dans sa maison, à Aigues-Mortes, le 14 du mois de juillet 1538, le roi François Ier et l'empereur Charles-Quint, reçut du roi de France cette devise que sa descendance a continué de porter.

CONDAMINE (HARENC DE LA). — Nul bien sans peine.

CONDAT (DE VARENNES DE). — *Non est mortale quod opto.* — Ce que je désire n'est pas mortel. — *Armes :* d'azur à trois chardons d'or.

CONDÉ (DE). — Loyauté. — *Armes :* d'or à la fasce de gueules.

CONDÉ (D'ARANDEL DE). — *Deo date.* — Donné à Dieu.

CONDÉ (DE). — *Deo, rege, me.* — Dieu, roi, moi. — *Armes :* d'argent chevronné d'azur à trois épées de même les gardes en bas, posées deux et une.

CONDORCET (DE CARITAT DE). — *Charitas.* — Charité.

CONEN DE SAINT-LUC. — Qui est sot à son dam. — (dam signifie : préjudice).

CONSENVOYE (MARAIS DE). — *Exindè salus.* — De là le salut. — *Armes :* d'or à la croix d'azur cantonnée de quatre épées de gueules, les pointes tournées vers les coins de l'écu.

CONSTANT (SEYMOUR DE). — *In arduis constans.* — Constant dans les difficultés.

CONSTANTIN (DE). — Sans reproche.

CONTAMINE (DE). — Première devise : *Nec unquam te contamina.* — Ne te salis jamais. — Deuxième devise : Toujours sans reproche.

CONTE DES GRAVIERS (LE). — Jacques Le Conte, premier du nom, quartinier de la ville de Paris reçut au nom de la ville, en 1567, une médaille portant la devise : *Abit victoria pacem.* — La victoire met en fuite la paix. — Jacques Le Conte, deuxième du nom, échevin de la ville de Paris, en 1580 reçut également une médaille frappée en son honneur avec cette devise : *Et capit unitos navis pellitque rebelles.* — Le Navire prend les rebelles unis et les repousse. — Jacques Le Conte, troisième du nom, échevin de Paris, en 1595, eut également une médaille frappée en son honneur avec cette devise : *Sic Henricus merentibus.* — Ainsi Henri récompense ceux qui méritent. — Nous voyons encore dans cette même famille Charles Le Conte, aussi échevin de la ville de Paris et qui, comme ses ancêtres, reçut une médaille sur laquelle on lit la devise : *Nobilitat virtus.* — La vertu anoblit.

CONTES (DE). — Nul ne s'y frotte.

CORBEAU DE SAINT-ALBIN. — *Nil nisi virtute.* — Rien si ce n'est par la vertu.

CORBEAU DE VAULSERRE. — *Nil nisi virtute.* — Rien si ce n'est par la vertu.

CORBERON (DE). — *Pro Deo et principe.* — Pour Dieu et le prince.

CORBIER (DE). — *Miserere mei.* — Ayez pitié de moi.

CORDAY (DE). — *Corde et ore.* — De cœur et de bouche.

CORDAY-D'ARMANS (DE). — *Corde et ore.* — De cœur et de bouche.

CORDIER DE BIGARS DE LA LONDE (LE). — *Honos dux, sequor.* — Quand l'honneur conduit, je marche.

CORDOU (DE). — Tout sans contrainte.

CORDOUE (DE). — Ferme dans l'adversité.

CORGENOU (DE). — Tout en bien.

CORGNE DE LA VILLEGOURANTON (LE). — *Spes et fortitudo.* — Espérance et force.

CORGNE DE LA VILLEMARQUÉ (LE). — *Spes et fortitudo.* — Espérance et force.

CORN (DE). — Dieu est tout.

CORNAY (DE POUILLY DE). — *Fortitudine et caritate.* — Par force et charité.

CORNET. — *Rex et lex.* — Le Roi et la loi.

CORNILLIÈRE (DE LA). — *Ferrum ferro, consilium consilio.* — Fer pour fer, conseil pour conseil.

CORNILLON (DE SIBERT DE). — *Semper floreo, numquam flaccesco.* — Toujours je fleuris et jamais je ne me fane. — *Armes :* D'azur a une rose d'argent, tigée et feuillée, de même posée en cœur entre deux bandes d'or.

CORNOT DE CUSSY. — Oncques ne faillit.

CORNULIER DE LA HAUDELINIÈRE (DE). — *Firmus ut cornu.* — Raide comme la corne. — *Armes :* D'azur au rencontre de cerf d'or, sommé entre son bois d'une moucheture d'hermine d'argent. — Une ancienne tradition, rapportée par S. du Haillant, historiographe de France sous le roi Henri III, nous dit que les de Cornulier, dont le nom se trouve écrit très-souvent de Cornillé, étaient issus de Grégoire de Cornillé, très-grand et très-habile chasseur de cerfs; le duc de Bretagne, Jean IV, changea, en 1381, les armes de cette maison qui étaient d'argent à trois corneilles de sable, pour celles que portent actuellement les de Cornulier.

CORNULIER DE LA LANDE (DE). — *Firmus ut cornu.* — Ferme comme la corne.

CORNULIER DE LUCINIÈRE (DE). — *Firmus ut cornu.* — Raide comme la corne.

CORSANT (DE). — *Altius.* — Plus haut.

CORRE (LE). — *Nocte vigilat.* — Il veille la nuit. — *Armes :* d'azur à une chauve-souris éployée d'or en pal, l'estomac percé de gueules.

COS DE LA HITTE (DU). — *Fortitudo et celeritas.* — Force et célérité.

COSNAC (DE). — *Neque aurum honora, neque argentum.* — N'honore ni l'or, ni l'argent. — *Alias : Neque auro neque argento, sed honore.* — Rien pour or ni pour argent, mais pour l'honneur.

COSNE DE CARDANVILLE. — *Deus et Rex.* — Dieu et le Roi.

COSQUER (DE). — *Mad ha caër.* — Bon et beau.

COSQUER (DE KÉRYVON DU). — *Sequar quocumque licebit.* — Partout où il te plaira je te suivrai.

COSSÉ DE BRISSAC (DE). — *Æquabo si faveas.* — Si tu favorises, j'égalerai. — Cette maison originaire de Cossé en Anjou, reçut les titres de duc de Brissac en 1611, duc non héréditaire de Cossé en 1784.

COSSIN (DE). — *Spes mea Deus.* — Dieu mon espérance.

COSTANT (DE). — *Etiam adversante natura.* — Bien que la nature soit contraire.

COSTAING (DE). — Prospérité.

COTEBRUNE (DE). — *A feal cuer Cottebrune.*

COTTEREAU (DE). — *Bene vivere et celari.* — Bien vivre et être caché.

COTTIÈRE (Jacob de la). — Soin et valeur.

COUCY (DE).

> Je ne suis roi, ni prince aussi,
> Je suis le sire de Coucy.

Variante : Je ne suis roi, ne duc, ne comte aussi,
Je suis le sire de Coucy.

COUDRAY (de Boissy du). — *Moderatur et urget.* — Il modère et presse.

COUDRAY (Chevalier du). — *Multo labore.* — Avec grand travail.

COUÉDIC (Gibon du). — *Semen ab alto.* — La semence vient d'en haut.

COUËT DE LORRY (DE). — *Litteris et armis.* — Aux lettres et aux armes. — *Armes :* de gueules à trois fers de lance d'argent.

COUËTUS (DU). — Première devise : Je ne rachèterais pas ma vie par un mensonge. — Deuxième devise : Plutôt mourir que mentir.

COULAINES (QUIRIT DE). — Va ferme à l'assault, Quirit a la prise ! — Cette devise est un jeu de mot fait par un roi de France sur l'un des ancêtres de cette maison qui se préparait à monter à l'assaut d'une ville attaquée.

COULDRE DE LA BRETONNIÈRE (DE LA). — *Sine macula.* — Sans tache.

COUPIGNY (DE MALET DE). — Partir pour jouir.

COUR (DE LA). — *Discite justitiam moniti.* — Avertis, connaissez la justice.

COURCELLES (DE). — Pour jamais.

COURCILLON (DE). — *Virtute, amore, pietate.* — Par le courage, l'amour, la piété.

COURCOL DE BAILLANCOURT. — *Fulmina et astra.* — Foudres et astres.

COURCY (MOREL DE). — *Hoc defendi lilia ferro.* — J'ai défendu les lis avec ce fer. — *Armes :* d'or au chevron brisé d'azur, chargé de deux coutelas d'argent mis en sautoir et d'une fleur de lis de gueules en pointe.

COURCY (POTIER DE). — A la parfin, vérité vainc.

COURLET DE VRÉGILLE. — Première devise : Fais ce que dois... — Deuxième devise : Aide-toi...

COURLON (LE BOULLEUR DE). — *Sperare Deo.* — Espérer en Dieu.

COURMON (LE BAR DE). — *Vel avulsæ frondescunt.* — Bien qu'arrachés ils fleurissent. — *Armes* : d'or à un lion de gueules accompagné de trois arbres de sinople arrachés posés deux en chef, un en pointe.

COURNAU (DU). *Avi pro rege sanguinem fuderunt.* — Les ancêtres répandirent leur sang pour le roi.

COURSANNE (AUVRAY DE). — *Semper armatus in hostem.* — Toujours armé contre l'ennemi.

COURSANT (DE). — Cours sans cesse.

COURSON (DE). — Laissez Courson tenir ce que Courson a pris. — Cette ancienne maison originaire de Bretagne ne porte pas de devise en France, mais la branche des Courson fixée en Angleterre porte la devise ci-dessus.

COURT (LE). — *Li droit est li cort.* — Le chemin droit est le court.

COURT DE PERRIÈRES (LE). — Le droit chemin est le court.

COURTENAY (DE BAUFFREMONT DE). — Dieu ayde au premier chrestien. — *Légende :* Plus de deuil que de joie.

COURT DE VILLETHASSEZ (LE). — *Li droit est li cort.* — Le chemin droit est le court.

COURTEVILLE DE HODICQ. — Pour jamais Courteville.

COURTILLOLES (DE). — Piqueur au premier vol pour corneille.

COURTILS DE BESSY (DES). — *Virtus sine fortuna est manca.* — Le courage sans la fortune n'est rien.

COURTILS DE MERLEMONT (DES). — *Virtus sine fortuna est manca.* — Le courage sans la fortune n'est rien.

COURTILS DE MONTBERTOIN (DES). — *Virtus sine fortuna est manca.* — Le courage sans la fortune n'est rien.

COURTIVRON (LE COMPASSEUR DE). — *Cuncta adamussim.* — Tout au cordeau.

COURTOIS DE COETCASTEL. — Courtoisie convie, rusticité nuit.

COURTOT DE CISSEY. — *Quo Deus volvet.* — Où Dieu le conduira. — *Armes :* de gueules à la licorne passant d'argent.

COURVAL (DE). — *Semper et ubique fideles.* — Toujours et partout fidèles.

COURVOL (DE). — *Nusquam timuit.* — Il ne craint nulle part. — Charles de Courvol enleva à la bataille de Bouvines une bannière avec l'aide de Pierre de la Tournelle, son parent, lequel tua le général de Boulogne, commandant l'armée ennemie. Cette bannière que la maison de Courvol conservait précieusement fut mise en pièces et brûlée par les patriotes en 1793; cependant la famille de Courvol en possède le dessin; au-dessous d'un aigle on lit la devise : *In cœdes explicat alas,* qui signifie : Dans le carnage il déploie ses ailes. — *Armes :* d'or à l'aigle de sable au vol éployé.

OUSAGE (DE LA ROCHEFOUCAULD DE). — C'est mon plaisir.

OUSIN (DE).— *Fides exercituum.* — Foi des armées.

OUSIN-MONTAUBAN DE PALIKAO. — *Deo, imperatori et patriæ.* — A Dieu, à l'empereur et à la patrie.

OUSSAYE (DE LA). — *Patriæ subsidient astra leonis.* — Les étoiles du lion viendront en aide à la patrie. — *Armes :* de gueules au lion d'or, au chef d'argent chargé de trois étoiles d'azur.

OUSSEMAKER (DE). — *Deo et labore.* — Par Dieu et le travail.

OUSSY (DE). — *Malo mori quam fœdari.* — J'aime mieux mourir qu'être souillé.— *Armes :* d'argent bordé de gueules et un rebord de sable, six hermines de même, trois en chef, deux et une.

OUTANCIÈRE (HAREL DE LA). — L'honneur y gist.
OUTANCE ou DE COUSTANCE (DE).— *Constantia, justitia, fidelitate.* — Par la constance, la justice, la fidélité.

OUTEAUX. — *Sicut armis.*— Comme dans les armes.

OUVERT (BERNARD DE). — *Diex aie de Couvert.*

OYNART (DE). — *Semper fidelis.*— Toujours fidèle.

COYSIA (DE). — *Pietate et patientia*. — Piété et sagesse.

CRAMEZEL (DE). — Première devise : *Fidelis patriæ, regi generosus et ardens, confestim vires animumque utrique repono*. — Fidèle à la patrie, généreux et ardent pour le roi, j'emploie pour ces deux choses mes forces et mon esprit. — Deuxième devise : *Fidelis patriæ*. — Fidèle à la patrie.

CRAON (DE BEAUVAU). — *Non sum timendus*. — On ne doit pas me craindre.

CRÉCHQUÉRAULT (DE). — *Tu, dispone*. — Toi, dispose.

CRÉCY (DE). — Honneur m'a fait naistre et renaistre.

CRÉCY (CHARRIER DE). — *Semper in orbita*. — Toujours dans l'orbite.

CRÉNAY (DE). — *Atavis et armis*. — Aux aïeux et aux armes.

CRÉQUY (DE). — Première devise : qui s'y frotte s'y pique. — *Prisca lux, dux certa salutis*. — L'ancienne lumière est la voie certaine du salut. — Anciens dictons.
Premier dicton :

> Créquy hault baron,
> Créquier ault renom.

Deuxième dicton :

> Pour les Créquy, Mailly, d'Ailly,
> Tels noms, tels armes et tel cry,
> D'où l'on dit qu'armes parlantes
> Ou sont bien bonnes ou bien méchantes.

Armes : d'or au créquier de gueules. — Dès l'an 1190 la devise de cette illustre Maison était : Nul ne s'y frotte. Jean V, sire de Créquy, l'abandonna par égard pour le roi Louis XI, attendu que ce souverain avait arboré la même devise en y donnant pour corps un porc-épic.

CRESCENTIO (DE). — *Aspice ut crescam.* — Regarde-moi afin que je croisse.

CRESSONVILLE (DU PUY DE). — *Pro Deo et Rege me sustinet turris.* — Pour Dieu et le Roi la tour me soutient.

CRETON D'ESTOURMEL. — Vaillant sur la crête.

CREVANT D'HUMIÈRES (DE). — L'honneur y gît. Cette Maison ducale est éteinte.

CRÈVECŒUR (DE). — La Tour Landry!

CRICQ (DE SAINT-). — Dieu et mon Roi.

CRICQ-CASAUX (DE SAINT-). — Dieu et mon Roi.

CRIC ou DE SAINT-CRIQ (DE SAINT-). — *Regi et Patriæ benefactor.* — Bienfaisant pour le Roi et la Patrie.

CRILLON (DE BERTON DES BALBES DE). — Fais ton devoir. — Duc par diplôme papal en 1725, duc français le 11 juin 1817.

CRISSÉ (DE TURPIN DE). — *Vici, victurus, vivo.* — J'ai vaincu, je dois vaincre et je vis.

CROISMARE (DE). — *Commeo fidenter.* — Mes relations sont fidèles.

CROISY DE MONTALENT (DE). — Première devise : *Nomen in cruce, salus in fide.* — Le nom est dans la croix, le salut dans la foi. — Deuxième devise : Je me contente.

CROIX DE DREMETZ (DE). — *Crucifixus redemit orbem in xenio.* — Le crucifié a racheté le monde dans un présent.

CROIX DE DREMETZ DE SOUILLY (DE). — *Crucifixus redemit orbem in xenio.* — Le crucifié a racheté le monde dans un présent.

CROIX d'AZOLETTE (DE LA). — *In cruce salus.* — Dans la croix le salut.

CROIX DE CASTRIES (DE LA). — Fidèle à son Roi et à l'honneur. — Cette Maison, originaire du Languedoc, reçut les titres de duc à brevet en 1784, duc héréditaire le 4 juin 1814.

CROIX DE CHEVRIÈRES DE SAYVE (DE LA). — *Indomitum domuere cruces.* — Les croix ont dompté l'indompté.

CROIX (BLONDY DE LA). — *Sine crucem, mors!* — Laisse la croix, ô mort!

CROIX (LE CHAT DE SAINTE-). — Mauvais chat, mauvais rat. — *Armes :* De salle au chat effarouché d'argent.

CROIX (EDME DE LA). — *Munditiâ et labore.* — Avec pureté et labeur.

CROIX (PRÉVOST DE LA). — *Magis ac magis.* — Encore et encore.

CROIZIERS DE LACRIVIER. — Tout pour l'honneur.

DE CROSEY. — Je terrasse qui m'agace.

CROSNIÈRE (JACOBSEN DE LA). — Wyselick, Vromelick !

CROUY CHANEL (DE). — Première devise : *Sanguis Regum Hungariæ.* — Sang des rois de Hongrie. — Deuxième devise : *Crouy salve tretous.*

CROY-DULMEN (DE). — Première devise : Souvenance. — Deuxième devise : *Plus en sera de Croy.* — Troisième devise : J'aime qui m'aime.

CROY DE CHIÈVRES (DE). — Première devise : *Dulcia mixta malis.* — Douceur mêlée d'amertume. — Deuxième devise : Souvenance.

CROY D'HAVRÉ (DE). — Souvenance.

CROY-SOLRE (DE). — Première devise : Je maintiendrai Croy. — Deuxième devise : Souvenance. — Cette Maison, d'origine royale de Hongrie, établie par tradition et admise par diplômes impériaux, possède les titres de prince du saint-empire le 9 avril 1486. Duc français le 4 juin 1814.

CROZAT (DE). — *Crux cælorum, crux mihi clavis erit.* — Croix des cieux, pour moi clef du ciel. — *Armes :* de gueules à la croix ancrée d'or terminée de quatre croissants de même adossés à la croix.

CROZE (DE). — *Floreat et crescat.* — Qu'il fleurisse et croisse. — Cette devise fait allusion aux armes de de cette Maison, où l'on voit une rose et un croissant.

CRUISSE (DE). — *Crux, bona crux, digna crux, contra omnia mundi malignantium.* — Croix, bienfaisante croix, égide contre tous les méchants.

CRUSSOL D'UZÈS (DE). — *Ferro non auro.* — Avec le fer non avec l'or. Cette Maison originaire de Crussol en Vivarais, a reçu le titre de duc d'Uzès en 1505.

CRUZY DE MARCILLAC (DE). — *Nunquam marcescent.* — Ils ne se flétriront jamais.

CUGNAC (DE). — Première devise : Comme il nous plaît. — Deuxième devise : *Ingratis servire nefas.* — C'est un crime de servir les ingrats. — Troisième devise : Il grandit malgré ses blessures. — La tradition nous apprend que François de Cugnac, baron de Dampierre, mécontent de n'avoir pas été fait maréchal de France par le roi Henri IV, se retira dans son château de Dampierre près Gien et fit graver au-dessus de la porte la devise : *Ingratis servire nefas.* — En 1514, un des ancêtres de cette Maison s'étant distingué dans un célèbre tournoi, en rompant plusieurs lances contre Bayard, prit la devise : Il grandit malgré ses blessures. Le corps de cette dernière devise était un chêne dont quelques branches sont brisées.

CUMING (DE). — Courage.

CUMONT (CARPENTIN DE). — A tout.

CUREL (DE). — *Justitiâ et animo.* — Par la justice et le courage.

CURRIÈRES DE CASTELNAU (de). — *Currens post gloriam semper.* — Courant toujours après la gloire. Armes : d'azur au levrier d'argent colleté d'or.

CUSACK (de). — En Dieu est mon espoir.

CUSSY (Cornot de). — Oncques ne faillit.

CUVERVILLE (de Cavelier de). — *Spes mea Deus.* — Dieu mon espérance. — Raoul de Cavelier, Seigneur de Cuverville, vivant en 1340, adopta cette devise que sa descendance continue de porter.

CUVILLERS (Hénin de). — *Nihil agere pœnitendum.* — Ne rien faire dont on puisse se repentir.

CUXAC (de Voisins de). — *Pro fide.* — Pour la foi.

CYERGUE (Bohier de Saint.). — S'il vient à point me souviendrai.

D

DALESSO DE RAGNY. — *Charitatis opus.* — Ouvrage de charité.

DALMAS (DE). — A Pontoise.

DAMAS (DE). — *Et fortis et fidelis.* — Et brave et fidèle.

DAMAS D'ANTIGNY (DE). — *Et fortis et fidelis.* — Et brave et fidèle.

DAMAS-CORMAILLON (DE). — *Et fortis et fidelis.* — Et brave et fidèle.

DAMAS CRUX (DE). — *Et fortis et fidelis.* — Et brave et fidèle.

DAMAS-TRÉDIEU (DE). — *Et fortis et fidelis.* — Et brave et fidèle. — Cette ancienne Maison originaire du Forez et descendante des comtes de Forez, reçut les titres de duc de Damas Crux le 26 septembre 1815. Duc de Damas d'Antigny en 1825.

DAMAS (DE TEXIER DE). — *Premi potui, sed non depremi.* — J'ai pu être accablé, mais non avili.

DAMESME DE LA BOUVERNELLE. — La foy et le Roy.

DAMIAN DE VERNEGUES (DE). — *Al. Reck, al. Reck.*

DAMPIERRE (DE). — Sans peur et sans reproche. — *Armes :* D'argent a trois losanges de sable.

DAMPIERRE (PICOT DE). — *Nullus extinguitur.* — Nul ne s'éteint. — *Armes :* d'or au chevron de gueules accompagné de trois fallots allumés de gueules, au chef de même.

DANÈS. — Vérité et justice.

DANGEAU (DE COURCILLON DE). — *Virtute, amore, pietate.* — Par la vertu, l'amour, la piété.

DANGES (DE JOLY DE). — *A Domino factum est istud.* — Cela s'est fait par le Seigneur.

DANGLADE OU D'ANGLADE. — Faisons bien et laissons dire.

DANICAN DE LANDIVISIAU. — Plus riche que les rois. — Pour expliquer cette devise portée autrefois par quelques membres de la Maison Danican de Landivisiau, il suffit de citer un couplet d'un noël, composé sur les habitants de la place Royale en 1708.

>D'une étrange manière
>J'entends Danican,
>En fille de Corsaire
>Faire son compliment:
>Voyez quel est mon sort,
>Je suis plus qu'une altesse

> J'ai de l'or à foison don don
> Des terres, des contrats la la :
> Est-il d'autre richesse ?

DARBON (DE). — Courage et peur.

DARCY OU D'ARCY. — Un Dieu, un roi.

DAUDÉ D'ALNOS. — *Deo dati.* — Donnés par Dieu.

DAUMESNIL. — Il ne voulut ni se rendre, ni se vendre.
— Tout le monde connaît la conduite du général Baron Daumesnil, à Vincennes en 1814 et en 1815. Le général Daumesnil ne portait pas de devise, mais le peuple français l'avait surnommé le Brave à la jambe de bois.
— En 1833, lors de la souscription en faveur de Mme la baronne Daumesnil, sa veuve et ses enfants, on voyait partout le portrait lithographié du vaillant général avec ces mots : Il ne voulut ni se rendre, ni se vendre. Signé, Dupin aîné, alors président de la chambre des députés.

DAVID. — Si je puis.

DAVID (DE). — *Memento, Domine, David.* — Seigneur, souvenez-vous de David.

DAVID-CHÉON. — *Virtus tenax.* — Le courage est persévérant.

DAVID DE LASTOURS (DE). — *Impatiens pugno.* — Impatient du poing.

DAVIE (DE). — *Auspice Christo.* — Sous les auspices du Christ.

DAVY DE BELLOY. — *Candidior cygnis.* — Plus blanc que les cygnes.

DAVY DE CHAVIGNÉ. — *Candidior cygnis.* — Plus blanc que les cygnes.

DÉAN (DE). — *Vigor in virtute.* — La vigueur dans le courage.

DÉAN DE LUIGNÉ (DE). — *Vigor in virtute.* — La vigueur dans le courage. — *Armes :* d'argent au lion de pourpre armé de gueules.

DÉAUGUER DE KERANDRAOU (LE). — *Dleet ar guir d'an déauguer.* — Le droit est au dimeur. — En français le mot breton, Déauguer, signifie : Dimeur.

DEFFAND (DU). — *Salus et honor.* — Le salut et l'honneur.

DELAMET. — *Cœlo virescunt.* — Ils verdoient au ciel.

DELECEY DE CHANGEY. — *Dulce.* — Doucement.

DELLEY D'AGNENS (DE). — *Jussu Domini Dei.* — Par l'ordre du Seigneur Dieu.

DELLEY D'AVAIZE (DE). — *Jussu Domini Dei.* — Par l'ordre du Seigneur Dieu.

DELLEY DE BLANCMESNIL (DE). — *Jussu Domini Dei.* — Par l'ordre du Seigneur Dieu.

DELOBÉ. — *Senwart Crèvecœur.*

DELPONT DE SAINT-SYLVESTRE. — *Nullo quatitur impetu.* — Il n'est ébranlé par aucun assaut.

DEL SOL. — *Gloria non ex otio.* — La gloire ne vient pas de l'oisiveté.

DEMAINE (DE GIRARD DU). — *Crux, decus et spes.* Croix, honneur et espérance.

DEMEURÉ. — *Religioni et patriæ.* — A la religion et à la patrie.

DÉMONT. — *Loyal.*

DENIS (DE FOURMESTRAULX DE SAINT-). — *Ex forti honos et gloria.* — Du fort honneur et gloire.

DENIS (HURAULT DE SAINT-). — *Je prouve par les astres.*

DENŒUVRE (GAILLARD DE). — *Deus et honor.* — Dieu et l'honneur.

DENTEND. — *Sic Dentend.* — Ainsi Dentend.

DÉPÉRY. — *Per Christum.* — Par le Christ.

DERRIEN DE LA VILLENEUVE. — *Nec sine sanguine fuso.* — Je ne me répens pas sans que le sang coule.

DERVAL (DE). — *Sans plus.*

DESMONTIERS. — Dieu nous secoure.

DESSALLES, ou DES SALLES. — *Habet sua munera virtus.* — La vertu a ses devoirs.

DESSEY DE LEIRIS. — Preux et courtois.

DESSOFFY DE CSERNECK. — *Pro aris et focis.* — Pour les autels et les foyers.

DESSOLES, ou DESSOLLES. — *Certa fulgent sidera.* — Des astres sûrs brillent.

DEULNEAU. — *Deulneau vobis hæc otia fecit.* — Deulneau vous a donné ces loisirs. — Cette devise fut donnée par le Roi Louis XVI à M. Deulneau de Moggeville colonel de la maréchaussée de France quand il se fut emparé si courageusement, à la faveur d'un déguisement, du chef de la bande de brigands, qui dévastaient le royaume en Lorraine.

DEVÈZE (DE CLERC DE LA). — *Virtute clara.* — Avec un brillant courage.

DEVIN DE BELLEVILLE. — *Ut maturescant.* — Afin qu'ils mûrissent. — Armes : d'or à la bande d'azur au soleil d'or, au-dessous trois grappes de raisin de sinople.

DIEULEVEULT. — *Dieix el volt.* — Dieu le veut.

DIEULEVEULT DE LAUNAY. — *Dieix el volt.* — Dieu le veut.

DIGARD DE PALCY. — Si vous n'êtes pas contents !!! — Armes : d'argent à une fasce d'azur chargée d'une étoile du champ, et accompagnée en chef d'un fer de lance de sable, et en pointe, d'une falaise au naturel : l'écu entouré des attributs de l'artillerie et timbré d'un casque de profil orné de ses lambrequins. *Cimier :* un lion issant, tenant de la patte dextre une épée et soutenant de la sénestre l'écusson de France ancienne.

DIGOINE DU PALAIS (DE). — *Virtutis fortuna comes.* — La fortune est la compagne du courage.

DIJOLS. — *Deo anima, regi brachium.* — Mon âme à Dieu, mon bras au Roi.

DINAN (de). — Hary avant!

DINTEVILLE (de). — *Domine, adjuvandum me festina.* Seigneur, hâte-toi de me secourir.

DION (de). — Dieu en aide. — *Légende : Domine, adjuvandum me festina.* — Seigneur, hâte-toi de me secourir.

DION DE WANDONNE (de). — Dieu en aide. — *Légende : Domine, adjuvandum me festina.* — Seigneur, hâte-toi de me secourir.

DISIMIEU (de). — Il n'est nul qui dise mieux.

DIVEZAT DE KERVEDER (le). — *Spera in Deo.* — Espère en Dieu.

DIVONNE (la Forest de). — Tout à travers.

DIXIE (de). — *Quod dixi, dixi.* — Ce que j'ai dit, je l'ai dit.

DIZANT (Michell de Saint-). — *Semper probus.* — Toujours probe.

DOMET DE MONT. — *Virtus omnia domet!* — Que le courage dompte tout!

DONCHAMPS (Lefébure de la). — *Volabunt et non deficient.* — Ils voleront sans se lasser.

DONCQUER DE T'SERROELOFFS. — *Post tenebras spero lucem.* — Après les ténèbres, j'espère la lumière.

DONGER (de Rieux de). — Première devise : Tout un. Deuxième devise : A tout heurt bélier, à tout heurt Rieux.

ORTANS (de). — Mieux j'attends.

OUDEAUVILLE (de la Rochefoucauld de). — C'est mon plaisir.

OUGUET, ou LE DOUGET (le). — *Den a galon a zo douget.* — L'homme de cœur est redouté. — *Armes* : d'azur au chevron d'or accompagné de trois cœurs de même.

OUHET (de). — *Vires ex alto.* — Les forces d'en haut.

OUHET DE MARLAT (de). — Première devise : *Vires ex alto.* — Les forces d'en haut. — Deuxième devise : A juste guerre Dieu combat.

OUVILLE DE FRANSU. — *Fac bené, nominaris.* — Fais bien, tu te feras un nom.

OUVILLE DE MAILLEFEU. — *Fac bené, nominaris.* — Fais bien, tu te feras un nom.

ORCIÈRES (de). — Franc comme l'or.

ORIDES (de la ville de Ferrolles des). — Tiens ta foy.

ORNE (de). — *Factis facta adornat.* — Il ajoute des exploits à ses exploits.

OYLE (de). — *Fortitudine vincit.* — Il vainct par le courage.

RACY (de Berbis de). — *Sicut ovis.* — Ainsi qu'une brebis. — *Armes :* d'azur au chevron d'or accompagné en pointe d'une brebis d'argent paissant sur un champ de sinople.

DRAKE (DE). — Première devise : *Auxilio divino.* — Par le secours divin. — Deuxième devise : *Sic parvis magna.* — Ainsi se comparent les grandes choses aux petites.

DRÉNEC (DU). — *Né zeuz pesq keb zréan.* — Il n'est de poisson sans arête. — *Armes :* d'azur a un poisson d'argent en pal.

DRESNAY (DU). — Première devise : En bon espoir. — Deuxième devise : *Crux anchora salutis.* — Croix ancre du salut. — *Armes :* d'argent à la croix ancrée de sable, accompagnée de trois coquilles de gueules deux en chef, une en pointe.

DRIGON, ou DE RIGON DE MAGNY. — *Nec devio nec retrogradior* — Je ne dévie, ni ne recule.

DRUJON DE BEAULIEU. — Première devise : *Curare quæsita.* — Prendre soin de ce qu'on a cherché. — Deuxième devise : *Cura quod acquisti.* — Soigne ce que tu as acquis.

DUBARRY ou DU BARRY. — Boutez en avant.

DUCHATEL ou DU CHATEL (TANNEGUY). — *Honos, Patria, fides.* — Honneur, Patrie, foi.

DUCREST DE VILLENEUVE. — *Per sidera cresco.* — Je grandis au milieu des astres.

DUCROC DE BRASSAC. — *Diex el volt.* — Dieu le veut.

DULMEN (DE CROŸ). — Souvenance.

UMAITZ DE GOIMPY. — *Crescit virtus in periculo.* Le courage grandit dans le danger.

UMAS DE CULTURES. — *Malo mori quàm fœdari.* — J'aime mieux mourir qu'être souillé.

UMAS DE PEYSAC. — *In hoc signo vinces.* — Par ce signe tu vaincras.

DUPÉRIER ou DU PÉRIER DE LARSAN. — Ni vanité, ni faiblesse.

DUPLESSIS. — *Ab obice major.* — Plus grand par l'obstacle.

DUPONT LABBÉ. — *Hep chang.* — Jamais ne change.

DUPORT DE LA BALME. — *Cingit et obstat.* — Il entoure et protége.

DUPORT DE LORIOL. — *Cingit et obstat.* — Il entoure et protége.

DUPUY. — *Pro deo et Rege me sustinet turris.* — La tour me soutient pour Dieu et le Roi.

DUPUY DE BORDES. — *Immobilis in mobili.* — Immobile dans le mouvement.

DURAND. — *Fert patriæ facilem annonam.* — Il porte à la patrie des vivres abondants. — Cette devise fut donnée par le Roi Louis XVI en 1789 à S. Durand, pour avoir préservé son pays de la famine pendant le rigoureux hiver de 1774. — *Armes :* de sinople au navire équipé et habillé d'argent, surmonté de deux étoiles d'or.

DURAND DE DIEULX. — *Semper in sanguine albus.* Toujours blanc dans le sang. — *Armes :* écartelé au 1 et 4 d'azur a trois lionceaux d'or, les deux du chef adossés, au 2 et 3 de gueules au cygne éployé d'argent. — Robert Durand de Dieulx, seigneur lorrain, prononça ces paroles en tombant en morceaux sous le fer des protestants à la guerre de trente ans. Il faisait allusion à ses armes.

DURANT. — *Moderata durant.* — Les choses modérées durent.

DURANT DE MAREUIL. — En Dieu ma foy.

DURANTY. — *Di fuor si legge.* — C'est visible à l'œil nu.

DURAT (DE). — Durat à saincte Catherine.

DURCET (DE). — *Tanta modestia virtus.* — Le courage est aussi modeste.

DUTIMUR. — L'âme et l'honneur.

DUTRIEU. — Bien faire et ne rien craindre.

DUVAL DE BEAULIEU. — *Fidelitate.* — Par la fidélité.

DUVAL DE BLARÉGNIES. — *Fidelitate.* — Par la fidélité.

E

ECKSTEIN (d'). — *Ut lapis angularis, sic constans et firmus manebo.* — Comme la clef d'une voûte je resterai constant et ferme.

ECLUSE (Bouhier de l'). — Tout par labeur.

EDER DE BEAUMANOIR DE FONTENELLE. *Libertas !* — Liberté !

ECQUEVILLY (Hennequin d'). — *Coronabo.* — Je couronnerai.

ECULLEVILLE (de Feuardent d'). — La force fait mon droit.

EICHTAL (d'). — Etre et non paraître.

ELBÉE (d'). — *Intacta semper sanguine nostro.* — Toujours intacte grâce à notre sang !

ELBÉE DE LA SABLONNIÈRE (d'). — *Intacta semper sanguine nostro.* — Toujours intacte grâce à notre sang. — Le général François Henri d'Elbée de la Sablonnière, qui était simple cornette à la funeste bataille de Rosbach (1757), défendit vaillamment son drapeau malgré d'horribles blessures et conquit à sa maison cette devise qu'elle porte depuis sous ses armes.

EME DE SAINT-JULLIEN. — Première devise : *Vinco dulcedine robur.* — Par la douceur je vaincs la force. — Deuxième devise : *Vires dulcedine vinco.* — Je vaincs la force par la douceur.

ENFANT DE LOUZIL (L'). — *Audacibus audax.* — Audacieux avec les audacieux.

EPAULES (AUX). — *Non potest duobus dominis servire.* — On ne peut servir deux maîtres.

EON DE BEAUMONT (D'). — *Vigil et audax.* — Vigilant et audacieux.

EON DE L'ÉTOILE (D'). — *Vigil et audax.* — Vigilant et audacieux.

EON DE L'ISLE (D'). — *Vigil et audax.* — Vigilant et audacieux.

EPINE (DE L'). — Dieu et le roi.

EPINOY (DE BUCHÈRES DE L'). — *Fidelis ad mortem.* — Fidèle jusqu'à la mort.

EPOISSE (D'). — *Ut fata trahunt.* — Suivant les destins.

ERASME (D'). — *Credo nulli.* — Je ne crois à personne.

ERLACH, ou D'ARLACH (d'). — *Nasci, laborare, mori.* — Naître, travailler, mourir.

ERM, ou D'ERMO (d'). — *Non illis sanguine parcus.* — Il n'est pas pour eux avare de sang. — *Armes :* d'azur au pélican d'or, au chef de gueules chargé de trois billettes d'argent.

ERTAMPE (d'). — *Virtus non prima coronat.* — Ce n'est pas une valeur nouvelle qui le couronne.

ESCALIN DES AIMARS. — Par moi seul.

ESCLAPON (de Villeneuve). — Devise : *Per hœc regnum et imperium.* — Avec eux on règne et l'on domine. — Epithète donnée par le roi René : Libéralité de Villeneuve.

ESCORDAL (du Bois d'). — *Fortis et generosus.* — Brave et généreux.

ESCRAVAYAT DE LA BARRIÈRE (d'). — *Pro Deo et virtute.* — Pour Dieu et la vertu.

ESGRIGNY (de Jouenne d'). — Première devise : *Pius et fidelis.* — Pieux et fidèle. — Deuxième devise : *In hoc signo vinces.* — Par ce signe tu vaincras.

ESNE (d'). — *Impavidi fuimus.* — Nous fûmes intrépides.

ESPINAY SAINT LUC (d'). — Onques faillir.

ESPINAY (de l'). — Selon le temps.

ESPINAY (de l'). — *Sequamur quo fata vocant.* — Marchons où le destin nous appelle. — *Armes :* d'argent à trois buissons d'épines de sinople.

ESPINAY DE MATHEFELON DE BLAISON (D'). — *Repellam umbras.* — Je repousserai les ombres.

ESPINOIS (DE L'). — *Fidelis ad mortem.* — Fidèle jusqu'à la mort.

ESPINE (DE L'). — *Decus et tutamen.* — Gloire et protection.

ESSERTENNE (D'). — Bien happé.

ESSERTENNE (DU VAL D'). — En tout candeur.

ESTANÇANNES (DE MONTAIGNAC D'). — *Pro fide et patria.* — Pour la foi et la patrie.

ESTANG DE BASTARD D'). — *Cunctis nota fides.* — Foi connue de tous.

ESTANG (DE MURAT DE L'). — *Vim firmitate repello.* — Je repousse la violence par la force.

ESTAING (D'). — Tots pour elx, tots par elles. — Armes : d'azur a trois fleurs de lis d'or, au chef d'or.

ESTAING DE SAILLANT (D'). — *De sanguine meo lilia crescunt.* — Les lis croissent arrosés de mon sang.

ESTAINTOT (LANGLOIS D'). — *Gloria et fortitudo.* — Gloire et force.

ESTEY (D'). — De toutes les saisons l'esté me plaît.

ESTIENNE DE CHAUSSEGROS DE LIOUX (D'). — *Triplex difficile rumpitur.* — Ce qui est triple se rompt difficilement.

ESTIENNE DE KERAUROUX. — *Esto quod esse debes.* — Sois ce que tu dois être.

ESTIMBRIEUX (d'). —*Iterum virescet.*—Il verdira de nouveau. — *Armes :* d'argent a trois quintefeuilles de sable.

ESTISSAC (de la Rochefoucauld d'). — C'est mon plaisir.

ESTOURBEILLON (de l').—*Fidelis et audax.*—Fidèle et audacieux.

ESTOURBILLON DE SAVINAYE (l'). — Crains le tourbillon.

ESTOUBLON (de Grille d'). — *Nitimur in vetitum.* — Nous sommes emportés vers ce qui est défendu.

ESTOUFF de MILET de MUREAULT — *Auspicium in terris hæc domus.* — Cette maison est un point de ralliement sur terre.

ETENDARD (de l'). — *Ores t'appeleras l'Etendard !* — Sous le roi Saint-Louis, dans un combat meurtrier en Palestine, P. de l'Etoile sauva le roi qui était serré de très près par l'ennemi et se voyait perdu. Non loin l'étendard de l'armée adverse s'avançait déjà en signe de triomphe. A l'étendard ! à l'étendard ! cria-t-il soudain ; la noblesse qui l'entourait s'élança. La plupart des gentilshommes restèrent sur le champ de bataille; mais P. de l'Etoile saisit le drapeau et le rapporta au roi : grâce à cet élan, la bataille était gagnée. Le prince dit alors au gentilhomme : *Ores t'appeleras l'Etendard !*

ETERPIGNY (LE FÉRON D'). — *Eques ad Bovinam.* — Le cheval pour Bouvines. — Cette devise fut portée par Bernard Le Féron, écuyer banneret, fils puîné d'un gentilhomme de haute distinction, seigneur d'un fief nommé Le Féron, près la ville de Wirtemberg, en Allemagne. Ce fut le premier de sa maison qui, en 1210, à la tête des seigneurs croisés (allemands) vint demander du service à Philippe-Auguste, qui lui délivra le brevet de capitaine de ses gens de guerre; la veille de la journée de Bouvines, il fut fait chevalier par le roi, qui, le lendemain de la bataille, lui donna cette devise en souvenir de sa valeur et de son courage.

ETOILE (EON DE L'). — *Vigil et audax.* — Vigilant et audacieux.

EUDEVILLE (DE VAYLAC D'). — *Robur et lenitas.* — Force et douceur.

EURRE (D'). — A toute heure.

EXÉA (D'). — *Exea Britannos clauso certamine vicit.* — Il a entouré et vaincu les Bretons. — Pierre d'Exéa s'attacha à la personne de Louis de France, duc d'Orléans, employé dans les guerres de Guienne et de Saintonge; il fut l'un des sept champions français qui vainquirent en champ clos sept chevaliers anglais à Pons en 1402.

Ce fut en commémoration de ce brillant fait d'armes que Pierre d'Exéa chargea l'échiquier de ses armes d'une barrière du champ clos que ses descendants ont toujours conservée avec la devise citée ci-dessus, qu'accompagnait un dextrochère armé d'un bordelaire. — *Armes :* de sable a une bordure échiquetée d'argent et de gueules de deux tires.

YNATTON (D'). — *Enatent vel evolent.* — Qu'ils nagent ou volent.

F

FABLET DE LA MOTTE. — *Ex voto publico.* — Pour un vœu solennel.

FABRY DE LA BARRE. — *Candidè et securè.* — Candidement et sûrement.

FABRY DU LYS. — *Candidè et securè.* — Candidement et sûrement.

FAGES (DE). — *Regi fidelitatem lilia coronant.* — Les lis couronnent la fidélité au roi. — *Armes :* d'argent à la montagne de sinople chargée au sommet d'une colombe de sable, tenant en son bec une branche d'olivier de sinople ; au chef d'azur chargé de trois fleurs de lis d'or.

FAYOLE (DE). — *Regi patriœque fidelis.* — Fidèle au roi et à la patrie.

FALCOS ou FALCOZ (DE). — *Semper in altum.* — Toujours vers les hauteurs.

FALCOZ (DE LA BLACHE DE). — *Semper in altum.* — Toujours vers les hauteurs. — *Armes :* d' azur au faucon d'argent grilleté de même.

FALCOZ DE MALEVAL (DE). — *Ad quid venisti?*. — Vers quoi es-tu venu?

FALLETANS (DE). — Un jour Falletans. — *Alias*. — Une foy Falletans.

FALLET (DE). — *In spe*. — Dans l'espoir.

FAMARS (LE HARDY DE). — *Nec fortior alter*. — Personne n'est plus brave.

FAMAY (DE LIÉVIN DE). — Cambraisis!

FAMIN. — *Pro Deo et rege*. — Pour Dieu et le roi.

FANIN (DE KÉRANGUEN DE). — *Laca évez!* — Prenez garde!—*Armes* : d'or au lion morné de gueules.

FAOUET (CALLOUET DU). — Advise-toi.

FAOUET (DE GOULLAINE DU). — A cettuyci, a cettuyla, j'accorde des couronnes.

FARAMOND DE MONTELI (DE). — *Luceat omnibus*. — Qu'il brille pour tous. — *Armes* : d'or au volcan enflammé de gueules.

FARDEL (DE). —*In furore deglutiam hostem*. — En fureur je dévorerais l'ennemi.—*Armes* : d'or au dragon de sable dévorant un cavalier de gueules, bardé, armé, cuirassé d'argent.

FARE DE LA SALLE (DE LA).—*Lux nostris, hostibus ignis*. — Lumière pour les nôtres, feu pour nos ennemis.—*Armes* : d'azur a trois flambeaux d'or allumés de gueules posés en pal.

FARE (DE CABOT DE LA). — *Semper cor, caput Cabot.* — Toujours le cœur et la tête de Cabot.

FAREL. — *Principiis obsta, sero medicina paratur.* — Allez contre le principe du mal, où le remède viendra trop tard.

FARGES CHAUVEAU DE ROCHEFORT. — *Vis et amor.* — Force et amour.

FARGUES (DE). — Fais que doit, advienne que pourra.

FASSION (DE). — *Fulget et floret.* — Il brille et fleurit.

FAUCHER (DE). — Sans crainte.

FAUCIGNY DE LUCINGE (DE). — *Usquequo!* — Jusques à quand. — Le marquis de Lucinge qui épousa en 1823, Charlotte, comtesse d'Issoudun, fille de S. A. R. le duc de Berry, releva les titres sardes de prince de Lucinge et de Cystria.

FAUCONNIÈRE (DE). — *Quid est? quod fuit.* — Qu'est-il? ce qu'il fut.

FAULCON DE FALCONER. — *Vive ut vivant.* — Vis afin qu'ils vivent.

FAURE (DE). — *Honor domus mea.* — Ma maison est l'honneur.

FAUTRADIÈRE (LEFÈVRE DE LA). — *Dedit hæc insignia virtus.* — Le courage m'a donné ces insignes.

FAUX (DE). — *Tempus edax rerum.* — Le temps qui ronge tout.

AVEROLLES (Salvage de). — *Non sanguine, ambitione, sed corde.* — Ni par le sang, ni par l'ambition, mais par le cœur.

FAVRE D'AIGUEBELETTE. — Fermeté.

FAVRE DE PÉROGES. — Fermeté.

FAVRE DE VAUGELAS. — Fermeté.

FAVRE DE VILLARET. — Fermeté.

FAVYN DE MYPONT. — My pont difficile a passer.

FAY (du). — Faites bien, laissez dire.

FAY (Chappuis de la). — *Dulcedine, fortitudine.* — Avec douceur et courage.

FAY-SOLIGNAC (du Vivier de). — *Nihil nisi divinum timere.* — Ne rien craindre que la Divinité.

FAYEL (de). — *Pietate et armis.* — Par la piété et par les armes.

FAYOLLE (de). — *Non ibi, sed ubique.* — Non ici, mais partout.

FAYOLLE DE MARS (de la). — *Tendit ad gloriam.* — Il tend à la gloire.

FAYOLLE LA TOURNE (de). — *Tendit ad gloriam.* — Il tend à la gloire.

FEILLENS (de). — En Dieu votre vouloir.

FEILLENS DE CHAUNY (de). — En Dieu votre vouloir.

FEILLENS DE VOLAGNE (DE). — En Dieu votre vouloir.

FÉLIX (DE). — *Felices fuerunt fideles.* — Les heureux (les Félix) furent fidèles. — *Armes :* écartelé aux un et quatre de gueules à la bande d'argent, chargée de trois F de sable; aux deux et trois de gueules au lion d'or ; à la bande d'azur brochant sur le tout.

FÉNAUX DE MOISMONT. — *A labore quies.* — Par le travail le repos.

FÉNELON (DE SALIGNAC DE LA MOTHE DE). — *A te principium tibi desinet.* — Tu es le commencement, tu es la fin. — Cette devise se place sous l'écu de la maison de Fénelon sur une banderolle entre les lettres grecques alpha et oméga.

FÈRE (DE MONTHAIRON DE). — *Accingere gladio tuo super femur tuum, potentissime.* — Ceins tes reins de ton glaive, très-puissant. — *Armes :* d'azur au bras d'argent armé, d'un glaive de même, posé en pal et garni d'or.

FERGEUX (PISTOLLET DE SAINT-). — Première devise : *Ante ferit quam flamma micet.* — Il frappe avant que la flamme brille. — *Fidelis.* — Fidèle.

FERGUSON (DE). — *Dulcis ac asperis.* — Doux et rude.

FERMOY (DE LA ROCHE DE). — *Valore et virtute.* — Par valeur et courage.

FERRAND. — Première devise : *Pro fide, pro rege, pro*

me.—Pour la foi, pour le roi, pour moi.—Deuxième devise : *Non ferient, sed tueantur.* — Pas pour frapper, mais pour défendre. — *Armes :* d'azur a trois épées rougis en pal, celle du milieu la pointe en haut, une fasce d'or brochant.

FERRARI (DE). — *Ferrea raro rident.* — Ce qui est de fer rit rarement.

FERREUX (DE BÉLOT DE). — *Deo et regi.* — A Dieu et au roi.

FERRIÈRE (DE LA). — S'il se peut faire, feriez. — *Armes :* d'argent a trois fers à cheval de gueules, cloués d'or.

FERRIÈRE (ARGIOT DE LA). — *Pro rege meo, sanguis meus.* — Mon sang pour mon roi.

FERRIÈRE (BROUILLIS DE LA). — *Deo et regi fidelis.* — Fidèle à Dieu et au roi.

FERROLLES DES DORIDES (DE LA VILLE DE). — Tiens ta foi.

FERRON (DE). — *Ferro cadit aurea messis.* — La moisson dorée tombe sous le fer.

FERRON DE LA BROUSSE (DE). — Sans tache.

FERRON DU CHESNE (DE). — Sans tache.

FERRON DE LA FERRONNAYS (DE). — *In hoc ferro vinces.* — Par ce fer tu vaincras.

FERRON DU PLESSIS (DE). — *In hoc signo vinces.* — Par ce signe tu vaincras.

FERRON DE LA SAUVAGÈRES (DE). — Sans tache. — Devise donnée en 1590 par le roi Henri IV.

FERRUS (DE). — *Fides perpetua.* — Foi éternelle.

FESCHAL (DE). — Rien qui ne l'a.

FETTES (DE). — *Industria.* — L'industrie.

FEUARDENT (DE). — La force fait mon droit.

FEUARDENT D'ECULEVILLE (DE). — La force fait mon droit.

FEUCHÈRES (DE). — *Majora virtute.* — Plus grands par la vertu.

FEUGEROLLES (DE CHARPIN DE). — *In hoc signo vinces.* — Par ce signe tu vaincras.

FEUILLÉE (DESNOS, ou DES NOS DE LA). — Lion rampant n'est pas soumis. — *Armes :* d'argent au lion rampant de sables, armé, lampassé et couronné d'argent.

FIALIN, ou PHIALIN DE PERSIGNY. — Je sers.

FIEFFÉS (DE). — — Saint Paul, camp d'Avaine.

FIEUX (DE CHILLAUD DE). — *Cum civibus libertatem præsto.* — Avec mes citoyens j'étale la liberté.

FILY DE LIMÉRAC. — *Hæc lilia tincta cruore.* — Ces lis sont teints de sang. — *Armes :* d'or à la fasce de gueules accompagnée de cinq fleurs de lis de même posées trois et deux.

FISICAT (DE). — *Res, non verba.* — Des actes, non des paroles.

FISSON DU MONTET (de). — *In variis, non varius.*
— Immuable dans le changement.

FITZ GÉRARD KENNY. — *Teneat, luceat, floreat.*
— Qu'il tienne, brille, fleurisse.

FITZ JAMES (de). — Première devise : 1689. *Semper et ubique fidelis*, 1789. — 1689. Toujours et partout fidèle, 1789. — Deuxième devise : *Ortu et honore.* — Par la naissance et l'honneur. — Cette maison reçut les titres de duc de Berwick en 1687, duc de Fitz James en 1710.

FLAGHAC (de). — *Laudat anima mea Dominum.* — Mon âme loue le Seigneur.

FLAVIGNEROT (Catin de). — *Spoliatis arma supersunt.* — Les armes restent à ceux qu'on a dépouillés.

FLAVINES (de). — Le Leubantoeux !

FLEINS (de Jourdan de). — *Dispersit, dedit pauperibus.* — Il a dispersé — il a donné aux pauvres.

FLÉMING (de). — *Pax, copia, sapientia.* — Paix, abondance, sagesse.

FLEURIEU (Claret de). — *Claret, non nocet.* — Il brille, il ne nuit pas.

FLEURY (de). — *Diex el volt.* — 1095. Dieu et le roi 1793.

FLORIS D'ALBIGNAC (de). — Première devise : *Floruerunt et non deficient.* — Ils ont fleuri et ne se sont pas fanés. — Deuxième divise : *Flos et virtus.* — Fleur et courage.

FLOTTE (DE). — Tout flotte. — *Armes :* d'azur au vaisseau d'argent flottant sur une mer, de même au chef de gueules, chargé de trois étoiles d'or.

FLOYD DE TRÉGYLE. — *Furor virtuti nulla.* — La fureur se brise contre la vertu.

FODROS. — *In me fides et spes.* — En moi foi et espoir.

FOIX (DE). — *Servire Deo, regnare est.* — C'est régner que servir Dieu.

FOLARTON (DE). — *Etsi secatus virescit.* — Bien que coupé il fleurit.

FOLIN (DE). — *Folium ejus nunquam defluit.* — Sa feuille ne tombe jamais.

FOLLIN DE VÉZIN (DE). — *Honor vel mors.* — L'honneur ou la mort.

FOLLEVILLE (LE SENS DE). — *Fides sanctificavit.* — La foi sanctifia.

FONS (DE LA). — *Aut mors, aut vita decora.* — Ou la mort ou une belle vie.

FONTANGES (DE). — Tout ainsi font anges.

FONTAINE SOLARE (DE LA). — Tel fiert (blesse) qui ne tue pas.

FONTAINES (DU BOIS DE). — Loué soit Dieu !

FONTAINES (DE MASSOUGNES DES),—*In utroque fidelis.* — De tout côté fidèle.

FONTAINEPLATE (DE LA BOUESCIÈRE DE LA).— Tout en paix.

FONTAINIEU (BARRIGUE DE).— *Non humanis viribus, sed Christi numine beneficio parta.* — Cela fut donné non par les forces d'un homme, mais par la divinité du Christ.

FONTENAY (DE BASTARD DE). — *Sanguis regum et Cæsaris.* — Sang de roi et de César.

FONTENAY (DE RUOLTZ DE). — Toujours prest.

FONTENELLE (EDER DE BEAUMANOIR DE).—*Libertas.* —Liberté.

FONTENILLES (DE LA ROCHE DE). — *Deo duce, ferro comite.* — Dieu pour chef, le fer pour compagnon.

FONTJULIANE (DE MARSANE DE). — *Diex el volt.* — Dieu le veut.

FORCALQUIER (DE). — *Ancien dicton :* Communion de Forcalquier. — Les comtes de Forcalquier régnaient sur la moitié de la Provence, en juillet 1493, les de Brancas leur furent substitués après l'alliance d'un des membres de cette maison avec une princesse de Forcalquier.

FORESTA (DE). — *A nido devota tonanti.* — Depuis le nid il est consacré à Jupiter. — *Armes :* palé d'or et de gueules, a la bande de gueules brochante sur le tout. — Cimiers et supports : Trois aigles de sable couronnées d'or.

FOREST DE GOASVEN (DE LA).—Point gênant, point gêné.

FOREST DU CHESNAY (DE LA). — *Favite, stellæ.* — Favorisez-nous, étoiles.

FOREST (DE KÉRANGUEN DE LA). — *Laca evez !* — Prenez garde !

FORESTIC (PRÉGENT DE). — *Prest ve.* — Il serait temps.

FORET DE DIVONNE (LA). — Tout au travers.

FOREY (DE LA). — Loyal ou mort.

FORGES (DE). — *Pax.* — Paix. — *Armes :* de gueules à l'agneau pascal d'argent.

FORSTNER DE DAMBENOY (DE). — Dieu et le roi.

FORTIA (DE). — *Turris fortissima virtus.* — La vertu est le plus sûr rempart.

FORTIA DE PILES (DE). — *Turris fortissima virtus.* — La vertu forteresse inébranlable.

FORTIA D'URBAN (DE). — *Turris fortissima virtus.* — La vertu est le plus fort rempart. — *Armes :* d'azur à la tour d'or, crénelée et maçonnée de sable, posée sur un rocher de sept coupeaux de sinople, mouvant de la pointe de l'écu.

FORTON (DE). — *Fidelitas et justitia.* — La fidélité et la justice.

FOSSE (DE LA). — *Rotat omne fatum.* — Toute fortune tourne. — *Armes :* d'or à la roue de gueules.

'OSSE (DE BERNARD DE LA). — *Fortitudo, nobilitas.* — La force la noblesse.

'OSSE (PETIT DE LA). — *Dura lex, sed lex.* — La loi est dure, mais c'est la loi. — Pour expliquer cette devise, il nous faut citer les hautes positions occupées par le baron Petit de la Fosse, qui fut député, pendant six années vice-président du Corps législatif sous le premier empire, pendant vingt-huit ans premier président de la cour d'Orléans, etc. etc. Son fils, ancien préfet, aujourd'hui receveur général, continue à porter sous ses armes la devise choisie par son père.

'OSSÉS (DES). — *Concordia victrix.* — La concorde est victorieuse.

'OUCAULT (DE). — Ores à eux.

'OUCAUCOURT (DE MOREL DE). — *nescit labi virtus.* — Le courage ne sait broncher.

'OUCHÉCOUR (DE). — Tout en Dieu.

'OUCHER (DE). — *Virtutem a stirpe traho.* — Je tire mon courage de ma race.

'OUDRAS (DE). — *Sunt mihi in custodiam.* — Ils sont en ma garde.

'OUGEROLLES (CHARPIN DE). — *In hoc signo vinces.* — Tu vaincras par ce signe.

'OULLON (DE). — Dieu le veut.

'OUQUET (DE). — Pour soutenir loyauté.

'OUQUET DE BELLISLE. — *Quo non ascendam?* —

Où ne monterais-je pas? *Armes :* d'argent à l'écureuil rampant de gueules.

FOURC DE LANEAU (du). — *Sunt gloriæ stimuli.* — Ce sont les aiguillons de la gloire.

FOURGERAY (Chambellan de). — *Colloquia prava parva.* — Les paroles mauvaises sont petites.

FOURMESTRAULX (de). — *Ex forti honos et gloria.* — L'honneur et la gloire viennent de la bravoure.

FOURMESTRAULX-SAINT-DENIS (de). — *Ex forti honos et gloria.* — L'honneur et la gloire viennent de la bravoure.

FOURNIER DE BEAUREGARD. — *Nec tactus abibis.* Tu ne t'en iras pas sans être touché.

FOYAL (de). — *Virtus addidit alas.* — Le courage donne des ailes.

FOY, DUC DE NEMOURS (Gaston de). — Courage et loyauté.

FRAMBOISIÈRE (de la). — *Fidelis ac fortis semper.* — Fidèle et brave toujours.

FRAMONT (de). — *Vires dulcedine vinco.* — Je vaincs les forces par la douceur.

FRANCONVILLE (le Clerc de). — *Tu tibi sis ipse fortuna.* — Toi sois pour toi-même ta fortune.

FRANCS (Colas des). — *Ulterius ardet.* — Il brûle encore au-delà.

FRANSIC (DE KÉRANGUEN DE). — *Laca evez.* — Prenez garde.

FRANSU (DOUVILLE DE). — *Fac benè nominaris.* — Fais bien et tu auras un nom.

FRANSURES (DE). — *Adversis moveri nefas.* — Il est défendu de se laisser émouvoir par l'adversité.

FRÉGEOLIÈRE (DE BERNARD DE LA). — *Fortitudo, nobilitas.* — Force, noblesse.

FRÉGOSSE (DE). — *Ni matar me, ni espantar me.* — Ni fanfaronnade, ni crainte.

FRÉMIN DU SARTEL. — Première devise : *Fides et caritas.* — Foi et charité. — Deuxième devise : *Fortis et hospitalis.* — Brave et hospitalier.

FRÉMIOT (DE). — *Sic virtus super astra venit.* — Ainsi la vertu se place au-dessus des astres.

FRESNAIS DE LÉVIN (DE). — *Tutus sub ramis.* - En sûreté sous tes rameaux.

FRESNAY (GUILLART DE). — *In fide sta firmiter.* — En la foi marche fermement.

FRETAY (HALNA DU). — *Arcana servant.* — Ils gardent les secrets.

FROHEN (DE HIBON DE). — Dieu aide au bon chevalier. — En ancien idiome la devise est : Dieu aide hi bon chevalier.

FROISSARD (DE). — Servez Dieu et le roi.

FROISSARD DE BROISSIA (DE). — *Quis ut Deus.* — Qui est comme Dieu ?

FROMENT DE CASTILLE. — Fais ce que doit, advienne que pourra.

FROMESSENT (DE CHINOT DE). — *Laus Deo semper.* — Louange toujours à Dieu.

FROSSARD. — *Deus et patria.* — Dieu et patrie.

FROTTÉ (DE). — *Pro Deo et rege.* — Pour Dieu et le roi.

FROTTER DE VILLERMORO (LE). — *Nil conscire sibi.* — N'avoir rien à se reprocher.

FROULAY (DE TESSÉ DE). — *Pro rege et pro fide.* — Pour le roi et pour la foi.

FROUVILLE (TESTU DE). — *Vis leonis.* — Force de lion. — *Armes :* d'or à trois lions léopardés de sable l'un sur l'autre, celui du milieu contre-passant.

FRUGLAYE (DE LA). — Première devise : De tout une pose. — Deuxième devise : *Os et ungues sanguine madent.* — Mes ongles et ma gueule dégouttent de sang. — *Armes :* d'argent au lion de sable armé et lampassé de gueules.

FRUSASQUE (DE). — Qui, qui.

FULJONNIÈRE (LEJEUNE DE LA). — Nul ne s'y frotte.

FUMEL (DE). — *Una fides, unum fœdus, unus amor.* Une foi, un pacte, un amour.

FUZELIERS (DE). — Avant, fuseliers, après, fusées. —

Armes : d'argent à cinq fusées d'azur accolées en bande.

FYOT (DE). — En doubtant je m'assure.

FYOT D'ARBOIS (DE). — *Dum nascor fio, fioque dum morior.* — Je prends l'être en naissant, et en mourant je prends aussi l'être.

G

GABETS (DES). — *Carchesio, gaudeo, everso.* — Je me réjouis d'avoir arraché le Gabet du mât.

GABRIAC (CADOINE DE). — *Nescit pericula virtus.* — Le courage ignore les dangers.

GAC (LE). — Première devise : *Sicut sagittæ in manu potentis.* — Ainsi les flèches dans la main du puissant. Deuxième devise : *Virtus unita.* — Le courage est égal.

GAC DE LANSALUT (LE). — Première devise : *Sicut sagittæ in manu potentis.* — Ainsi les flèches dans la main du puissant. — Deuxième devise : *Virtus unita.* — Le courage est égal. — *Armes :* d'azur au dextrochère armé d'argent, mouvant de dextre et tenant cinq flèches d'or en pal ferrées et empennées d'argent.

GACHE (GRÉGOIRE DE LA). — Sans s'endormir.

GADAGNE (DE GALLÉAN DE). — *Ab obice sævior ibit.* — L'obstacle le rend plus terrible.

GAEDON (DE).—*Pazoun ar c'horn, é sailli ar gaëdon.*

— Quand le cor sonne, le lièvre trébuche. — *Armes :* d'argent à la tête de lièvre de sable arrachée de gueules, accompagnée de trois gresliers de sable. — En français, le mot breton *gaëdon*, veut dire lièvre.

GAGEAC (DE RECLUS DE). — *Etiam inclusus semper reclusus.* — Toujours libre bien qu'enfermé.

GAGNE (DE). — *Recalcitrantem cogo.* — Je viens à bout du récalcitrant.

GAGON. — *Ab utilitate gloria.* — La gloire naît de l'utilité.

GAIGNEAU DE CHATEAUMORAND — *Quo fata ?* — Où les destins me mèneront-ils ?

GAIGNE D'ORNÉE (DE). — *In me fel nullum.* — En moi, aucun fiel.

GAILHAC (DE). — Elle guide pour l'honneur.

GAILLARD (DE). — *In excelsis.* — Au plus haut des cieux.

GAILLARD (DE). — *Virtus ornat.* — Le courage embellit.

GAILLARD DE BACARAT. — *Deus et honor.* — Dieu et l'honneur.

GALARD DE BRASSAC DE BÉARN (DE). — *Invia nulla via.* — Aucune route impraticable.

GALBERT (DE). — *Pro patria virtus.* — Courage pour la patrie.

GALERNERIE (BOISSEAU DE LA). — *Hoc tegmine tutus.* — En sûreté sous cet asile.

GALIEN. — *Præmium virtutis honos.* — L'honneur est la récompense du courage.

GALLÉAN DE GADAGNE (DE).—*Ab obice sævior ibi..* — L'obstacle le rend plus terrible.

GALLÉAN DES ISSARTS (DE). — *Ab obice sævior ibit.* — L'obstacle le rend plus terrible. — Charles, Félix de Galléan de Gadagne ayant acquis la terre de Châteauneuf, obtint du pape Clément IX, comme récompense de ses nombreux services, l'érection de ce fief en duché héréditaire dans sa maison sous le nom de duc de Gadagne par bulle du 30 novembre 1669, pour lui et ses successeurs quelconques. Un décret impérial du 14 janvier 1861, sur l'avis favorable du conseil du sceau a confirmé à Louis Charles-Henri de Galléan le titre héréditaire de duc de Gadagne.

GALLIANT (DE). — *Nil nisi.*—Rien sinon.— *Armes :* d'azur a une croix d'argent au titre de même.

GALLIFET (DE). — Bien faire et laisser dire.

GALWEY (DE).—*Vincit veritas.* — La vérité vainct.

GALZ DE MALVIRADE (DE). — *Constante animo.* — Avec un esprit constant.

GAMON (DE). — *Virtus in arduis.* — Courage dans le péril.

GANAY (DE). — *Non rostro, non ungue, sed alis ad astra.* — Ce n'est pas par le bec ni l'ongle, mais par les ailes qu'il va aux astres. — *Armes :* d'or a l'aigle mornée de sable.

GANGES (Vissec de la Tude de). — *Sistor non sistor.* — Je suis arrêté et ne suis pas arrêté.

GANNE (Boort, ou Bohart de). — Leur sort est de remplir le monde. — *Armes :* d'hermines a trois bandes de gueules semées d'abeilles d'or.

GANNE (Blamor de). — *Petrazo ?* — Qu'est-ce ?

GANTÈS D'ABLAINSVELLE (de). — Première devise : Noble sang, noble cœur. — Deuxième devise : *Sensere gigantes.* — Les géants l'ont senti.

GARABY DE PIERREPONT. — *Mihi meta polus.* — Le pôle est ma borne.

GARAUDÉ (de). — Gare au dé.

GARAGNOLE (de). — *Sursum !* — Debout !

GARAY. — *Bearnensis honor.* — L'honneur du Béarn.

GARDAGNE (de). — *Exaltabitur.* — Il sera exalté. — *Armes :* de gueules à la croix engrelée d'or.

GARDE (de la). — *Fide, sed cui vide ?* — Aies foi ; mais vois en qui ?

GARENNE (Chambellan de la). — *Colloquia prava parva.* — Les paroles mauvaises, sont méprisables.

GARENNE (de Frotter, ou le Frotter de la). — *Nil conscire sibi.* — N'avoir rien à se reprocher.

GARNIER — Rondement.

GARNIER DES GARRETS. — *Para, io ciego !* — Gare, je suis aveugle !

GARO (du). — *Qualitate et quantitate.* — Par la qualité et la quantité.

GARTEMPE (Voysin de). — Confiance en Dieu.

GASPARY (Luce de). — *Ferro non auro.* — Avec le fer et non par l'or.

GASPERN (de). — Qui s'y frotte s'y pique.

GASQUET (de). — *Post nubila Phœbus.* — Après les nuages, Phœbus. — *Armes :* de sinople au coq d'argent, becqué, barbé et membré d'or, au chef cousu d'azur à un soleil levant d'or dissipant un nuage d'argent.

GASSION (de). — *Nec frustra curret.* — Il ne courre pas en vain. — *Armes :* écartelé, aux un et quatre d'azur ; à la tour d'or, au deux d'or, à trois pals de gueules ; au trois d'argent, à l'arbre de sinople, traversé d'un lévrier de gueules courant en pointe, accolé d'or.

GAUDE DE MARTAINVILLE. — C'est mon plaisir.

GAUDE DE SAINT-ELLIER. — C'est mon plaisir.

GAUDECHART (de). — *Vivit post funera virtus.* Le courage vit après la mort.

GAUDOT DE MAUROY. — *Partæ sunt mihi.* — Elles m'ont été acquises.

GAULLIER DE LA GRANDIÈRE (de). — *Vir amator civitatis.* — L'homme aime la ville.

GAULTIER DE LAUNAY. — *Crescentur ad sidera.* — Seront accrus jusqu'au ciel.

GAUTHIER DE POULLADOU.—Chacun a sa vue. — *Armes :* d'or à une chouette de sable en abîme, becquée et membrée de gueules, accompagnée de trois molettes de même.

GAUTIER DE VALABRES. — *Dedit œmula virtus.* L'aiguillon de la vertu le donne.

GAUTRET (DE BERNARD DE). — *Fortitudo, nobilitas.* — Force, noblesse.

GAY (DE). — En tout temps gay.

GAYARDON (DE). — *Vicit leo de tribu Juda.* — Le lion de la tribu de Juda a vaincu.

GEFFROY DE KÉRESPERTZ.—*Volabit sicut aquila.* — Il volea comme l'aigle.

GEFFROY DE LA VILLEBLANCHE. — *Volabit sicut aquila.*—Il volera comme l'aigle.—*Armes :* d'argent à l'aigle de sable armée et becquée de gueules chargée sur l'estomac d'une croix pattée d'azur à enquerre.

GEIS DE PAMPELONNE (DE GUYON de).— *Vis unita fortior.* — La force unie est plus forte.

GENESTE (DE PLOMBY DE LA). — *Ave Maria.* — Je vous salue Marie.

GÉNIBROUSSE DE CASTELPERS.— *Semper fidelis.* — Toujours fidèle.

GENNES (DE). — *Rosæ fulgent sub sidere gemmeo.*— Les roses brillent sous l'atre des Gennes.

GÉNIN. — *Regis mei jura servabo.* — Je conserverai les droits de mon roi.

GENTIL (DE). — De cœur gentil. — *Alias :* Du cœur de Gentil.

GENTIL DE COATANFROTER (LE).— *Gentil d'ann oll.* — Gentil partout.

GENTIL DE PAROY (LE). — *Suis ardens nititur alis.* — Ardent il s'appuie de ses ailes. — *Armes :* d'azur à un serpent volant, ou dragon d'or, lampassé de gueules.

GENTIL DE ROSMORDUC. — *Spargit undequaque venenum.* — De tous les côtés il répand le poison. — *Armes :* d'azur au serpent volant d'or, lampassé de gueules.

GEOFROY. — *Filios nutrivi et ipsi exaltaverunt me.* — J'ai nourri des fils et ils m'ont eux-mêmes élevé.

GEOFROY. — *Leo agresti vescitur cibo.* — Le lion se repait d'une nourriture champêtre. — *Armes :* d'azur au lion passant d'or, surmonté de trois glands de chêne rangés de même.

GEOFFRE DE CHABRIGNAC (DE). — J'offre tout à la patrie.

GEOFFRIN. — *Sub tegmine fagi.* — Sous un toit de feuillage. — *Armes :* d'azur au chevron d'or en pointe, surmonté de deux étoiles d'or en chef et en pointe de trois glands aqueutés au chevron et disposés en cœur.

GEOFFROY DE VILLENEUVE. — *Turris fortissima Deus.* — La tour la plus forte est Dieu.

GEORGES DE VÉRAC (DE SAINT-). — *Nititur per*

ardua virtus. — Le courage se reconnaît au sein des difficultés.

GEORGES (Harcouet de Saint-).—Honneur et franchise.

GEORGES (Pinon de Saint-). — *Te stante virebo.* — Tant que tu seras debout, je verdirai.

GÉRARD (de). — En Dieu mon espérance.

GÉRAUVILLIERS (de Circourt de). —

> Toujours aimant ;
> Jamais mentant :
> Toujours vaillant,
> En brave mourant.

GÉRENTE (de). — Subtilité de Gérente.—Devise donnée à la maison de Gérente par le roi René.

GÈRES (de). — Foy des de Géres.

GÈRES VACQUEY (de). — Foy des de Géres.

GÉRISY (Le Vavasseur de). — *Fortis et prudens.* — Brave et prudent.

GERMAIN. — Justice et liberté.

GERMAIN (de Saint-). — Fidèle à Dieu, à son roi.

GERMAIN (de Saint-).— *Deo, Ecclesiæ et regi obediens et fidelis.* — Soumis et fidèle à Dieu, à l'Église et au roi.

GERMAIN (de saint-).—*Perge, age, vince omnem, miles, virtute laborem.* — Allons, marche, soldat, vainc par ton courage tout obstacle.

GERVAIS (DE). — *Generose gerit Gervasius.* — Gervais agit généreusement.

GERVAIS (SEYMANDI DE SAINT-). — Une foi, une loi, un Dieu, un roi.

GESVRES (POTIER DE). — *Dextera fecit virtutem, dextera salvabit me.* — Ma droite a fait mon courage, ma droite me sauvera. — *Armes :* d'azur à deux mains d'extres d'or, au franc quartier échiqueté d'azur et d'or. — Cette maison qui compte parmi ses membres des ducs de Tresmes et de Gesvres s'est éteinte en la personne du dernier duc de Gesvres, né le 3 mai 1733, et mort sur l'échafaud révolutionnaire, à Paris, le 7 juillet 1794.

GÉVAUDAN (DE). — *Cruci regique fidelis.* — Fidèle à la croix et au roi.

GHAISNE DE BOURMONT (DE). — Première devise : A Ghisne, Gand, Coucy ! — Deuxième devise : Charité, valeur, loyauté. — Troisième devise : Toujours à Dieu, toujours au droit.

GIBERTES (DE). — *Præmia Martis.* — récompense de Mars.

GIBBES (DE). — *Tenax propositi.* — Tenace dans ses projets.

GIBON DU COUEDIC. — *Semen ab alto.* — La semence vient d'en haut.

GIBON DE KERISOUET. — *Semen ab alto.* — La semence vient d'en haut. — *Armes :* de gueules à trois gerbes d'or, posées deux et une les épis en haut.

IDROL (de). — Honneur et patrie.

IGAULT DE BELLEFONT. — *Una sen mas.* — Un signe (un bonheur) de plus.

ILBERT DE COLONGES.— Le dessein en est pris.

ILIER (de). — *Fortitudine et humilitate.* — Par la force et l'humilité.

ILLABOZ (de). — *Rerum prudentia victrix.* — La prudence victorieuse de toutes choses.

ILLART DE KERANFLECH. — Première devise : De Gillart servant. — Deuxième devise : Et pour et contre.

ILLART DE LARCHANTEL. — Première devise : De Gillart servant. — Deuxième devise : Et pour et contre.

GINESTOUS, ou DE GINESTOUX (de). — Première devise : *Stabit atque florebit.* — Il se soutiendra et fleurira. — Deuxième devise : *Nec vi, nec metu.* — Ni par force, ni par crainte.

GIRANGY (le Barde). — *Vel avulsæ frondescent.* — Bien qu'arrachés, ils fleurissent. — *Armes :* d'or à un lion de gueules accompagné de trois arbres de sinople arrachés, posés deux en chef, un en pointe.

GIRARD (Cœhorn du Lac et Vézenobres). — Fais que dois, advienne que pourra.

GIRARD DE CHATEAUNEUF DE LABATISSE. — *Spes mea Deus.* — Dieu mon espérance.

GIRARD DU DEMAINE. — *Crux, decus et spes.* — Croix, honneur et espérance.

GIRARD DE VILLESAISON. — *In camo et freno maxillas eorum astringam.* — Je leur attacherai la bouche avec la bride et le frein.

GIRARDIN (DE). — *Ubique candida virtus.* — Partout la vertu est blanche.

GIRAUD DE LA BIGEOTTIÈRE. — Première devise : — *Nil temere aut timide.* — Rien avec témérité, ni timidité. — Deuxième devise : De près et de loin.

GIRAUD DE RANZAY. — Première devise : *Nil temere aut timide.* — Rien avec témérité, ni timidité.

GIRONDE (PRÉGENT DE). — *Prest ve.* — Il serait temps.

GISSAC (ALBIS DE). — *Albus in albis.* — Blanc au milieu des blancs. — *Armes :* d'azur au cygne passant d'argent, surmonté d'un croissant aussi d'argent, accosté de deux étoiles de même.

GHISIGNIES (DU BUS DE). — *Finis laborum palma.* — La palme est la fin des travaux.

GLANDEVÉS, ou DE GLANDEVEZ (DE). — Ancien dicton : Témérité et fierté de Glandevés.

GLATIGNY (LE PELLETIER DE). — *Fidelis et audax.* — Fidèle et audacieux.

GLAVENAS (POLLADION DE). — Liesse à Polladion !

GLÉ DE LAUNAY. — Blessure au cœur, jamais à l'honneur.

LÉON DE DURBAN (DE). — Assez prie qui se complainte.

LINIRY (DE CARRION DE). — *Nihil virtute pulchrius.* — Rien n'est plus beau que la vertu.

OALÉS DE KÉRYVON (LE). — *Faventibus astris.* — A la faveur des astres.

OASVEN (LA FORET DE). — Point gesnant, point gesné.

OAZILLON (DE COETANLEM DE). — *Germinavit sicut lilium et florebit in æternum ante Dominum.* — Il poussa comme le lis et fleurira dans l'éternité devant le Seigneur.

OAZOUHALLÉ (DE CHARRUEL DE). — *Ober hac tevel.* — Faire et se taire.

GODARD DE BELBEUF. — *Floreat semper.* — Qu'il fleurisse toujours.

GODDES DE VARENNES (DE). — Ne vante ne foiblesse.

GODEFROID DE MÉNILGLAISE (DE). — *Pacificè.* — Pacifiquement.

GODET DE MONDÉZERT. — *Fides potens.* — Foi puissante.

GODET DE THUILEY. — *Fides potens.* — Foi puissante.

GODINOT. — Tout pour l'honneur et la patrie.

GOESBRIANT (DE). — Dieu y pourvoiera.

GOET. — *Plus patriæ me tangit amor.* — L'amour de la patrie me touche davantage.

GOFF DE LANCONNERY (LE). — Fidèle et sincère.

GOFF DE QUÉLENNEC (LE). — Fidèle et sincère.

GOHORY DE LA TOUR (DE). — *Spiritus et cor.* — L'esprit et le cœur.

GOIMPY (DUMAITZ DE). — *Crescit virtus in periculo.* — Le courage grandit dans le péril.

GOISBRIAND (DE). — En attendant mieux.

GOISLARD (DE). — *Astræa et placidas spargit acerba rosas.* — Astrée acerbe répand des roses placides.

GOMBERT (DE). — *Stabunt me custode.* — Ils resteront debout sous ma garde. — *Armes :* écartelé aux un et quatre de gueules, à un lion d'or ; aux deux et trois d'azur à un château sommé de trois tours d'or.

GOMBERT DE BAILLEUL (DE). — *Simplex et fidelis.* Simple et fidèle.

GOMMIER (COQUILLE DU). — *Anchora cum conchâ nostræ duo stemmata gentis.* — Une ancre avec une coquille sont les insignes de notre race.

GONCOURT (JACOBÉ DE). — *Tantum prodest, quantum prosunt.* — Il est aussi utile qu'ils sont utiles.

GONDY DE RETZ (DE). — *Non sine labore.* — Non sans peine.

GONIDEC DE TRESSAN (LE). — Première devise : *Ioul Doué.* — Volonté de Dieu. — Deuxième devise : Fond d'argent n'est pas sans traverses.

GONTAUT BIRON (DE). — Première devise : *Perit, sed in armis.* — Il périt, mais sous les armes. — Deuxième devise : *Non differt bella timendo.* — Il n'hésite pas à combattre un ennemi redoutable. — Troisième devise : *Capit post ostia prœdam.* — Après avoir forcé les portes il s'empare du butin. — Quatrième devise : *Cunctando restituit rem.* — En temporisant il a rétabli la fortune. — Cinquième devise : L'honneur y gist. — Sixième devise : *Crede Biron.* — Croyez Biron. — Armand de Gontaut, baron de Biron, surnommé le Boiteux, maréchal de France sous les règnes d'Henri III et d'Henri IV, prit part aux combats de Jarnac, de Montcontour et d'Arques, et au siége de Paris; il fut tué par un boulet de canon, devant Épernay, le 26 du mois de juillet 1592. Sa mort confirma cette devise qu'il s'était choisie : une mèche allumée avec ces mots : *Perit, sed in armis.* — Les branches ducales de la maison de Gontaut Biron se sont éteintes, la première le 31 juillet 1602, la seconde le 31 décembre 1793.

GONTHIER (DE). — Amour sans crainte.

GORREVOD DE PONT DE VAUX. — Pour à jamais.

GOSSIN DE SOUILLY. — *In recto, bono, vero, accipe*

regulam et rege. — En droiture, bonté et vérité, reçois la règle et commande.

GOUARLOT DE ROSMADEC.— *Uno avulso non déficit alter.*— Si l'on en arrache un, un autre ne manque pas.— *Armes :* d'or à trois jumelles de gueules.

GOUAY (de). — *Unguibus, nec rostro sed alis.* — Ni par les griffes, ni par le bec, mais par les ailes.

GOUDELIN (de). — Joie sans fin à Goudelin.

GOUGNY (de). — *Non inferiora sequuntur.* — Ils ne suivent pas ce qui est indigne d'eux.

GOUJON DE THUISY (de). — Première devise : Sans mal penser. — Deuxième devise : *Virtus et honos.*— Courage et honneur.

GOULAINE (de). — A cettuyci, à cettuylà, j'accorde les couronnes.

GOULAINE DU FAOUET (de). — A cettuyci, à cettuy-là j'accorde les couronnes. — Abeillard né dans la seigneurie de Goulaine, a renfermé le sens de la devise de cette maison dans le distique suivant :

Arbiter hic ambos reges conjunxit amore,
Et tenet illustris stemma ab utroque domus.

Arbitre entre deux rois, il les a rendus amis, et sa famille en a reçu un double annoblissement. — *Armes :* parti au premier de gueules, à trois léopards l'un sur l'autre d'or, qui est d'Angleterre, au deuxième d'azur, à trois fleurs de lis d'or, qui est de France ancien.

GOUNONCOURT (DE). — P. M. Q. F.

GOURCY (DE). — *Malo mori quàm fœdari.* — J'aime mieux mourir qu'être souillé.

GOURDON DE GENOUILLAC. — J'aime fort une. — Cette devise a un sens caché ; dans quelques titres on a écrit j'aime fortune, c'est un tort, le brave et vaillant Guillot de Gourdon de Genouillac, qui le premier de sa maison porta cette devise, n'était pas homme à afficher d'aussi bas sentiments, au contraire ces mots j'aime fort une, qu'il avait fait écrire ainsi, étaient un hommage tendre et secret rendu à la belle duchesse d'Angoulême, mère du roi François Ier, dont il était fort épris.

GOURIO DE LANOSTER (DE). — Dieu me tue.

GOUSSENCOURT (DE). — Première devise: *Malo mori quàm fœdari.* — J'aime mieux mourir qu'être souillé. — Légende : *Vigilanti puro.* — Au vigilant pur. — *Armes :* d'hermine au chef de gueules. — Cimier : un coq de sable becqué, membré et barbé de gueules, portant en son bec une banderolle sur laquelle est écrite la légende : *Vigilanti puro.*

GOUT D'ALBRET (DU). — *Crucis sub arbore tutus.* — A l'abri sous l'arbre de la croix.

GOUTELAS (PAPON DE). — *Non quod acuero sanguine dentem.* — Non parceque j'aurai aiguisé ma dent dans le sang.

GOUVELLO (DE). — *Fortitudini.* — Au courage. — Dès

l'an 1265 on lit cette devise au dessous des armes de cette antique maison bretonne.

GOUVERNET (DE LA TOUR DU PIN DE). — Première devise: *Turris fortitudo mea*. — Ma tour est ma force. — Deuxième devise: Courage et loyauté.

GOUX (DE). — Sans défaillir.

GOUX (LE). — *Inflexus stimulis omnibus*. — Courbé par tous les aiguillons.

GOUYON DE BEAUFORT (DE). — Liesse à Gouyon.

GOUYON DE CAPEL. — *Crux mihi spes in honore*. — *Armes:* d'argent à la croix pleine de sable.

GOUYON DE MATIGNON (DE). — Honneur à Gouyon, liesse à Matignon.

GOUYON MATIGNON DE SAINT-LOYAL (DE). — Honneur à Gouyon, liesse à Matignon.

GOUZABAT (DE). — Uniment.

GOUZILLON (DE). — Sans fiel.

GOUZVEN (DE). — Attendant mieux.

GOYON (DE). — Première devise : Honneur à Goyon, liesse à Goyon. — Deuxième devise : *Keransker samehec, Keransker guhiméhec*. — Château redoutable et châtelain secourable.

GOZON (DE). — *Draconis extinctor*. — L'exterminateur du dragon.

GRAINTHEVILLE (Lefèvre de). — *Nihil lilia sine cruce.* — Les lys ne sont rien sans la croix.

GRAISIVAUDAN (de). — *A cruce victoria.* — La croix donne la victoire.

GRAMONT (de). — Première devise : *Lo soy que soy.* — Je suis ce que je suis. — Deuxième devise : *Gratia Dei id quod sum.* — Par la grâce de Dieu, je suis ce que je suis. — Troisième devise : *Lo que ha de ser no puede faltar.* — Ce qui doit être ne peut manquer. — La plus ancienne devise de cette maison est la première, la seconde fut portée à la cour du roi Louis XIV par le maréchal de Gramont et datait de l'an 1585, en voici l'origine : La maison de Gramont possédait en pleine souveraineté la principauté de Bidache et Barnache. Après un siège de vingt jours soutenu contre les armées de Charles-Quint, en 1523, Bidache fut pris et incendié. Quelques titres ayant disparu dans les flammes et le sac de la place, il s'éleva une contestation des droits souverains du seigneur de Gramont; mais à la suite d'une enquête solennelle terminée en 1585, les rois de France et de Navarre en reconnurent la légitimité. C'est à cette époque que remonte l'origine de la devise *Gratia Dei sum id quod sum,* qui paraît avoir eu pour but de constater cette reconnaissance. — Dans les guerres de Navarre, la bannière des Gramont portait la troisième de ces devises. — La maison de Gramont posséda les titres de prince de Bidache et Barnache depuis 1203; la souveraineté s'éteignit en 1787 : ducs de Gramont, duché héréditaire depuis 1648, duc de

Guiche créé en 1678, duc de Lesparre en 1720, duc de Louvigny à brevet en 1720.

GRAMONT-CADEROUSSE (DE). — *A resistente coronor.* — Je suis couronné par celui qui me résiste. — *Titres :* duc de Caderousse créé par le roi Charles X, le 28 avril 1827. Le duché de Caderousse au comtat Venaissin, érigé par le pape Alexandre VIII en 1665, pour la maison d'Ancezune, avait passé, par héritage, dans celle de Gramont en 1767.

GRAMONT-VACHÈRES (DE). — *A resistente coronor.* — Je suis couronné par celui qui me résiste.

GRAMMONT (DE). — Dieu aide au gardien des rois. — Devise portée par S. de Grammont, chambellan du duc de Bourgogne et que sa descendance continue de porter.

GRANCEY (MANDAT DE). — *Quo te fata trahunt.* — Va où le destin t'entraîne.

GRAND (LE). — *In variis non varius.* — Ne changeant point dans le changement. — *Armes :* Vairé d'or et de gueules.

GRAND DE BELLUSSIÈRE DE LUXALIÈRE. — *Serpent unquam.* — Jamais ils ne ramperont. — *Armes :* d'azure à trois serpents ailés d'argent.

GRAND DE BRIANCOURT (L'ABBÉ DE). — Sans vertu, rien de grand.

GRAND DE SOUCHEY (LE OU DE). — *Quinich bas Alpin.* — Souvenez-vous de la mort du roi Alpin.

GRANT DE VAUX (de). — *Quinich bas Alpin.* — Souvenez-vous de la mort du roi Alpin.

GRANDIÈRE (de la). — *Pugna virtute potens.* — Puissant combat par la valeur.

GRANDIÈRE (de Gaullier de la). — *Vir amator civitatis.* — L'homme amateur de la ville.

GRANDMONT (Vedeau de). — *Ex humilitate cordis pergam ad astra.* — De l'humilité du cœur je cheminerai vers les astres.

GRANDPRÉ (de). — *Animus imperat.* — le courage ordonne.

GRANGE (de la). — *In spe et consilio.* — Dans l'espérance et le conseil.

GRANGE (Chancel de la). — Chancel ne chancelle mie.

GRANGE (le Lièvre de la). — Liesse à Lieure!

GRANGES (de). — Bonté de Granges.

GRANSON (de). — A petite clochegrand son.

GRANTE ou DE GRENTE (de). — Tenons ferme.

GRANVELLE (Perrenot de). — Première devise : *Sic visum superis.* — Telle est la volonté des dieux. — Deuxième devise : *Durate, vosmet rebus servate secundis.* — Existez et conservez-vous vous-mêmes pour la bonne fortune.

GRAS (DE). — Première devise : *Volabunt et non deficient.* — Ils voleront sans fatigue. — Deuxième devise : *Altiora petens.* — Gagnant des sphères plus élevées.

GRAS (DE). — Première devise : *Stat fortis in arduis.* — Il se tient fort dans les difficultés. — Deuxième devise : *Stat fortis in armis.* — Il se tient brave sous les armes.

GRAS DE CHAROST (LE). — *Stat fortis in arduis.* — Il se tient fort dans les difficultés.

GRAS DE VAUBERCEY (LE). — *Spes mea Deus.* — Dieu est mon espérance.

GRASSE (DE). — Bonne renommée.

GRASSET DE LANGEAC (DE). — *Cur non?* — Pourquoi non?

GRASSIN (DE). — *Deum timete.* — Craignez Dieu.

GRATET DU BOUCHAGE (DE). — Tout à tout.

GRAVE (DE). — *Ad meliora.* — Vers de meilleures choses.

GRAVERAN (DE). — *Verbum crucis, Dei virtus.* — La parole de la croix c'est la force de Dieu. — Armes : de sinople à la croix alésée d'or.

GRAVIER DE VERGENNES. — *Recta ubique.* — Droit partout.

GRAVILLE (Malet de). — Ma force d'en haut.

GRAVOIL DU TERTRE. — Dieu.

GRÉCOURT (de). — Courte messe, long repas. — Devise portée par l'abbé de Grécourt, chanoine de Saint-Martin de Tours.

GRÉE (de la). — *In hoc signo vinces.* — Tu vaincras avec cette emblême.

GRÉE DU PORT DE ROCHE (de la). — *In hoc signo vinces.* — Tu vaincras par ce signe.

GRÉE DE LA TOUR PÉAN (de la). — *In hoc signo vinces.* — Tu vaincras par ce signe.

GREEN (de). — *Æquam servare mentem.* — Garder un esprit égal.

GREEN DE SAINT-MABSAULT. — *Ready to fle for my god; for my king, for my lady.* — Prêt à prendre son vol pour mon Dieu, mon roi, ma dame. — *Armes* : de gueules à trois demi-vols (ailes) d'or.

GRÉGOIRE DE LA GACHE. — Sans s'endormir.

GREIGNEUX (le Froter, ou le Frotter de). — *Nil conscire sibi.* — Ne rien se reprocher.

GRENIER DE MONTGAILLARD (de). — Honneur et droicture.

GRENU (de). — O Dieu tu me vois grenu.

GRESLEY (de). — *Melior fide quàm fortunà.* — Meilleur par la foi que par la fortune.

GRESSE (de Sainte). — *Usquè ad mortem fidelis.* — Fidèle jusqu'à la mort.

GRIGNARDAIS (DE CARRION DE LA). — *Nihil virtute pulchrius.*— Rien de plus beau que la vertu.

GRIGNART DE CHAMPSAVOY. — Première devise: *Spes mea Deus.* — Dieu est mon espérance. — Deuxième devise: En elle je mets mon espoir. — *Armes*: de sable à la croix d'argent cantonnée de quatre croissants de même.

GRILLE D'ESTOUBLON (DE). — *Nititur in vetitum.*— Il est emporté vers ce qui est défendu.

GRIMAUD BECQUE (DE). — *Intrepidè.* — Intrépidement. — Ancien dicton provençal : Finesse des Grimaud.

GRIMAISIN (DE).— *Deo juvante* — Avec l'aide de Dieu.

GRIMOUVILLE (DE). — *Timor Dei nobilitas.* — La crainte de Dieu, c'est la noblesse.

GRIS (LE). — Avec le temps.

GRISONS (TASCHER DES). — *Justus et audax.* — Juste et audacieux.

GROLÉE (DE). — Première devise: *Format regendo coronas.* — Il tresse des couronnes en commandant. — Deuxième devise : *Assai avanza chi fortuna passa.*— Assez avance celui qui dépasse la fortune.

GROLÉE DE VIRVILLE (DE). — Première devise: *Format regendo coronas.* — Il tresse des couronnes en commandant. — Deuxième devise: *Assai avanza chi fortuna passa.* — Assez avance celui qui dépasse la fortune.

GROLLIER (DE). — *Salus et gloria.* — Salut et gloire.

GROS. — *Utinam!* — Plaise à Dieu !

GROSBOIS (DE). — *Masque ostento.*

GROSPAIN (DE). — Faute d'autre Grospain.

GRUEL (DE). — *Vigilantia.* — Vigilance. — *Armes :* de gueules à trois grues d'argent.

GRUEL DE LA MOTHE GRUEL. — *Tutamen utrobique.* — Protection de tout côté.

GRUTHUSE (DE LA). — Plus est en vous Gruthuse.

GRUYER. — *Cominus et eminus.* — De près et de loin.

GUAY (DU). — *Fidelis et audax.* — Fidèle et audacieux. — *Armes :* d'azur au coq d'or crêté et becqué de gueules.

GUAY TROUYN (DU). — *Dedit hæc insignia virtus.* — Le courage donna ces insignes. — *Armes :* d'argent à une ancre de sable au chef d'azur chargé de deux fleurs de lis d'or. — Ces armes et cette devise furent données à l'amiral du Guay Trouyn en 1709.

GUÉBRIANT (DE). — Dieu y pourvoira.

GUÉBRIANT (DE BUDES DE). — *Superis victoria faustis.* — Victoire donnée par les dieux favorables.

GUÉBRIANT (DE ROSMADEC DE). — Première devise : En bon espoir. — Deuxième devise : *Uno avulso non deficit alter*. — Quand l'un est arraché l'autre ne manque pas.

GUÉHÉNEUC DE LA BRIANÇAIS (DE). — N'en parlez jà.

GUÉHÉNEUC DE CHASTILLON (DE). — N'en parlez jà.

GUÉNET (DE). — Je ne change qu'en mourant.

GUENGAT (DE). — Trésor.

GUER (DE). — *Sinè maculis*. — Sans taches.

GUÉR DE PONTCALLEC (DE). — *Sinè maculis.* — Sans taches. — Le fief de Pontcallec portait la devise suivante : *Quæ numerat nummos non male stricta domus.* — Une maison qui compte de l'argent n'est pas mal administrée. — Devise fondée sur ce que les de Guer, seigneurs de Pontcallec avaient droit de donner à leurs cadets, si bon leur semblait leur portion de biens héréditaires en argent.

GUÉRAUD (QUEMPER DE LANASCOL DE). — En bon repos.

GUÈRE (PANTIN DE LA). — *Crux dux certa salutis.* — La croix est le guide assuré du salut. — *Armes:* d'argent à la croix de sable cantonnée de quatre molettes d'éperon de gueules.

GUÉRIN DE LA ROUSSELIÈRE. — *Stemmata rutilent auro.* — Les écussons brillent d'or. — *Armes :* de gueules à trois écussons d'or.

GUÉRIN. — *In trino omnia et uno.* — Toutes choses sont en trois et en une.

GUÉRIN DE TENCIN (DE). — *In trino et uno.* — En trois et en un. — *Armes*. d'or à l'arbre arraché de sinople au chef de gueules chargé de trois besants d'argent.

GUÉRIVIÈRE (DU PIN DE LA). — *Fidem peregrinans testor.* — En faisant le pèlerinage je montre ma foi. — *Armes* : d'argent à trois bourdons (instrument dont se servent les pèlerins et qui symbolise les pèlerinages en terre-sainte), de gueules en pal, pommetés de même.

GUERNE. (MALOTEAU DE). — *Virtus, fidelitas.* — Courage, fidélité.

GUERNIZAC (DE). — *Ped bepret.* — Prie sans cesse.

GUERRY (DE). — *A patre et avo.* — Par le père et l'aïeul.

GUESCLIN DE LONGUEVILLE (DU). — *Dat virtus quod forma negat.* — La vertu donne ce que la figure refuse. — Le connétable Du Guesclin qui était d'une laideur repoussante, mais d'un courage exceptionnel, avait adopté cette devise que ses neveux et leurs descendants ont conservée.

GUESLIN (POTIER DU). — *Dextera fecit virtutem, dextera salvabit me.* — Ma droite a fait ma force, ma droite me sauvera. — *Armes*: d'azur à deux mains dextres d'or, au franc quartier échiqueté d'argent et d'azur. .

GUESNET (DE). — *Tutissima lorica virtus.* — Le courage est la plus sûre armure.

GUET (DU). — Vigilance.

GUEYDOU (DE). — *Evince e guida.* — Evince et guide.

GUFFON (DE). — Dieu et le roi.

GUICAZNOU (DE). — Dieu me tue.

GUICHE (DE LA). — Au plus haut.

GUICHENOU (DE). — *Fidelis præmia pennæ.* — Prix d'une aile fidèle.

GUIFFREY DE BOUTIÈRES (DE). — Première devise: *Huic quid obstat.* — A celui qui résiste. — Deuxième devise: Sagesse de Guiffrey.

GUIGNARD DE SAINT-PRIEST (DE). — Fort et ferme.

GUIGNEFOL (LE FROTER DE). — *Nil conscire sibi.* — N'avoir rien à se reprocher.

GUIGNERAIE (DE LA). — L'odeur monte au ciel. — Dans les armes de cette famille figure une rose à laquelle cette devise à rapport.

GUILHOMMERAYE (JOURDAIN DE LA). — *Servire Deo regnare est.* — C'est régner que servir Dieu.

GUILLART D'ARCY (DE). — *In fide sta firmiter.* — Persiste généreusement dans la foi. — La devise de cette maison est la même que celle de l'ancien ordre de Saint-Hubert.

GUILLAUMANCHES DU BOSCAGE (DE). — Première devise: *Nunquam jugatus.* — Jamais lié. — Deuxième devise: *Indocilis jugum pati.* — Indocile à souffrir le joug. — Troisième devise: *Indomitus ferit.* — Indompté il frappe. — *Armes:* d'argent au taureau de gueules passant, surmonté d'un lambel de gueules.

GUILLAUME REY. — *Jure ac Marte.* — Par le droit et par Mars.

GUILLEBON (DE). — J'attends, je prétends et j'espère en tout temps.

GUILLEMOT DE LA RIVIÈRE. — Doux et terrible. — *Armes :* d'azur au lion couronné d'or, accompagné de trois molettes de même posées deux et une.

GUILLIN D'AVENAS. — *Ibunt undique.* Ils iront de toutes parts.

GUILLOU DE ROCHÉCOT. — *Lenitudo, fortitudo comes.* — Pour compagnons la douceur et la force.

GUIOMAR DE LA PETITE PALUE. — *Quémer quélen.* — Prendre conseil.

GUIRAMAND DE SADOLET (DE). — C'est un abîme !

GUIRY (DE). — *Pro Deo et rege.* — Pour Dieu et le roi. — Cette devise a été accordée a l'arrière-grand-père du chef actuel de cette maison, M. le comte de Cléry, par autographe du roi Louis XVIII, ainsi formulée : « Voulant récompenser le zèle et les services

» de M. de Cléry, porte-étendard de mon premier ré-
» giment de cavalerie noble, et surtout l'action bril-
» lante qu'il a faite le 2 décembre 1793, en conser-
» vant son étendard et le portant avec gloire dans les
» rangs ennemis, je lui accorde ainsi qu'à sa postérité
» le droit de joindre à l'écusson de leurs armes un
» étendard sur lequel seront écrits ces mots : *Pro Deo*
» *et rege*; et en attendant que je puisse revêtir cette
» grâce des formes nécessaires, je veux que le présent
» avis lui serve de titre.

» Blankenbourg, ce 7 janvier 1797.

» *Signé :* LOUIS. »

GUISE (DE). — Première devise : *Undiquè terror.* — Terrible de tous côtés. — Deuxième devise : Chacun à son tour.

GUITON (DE). — *Diex aïe.* — Guillaume-le-Conquérant gratifia de vastes domaines dans le comté de Devon (*in agro devoniensi*) dit la charte, Raoul de Guiton qui avait suivi ce prince en Angleterre. Philippe-Auguste ordonna à tous les Normands qui possédaient des biens en Angleterre et en France d'avoir a opter entre ces deux pays; la branche de la maison de Guiton qui revint en France adopta alors cette devise. Sur l'ancien sceau de cette maison on lit la devise, placée dans les armes mêmes qui sont d'azur à trois angons d'argent posés deux et un.

GUITAUT (DE PÉCHEYROU DE). — *Ut fata trahunt.* — Comme les destins l'entraînent.

GUYON DE GEIS DE PAMPELONNE (DE). — *Vis unita fit fortior*. — La force unie devient plus puissante.

GUYOT DE MONTPAYROUX. — *Quis attingat*. — Qui l'atteindrait.

GUIZOT. — *Via recta brevissima*. — La ligne droite est la plus courte.

H

HAGET DE VERNON (DU). — *Res, non verba.* — Des actes, non des paroles.

HAIZE (LE BRETON DE LA). — *Moriamur pro rege nostro.* — Mourons pour notre roi.

HALANZY (D'). — A ma valeur.

HALDAT (ALEXANDRE DE). — *Præmium salutis Franciæ et regis.* — Récompense du salut de la France et du roi.

HALES (DE). — *Vis uniti fortior.* — La force d'un homme uni est plus forte.

HALGOET (DU). — *Ker quen hag haligoëc.* — Blanc comme le saule.

HALGOUET. (DE POULPIQUET DU). — De peu assez.

HALLIER (HUGUET DU). — *Candor et robur.* — Blancheur et force.

HALNA DU FRETAY. — *Arcana servant*. — Ils gardent les secrets.

HAMEL (DU). — Première devise: A toute heure. — Deuxième devise: *Honor et virtus*. — Honneur et courage. — *Armes* : d'argent à la bande de sable, chargée de trois sautoirs d'or; pour la branche de Guienne, écartelé d'azur à trois tours d'argent en mémoire de la terre patronyme du Hamel.

HAMEL BELLENGLISE DE GRAND RULLECOURT (DU). — Qui s'y frotte s'y pique.

HAMEL DE MILLY (DU). — Or ne veust.

HAMELINIÈRE (PANTIN DE LA). — *Crux dux certa salutis*. — La croix est le guide du salut. — *Armes*: d'argent à la croix de sable, cantonnée de quatre molettes d'épéron de gueules.

HAMON DE BOUVET. — En bon espoir. — *Armes*: d'argent à la croix alésée d'azur, cantonnée de quatre macles de même.

HAMON DE LA LONGRAYS. — Ha mon ami! — *Armes*: d'azur à trois annelets d'or.

HANACHES (ALEXANDRE D'). — Partout et toujours fidèle a Dieu et au roi.

HARCOURT (D'). — Première devise: *Gesta verbis prævenient*. — Que les actes précèdent les paroles. — Deuxième devise: Pour ma défense. — Cette illustre maison la première de Normandie dont elle est originaire reçut le titre de duc d'Harcourt en 1700.

HARDY DU MARAIS (LE). — *Nec fortior alter.* — Il n'y en a pas de plus brave.

HARDY (LE). — *Nec leporem feroces procreant imbecillem leones.* — Que les fiers lions n'engendrent pas un lièvre timide.

HARDOUIN DE PÉREFIXE DE BEAUMONT. — *Usquè ardent fixa, nec errant.* — Ils brillent toujours immobiles, et n'errent pas.

HAREL DE LÉPAULE (DU). — L'honneur y gist.

HARENC DE LA CONDAMINE. — Nul bien sans peine.

HARGEVILLE (D'). — Première devise: *Sunt gloriœ stimuli.* — La gloire aiguillonne. — Deuxième devise : *Diex el volt.* — Dieu le veut.

HARRINGTON DE LA GRAND'MAISON. — *Nodo firmo.* — D'un nœud ferme.

HASOY (ANTONIS DU). — *In sanctis confido.* — Je me confie aux saints.

HARSCOUET DE KERTANGUY. — *Enor ha francquier.* — Honneur et franchise.

HARSCOUET DE SAINT-GEORGES. — Honneur et franchise.

HASTEL (DE BARTHÉLEMY). — *Quod natura dedit tollere nemo potest.* — Ce que la nature donne, personne ne peut l'enlever.

HAUT ou DE LA HAUT ou DE LAHAUT (DE). — Première devise : De là-haut pour sauver je brille. —

Deuxième devise : De là-haut je brille pour leur salut.
— *Armes modernes* : d'or au phare de sable allumé de gueules. — *Armes anciennes :* d'or à huit mouchetures d'herminais posées en orle.

HAUT DE LASSUS (DU). — Nul bien sans peine.

HAUTECLOCQUE (DE).—On entend loing Hauteclocque.

HAUTEFEUILLE (TEXIER D'). — *Ad gloriam.*— Vers la gloire.

HAUTEFORT (D'). — Première devise : *Altius et fortis.* — Plus haut et courageux. — Deuxième devise : Force ne peut vaincre peine.

HAUTERIVE (BOREL D'). — Jusqu'où ?

HAUTERIVE (DU PRAT D'). — Première devise : *Spes mea, Deus.*— Dieu, mon espérance. — Deuxième devise : J'ai souvenance. — Sans abandonner la devise *Spes mea, Deus,* qui est commune à toutes les branches de la maison du Prat, la branche d'Hauterive portait la devise : J'ai souvenance. L'ignorance de son origine et les cent cinquante ans dont elle date semblent en faire une devise de circonstance plutôt qu'une devise héraldique.

HAUTIER DE VILLEMONTÉE. — *Nec dura nec aspera terrent.* — Rien de dur ni de raboteux ne l'effraye.

HAUTOY (DU). — *Fortitudine.* — Par la force.

HAY DE LOURMEAU. — *Renovate animos.* — Renouvelez vos esprits.

HAY DE SLADE. — *Serva jugum renovate animos.*

HAYE (Hamon de la). — En bon espoir.

HÉBERT. — *Verum.* — Le vrai.

HÉBRAIL (d'). — *Egenis sollicito.* — Je demande pour les pauvres.

HÉDER DE KERLAYRET (le). — *Hederæ adhærent et sustinent.* — Le lierre s'attache et soutient.

HÉDER DE KERSQUIFFIT (le). — *Hederæ adhærent et sustinent.* — Le lierre s'attache et soutient.

HÉDOUVILLE (de). — *Totum pro Deo et rege.* — Tout pour Dieu et le roi.

HÉLIAND (d'). — *Spoliatis arma supersunt.* — A ceux qu'on a spoliés il reste des armes.

HÉLISSART (Wavrin d'). — Moins que le pas.

HELL (de). — Je meurs ou je m'attache.

HELLEZ (de la Forest du). — Point gesnant, point gesné.

HÉLORY DE KERGARREC. — A tout dix.

HÉLORY DE KERMARTIN. — A tout dix.

HÉMERY DE BEAULIEU. — *Antiqua fortis virtute.* — D'une antique bravoure.

HÉMERY DE KERGADIOU. — Sans larcin.

HÉMERY DE KERURIEN. — Sans larcin.

HÉNIN DE CUVILLERS. — *Nihil agere pœnitendum.* — Ne rien faire dont on se repente.

ÉNISSART (D'). — Le droict chemin.

HENRY DE BOHAL. — *Potius mori quàm fœdari.* — Plutôt mourir qu'être souillé.

HENRY DE JARNIOST. — *Dedit illi nomen quod est super omne nomen.* — Il lui a donné un nom qui est au-dessus de tout nom.

HENRI DE KERPRAT. — Toujours en ris, jamais en pleurs.

HENRY, ou HENRY DE QUENGO. — *Potius mori quàm fœdari.* — Plutôt mourir qu'être souillé. — Cette devise qui était aussi celle de la maison ducale de Bretagne, fut donné en 1443 à Louis-Henry de Quengo par la duchesse Isabeau, femme de François Ier.

HENRI DE TRÉVÉGAN. — Sans brésiller.

HENRYS. — *Providentiœ totum hoc opus est.* — Tout cela est l'œuvre de la providence. *Armes :* d'azur à trois épis de blé, tigés et feuillés d'argent posés deux et un surmontés d'un soleil d'or.

HÉRAIL DE BRISIS (D'). — *Neque Charybds, neque Scylla.* — Ni Charybde ni Scylla. — *Armes :* d'azur au navire d'or fretté, équipé, voilé d'argent, flottant sur des ondes de même.

HERBINGHEM (DE POUCQUES D'). — *Fortis atque fidelis.* — Brave et fidèle.

HÉRISSON (D'). — Qui s'y frotte s'y pique. — *Armes :* de gueules au hérisson au naturel, sur une terrasse de sinople, au chef chargé de trois roses d'argent.

HÉRIVAL (DE MOREL D'). — *Nescit labi virtus.* — La vertu ne sait broncher.

HERMITANS (DE BONNEGONS DES). — *Boni sunt probi.* Les bons sont éprouvés.

HERMITTE (DE L'). — Prier vault à l'Hermitte.

HÉRON. — *Ardua petit ardea.* — Le héron tend aux lieux élevés. — *Armes :* d'azur à un héron d'argent.

HÉROUVILLE (DE RICOUART D'). — *Sub umbrâ solis nascitur virtus.* — La vertu naît à l'ombre du soleil.

HERSART DU BURON. — *Evertit et œquat.* — Il renverse et aplanit.

HERSART DE LA VILLEMARQUÉ. — *Evertit et œquat.* — Il renverse et aplanit.

HERVÉ DU PENHOAT. — Plus penser que dire.

HESLIN. — *Stirpe judœus, genere scotus et pago lotharingus.* — Juif de sang, Écossais de race et Lorrain par le fief.

HEUREUX (D'). — *Patriœ, non vobis.* — Non pour vous, mais pour la patrie.

HIBON DE CAMPSART (DE). — Dieu aide au bon chevalier. — En vieil idiome : *Diex ayde hi bon chevalier.*

HIBON DE FROHEN (DE). — Dieu aide au bon chevalier. — En vieil idiome : *Diex ayde hi bon chevalier.* *Armes :* d'argent à trois bustes de reine de carnation couronnés d'or, posés deux et un.

HIBON DE MERVOY. — *Sapit qui vigilat.* — Il est sage celui qui veille. — *Armes :* de gueules au hibou d'or, au chef d'or chargé d'une givre d'azur, accostée de deux croissettes de même.

HIÉROSME (d'). — *Suaviter.* — Avec douceur.

HIÉVILLE (Levavasseur d'). — *Fortis et prudens.* — Brave et prudent.

HIGONNAYE (Conen de la). — Qui est sot à son dam. — Le mot *dam* signifie préjudice.

HILAIRE (de Saint-). — *Christo duce meliora.* — Tout est meilleur avec Jésus-Christ pour chef.

HILAIRE (de Saint-). — *Amantes tui ama.* — Aime ceux qui t'aiment.

HILAIRE (de Rorthays de Saint-). — *Fortis et fidelis.* — Brave et fidèle.

HILLERIN (de). — Dieu et mon droit.

HINDREUFF (de). — *Hilaris manè tendit ad alta.* — Joyeux le matin il tend à s'élever. — *Armes :* d'argent à trois molettes de sable, une alouette de même en abîme.

HINNISDAL (d'). — *Moderata durant.* — Les choses modérées durent.

HITTE (du Cos de la). — *Fortitudo et celeritas.* — Courage et célérité.

HODICQ (de Courteville de). — Pour jamais Courteville.

HOHENLOHE (DE). — *Ex flammis orior.* — Je sors des flammes.

HOLLIER (LE).

> *Tenui fidem,*
> *Servavi spem ;*
> *Semper felix,*
> *Nunquàm malus,*
> *Continuo rectus.*

J'ai gardé ma foi, j'ai conservé l'espérance, toujours heureux, jamais mauvais, toujours droit.

HOMAN (D'). — *Homo sum.* — Je suis homme.

HOMME (DE VERCLOS DE L'). — L'homme sois homme.

HOOKE DE L'ÉTANG. — *Signa fortium.* — Signes de braves.

HORÉAL (DE). — *Semper virtute.* — Toujours par le destin.

HOSPITAL (DE L'). — *Semper vigil.* — Toujours vigilant.

HOUSSAYE (DE PHÉLIPPE, OU DE PHÉLIPES DE LA). — Je me contente.

HOUSSE (DE). — *Fui comes, ero dux, expectando housse.* — J'ai été comte, je suis duc, en attendant housse. — *Armes :* d'argent, au chef échiqueté d'or et d'azur de trois traits.

HOUVION (DE LAMIRE DE). *Virtutis regula miræ.* — Règles d'un courage admirable.

HOUX DE KÉRIGOU (DU). — Fou qui s'y frotte. — *Armes* : d'argent à six feuilles de houx de sinople.

HOUX DE VIOMÉNIL (DE). — Toujours fidèle à l'honneur.

HOUX DE VARANGELLES. — Je pique, je pique.

HOUZE DE BASQUIAT. — *Atavis et armis.* — Aux aïeux et aux armes.

HOZIER (D'). — *Et habet sua sidera tellus.* — La terre a aussi ses astres.

HOZIER DE SÉRIGNY (D'). — *Et habet sua sidera tellus.* — La terre a aussi ses astres.

HUE DE CALIGNY. — Première devise : *Cum bonis ambula.* — Marche avec les bons. — Deuxième devise : *Ad astra feror.* — Je suis emporté vers les étoiles. — *Armes :* d'azur à l'aigle éployée d'argent, becquée et onglée d'or, surmontée en chef de deux étoiles du second émail.

HUE DE CARPIQUET DE BOUGY. — Croissez et multipliez comme les étoiles du firmament, pour le roi et la patrie.

HUE DE MATHAN. — *Aurum dedi cum sanguine.* — J'ai donné de l'or avec du sang.

HUGUET DE MONTARAN. — *Candor et robur.* — Blancheur et force.

HUGUET DE SÉMONVILLE. — *Candor et robur.* — Blancheur et force. — *Armes :* écartelé aux uns et quatre d'azur au cygne d'argent, aux deux et trois d'or, au chêne de sinople englanté d'argent.

HUMBERT. — *Humilibus beatur*. — Heureux dans son humilité. — *Armes* : de sinople à l'épi de blé d'or en chef et à la grappe de raisin d'argent en pointe surmontant une herse d'or.

HUME DE SÉRISY. — Fidèle jusqu'au bout.

HUMIÈRES (DE CREVANT D'). — L'honneur y gît.

HUNAUDRAYE (DE TOURNEMINE DE LA). — Aultre n'aurai.

HUON DE KERHUON. — *Atao da virviquen*. — Toujours a jamais.

HUON DE KERMADEC. — *Atao da virviquen*. — Toujours à jamais.

HUON DE PENHOAT-HUON. — *Endra bado virviquen*. — Tant qu'elle durera jamais.

HUON DE VESCLAY. — *Crede mihi*. — Croyez en moi.

HURAULT DE SAINT-DENIS. — Je prouve par les astres.

HURAULT DE VIBRAYE. — Je prouve par les astres. — *Armes* : d'or à la croix d'azur cantonnée de gueules de quatre ombres de soleil de gueules.

HURAUT DE CHIVERNY. — *Certat majoribus astris*. Il lutte avec de plus grands astres.

HURLE (DE). — Hurle quand même. — *Armes :* de sable à une tête de loup arrachée d'or, allumée de gueules.

HUTTEAU D'ORIGNY. — *Deo et regi fides impavida.* — Fidélité intrépide à Dieu et au roi.

I

ICHER (d'). — Partout fidèle.

ICHER DE VILLEFORT (d'). — Partout fidèle.

IGNY (d'). — *Ferta comburit ignis.* — Le feu dévore des monceaux.

IMBERT DE LA PLATIÈRE. — *Nescit labi virtus.* — Le courage ne sait pas broncher.

IMBERT DE LA PLATIÈRE DE BOURDILLON. — *Nescit labi virtus.* — Le courage ne sait pas broncher.

INGLIS (d'). — *Rectè faciendo securus.* — En faisant bien, on est tranquille.

INGUIMBERT DE THÈSE (d'). — *Firmantur ab astris.* — Ils sont affermis par les astres.

IRAY (Le Prévost d'). — *Votum Deo Regique vovit.* — Il a fait un vœu à Dieu et au Roi.

ISERAN (de Macaire d'). — *Magis insita cordi.* — Plus implanté dans le cœur.

ISLE (de l'). — A chacun son rang.

LE (Eon de l'). — *Vigil et audax*. — Vigilant et audacieux.

NARD (d'). — Première devise : Si vous approchez elles piquent. — Deuxième devise : *Lastimar apretadas*. — *Armes :* de sable au sautoir d'argent, accompagné de quatre molettes du même.

NARDS (des). — Première devise : Si vous touchez elles piquent. — Deuxième devise : Qui m'approche se pique. — *Armes :* d'or au sautoir de gueules cantonné de quatre molettes d'azur.

OARD (d'). — *Lux et dux*. — Lumière et chef.

J

JACOB. — *Parta tuere.* — Défends ton bien.

JACOB DE LA COTTIÈRE. — Soin et valeur.

JACOBÉ DE GONCOURT. — *Tantum prodest, quantum prosunt.* — Il sert autant qu'ils servent. — *Armes :* d'azur au fer à moulin d'argent, posé en fasce, surmonté d'un lambel d'or à trois pendants et accompagné de deux épis de blé d'or, feuillés et tigés d'or, se croisant à la pointe de l'écu.

JACOBSEN DE LA CROSNIÈRE. — Wyselick, Vromelick.

JACOPIÈRE (DE BODARD DE LA). — Ce n'est rien, vive le roi !

JACQUES DE VRAINCOURT. — *Ventre matris aquila.* — Aigle par le sein de ma mère. — *Armes :* d'azur à une bande componnée d'or et de gueules de six pièces à une aigle éployée d'argent, brochant sur le tout. — Pour comprendre cette devise, il faut savoir que Nicolas Jacques, intendant du duc de Lorraine, prit la noblesse du côté de sa mère, issue de la maison de Wandelaincourt, en 1504.

JALLERANGE (Séguin de). — *Cave ne maculetur.* — Prends garde à ce qu'ils ne se souillent.

JAMES (de). — *J'ayme qui m'ayme.*

JAMES (Baudard de Saint-). — A beau dard, noble but.

JANVRE DE LA BOUCHETIÈRE. — Ardent à la gloire.

JANVRE DE LESTORIÈRE. — Ardent à la gloire. — Deuxième devise : *In prælio semper leo.* — Toujours lion dans le combat.

JANVRE DE LA MOUSSIÈRE. — Ardent à la gloire. — Deuxième devise : *In prælio semper leo.* — Toujours lion dans le combat.

JAQUEMET. — *Bonus pastor animam suam dat pro ovibus suis.* — Le bon pasteur donne sa vie pour ses brebis.

JARNIOST (Henry de). — *Dedit illi nomen quod est super omne nomen.* — Il lui a donné un nom qui est au-dessus de tout nom.

JARNO (de). — *Spes mea Deus.* — Dieu mon espérance.

JARNOT DU PONT (de). — *Spes mea Deus.* — Dieu mon espérance.

JASSAUD (de). — Première devise : *Lux et virtus meæ.*

— Ma lumière et mon courage. — Deuxième devise : *Crescendo virtus tollitur ad astra.* — Le courage en croissant s'élève aux astres. — *Armes :* d'azur au croissant d'argent au chef cousu de gueules, chargé de trois étoiles d'or.

JASSON (Binet de). — Je le vueil.

JAUCOURT (de Bataille de). — Vertu me guide, honneur me conduit.

JAULNAY (de Chateaugiron du). — Pensez-y ce que vous voudrez.

JAUNEL (de). — Première devise : J'ai en elle toute confiance. — Deuxième devise : *Galas suorum strage fugatur.* — Galas est mis en fuite par le massacre des siens.

JEAN DE POINTIS (de Saint-). — A petite cloche grand son. — *Armes :* d'azur à la cloche d'argent bataillée de sable, accompagnée en pointe de trois étoiles d'or posées deux et une.

JÉGOU DU LAZ. — *Nec spes me mea fefellit.* — Mon espoir ne m'a pas trompé.

JEHANNOT DE BARTILLAT. — *Transit fama, ni renoventur labores.* — La renommée passe, si les exploits ne se renouvellent.

JEOFFRIGNY (de). —

Multis impar,
Plurimis dispar,
Omnibus compar.

— Incomparable à beaucoup ; au-dessous de plusieurs ; pouvant entrer en ligne avec tous.

EUX (DE VERNOT DE). — *Tacere nescit, nescit loqui.* — Ne sait se taire, ne sait parler.

OBERT. — *Vita brevis, ars longa.* — La vie est courte, l'art est long.

OHANNE DE LACARRE DE SAUMERY. — Amy seur.

OINVILLE (DE). — *Pro pugnante Marte et vigilante Minerva.* — Avec la valeur de Mars et la vigilance de Minerve.

OLIVET DE LIANCOURT. — Après Dieu le Roi.

OLY DE CHAILLOUVRES (DE). — *A Domino factum est istud.* — Cela a été fait par le Seigneur.

OLY DE CHOIN (DE). — *A Domino factum est istud.* — Cela a été fait par le Seigneur.

OLY DE CINTRÉ (DE). — Toujours serai.

OLY DE DANGES (DE). — *A Domino factum est istud.* — Cela a été fait par le Seigneur.

OLY DE LYARENS. — *A Domino factum est istud.* — Cela a été fait par le Seigneur.

OLY DE MAIZEROY. — *Cœlo tuta quies.* — Au ciel est le sûr repos.

OLY DEROSGRAND DE KERGUÈVRE (DE). — *Magnus amoris amor.* — Grand amour de l'amour.

JOMBERT DU LARMET (DE). — Je ne crains rien.

JOMMERAYE (DE BAYGNAN DE LA). —
Je scay sans doutance
Au poine sans offense

JONCHÈRES (BIGOT DES). — Tout de par Dieu.

JONQUIÈRES (FAULQUE DE). — *In altissimis sido.* — Je trône au plus haut.

JORDAN. — *In veritate virtus.* — Dans la vérité la force.

JORDAN DE CHASSAGNY. — *In veritate virtus.* — Dans la vérité la force.

JORDAN DE SURY. — *In veritate virtus.* — Dans la vérité la force.

JORDAN DE PUYFOLS. — *In veritate virtus.* — Dans la vérité la force.

JOSSÉ DE LAUVRAINS. — *Fulmina si cessant, me tamen urit amor.* — Que la foudre cesse, l'amour me brûle pour toujours.

JOUBERT (DE). — *Omnia virtuti cedunt.* — Tout cède au courage.

JOUBIN. — *Jordanis conversus est retrorsum a facie Dei.* — Le Jourdain est remonté vers sa source à l'aspect de Dieu.

JOUENNE D'ESGRIGNY (DE). — Première devise: *Pius et fidelis.* — Pieux et fidèle. — Deuxième devise: *In hoc signo vinces.* — Par ce signe tu vaincras. —

Armes : d'azur a trois croix potencées d'argent, posées deux et une.

JOUFFREY (DE). — Luis en croissant. — *Armes :* d'azur a un croissant d'argent, au chef d'or, chargé de trois étoiles de sable.

JOUFFROY D'ABBANS (DE). — *Virtute cum pietate juncta.* — Courage uni à la piété.

JOUFFROY GONSANS (DE). — *Consilio et ense.* — Avec la réflexion et l'épée.

JOUHAN DE KERVENOAZEL, ou DE KERVENOEL. En Jouhan point de souci.

JOUQUES (D'ARBAUD DE). — Première devise : *Nascitur et perit ira.* — La colère naît et périt. — Deuxième devise : *Eo dulcior qua fortior.* — D'autant plus doux qu'il est plus fort.

JOURDA DE VAUX DE FOLETIER (DE). — *Pro Deo et Rege.* — Pour Dieu et le Roi.

JOURDAIN DE KERHAEL. — *Servire Deo regnare est.* — Servir Dieu c'est régner.

JOURDAIN DU PARC. — *Servire Deo regnare est.* — Servir Dieu c'est régner.

JOURDAN (DE). — *Dispersit, dedit pauperibus.* — Il a dispersé, il a donné aux pauvres.

JOURDAN DE FLEINS. — *Dispersit, dedit pauperibus.* — Il a dispersé, il a donné aux pauvres. — M. F. de Jourdan de Fleins, maire de la ville d'Angers pendant l'hiver si rigoureux de 1711, distribua sa fortune aux pauvres de la ville. On frappa en l'honneur de ce fait une médaille d'or qui fut offerte à M. de Jourdan de Fleins; d'un côté on y voit les armes de la maison de Jourdan, de l'autre M. de Jourdan de Fleins est représenté entouré par les pauvres avec cette devise : *Dispersit, dedit pauperibus*. — En mémoire d'un fait si honorable la maison de Jourdan continue à porter cette devise.

JOURNEL (DE). — *Dextra cruce vincet*. — Ma droite vaincra avec la croix.

JOUX (DE). — Ploie sous joug.

JOUY (COLAS DE). — *Ulterius ardet*. — Il s'embrase encore davantage.

JOYANT (LE). — *Gaudens exultabo in Deo*. — Joyeux, je m'exalterai en Dieu.

JOYANT DE LA CROIX (LE). — *Gaudens exultabo in Deo*. — Joyeux, je m'exalterai en Dieu. — *Armes :* d'azur à la croix alésée et potencée d'or.

JUBIÉ (DE). — Légende : *Illorum ope hæc ditata est Gallia*. — La Gaule a été enrichie par leur secours. — *Armes :* d'argent à un mûrier de sinople, sur lequel sont posés dix vers à soie d'argent parti : d'azur à l'aigle d'argent, tenant dans ses serres une perdrix du même, au chef cousu de gueules, chargé de trois étoiles d'argent.

JUCH (DE). — Première devise : La non pareille. — Deuxième devise : Bien sûr.

JUIGNÉ BENÉ (DE). — *Salvum Deus faciet.* — Dieu le sauvera.

JUIGNÉ (LE CLERC DE). — *Ad alta.* — Vers les lieux élevés.

JUIGNY (DE CHARPY DE). — *Nec spe, nec metu in variis varius.* — Ni la crainte, ni l'espoir, ne le font vaciller dans le changement.

JULIEN DE ROQUETAILLADE. — Tunis, gloire à Dieu, tout au roi.

JULIÉNAS (COLABAU DE). — *Sine maculâ.* — Sans tache.

JUILLAC (ROUHER DE). — *De bello propter pacem.* — Au sujet de la guerre faite pour la paix.

JULLIEN (EME DE SAINT-). — Première devise : *Vinco dulcedine robur.* — Je vaincs la force par la douceur. — Deuxième devise : *Vires dulcedine vinco.* — Je vaincs la force par la douceur.

JUPILLES (DE). — *Utinam virtus tenet juncta nobili animo mente.* — Plaise au ciel que le courage reste uni à la noblesse d'âme.

K

KADOT ou CADOT DE SÉBEVILLE. — Sauve roi.

KARMAN ou DE CARMAN. — Première devise : *Doué araog.* — Dieu avant. — Deuxième devise : Richesse de Carman.

KARUEL DE MÉREY (DE). — *Omnia nobis prospera.* Tout nous est prospère.

KANDREVILLE (MAILLART DE). — *Etiam nascendo tremendus.* — Même en naissant il est terrible.

KENNEY. — *Teneat, luceat, floreat.* — Qu'il tienne, qu'il brille, qu'il fleurisse.

KERABUZIC (DE COETAUSCOURT DE). — *A galon vad.* — De grand cœur.

KERAER (DE). — Pour loyauté maintenir.

KERAER (DE ROBIEN DE). — Première devise : Sans vanité ni faiblesse. — Deuxième devise : *Manet alta mente repostum.* — Il durera déposé dans un esprit élevé.

KERAERET (DE). — *Pa elli.* — Quand tu pourras.

KÉRALBAUD (DE). — *Spes trina salutis.* — La triple espérance du salut. — *Armes :* d'azur a trois croix ancrées. *Alias :* pattées d'or.

KÉRALIO (DE). — *Virtus sibi sola sufficit.* — La vertu se suffit à elle-même. — *Armes :* d'or au léopard de sable.

KÉRALSY (LE DIVEZAT DE). — *Spera in Deo.* — Espère en Dieu.

KÉRAMANAC'H (DE). — *Littora prædatur.* — Il pille les rivages. — *Armes :* d'or au cormoran de sable.

KÉRAMBALLEC (LE SAINT DE). — *Et sanctum nomen ejus.* — Et saint est son nom.

KÉRAMBOURG (DE ROBIEN DE). — Première devise : Sans vanité ni faiblesse. — Deuxième devise : *Manet alta mente repostum.* — Il dure disposé dans un vaste esprit.

KÉRAMPUIL (DE). — *Mitis ut colombæ.* — Doux comme les colombes. — *Armes :* de gueules à trois colombes d'argent.

KÉRAMPUIL (DE SAISY DE). — Qui est Saisy est fort.

KÉRANFLEC'H (DE). — *Potius mori quam fœdari.* — Plutôt mourir que se souiller.

KÉRANFLEC'H DE ROSNÉVEN (DE). — *Potius mori quam fœdari.* — Plutôt mourir que se souiller.

KÉRANFLEC'H DE ROSQUELVEN (DE). — *Potius mori quam fœdari.* — Plutôt mourir que se souiller.

KÉRANFLEC'H DE TREUZVERN (DE).—*Potius mori quam fœdari.* — Plutôt mourir que se souiller. — *Armes :* d'argent au croissant surmonté d'une rose et accompagné de trois coquilles, le tout de gueules.

KÉRANFLECH (GILLART DE). — De Gillard servant.

KÉRANGARZ, ou DE KÉRENGARZ (DE). — Tout en croissant.

KÉRANGARZ DE BÉLAIR (DE). — Tout en croissant.

KÉRANGARZ DE CREC'HOARIOU (DE). Tout en croissant.

KÉRANGARZ DE PENANDREFF (DE). — Tout en croissant.

KÉRANGARZ DE PENALAN (DE). — Tout en croissant.

KÉRANGARZ DE ROUDOUZIEL (DE). — Tout en croissant. — *Armes :* d'azur au croissant d'argent.

KÉRANGLAS (CRECHQUÉRAULT DE). — *Tu dispone.* — Dispose.

KÉRANGOUAT ou DE KÉRANCOAT (DE).—Défends-toi.

KÉRANGOUEZ COETMEN (DE). — Quitte ou double.

KÉRANGOUEZ (RIOU DE). — *Mud oud é ?* — Es-tu muet?

KÉRANGUEN DU FRANSIC (DE). — *Laca évez !* Prends garde !

KÉRANGUEN DE KERVASDOUÉ (DE). — *Laca évez !* — Prends garde !

KÉRANISY (Callouet de). — Advise-toi.

KÉRANRAIZ (DE). — *Raiz pé bar.* — Ras ou comble.

KÉRANRAIZ DE LA RIGAUDIÈRE (DE). — *Raiz pé bar.* — Ras ou comble.

KÉRANRAIZ DE RUNFAO (DE). — *Raiz pé bar.* — Ras ou comble.

KÉRATRY (DE). — Gens de bien passent partout.

KÉRATRY DE KERBIQUET (DE). — Gens de bien passent partout.

KÉRATRY DE MESANLEZ (DE). — Gens de bien passent partout.

KÉRAUDY (de Coatanlem de). — *Germinavit sicut lilium et florebit in æternum antè Dominum.* — Il a germé comme le lis et il fleurira dans l'éternité devant le Seigneur.

KÉRAUTRET (DE). — *Martezé.* — Peut-être.

KÉRAVEL (Coatanlem de). — *Germinavit sicut lilium et florebit in æternum antè Dominum.* — Il a germé comme le lis et il fleurira dans l'éternité devant le Seigneur.

KERDANIEL (LE ROUX). — *Pé brézel, pé carantez.* — La paix ou la guerre.

KERDREL (AUDREN DE). — Tour à tour.

KERDU (DE COETAUSCOURT DE). — *A galon vad.* — De grand cœur.

KERDUZ (DE). — *Voluntas Dei.* — Volonté de Dieu.

KÉRÉNEC (DE). — Dieu m'aime.

KERÉRAULT (DE). — *Mervel da véra.* — Mourir pour vivre.

KERÉRAULT DU BOIS SAUVEUR (DE). — *Mervel da véra.* — Mourir pour vivre.

KERÉRAULT DE TRÉMÉDERN (DE). — *Mervel da véra.* — Mourir pour vivre.

KERGARIOU (DE). — Première devise : Là ou ailleurs Kergariou. — Deuxième devise : Au bon chrestien.

KERGARIOU DU CHATEL (DE). — Première devise : Là ou ailleurs Kergariou. — Deuxième devise : Au bon chrestien.

KERGARIOU DE COETILLIO (DE). — Première devise : Là ou ailleurs Kergariou. — Deuxième devise : Au bon chrestien.

KERGARIOU DU COSQUER (DE). — Première devise : Là ou ailleurs Kergariou. — Deuxième devise : Au bon chrestien.

KERGARIOU DE LA GRANVILLE (DE). — Première

devise : Là ou ailleurs Kergariou. — Deuxième devise :
Au bon chrestien.

KERGARIOU DE LAUNAY (DE). — Là ou ailleurs Kergariou.

KERGARIOU DE ROSCOUNET (DE). — Là ou ailleurs Kergariou.

KERGARIOU DE LA VILLE-PÉPIN (DE). — Première devise : Là ou ailleurs Kergariou. — Deuxième devise : En bon chrestien.

KERGOET (DE). — *En christen mad mé ber en Doué.* — En bon chrestien je vis en Dieu.

KERGOET DU GUILLY (DE). — *En christen mad mé ber en Doué.* — En bon chrestien je vis en Dieu.

KERGOET DE LA MOTTE (DE). — *En christen mad mé ber en Doué.* — En bon chrestien je vis en Dieu.

KERGOET DE TRONJOLY (DE). — *En christen mad mé ber en Doué.* — En bon chrestien je vis en Dieu.

KERGOET DU VIEUX-CHASTEL (DE). — *En christen mad mé ber en Doué.* — En bon chrestien je vis en Dieu.

KERGOET (DE). — Si Dieu plaist.

KERGOET DE KERESTAT (DE). — Si Dieu plaist.

KERGOET DE TRONJOLY DE KLÉDER (DE). — Si Dieu plaist.

KERGOET DE PENANCOET (DE). — Si Dieu plaist.

KERGOET (DE BOISGELIN DE). — *In virtute vis.* — La force est dans le courage.

KERGOET (HENRY DE). — *Potius mori quàm fœdari.* — Plutôt mourir qu'être souillé.

KERGOMAR (CALLOUET DE). — Advise-toi.

KERGORLAY (DE). — Première devise : Ayde-toi, Kergorlay, et Dieu t'aidera.— Deuxième devise : *Honor et patria.* —Honneur et patrie.

KERGORLAY DU CLEUZDON (DE).—Ayde-toi, Kergorlay et Dieu t'aidera.

KERGORLAY DE KERSALAUN (DE). — Ayde-toi, Kergorlay, et Dieu t'aidera.

KERGORLAY DE TROUZILIT (DE).— Première devise : Ayde-toi, Kergorlay, et Dieu t'aidera.— Deuxième devise : *Honor et patria.* — Honneur et patrie.

KERGOURNADEC'H (DE). — Première devise : *En Diex est.* — En Dieu est. — Deuxième devise : Chevalerie de Kergournadec'h.

KERGOURNADEC'H DE KERMOUCHOU (DE). — Première devise : *En Diex est.* — En Dieu est. — Deuxième devise : Chevalerie de Kergournadec'h.

KERGOURNADEC'H DE SAINT-ANTOINE (DE). — Première devise : *En Diex est.*—En Dieu est.—Deuxième devise : Chevalerie de Kergournadec'h.

KERGOURNADEC'H DE TRÉGOADALEN (DE). — Première devise : *En Diex est.* — En Dieu est. —

Deuxième devise : Chevalerie de Kergournadec'h. — Suivant une antique tradition rapportée par Albert-le-Grand, cette ancienne maison aurait pour auteur un célèbre guerrier de Cléder, nommé Nuz, qui combattit, au VIe siècle, un dragon qui répandait la terreur et l'effroi dans tout le pays de Léon; Guitur, comte du pays, pour reconnaître un si beau fait d'armes, donna en récompense au jeune Nuz la terre qui, en mémoire de son exploit, fut appelée Ker-gour-na-dec'h. (La maison de l'homme qui ne fuit pas.)

KERGOS (DE). — Aime qui t'aime. — *Alias :* M. qui T'M.

KERGRIST (LE SAINT DE). — *Et sanctum nomen ejus.* — Et saint est son nom.

KERGROUMEL (TAILLARD DE). — *Antè québrar que doublar.* — Plutôt rompre que plier.

KERGROADEZ (DE). — En bonne heure.

KERGROADEZ DU BOIS (DE). — En bonne heure.

KERGROADEZ DE KERLEC'H (DE). — En bonne heure.

KERGROADEZ DE TROMANOIR (DE). — En bonne heure.

KERGROAS (DE). — En bon espoir.

KERGUÉLEN (DE). — Vert en tout temps.

KERGUÉLEN DE KERSAINT (DE). — Vert en tout temps.

KERGUÉLEN DE TRÉMAREC (DE). — Vert en tout temps. — *Armes* : d'argent à trois fasces de gueules, surmonté de quatre mouchetures de sable.

KERGUÉLEN DU MENDY (DE).— Vert en tout temps. — *Armes* : écartelé aux 1 et 4 : d'or au houx arraché de sinople : aux 2 et 3 échiqueté d'argent et de gueules.

KERGUÉVERN (LE DIVERZAT DE). — *Spera in Deo.* Espère en Dieu.

KERGUIZIAU (DE). — *Spes in Deo.* — Espoir en Dieu.

KERGUIZIAU DE KÉRANLIOU (DE). — *Spes in Deo.* — Espoir en Dieu.

KERGUIZIAU DE KERBIRIOU (DE). — *Spes in Deo.* Espoir en Dieu.

KERGUIZIAU DE KERAVEL DE KERESTAT (DE).— *Spes in Deo.* — Espoir en Dieu.

KERGUIZIAU DE KERVASDOUÉ (DE). — *Spes in Deo.* — Espoir en Dieu.

KERGUIZIAU DE PENFELD (DE). — *Spes in Deo.* — Espoir en Dieu.

KERGUIZIAU DE QUIJAC (DE). — *Spes in Deo.* — Espoir en Dieu.

KERHOENT (DE). — Première devise : Sur mon honneur, — Deuxième devise : Dieu soit loué.

KERHOENT DE BOISRUAULT (DE). — Première devise : Sur mon honneur. — Deuxième devise : Dieu soit loué.

KERHOENT DE COETENFAO (DE). — Première devise : En Dieu est. — Deuxième devise : Sur mon honneur.

KERHOENT DE DONGES (DE). — Première devise : Sur mon honneur. — Deuxième devise : En Dieu est.

KERHOENT DE KERGOURNADEC'H (DE). — Première devise : Sur mon honneur. — Deuxième devise : *Mar plich Doué.* — En Dieu est. — Troisième devise : Chevalerie de Kergournadec'h.

KERHOENT DE LOCMARIA (DE). — Première devise : Sur mon honneur. — Deuxième devise : Dieu soit loué.

KERHOENT DE MONTOIR (DE). — Première devise : Sur mon honneur. — Deuxième devise : En Dieu est.

KERHUON (Huon de). — *Atao da virviquen.* — Toujours à jamais.

KÉRÉZÉLEC (Huon de). — *Endra bado birviquen.* — Tant qu'elle durera jamais.

KERICUFF (de Trédern de). — *Ha souez ve!* — Quelle surprise ce serait !

KÉRICUF (Créchequérault de). — *Tu dispone.* — Dispose.

KÉRIGOU (du Houx de). — Fou qui s'y frotte. — *Armes :* d'argent à six feuilles de houx de sinople.

KERILLEAU (Créchequérault de). — *Tu dispone.* — Dispose.

KÉRISOUET (de Gibbon de). — *Semen ab alto.* — Semence d'en haut.

KERJAR CARNÉ (de). — *Red eo mervel.* — Il faut mourir.

KERJEAN (le Barbier de). — Sur ma vie.

KERJEAN (de Coatauscourt de). — *A galon vad.* — De grand cœur.

KERJEAN (Noel ou Nouel de). — Tout bien ou rien.

KERJEAN (Olivier de). — *Signum pacis.* — Signe de paix. — *Armes :* d'argent à la colombe esjorante d'argent portant en son bec un rameau d'olivier de sinople.

KERLEC'H (de). — *Mar car Doué.* — S'il plaît à Dieu.

KERLER (du Chastel de). — *Mar car Doué.* — S'il plaît à Dieu.

KERLIVER (de). — Meilleur que beau.

KERLIVER DE BODALEC (de). — Meilleur que beau.

KERLIVER DE QUILLIAFEL (de). — Meilleur que beau.

KERLIVIRY (de). — *Ioul Doué.* — La volonté de Dieu.

KERLIVIRY DE LA FLÈCHE (de). — *Ioul Doué.* — La volonté de Dieu.

KERLIVIRY DE KÉROUARA (DE). — *Ioul Doué.* — La volonté de Dieu.

KERLOAGUEN (DE). — Sans effroy.

KERLOAGUEN DE BONABRY (DE). — Sans effroy.

KERLOAGUEN DE CREC'HEUZEN (DE). — Sans effroy.

KERLOAGUEN DE LA SALLE (DE). — Sans effroy.

KERLOUET ou DE KERANLOUET (DE). — *Araog! Araog!* — En avant, en avant.

KERMAINGUY (DE CILLART DE). — Mon cor et mon sang.

KERMARCHANT (TOUTENOUTRE DE). — Première devise : Tout en outre. — Deuxième devise : Tout passe.

KERMARTIN (DE). — A tous dix.

KERMAVAN ou DE CARMAN (DE). — Première devise : *Doué araog.* — Dieu avant. — Deuxième devise : Richesse de Carman.

KERMAVAN DE LA MARCHE (DE). — Première devise : *Doué araog.* — Dieu avant. — Deuxième devise : Richesse de Carman.

KERMAVAN DE TRÉGARANTEC (DE). — Première devise : *Doué araog.* — Dieu avant. — Deuxième devise : Richesse de Carman.

KERMEIDIC (DE). — Tout vient de Dieu.

KERMEIDIC DU BOISBERGER (DE). — Tout vient de Dieu.

KERMEL (DE). — *Audacibus audax.* — Audacieux contre les audacieux.

KERMEL DU PLESSIX (DE). — *Audacibus audax.* — Audacieux contre les audacieux. — *Armes :* de gueules à la fasce d'argent accompagnée de deux léopards d'or.

KERMELLEC (DE). — *Bella minatur.* — Il menace de guerres.

KERMELLEC DE LANVERZIEN (DE .— *Bella minatur.* — Ii menace de guerres.

KERMENGUY (DE). — Tout pour le mieux.

KERMENGUY DE SAINT-LAURENT (DE). — Tout pour le mieux.

KERMENGUY DU ROSLAN (DE). — Tout pour le mieux.

KERMÉNO (DE). — *Qualitate et quantitate.* — Par la qualité et la quantité.

KERMÉNO DE LA BIGOTTIÈRE (DE). — *Qualitate et quantitate.* — Par la qualité et la quantité.

KERMÉNO DE LA HAUTIÈRE (DE). — *Qualitate et quantitate.* — Par la qualité et la quantité.

KERMORIAL (DE). — *Sot ouc'h sot.* — Sot contre sot.

KERMORVAN (DE KERMORIAL DE). — *Sot ouc'h sot.* — Sot contre sot.

KERMORVAN (DE COETAUSCOURT DE). — *Ha galon vad.* — De grand cœur.

KERMORVAN (DE). — Servir Dieu et régner. — *Armes :* d'argent à la croix ancrée et alésée d'azur.

KERNABAT (LE LAGADEC DE). — Plutôt mourir que pâlir.

KERNAFLEN DE KERGOS (DE). — En bonne heure.

KERNIER (LE CARDINAL DE). — L'âme et l'honneur.

KERNOUDER (LE DIVEZAT DE). — *Spera in Deo.* — Espère en Dieu.

KÉROAS (DE). — *Ardius superiores.* — Elevés au dessus de tous.

KÉROUARTZ (DE). — Tout en l'honneur de Dieu. — *Alias :* Quand il plaira à Dieu.

KÉROUSPY (DE CAMERU DE). — *En quichen rei é ma quémeret.* — Quand on a donné il faut prendre.

KÉROUZÉRÉ (DE). — Première devise : *List, list.* — Laissez, laissez. — Deuxième devise : Laisse faire.

KÉROUSY (DE). — Pour le mieux.

KÉROUSY DE LESGUIEL (DE). — Pour le mieux.

KERRALD (DE CARRION DE). — *Nihil virtute pulchrius.* — Rien de plus beau que la vertu.

KERRET (DU PARC DE). — Vaincre ou mourir.

KERRET (DE). — *Tevel hag ober.* — Se taire et agir.

KERRIEC (DE). — *Pa garo doué.* — Quand il plaira à Dieu.

KERRIEL (RICHARD DE). — Première devise : *Domine, in circuitu.* — Seigneur, dans le circuit. — Deuxième devise : *Caret Doué, meuli Doué, énori Doué.* — Aimer Dieu, louer Dieu, honorer Dieu.

KERRIOU (DU CARRION DE). — *Nihil virtute pulchrius.* — Rien de plus beau que la vertu.

KERROYON (CRECHÉQUÉRAULT DE). — *Tu dispone.* — Toi, dispose.

KERROZ (DE). — *Graz ha spéret.* — Grâce et esprit.

KERSAINT (LE CHAT DE). — Mauvais chat, mauvais rat. — *Armes :* de sable au chat effarouché d'argent.

KERSAINT (DE COETNEMPREN DE). — *Et abundantia in turribus tuis.* — Et l'abondance est dans tes tours. — *Armes :* d'argent à trois tours crénelées de gueules ouvertes du champ, ajournées et maçonnées de sable.

KERSAINT (DE KERGUÉLEN DE). — Vert en tout temps.

KERSALIOU, ou DE KERSALIO (DE). — Tout pour Dieu.

KERSAN (DE TRÉVOU DE). — *Pa garro doué.* — Quand il plaira à Dieu.

KERSAUSON. — *Pred eo, pred a eo.* — Il est temps, il sera temps.

KERSAUSON DE PENANDREFF (DE). — *Pred eo, pred a eo.* — Il est temps, il sera temps.

KERSCAO (DE TRÉDERN DE). — *Ha souez ve !* — Quelle surprise ce serait!

KERSTRAT (TRÉOURET DE). *Sævit furit et ardet.* — Il sévit, il déchire, il embrase. — Armes : d'argent au sanglier de sable en furie, ayant la lumière et les défenses d'argent.

KERTANGUY (SALAUN DE). — *Guir ha léal* — Vrai et loyal.

KERVAGAT (BRIANT DE). — Sans détour.

KERVÉDER (LE DIVEZAT DE). — *Spera in Deo.* — Espère en Dieu.

KERVÉNOAEL (DE). — En jouhan point de souci.

KERVESIC (JOURDAIN DE). — *Servire Deo regnare est.* Servir Dieu c'est régner.

KERVIDOU (DE L'ISLE DE). — A chacun son rang.

KERYVON DU COSQUER (DE). — *Sequar quocumque licebit.* — Je te suivrai partout où tu voudras.

KERYVON (LE GOALÈS DE). — *Faventibus astris.* — Sous des astres bienveillants.

KLEIN. — *Honor et patria.* — Honneur et patrie.

L

LABAIG DE VIALLA. — *In recto perstare semper.*— Toujours rester dans la droiture.

LABASTIDE (DE). — Plus que ne paraît.

LABASTIDE DE TANSAC (DE). — Plus que ne paraît.

LA BAUME DE SUZE (DE). — A la fin tout suze.

L'ABBÉ DE CHAMPGRAND. — *Constantia duris.* — Fermeté pour l'adversité.

L'ABBÉ DE GRAND DE BRIANCOURT. — Sans vertu, rien de grand.

LABEL DE LAMBEL (DE). — *Virtus et fides.* — Courage et foi.

LABINA (DE). — *Deo et Regi.* — A Dieu et au Roi.

LABONNEFON (DE). — *Sicut æquor fontis gloria mea.* — Ma gloire est comme l'eau d'une fontaine.

LABROUE (DE). — Première devise : *In manibus Do-*

mini sors mea. — Mon sort est entre les mains du Seigneur. — Deuxième devise : *Cum virtute nobilitas.* — La noblesse est dans le courage.

LABRUNERIE (DE). — Je me souviens et j'espère.

LACARELLE (DE LA ROCHE DE). — Première devise : *Sublimi feriam sidera vertice.*—De mon front superbe je frapperai les astres. — Deuxième devise : Qui s'y heurte s'y brise.

LACARRE DE SAUMERY (DE JOHANNE DE). — Devise : *Amy seur.* — Ami sûr.

LACGER DE CAMPLONG. — A mon honneur.

LACHATRE (DE). — *Gloriæ et amori.* — A la gloire et à l'amour.

LACOUR DE BALLEROY (DE). — Honneur y gît. — *Armes :* d'azur a trois cœurs d'or.

LACOUTURE (CANTILLON DE). — *Fortis in bello.* — Brave à la guerre.

LACRIVIER (CROIZIERS DE). — Tout pour l'honneur.

LACROIX DE TONIGNAN. — *A cruce salus.* — Le salut vient de la croix.

LADEVÈZE (DE). — *Avorum virtute clara.* — Par le brillant courage des ancêtres.

LAFONT (BOUSSAROQUE DE). — Je résonne jusque dans les cieux.

LAFOREST DE DIVONNE. — Tout à travers.

LAGADEC DE KERNABAT (LE). — Plutôt mourir que pâlir. — *Armes :* d'hermine a la quintefeuille de gueules.

LAGARDE (DE BAR DE). — *Inter sidera crescet.* — Il croît au milieu des astres.

LAGEARD (DE). — *Atavis et armis.* — Aux ancêtres et aux armes.

LAGNY (REYNARD DE). *A liliis omnia.* — Tout vient des lis.

LAHAUSSE (DE). — Dieu aide au bras qui la hausse. La devise de cette maison originaire de la Lorraine fait allusion au cimier des de Lahausse qui est : un bras d'argent qui tient en main et hausse une masse d'or fleurdelisée de même.

LAHOUZE DE BASQUIAT (DE). — *Atavis et armis.* — Par les ancêtres et les armes.

LAIGUE DE SÉGUR (DE). — En arrousant.— *Armes :* de gueules semé de gouttes d'eau d'argent à trois trangles ondées de même en chef.

LAINCEL (DE).— *Quos ferit illustrat.* — Il illustre ceux qu'il frappe.

LAIRADE (DE). — J'aime qui m'aime.

LAISNÉ (DE). — Première devise : *Sine macula.* — Sans tache. — Deuxième devise : *Unica unicam relinquo.* — Unique je laisse une unique.

LAIZER DE SIAUGEAT (DE). — *Atavis et armis.* — Par mes ancêtres et mes armes.

LACKE (DE). — Un Dieu, un roi, un cœur.

LALAING (DE). — Sans reproche.

LALYS DE MARAVAL (DE). — *Virtutis ingenuitas comes.* — La gentillesse gardienne de la vertu.

LALLEMAN DE VAITE. — Quoiqu'il soit Lalleman.

LALLY-TOLENDAL (DE). — Première devise : *Juste and vallant.* —Juste et vaillant. — Deuxième devise : *Incontaminatis fulget honoribus.*—Il resplendit d'honneur sans tâche.

LAMARTINE (PRAT DE). — *Accordise de Lamartine.* — Aux accords de Lamartine.

LAMBEL (DE LABEL DE). — *Virtus et fides.* — Courage et foi.

LAMBERT (DE). — *Seguitando si giunge.*

LAMBERTYE (DE). — Faille le bian, advienne que porra.

LAMBRON DE LIGNIM. — *Tenax in suâ fide.*— Constant dans sa foi. — *Alias : Tenax in und fide.* — Attaché fortement à une seule foi.

LAMETH (DE). — Première devise : Sans redire. — — Deuxième devise : *Noluit differre paratis.*—Il n'a pas voulu tarder avec ceux qui étaient prêts.

LAMIRE DE BACHIMONT (DE). — *Virtutis regula miræ.* — Règle d'admirable courage.

LAMIRE DE CAUMONT (DE).—*Virtutis regula miræ.* — Règle d'admirable courage.

LAMIRE DE HOUVION (DE). — *Virtutis regula miræ.* — Règle d'admirable courage.

LAMOTHE (DE). — Tout ou rien.

LAMOTHE (DE). — *In tenebris adest.* — Il est présent dans les ténèbres.

LAMOUREUX DE CHAUMONT. — *Magnificat anima mea Dominum.* — Mon âme glorifie le Seigneur.

LAMQUET (DE). — La force et l'adresse font tout.

LAMURE (BOURGUIGNON DE). — *Contra hostem surrectus.* — Levé contre l'ennemi.

LANCE DE MORANVILLE (DE LA). — *Hoc virtutis iter.* — C'est la route du courage.

LANCELOT. — *Ar-gann, Arkon. Orcanie!*

LANCRAU DE BRÉON (DE). — *In Deo spes mea.* — Mon espoir en Dieu.

LANDAUZAN (BARBIER DE). — Sur ma vie.

LANDE (LE CHAT DE LA). — Mauvais chat, mauvais rat.

LANDE (L'ÉGLISE DE LA). — *Semper crescendo.* — Toujours croissant.

LANDE (HUGUET DE LA). — *Candor et robur.* — Blancheur et force.

LANDES (DES). — *Dei gratiâ sum id quod sum.* — Par la grâce de Dieu, je suis ce que je suis. — *Armes :* d'argent à une croix alézée de sable.

ANEAU (DU FOURC DE). — *Sunt gloriæ stimuli.* — Il est des aiguillons de gloire.

ANET DE LA GARDE-GIRON (DE). — Ne dévie, ne faillit.

ANGAN (DE VAUJUAS DE). — *Immune opprobrio genui.*

ANGEAC (DE). — *Cur non?* — Pourquoi non? — Armes : d'or à trois pals d'hermine.

ANGEVIN DE PONTAUMONT. — *Deo juvante.* — Dieu aidant.

DE LANGHAM. — *Nec sinit esse feros.* — Il ne permet pas qu'il y ait des cruels.

LANGLOIS D'ESTAINTOT. — *Gloria et fortitudo.* — Gloire et force.

LANGUEDOUE (ARCHAMBAULT DE). — *In armis leones.* — Lions en armes.

LANGUEOUEZ (DE). — *Vim patitur qui vincere discit.* — Il souffre la force, celui qui apprend à vaincre.

LANIDY (CALLOUET DE). — Advise-toi.

LANJAMET (DE VAUCOULEURS DE). — Pour mon honneur.

LANJUINAIS ou DE LANJUINAIS. — Dieu et les lois. — Devise adoptée par le comte Jean, Denis de Lanjuinais, membre de la Convention, membre du conseil des Anciens, sénateur sous le premier Empire, pair de France, etc., etc.

LANNION (DE). — *Prementem pungo.* — Je pique mon aiguillonneur.

LANNOIS (DE). — Votre plaisir.

LANNOY DE SULMONE (DE). — *Me quod urit insequor.* — Je suis ce qui me brûle.

LANOSTER (GOURIO DE). — Dieu me tue.

LANRIVINEN (DE). — Espoir me conforte.

LANSALUT (LE GAC DE). — Première devise : *Sicut sagittæ in manu potentis.* — Comme des flèches dans la main d'un puissant. — Deuxième devise : *Virtus unita.* — Vertu unie. — *Armes :* d'azur au dextrochère armé d'argent, mouvant de dextre et tenant cinq flèches d'or en pal ferrées et empennées d'argent.

LANTIN (DE). — *Nec fallere nec falli.* — Ni tromper ni être trompé.

LANTIVY (DE). — Qui désire n'a repos.

LANTIVY DE TRÉDION (DE). — Qui désire n'a repos.

LANUZOUARN (DE). — Endurer pour durer.

LANUZOUARN DE PONTÉON (DE). — Endurer pour durer.

LAPORTE (DE). — *Auspicium in terris hæc domus habet, manet altera cœlis.* — Cette maison qui a un avenir sur terre en a un autre au ciel.

LAQUEUILLE (DE). — *Immortalitati.* — A l'immortalité.

LARCHANTEL (Gillart dé). — De Gillart servant.

LARDENOIS DE VILLE (de). — Franc et loyal.

LARGOUET (de Rieux de). — Première devise : Tout un. — Deuxième devise : A tout heurt bélier. A tout heurt Rieux.

LARIEU (de). — *Semper audax et tenax.* — Toujours audacieux et tenace.

LARIEU DE BESSAS (dé). — *Semper audax et tenax.* — Toujours audacieux et tenace.

LARIEU DE MAULÉON-BAROUSSE. — *Semper audax et tenax.* — Toujours audacieux et tenace.

LARNAGE (de). — *Transire benefaciendo.* — Passer en faisant le bien.

LAROCHE FERMOY. (de) — *Valore et virtute.* Avec courage et vertu.

LARREY. — « L'homme le plus vertueux que j'ai connu. » Paroles tirées du testament de Napoléon Ier.

LARREY (Aché de). — *Bellica virtus.* — Courage guerrier.

LARSAN (Dupérier ou du Périer de). — Ni vanité ni faiblesse.

LART DE BORDENEUVE (de). — *Crede.* — Crois. Espère !

LARVET (Callouet de). — Advise-toi.

LARRY DE LA TOUR (de). — Première devise : *Pro fide.* — Pour la foi. — Deuxième devise : *Durum pa-*

tientiâ frango. — Je brise avec patience ce qui est dur.

LAS CASES (DE). — *Semper paratus.* — Toujours prêt.

LAS CASES SAINT-HÉLÈNE (DE). — *Semper paratus.* Toujours prêt.

LAS CASES BELVÈZE (DE). — *Semper paratus.* — Toujours prêt.

LAS CASES-ROQUEFORT (DE). — *Semper paratus.* — Toujours prêt.

LAS MARISMAS (AGUADO DE). — *Nigra sed formosa.* — Noire, mais gracieuse.

LASSIGNY (LE CLERC DE). — *Ad alta.* — Vers le haut.

LASSUS (DE HAULT DE). — Nul bien sans peine.

LASTOURS (DE DAVID DE). — *Impatiens pugnæ.* — Impatient de combattre.

LATIER ou DE LATTIER (DE). — Première devise : Pour trois. — Deuxième devise : La Foy, le Roy, la Loy.

LATIER ou DE LATTIER DE BAYANE (DE). — Première devise : Pour trois. — Deuxième devise : La Foy, le Roy, la Loy.

LATOUCHE (LE VASSOR DE). — *Semper viridis.* — Toujours vert.

LAU D'ALLEMANS (DU). — Vaillance mène à gloire.

LAUBARIÈRE (DU PONTAUBEVOIS DE). — *Virtute et labore.* — Avec courage et travail.

LAUBRIÈRE (BRIANT DE). — Sans détour.

LAUGIER (DE). — *Non fortior alter.* — Nul autre de plus brave.

LAUGIER-VILLARS (DE). — *Non fortior alter.* — Nul autre de plus brave. — *Armes :* d'argent au lion de gueules.

LAUGIER DE BEAURECUEIL (DE). — *Vicit leo.* — Le lion a vaincu. — *Armes :* d'or à la boule d'azur chargée de trois demi-vols d'argent.

LAUMONIER (DE). — Le pauvre désire Laumonier.

LAUNAY (DE). — Tout pour Dieu et l'honneur.

LAUNAY (DE). — Soit, soit.

LAUNAY DE CASTELLENEC (DE). — Soit. Soit.

LAUNAY DE L'ESTANG (DE). — Soit. Soit.

LAUNAY DE LA MOTHAYE (DE). — Tout pour Dieu et l'honneur.

LAUNAY (DIEULEVEUT DE). — *Diex el volt.* — Dieu le veut.

LAUNAY (GLÉ DE). — Blessure au cœur, jamais à l'honneur.

LAURENCIE DE CHARRAS (DE LA). — Va où tu peux, meurs où tu dois.

LAURENCIN (DE). — Première devise : *Lucet in tene-*

bris. — Il brille dans les ténèbres. — Deuxième devise : *Lux in tenebris et post tenebras spero lucem*.— La lumière est dans les ténèbres, et après les ténèbres j'espère la lumière. — *Armes :* d'azur au chevron d'or, accompagné de trois étoiles de même.

LAURENCIN DE CHANZÉ (DE). — *Lux in tenebris, et post tenebras spero lucem.* — La lumière est dans les ténèbres, et après les ténèbres j'espère la lumière.

LAURÉS DU MEUX (DE). — *Frigora non timent nec Jovis fulmina lauri.* — Les lauriers ne craignent ni le froid ni la foudre de Jupiter. — *Armes :* d'or à trois feuilles de laurier de sinople rangées en trois pals, au chef de gueules, chargé de trois foudres d'or.

LAUBRIÈRES DE POMPADOUR (DE). — *Majores donec superem.* — Jusqu'à ce que je surpasse mes ancêtres.

LAUGIER- VILLARS (DE). — *Non fortior alter.* — Personne n'est plus brave. *Armes :* d'argent au lion de gueules.—Jacques de Laugier capitaine de cent hommes de pieds tué à la tête de sa compagnie en 1591, avait pour devise : Dieu pour guidon.

LAURISTON (LAW DE). — *Non obscura nec ima.* — Ni des choses obscures ni des choses basses.

LAUSIÈRE (DE BERNARD DE LA). — *Fortitudo et mansuetudo.* — Courage et douceur.

LAUSSAT (DE) ;— *He plaa Diou tayard.* — Quand il plaira à Dieu de m'appeler.

LAUVAUX (DE ROBIEN DE). — Première devise : Sans vanité ni faiblesse. — Deuxième devise : *Manet alta mente repostum.* —Il reste déposé dans un esprit profond.

LAUVERNEN (BARBIER DE). — Sur ma vie.

LAUVRAINS (JOSSÉ DE). — *Fulmina si cessant. me tamen urit amor.* — Que la foudre cesse, l'amour me brûle cependant toujours.

LAUZANNE (DE). — *Candor exsuperat aurum.* — La blancheur surpasse l'or.

LAVAL (DE). — Première devise : *Spes mea crux et amor.* — Mon espoir c'est la croix et l'amour. — Deuxième devise : Pour une autre, non. — *Armes :* d'or à la croix de gueules chargée de cinq coquilles d'argent et cantonnée de seize alérions d'azur. — Cette maison, qui reçut le titre de duc de Laval en 1783, s'est éteinte dans la maison de Montmorency.

LAVALETTE (DE). — *Plus quam valor, Valetta valet.* Plus que la valeur vaut Lavalette.

LAVARDIN (DE BEAUMANOIR DE). — Première devise : J'ayme qui m'ayme. — Deuxième devise : Beaumanoir, bois ton sang. — La première de ces devises se voit encore sculptée sur une maison de la rue des Chevaliers, à Rhodes.

LAVAU (DE). — *Ut quercus fides.* — Foi forte comme le chêne. — *Armes :* d'argent au chevron de gueules, accompagnée en chef de deux molettes à six raies et en pointe d'un chêne arraché de sinople.

LAVAUR (DE). — *Voluntas mea est in te.* — Ma volonté est en toi.

LAVERGNE (DE BONY DE). — *Bysantiis nummis pauperibus adest.* — Il est pour les pauvres avec des monnaies de Bysance.

LAVIEFVILLE-VIGNACOURT (DE). — La victoire couronne l'œuvre.

LAW DE LAURISTON — *Non obscura nec ima.* — Des choses ni obscures ni basses.

LAWŒSTINE (DE). — Lawœstine tout pour elle. — *Armes :* de sable au chevron d'argent, accompagné de trois coquilles d'argent. Supports : deux sauvages tenant à la main une bannière sur laquelle est une croix d'argent sur champ de gueules avec la devise : Lawœstine tout pour elle.

LAYE (DE). — Bonne est la haye autour du blé.

LAYRE (DE BOURGNON DE). — *Fulgent inter lilia rosæ.* — Les roses brillent entre les lis.

LAZE (DE). — Paix à Laze.

LEBORGNE DU PIN. — *Monstrat virtus honorem.* — Le courage montre l'honneur.

LÉCA (COLONA DE). — *Flectimur non frangimur undis.* — Les flots nous poussent, mais ne nous brisent pas.

LÉCHASSIER DE MÉRY (DE). — Je n'oublie.

LECLERC DE BUSSY. — *Deus clypeus meus est.* — Dieu est mon bouclier.

LECOINTE DE MARCILLAC. — *Merces exercituum.* — Récompense des armées.

LEFÉBURE. — Première devise : *Animo forti nil forte.* — Pour un grand esprit il n'est pas de hasard. — Deuxième devise : *Hodiè mihi, cras tibi.* — Aujourd'hui à moi, demain à toi.

LEFÉBURE DE LA DONCHAMPS. — *Volabunt et non deficient.* — Ils voleront sans se lasser.

LEFORESTIER. — *Fortis et fidelis.* — Brave et fidèle.

LEFÉBVRE ou LEFÉBURE. — *Cogita et fac.* — Réfléchis et agis.

LEFÈBVRE. — *Etiam industria nobilitas.* — Le génie aussi est une noblesse.

LEFÉVRE DE BEAUFORT. — *Dedit hæc insignia virtus.* — Le courage m'a donné ces insignes.

LEFÈVRE DE LA FAUTRADIÈRE. — *Dedit hæc insignia virtus.* — Le courage m'a donné ces insignes.

LEFÈVRE DE GRAINTHEVILLE. — *Nihil lilia sine cruce.* — Les lis ne sont rien sans la croix.

LEFÈVRE DE LA MAILLARDIÈRE. — *Cedatur feri ense.* — Qu'on cède, frappe avec l'épée.

LEGARD. — *Per crucem ad stellas.* — Par la croix vers les étoiles.

LEGENDRE D'ONSEMBRAY. — *Antiquâ ætate decor.* — Honneur d'un âge antique.

LÉGER (Chauveton de Saint). — *Deus, Rex, honor.* — Dieu, le Roi, l'honneur.

LEGGE DE LA MOTHE. — Mal repose qui n'a contentement.

LÉGLISE DE LA LANDE (de). — *Semper crescendo.* — Toujours en croissant.

LEGRAND. — *In variis nunquam varius.* — Immuable dans le changement.

LEGRAS DU LUART. — *Ne varietur.* — Qu'il ne change pas,

LEHÉDEC (Toutenoutre de). — Première devise : Tout en oultre. — Deuxième devise : Tout passe.

LEHÉLEC (Le Mintier de). — Tout ou rien.

LEIHONYE DE RANGOUGE. — *Virtus et honor.* — Courage et honneur.

LEIRIS (Dessey du). — *Virtus et honor.* — Courage et honneur.

LEISSENS (de Lionne de). — *Scandit fastigia virtus.* — La vertu s'élève jusqu'en haut.

LEJEUNE DE LA FULJONIERE. — Nul ne s'y frotte.

LEJEUNE DE MALHERBE. — *In adversis clarior.* — Plus brillant dans l'adversité.

LELARGE DE LOURDOUEIX. — *Semper et ubique fidelis.* — Toujours et partout fidèle.

ELIÈVRE DE LAGRANGE. — Liesse à Lieure!

E LIMONIER DE LA MARCHE. — *Fortes creantur fortibus.* — Les forts sont créés pour les forts.

LEMAITRE DE FERRIÈRES. — *Angor et ango.* — Je suis oppressé et j'oppresse.

LEMAYE DE MOYSEAUX. — *Querens anima Jovi.* — Ame se plaignant à Jupiter.

LEMERCIER. — *Suaviter in modo, fortiter in re.* — Avec douceur dans la forme, et avec courage dans l'action. — *Armes :* de gueules, à la croix ancrée d'argent, accompagnée au deuxième canton d'une épée, et au troisième canton d'une ancre de même.

LEMPS (DE). — Le temps j'attends.

LEMYRE (DE). — *Quievi.* — Je me suis reposé.

LENEUF DESOURDEVAL. — *Nunquam non paratus.* — Jamais au dépourvu.

LENEZ DE COTTY DE BRÉCOURT. — *Impavidum ferient ruinæ.* — Impassible sur les ruines du monde.

LENFERNAT (DE). — Qui fait bien, l'enfer n'a.

LENNOX D'AUBIGNY. — En la rose je fleuris.

LENOIR DE LA ROCHE. — *Albor, latet.* — Je blanchis, il se cache, ou la blancheur se cache. — *Armes :* d'argent au chevron de sable, accompagné en pointe, d'une tête de Maure; au chef de gueules, chargé d'un croissant d'argent, accosté de deux étoiles de même.

LENTEUIL (DU BOSREGNOULT DE). — *Mens sibi conscia recti.* — Ame qui a le sentiment de sa loyauté.

LENTILHAC (DE). — *Non lentus in armis.* — N'est pas lent sous les armes.

LÉON (VALIDIRE DE SAINT-). — *Deum time.* — Crains Dieu.

LÉRY (VIDAL DE). — *Phœnix e cinere, e sanguine miles.* — Le phénix renaît de sa cendre, le soldat de son sang.

LESCOUT (DE), ou DE LESCOET. — *Magnit mad.* — Nourrissez bien.

LESCOET (BRIANT DU). — Sans détour.

LESCOURS (DE). — *Regi suo semper fidelis.* — Toujours fidèle à son roi.

LESDIGUIÈRES (DE BONNE DE). — Première devise : *Gradiendo robore floret.* — Il grandit d'une force toujours florissante. — Deuxième devise : Nul ne s'y frotte. — *Armes :* d'or au créquier de sable. — Cette maison ducale est éteinte.

LESPAU (NOBLET DE). — *Nobilitat virtus.* — Le courage anoblit.

LESPERVEZ (DE). — *Orphano tu eris adjutor.* — Tu seras le protecteur de l'orphelin.

LESPINASSE (DE). — Sans peur et sans reproche.

ESQUIFFIOU (DE). — *Quémer arc'hoat, ha les arc'-hiffiou.* — Prends le bois et laisse les souches. — Armes : d'argent à trois souches déracinées de sable.

ESTRANGE (DE). — *Vis virtutem fovet.* — La force réchauffe le courage. — Armes : de gueules à deux lions d'or adossés et un léopard passant d'argent en chef.

ESVAL (DE). — *Stat virtus nixa fide.* — La vertu se maintient appuyée sur la foi.

ESVERN (LE FROTER DE). — *Nil conscire sibi.* — N'avoir rien à se reprocher.

ETELLIER DE SOUVRÉ DE LOUVOIS. — *Melius frangi quam flecti.* — Mieux vaut être brisé que courbé.

ETONNELIER DE BRETEUIL. — *Nec spe nec metu.* — Ni par espoir, ni par crainte.

EUSE (DE). — *Credula turba sumus.* — Nous sommes une foule crédule.

ÉVAL (DE). — *Eadem mensura.* — Avec une mesure égale.

EVAVASSEUR DE CÉRISY. — *Fortis et prudens.* — Fort et prudent.

EVAVASSEUR D'HIÉVILLE. — *Fortis et prudens.* Fort et prudent.

ÉVESQUE (DE). — *Eucharistia.* — L'eucharistie. — Armes : écartelé d'or et d'azur de l'un en l'autre deux gerbes d'or liées de gueules et deux grappes de raisins et d'azur.

LÉVIN (DE FRESNAY DE). — *Tutus sub ramis.* — En sûreté sous ses rameaux. — *Armes :* d'or à trois rameaux de frêne de sinople

LÉVIS (DE). — Première devise : Dieu aide au second chrestien Lévis. — Deuxième devise : *Duris dura frango.* — Je brise la résistance des résistants. — Troisième devise : *Inania pello.* — Arrière ce qui n'est rien. — *Titres :* duc de Mirepoix en 1270, duc de Ventadour en 1578, duc de Lévis en 1763, duc de Fernando Luis en 1827.

LEZORMEL (DE). — Le content est riche.

LÉZUREC (DE TRÉDERN DE). — *Ha souez ve!* — Quelle surprise ce serait!

LÉZUZAN (LE PAPE DE). — Point géhenné, point géhennant.

LIANCOURT (DE). — Liancourt invincible.

LIANCOURT (JOLIVET DE). — Après Dieu le roi.

LIANCOURT (DE LA ROCHEFOUCAULD DE). — C'est mon plaisir.

LIBAULT DU PERRAY. — *Pro Deo, rege et patriâ.* — Pour Dieu, le roi et la patrie.

LIERCOURT (DU MAISNIEL DE). — *Os ad hostem.* — Le visage vers l'ennemi.

LIGNAUD DE LUSSAC. — Vaincre et surmonter.

LIGNIM (Bon de). — *Semper et ubique bonus.* — Toujours et partout bon.

LIGNIM (Lambron de). — *Tenax in sud fide.* — Tenace dans sa foi.

LIGNIVILLE (de). — Ancien proverbe lorrain :

> Chastellet et Lénoncourt,
> Ligniville et Haraucourt,
> Quy chaqu'ung l'aultre équyvalle
> En seigneurie capitalle,
> Sont tenutz suffyzamment
> Pour extraicts anticquement
> De nostre race ducalle ;
> D'où vient quy sont appelliez
> Grands chevals ou chevalliers
> De noblesse sans égalle.

LILLEBONNE (de). — Première devise : *Nollem cessisse minori.* — Je ne voudrais pas avoir cédé à un plus petit. — Deuxième devise : *La corro.* — Je la parcours.

LIMÉRAC (Fily de). — *Hæc lilia tincta cruore.* — Ces lis sont teints de sang.

LIMONIER DE LA ROUELLE (le). — *Fortes creantur fortibus.* — Les forts sont créés pour les forts.

LIMOSIN D'ALHEIM (de). — *Fortes creantur fortibus.* — Les forts sont créés pour les forts.

LINVILLE (Lowasy de). — *Fortiter in re, suaviter in modo.* — En réalité énergiquement, en apparence doucement.

LIONNE DE LEISSENS (DE). — Première devise : *Scandit fastigia virtus.* — Le courage escalade les hauteurs. — Deuxième devise : *Impavidus sursùm vigilat.* — Intrépide, il veille dessus.

LIOTAUD DU SERRE (DE). — *Signavit per orbem.* — Il a marqué à travers le monde.

LIOUX (D'ESTIENNE DE CHAUSSEGROS DE). — *Triplex difficile rumpitur.* — Il est difficile de rompre ce qui est triple.

LISANDRÉ (LE CHAT DE). — Mauvais chat, mauvais rat. — *Armes :* de sable, au chat effarouché d'argent.

LISCOET (DU BAHUNO DU). — Plutôt rompre que ployer.

LISLE ADAM (VILLIERS DE). — Première devise : Va oultre. — Deuxième devise : La main à l'œuvre. — *Armes :* d'or au chef d'azur chargé d'un dextrochère vêtu d'un fanon d'hermines.

LISLORY (DE). — Pourquoi pas ?

LISSAC DE LA BORIE (DE). — *Deo juvante.* — Avec l'aide de Dieu.

LOBINEAU. — *Stimulo dedit œmula virtus.* — La vertu stimule d'un aiguillon puissant. — *Armes :* de gueules au chevron d'or, accompagné de trois molettes de même.

LOCKHART (DE). — Première devise : *Corda serata pando.* — J'ouvre les cœurs fermés. — Deuxième devise : *Semper paratus pugnare pro patriâ.* — Toujours prêt à combattre pour la patrie. — *Armes :*

d'argent à un cœur de gueules enfermé dans un cadenas de sable et un chef d'azur chargé de trois hures de sanglier d'argent, lampassées de gueules. — Cette maison est originaire d'Écosse. Simon Lockhart de Lée, partit avec Douglas et une nombreuse escorte pour porter le cœur du roi Robert Bruce en Palestine, où conformément à ses dernières intentions on devait l'inhumer. — Arrivés en Espagne, ils furent sollicités par le roi Alphonse de prendre part à un combat contre les Maures. Les Écossais se battirent vaillamment, mais presque tous périrent dans cette affaire. Douglas fut tué portant au cou le cœur du roi d'Écosse dans une boîte d'argent. Simon Lockhart de Lée recueillit sur le champ de bataille cet objet de sa vénération; après les plus grands périls, il se vit obligé de renoncer à poursuivre son voyage et il rapporta le cœur de Robert Bruce en Écosse où on le déposa dans l'abbaye de Melvose. Depuis ce temps Simon Lockhart obtint de placer dans ses armes un cœur dans un cadenas avec la devise : *Corda serata pando*. — Le nom de cette maison a rapport à cette légende, car en anglais Lock veut dire : serrure et heart signifie cœur.

LOCMARIA (KERHOENT DE). — Dieu soit loué.

LOCMARIA (DU PARC DE). — Vaincre ou mourir.

LOEVENHIELM. — *Candore et fortitudine*. — Par la candeur et la grandeur. — Bien que suédoise cette maison doit trouver ici sa devise, car l'origine de cette famille est française.

LOMÉNIE DE BRIENNE (DE). — *Pondere firma suo.*
— Ferme par son propre poids.

LONDE (LE CORDIER DE BIGARS DE LA). — *Honos dux, sequor.* — Quand l'honneur conduit, je suis.

LONG (DELONG ou DE). — *Regi fidelis diligenter.* — Fidèle de cœur au roi.

LONGPÉRIER (PRÉVOST DE). — *Sinè maculâ, maculæ.* — Macles sans tâche.

LONGPRÉ (LE VASSOR DE). — *Semper viridis.* — Toujours vert.

LONGRAYS (HAMON DE LA). — Ah mon ami!

LONGUEIL (DE). — *Paci et armis.* — A la paix et aux armes.

LONGUEVAL (DE). — Dragon!

LONGUEVEL (LE SAINT DE). — *Et sanctum nomen ejus.* — Et son nom est saint.

LONGUEVILLE (DE). — *Arcentque domantque.* — Ils repoussent et domptent.

LONGUEVILLE (DU GUESCLIN DE). — *Dat virtus quod forma negat.* — Le courage donne ce que la figure refuse.

LONGVILLIERS (BLONDEL DE). — *Cruce et ense.* — Par la croix et l'épée.

LONGVY (LE CARDINAL DE GIVRY DE). — *Abundantia diligentibus.* — L'abondance est aux diligents.

LORAS (de). — Un jour l'auras.

LORDAT (de). — *Pro fide.* — Pour la foi.

LORDE ou DE LOURDE (de). — *Placet ubique.* — Il plait partout.

LORGUES (Rosselly de). — *Vulnerasti cor meum, ros cœli.* — Rosée du ciel, tu as pénétré mon cœur.

LORIOL (Duport de). — *Cingit et obstat.* — Il entoure et défend.

LORRY (de Couet de). — *Litteris et armis.* — Aux lettres et aux armes.

LORT DE SÉRIGNAN (de). — Première devise : *Fortitudo virtute superatur.* — La force est surpassée par le courage. — Deuxième devise : *Quo non ascendam?* — Où ne monterais-je pas?

LOSTANGES (de). — *Fortitudine et sapientia ascendam.* — Je m'éleverai par la force et la sagesse.

LOSTANGES DE SAINT ALVÈRE (de). — *Fortitudine et sapientia ascendam.* — Je m'éleverai par la force et la sagesse.

LOSTANGES BÉDUER (de). — *Fortitudine et sapientia ascendam.* — Je m'éleverai par la force et la sagesse.

LOUP (de Pellerin de Saint-). — *Et nostro sanguine tinctum.* — Et teint de notre sang.

LOURDET (de). — *Labor omnia vincit.* — Le travail vainct tout.

LOURDOIS (de). — Sans pitié pour les parjures.

LOURDOUEIX (LELARGE DE). — *Semper et ubique fidelis.* — Toujours et partout fidèle.

LOUVART DE PONTLEVOYE (DE).—*Fortis fortiori cedit.* — Le fort cède au plus fort.

LOUVAT (DE). — *Lupus in fabula.* — Le loup dans la fable.

LOUVINIÈRE (ROGER DE LA). — *Fortis et prudens simul.* — Fort et prudent à la fois.

LOUZIL (L'ENFANT DE). — *Audacibus audax.* — Audacieux avec les audacieux.

LOUYS. — *Virtutis fortuna comes.*—La fortune est la compagne du courage. — Claude Louys, vice-président du Parlement de Dôle au quinzième siècle adopta cette devise que ses descendants continuèrent à porter.

LOYAC (DE). — *Candor et clangor.* — Candeur et retentissement. — Armes : d'azur au chevron d'or, surmonté d'un croissant d'argent et accompagné en chef de deux étoiles d'or et en pointe d'un cygne d'argent becqué et membré de gueules.

LOYAL (DE GOUYON MATIGNON DE SAINT-)

> Honneur a Gouyon
> Liesse a Matignon.

LOYS. — *In bono sit cor meum.* — Que mon cœur soit dans le bien.

LOYSIE (DE). — Tout à Loysie.

LOZIÈRES (DE BAUDRY DE). — *Læsus sed invictus.* — Blessé mais invaincu.

LOWASY DE LINVILLE. *Fortiter in re, suaviter in modo.* — En réalité énergiquement ; en apparence doucement.

LUARDIÈRE (ACHART DE LE). — Bon renom, loyauté.

LUART (LEGRAS DU). — *Ne varietur.* — Qu'il ne soit pas changé.

LUBERSAC (DE). — *In prœliis promptus.* — Prompt dans les combats.

LUBIÈRES (DE). — Ancien dicton provençal : Légèreté de Lubières.

LUC (CONEN DE SAINT-). — Qui est sot à son dam.

LUC (D'ESPINAY SAINT-). — Oncques faillir.

LUC (HUE DE). — Première devise : *Cum bonis ambula.* Marche avec les bons. — Deuxième devise : *Ad astra feror.* — Je suis porté vers les astres.

LUCE DE GASPARI (DE). — *Ferro non auro.* — Par le fer non par l'or.

LUCINGE (DE FAUCIGNY DE). — *Usquequo.* — Jusques à quand.

LUGNYS, ou DE LUGNY (DE). — Le content est riche.

LUIGNÉ (DÉAN DE). — *Vigor in virtute.* — La force dans la vertu.

LUNAC (Chazelles de). — Toujours prêt à servir et à s'effacer quand il a servi.

LUNARET (de). — *Semper fidelis.* — Toujours fidèle.

LURY (Jordan de). — *In veritate virtus.* — Le courage est dans la vérité.

LUSIGNAN (de). — Pour loyauté maintenir. — Cette puissante et ancienne maison régna sur Jérusalem et sur l'île de Chypre.

LUSSAC (Lignaud de). — Vaincre et surmonter.

LUXALIÈRE (Grand de). — Sans vertu rien de grand.

LUYRIEUX (de). — Belle sans blâme.

LUZANÇAY (Carré de). — Première devise : *Nusquàm devius.* — Jamais de travers. — Deuxième devise : *Nullibi solidius.* — Nulle part plus solide.

LYARENS (de Joly de). — *A domino factum est istud.* — Cela fut fait par le seigneur.

LYLE DE CALLIAN (de). — *An X may.*

LYMAIRE DE CHARBONNIÈRE (de). — De charbon chevance.

LYNCH (de). — *Semper fidelis.* — Toujours fidèle.

LYONS (de). — *Ex genere et virtute leones.* — Lions par la race et le courage. — *Armes :* d'argent à quatre lions cantonnés de sable, armés et lampassés de gueules.

LYS DE BEAUCÉ (de). — *Tellus recepit astris.* — La terre l'a reçu pour le ciel.

LYS DE LA GRENOUILLÈRE DE). — *Tellus recepit astris.* — La terre l'a reçu pour le ciel.

LYS DE LA ROSAIS (DE). — *Tellus recepit astris.* — La terre l'a reçu pour le ciel.

LYS (ALEXANDRE DU). — *Prœmium salutis Franciœ et regis.* — Récompense du salut de la France et du roi.

LYS (FABRY DU). — *Candidè et securè,* — Avec candeur et sécurité.

LYS (NOTTRET DE SAINT-). — *Deo ac regi.* — A Dieu et au roi.

LYS (CHARLESON DES). — *Semper lilia.* — Toujours les lis.

M

MACAIRE D'ISERAN (DE). — *Magis insita cordi.* — Plus implanté dans le cœur. — *Armes :* de gueules à la croix ancrée d'argent, écartelée de gueules au griffon d'argent, au chef cousu de gueules.

MAC CARTHY. — *Fortis, ferox et celer.* — Fort, fier et prompt. — *Armes :* d'argent au cerf passant de gueules, ramé de dix cors et onglés d'or.

MAC DONAL DE TARENTE. — *My hope is constant in thee.* — Mon espoir en toi est constant.

MACÉ DE LA GUINAUDIÈRE. — *Inter aspera mitis.* — Doux au milieu des choses dures. — *Armes :* de gueules à trois rencontres de cerf d'or, au chef cousu d'azur chargé d'une croix engreslée d'argent.

MACHÉCO (DE). — J'ai bon bec et bon ongle. — *Alias :* J'ai terre et ongles. — *Armes :* d'azur au chevron d'or, accompagné de trois têtes de perdrix de même arrachées, becquées et éclairées de gueules. Supports : deux coqs.

MACIP (de). — *Sicut cervus desiderat ad fontes aquarum, ita anima mea ad te Dominum.* — De même que le cerf désire des sources d'eau, ainsi mon âme vous désire, Seigneur.

MAC-MAHON (de). — *Sic nos sacra tuemur.* — C'est ainsi que nous défendons le sacré. — La branche de cette antique maison qui est restée en Angleterre, et dont les descendants sont pairs d'Irlande sous le titre de lord Hartland, portent la devise : *Periculum evasi fortitudine.* — J'ai échappé au danger par la force.

MACNÉMARA ou MAC NÉMARA. — *Firmitas in cœlo.* — Fermeté dans le ciel.

MACQUART (de). — *Consilio et virtute.* — Par le conseil et le courage.

MAC SHEEHY. — 1692. *Semper et ubique fideles.* 1792. 1692. Toujours et partout fidèle. 1792.

MADEC (de). — *Nullis perterrita monstris.* — Effrayé par nuls monstres. — Armes d'azur à l'épée flamboyante d'argent en fasce, la garde et la poignée d'or, accompagnée en chef d'une étoile aussi d'argent et en pointe d'un croissant d'or.

MADELAINE (de la). — Première devise : *Prœlio consilioque.* — Par le combat et le conseil. — Deuxième devise : *Manu consilioque.* — Par la main et le conseil.

MAGENTA (de Mac-Mahon de). — *Sic nos, sic sacra tuemur.* — C'est ainsi que nous, nous défendons le sacré. — Cette maison originaire d'Irlande, venue en France à la suite des Stuarts, reçut le titre de duc de Magenta conféré le 6 juin 1859 au maréchal comte Maurice de Mac-Mahon par l'empereur Napoléon III.

MAGNAC (Aved de). — *Per ardua virtus*. — A travers les difficultés le courage.

MAGNIN DU COLLET. — Sans luy rien.

MAGNY (Cirey de). — *Virtute duce, comite fortuna*. — Pour guide le courage, pour compagne la fortune.

MAGNY (Drigon de). — *Nec devio, nec retro gradior*. — Je ne dévie ni ne recule.

MAGON. — *Tutus Mago*. — En sûreté Magon.

MAGON D'APPIGNÉ. — *Tutus Mago*. — En sûreté Magon.

MAGON DE LA GERVAISAIS. *Tutus Mago*. — En sûreté Magon.

MAGRATH (de). *Salus in fide*. — Dans la foi le salut.

MAILLAC (de). — *Fides mea salvum fecit*. — Ma foi m'a sauvé.

MAILLANE (de Porcelets de la). —Première devise: *Finxi me esse pro rege regem*. — J'ai feint d'être roi pour le roi.—Deuxième devise : *Gens deorum, deinde genus Porcella Maillana*. — Famille des dieux, ensuite race des Porcelets de la Maillane.

MAILLARDOZ (de). — *Feriendo triumphat*. — Il triomphe en frappant.

MAILLARD DE CANDREVILLE. — *Etiam nascendo tremendus.* — Terrible même en naissant.

MAILLARD DE LA SOUCHAIS. — Pour assembler le sautoir, il faut maillets et chevilles. — *Armes :* d'azur, au sautoir alezé d'or cantonné en chef et en flancs d'un maillet d'or et en pointe d'un lion d'argent lampassé de gueules.

MAILLÉ (DE). — Première devise : *Stetit unda fluens.* — L'onde coulante s'arrêta. — Deuxième devise : Tant que le monde sera monde, à Maillé il y aura des ondes.

MAILLÉ DE CARMAN (DE). — Première devise : *Stetit unda fluens.* — L'onde coulante s'arrêta. — Deuxième devise : Tant que le monde sera monde, à Maillé il y aura des ondes. — Troisième devise : Dieu devant le comte de Carman. — *Armes :* d'or à trois fasces ondées et nebulées de gueules. — *Titres :* Duc de Fronsac à brevet 1639-1646. Duc héréditaire de Maillé en 1784.

MAILLEFEU (DOUVILLE DE). — *Fac bene, nominaris.* — Fais bien, tu es en renom.

MAILLERAYE (DE LA). — *Portarum claustra revellit.* Il arrache les battants des portes.

MAILLY (LE). — *Hogne qui vonra.* — Gronde qui voudra.

MAIRE DE MONTIFAULT (LE). — Première devise : Monter tous jours il fault. — Deuxième devise : *Sine* *macula fertur*. — *Armes :* d'or, au lion de sable armé et lampassé de gueules, tenant entre ses pattes un écusson d'azur.

MAIRIE (LE TAVERNIER DE LA). — *Rex et lex.* — Le roi et la loi.

MAISNIEL (DU). — *Os ad hostem.* — Le visage vers l'ennemi.

MAISNIEL D'APPLAINCOURT (DU). — *Os ad hostem.* — Le visage vers l'ennemi.

MAISNIEL DE BELLEVAL (DU). — *Os ad hostem.* — Le visage vers l'ennemi.

MAISNIEL DE LIERCOURT (DU). — *Os ad hostem.* — Le visage vers l'ennemi.

MAISNIEL DE NEMPONT (DU). — *Os ad hostem.* — Le visage vers l'ennemi.

MAISNIEL DE SAVEUSE (DU). — *Os ad hostem.* — Le visage vers l'ennemi.

MAISIERES (ALVISET DE). — *Rex et virtus.* — Le roi et le courage.

MAISON. — *Apertè et honestè.* — Ouvertement et honnêtement.

MAISONS (DE). — Dieu et l'honneur.

MAISTRE (DE). — Fors l'honneur nul souci. — *Armes :* d'azur à trois fleurs de soucis d'or. Les documents antérieurs au septième siècle portent le même écusson avec la devise : *Angor et ango.* — Je suis angoissé et j'angoisse.

MAISTRE DE CINCEHOUR (LE). — Première devise : Fors l'honneur nul souci. — Deuxième devise : Aux maistres les soucis.

MAISTRE DE MONTHELON (LE). — Première devise : Fors l'honneur nul souci. — Deuxième devise : Aux maistres les soucis. — *Armes :* d'azur à trois soucis d'or, feuillés de même. Les armes et cette devise font allusion à l'ancien proverbe : Aux valets les peines, aux maîtres les soucis.

MAISTRE DE SACY (LE). — Aux maîtres les soucis. — *Armes :* d'azur à trois soucis d'or.

MAITRE DE SAINTE-VALENTINE (DE). — Bravoure et victoire.

MAISTRET. — *Lux in tenebris.* — La lumière dans les ténèbres. — De sable au soleil d'or.

MAIZERAY (MASSON DE). — *Honor, fides.* — Honneur, foi.

MAIZEROY (JOLY DE). — *Cœlo tuta quies.* — Au ciel est un repos assuré.

MALAKOFF (PÉLISSIER DE). — *Virtutis fortuna comes.* — La fortune compagne du courage. — Le maréchal Pélissier a été créé duc de Malakoff le 22 juillet 1856.

MALARMEY (DE). — *Amor in honore.* — L'amour est dans l'honneur.

MALAVOIS. — *Dulce et decorum est pro patria mori.*
— Il est doux et glorieux de mourir pour la patrie.

MALESTROIT (DE). — *Quæ numerat nummos, non male stricta domus.* — Une maison qui compte l'argent, n'est pas mal étroite. — *Armes :* de gueules à neuf besants d'or.

MALESTROIT (DE LANNION DE). — *Prementem pungo.* — Je stimule celui qui m'excite.

MALET DE COUPIGNY. — Partir pour jouir.

MALET DE GRAVILLE. — Ma force d'en haut.

MALHERBE (LEJEUNE DE). — *In adversis clarius.* — Plus clairement dans l'adversité.

MALLANS (DE). — *Cunctis mens aurea.* — Esprit d'or pour tous.

MAILLANAIS (DE). — *Regi semper fidelis.* — Toujours fidèle au roi.

MALMUSE (COLAS DE). — *Ulterius ardet.* — Il brûle encore par delà.

MALEVAL (DE FALCOZ DE). — *Ad quid venisti?* — Pourquoi es-tu venu?

MALORTIC (DE). — Qui s'y frotte s'y pique.

MALOTEAU DE GUERNE. — *Virtus, fidelitas.* — Courage, fidélité.

MALVEZIN. — *Utriusque memor.* — Se souvenant de chacun d'eux.

ALVIRADE (DE GALZ DE). — *Constante animo.* — Avec un courage constant.

ALVOISIN (DE). — *A Deo solo.* — De Dieu seul.

ANAS (DE). — *Memini et permaneo.* — Je me souviens et demeure.

ANDAT DE GRANCEY. — *Quo te fata trahunt ?* — Où les destins t'entraînent?

ANDELOT (BATAILLE DE). — Bataille pour Dieu.

ANDAIS DES LOGES (DE). — *Deo, regi, semper et ubique fidelis.* — Toujours et partout fidèle à Dieu et au roi.

ANDON DE MONDE. — *Superna licet, sustentant lilia fulcrum.* — Quoique en haut, les lis soutiennent les pieds du trône.

MANESSIER (DE). — *Aut mors, aut vita decora.* — Ou la mort, ou une belle vie.

MANGOT (DE). — *Probè et incoruptè.* — Avec probité et pureté. Honnêtement et intègrement.

MANGOT DE SURGÈRES (DE). — *Post tenebras, spero lucem.* — Après les ténèbres j'espère la lumière.

MANOIR (DE TOUSTAIN DU). — Première devise : Vive le sang des rois normands! — Deuxième devise : Tous teints de sang.

MANOURY ou DE MANNOURY (DE). — *Regi fidelis.* — Fidèle au roi.

MANTE (Salus de la). — *Leit ! Leit !* — Léger ! léger !

MANTIN (de). — *Fortior Alcide.* — Plus fort qu'Hercule. — *Armes :* écartelé aux un et quatre d'argent au lion de gueules; aux deux et trois de gueules, au bras d'argent tenant une massue de sable.

MARAIS (Hector des). — Premièr devise : Aux Marais. — Deuxième devise : On en comptera deux.

MARAIS DE CONSENVOYE. — *Exindè salus.* — De là le salut. — *Armes :* d'or à la croix d'azur cantonnée de quatre épées de gueules; les pointes tournées vers les coins de l'écu.

MARAIS ou DES MARETS DE LA RENAUDIÈRE (des). — *Spes mea fortitudo.* — Ma force est mon espérance.

MARANT (le). — *Bonâ voluntate.* — Avec bonne volonté.

MARANT DE PÉNAUVÉRU (le). — *Bonâ voluntate.* — Avec bonne volonté.

MARAVAL (de Lalis de). — *Virtutis ingenuitas comes.* La gentillesse est la gardienne de la vertu.

MARBEUF (Rouillié de). — *Moderatur et urget.* — Il modère et presse.

MARC (de). — *Justitia mihi constans et perpetua voluntas.* — Chez moi, la droiture est constante, et la volonté inébranlable.

MARC (Le Clément de Saint-). — Clémence et vaillance.

MARCÉ (DE). — *Arte et Marte.* — Avec Minerve et Mars.

MARCHAL DE LA MARCHALERIE. — Je suis bon Mareschal.

MARCHANDRYE (MORIN DE LA). — *Mori ne timear.* — Mourir de peur d'être craint.

MARCHANT DE CALIGNY (LE). — *Nostri servabit odorem.* — Il conservera notre odeur.

MARCHANT DE MILLY. — Marchant sans bouger.

MARCHÉ (DU). — *Forti fide.* — Avec une brave foi.

MARCHE (DE LA). — En avant marche.

MARCHE (DE LA). — Tant a souffert la Marche.

MARCHE BODRIEC (DE LA). — Ferme à la marche.

MARCHE MARTIN (DE LA). — Qui aime son chien, aime Martin.

MARCHE (LE LIMONIER DE LA). — *Fortes creantur fortibus.* — Les braves sont engendrés par les braves.

MARCHES (SAUVAGE DES). — *Vive revicturus.* — Vis pour revivre.

MARCILLAC (DE CRUZY DE). — *Nunquam marcescent.* — Ils ne se flétriront jamais.

MARCILLAC (LECOINTE DE). — *Merces exercituum.* — Récompenses des armées.

MARCILLE (DE). — En bonne table.

MARCILLE D'ARGENTRÉ (DE). — En bonne table.

MARCILLE DE LAUNEL (DE). — En bonne table.

MARCILLE DE LA MOTTE (DE). — En bonne table. — *Armes :* d'argent à la bande de gueules chargée de trois channes ou marmites d'or.

MARCILLY (DE). — *Virtus generis calcaribus aucta.* — Courage augmenté par les éperons. — *Armes :* semé de violettes d'argent au lion de même armé, lampassé et couronné d'or.

MARCOGNET (BINET DE). — Première devise : Je le vueil. — Deuxième devise : *Ille vicit.* — Il a vaincu.

MARCOL (DE). — Honneur me guide.

MAREC DE MONTBAROT (LE). — *In te, Domine, speravi, non confundar in œternum.* — J'ai espéré en vous, Seigneur, je ne serai pas confondu dans l'éternité.

MAREK (LE BRUN DE). — J'aime la croix.

MARESCHAL. — Première devise : *Munere soli solisque.* — Par les bienfaits de la terre et du soleil. — Deuxième devise : *Solo solcque favente.* — La terre et le soleil le favorisant. — Frédéric Mareschal, qui vivait du temps de la Ligue, ajouta aux devises de sa famille celle-ci : Point d'ost sans Mareschal.

MARESCHAL DE LAPRESTÉ. — *Fidelis, semper probus.* — Fidèle, toujours probe.

MARESCOT (DE). — *In hoc signo vinces.* — Par ce signe tu vaincras. — Deuxième devise : Loialement sans douter.

MARET DE BASSANO. — *Quod non deleverit œtas.* — Ce que n'aurait détruit le temps.

MAREUIL (Durant de). — En Dieu ma foy.

MARGUERYE DE VASSY (de). — Cherche qui n'a.

MARGUERYE DE SORTEVAL (de). — Honneur passe richesse.

MARHALLAC'H DE KERMORVAN (du ou de). — *Usque ad aras.* — Jusqu'aux autels. — *Armes:* d'or à trois pots à eau ou arceaux de gueules. — Cette devise était toute prophétique ; le dernier descendant mâle de cette ancienne maison vient d'entrer dans les ordres.

MARIDAT (de). — *Domini dextra fecit virtutem.* — La droite du Seigneur a fait le courage.

MARIE D'AGNEAUX (de sainte-). — *Fidelis fortisque simul.* — Fidèle et brave à la fois.

MARIE DU LAC. — *Spes mea, virgo Maria.* — Vierge Marie, mon espérance.

MARIGNY (Bernard de). — *Fortitudo, nobilitas.* — Courage, noblesse.

MARIN (de). — *Fragile si, ma bello.* — Fragile, oui, mais beau.

MARIN DE MONTMARIN. — *Aspiciendo crescit.* — En regardant il croît.

MARION DE BEAULIEU. — Nos murs, nos lois.

MARION DES NOYERS. — Nos murs, nos lois. — *Armes :* d'azur au mur crénelé d'argent maçonné de sable, mouvant de la pointe, sommé d'un coq d'or tenant une épée de sable en pal.

MARIVAULT (DE). — Où tu dois.

MARIVETZ (DE). — *Quid obstet?* — Qui s'opposerait?

MARLIÈRE (DE LA). — *Intrepidè irruit.* — Il s'est précipité intrépidement.

MARMET DE VAUMALE (DE). — *Implebuntur odore.* Ils seront remplis de parfum.

MAROLLES (DE). — *Virtuti et labori.* — Avec courage et labeur.

MAROLLES (COLAS DE). — *Ulterius ardet.* — Il brûle encore par-delà.

MAROT (CLÉMENT). — La mort ni mord.

MARS (POILLOUE DE SAINT DE). — Honneur à Saint-Mars.

MARS (PRÉVOST DE LA BOUTELIÈRE DE SAINT-). — Défense!

MARSANE DE FONTJULIANE (DE). — *Diex el volt!* Dieu le veut.

MARSAULT (DE GREEN DE SAINT-). — *Ready to fli for my God, for my Kind, for my Lady.* — Prêt à prendre mon vol pour mon Dieu, mon Roi ma dame.

MARTHA BECKER DE MONS. — Courage, honneur, loyauté. — Le lieutenant général Becker, comte de Mons, pair de France, etc., etc., avait adopté cette devise que sa famille continue de porter.

MARTIGUES (DE GALLIFET DE). — Bien faire, laisser dire.

MARTIMPREY (DE). — *Pro fide pugnando.* — En combattant pour la foi.

MARTIMPREY DE ROMÉCOURT (DE). — *Pro fide pugnando.* — En combattant pour la foi.

MARTIMPREY DE VILLEFONT (DE). — *Pro fide pugnando.* — En combattant pour la foi. — La maison de Martimprey porte cette devise depuis Hughes de Martimprey, mort en combattant pour la foi dans les champs de la Palestine sous le règne de Saint-Louis.

MARTIN D'AGLIÉ (DE SAINT-). — Sans départir.

MARTIN (BIZOTON DE SAINT-). — *Cruore Christi corusco.* — Je brille du sang du Christ.

MARTIN (CASTILLON DE SAINT-). — *A laqueo malignantium, libera me, Domine.* — Seigneur, délivrez-moi des filets des méchants.

MARTIN DE LA CHAPELLE. — *Stella in tempestate.* — Étoile dans la tempête. — Armes : d'azur, à la croix pattée d'or, cantonnée en chef d'une étoile à dextre, d'un croissant à sénestre, le tout d'argent.

MARTIN (du Puy de Saint-). — *Spes mea Deus.* — Dieu mon espérance.

MARTINEAU DES CHENEZ. — *Sub umbra alarum tuarum.* — A l'ombre de tes ailes.

MARVILLE DE VIGNEMONTÉE (de). — *Facere bene et lætari.* — Bien faire et s'en réjouir.

MASIN (de). — Ferme-toy.

MAS DE PEYSAC (du). — *In hoc signo vinces.* — Par ce signe tu vaincras.

MASSERIE MORIN (de). — Celuy-là a le cœur dolent, qui doit mourir et ne sait quand.

MASSIAC (de Mordant de). — *Mordens hostem Domino fidelis.* — Je suis fidèle au Seigneur en mordant l'ennemi.

MASSON DE BAUVAIS (le). — *Fiat voluntas Dei.* — Que la volonté de Dieux se fasse.

MASSON DES LOGES (le). — *Fiat voluntas Dei.* — Que la volonté de Dieu se fasse.

MASSON DE LA NOUE (le). — *Fiat voluntas Dei.* — Que la volonté de Dieu se fasse.

MASSON DE MAIZERAY. — *Honor, fides.* — Honneur, foi.

MASSOUGNES DES FONTAINES (de). — *In utroque fidelis.* — Fidèle des deux côtés. — A la bataille de Poitiers, en 1356, Jehan de Massougnes, seigneur des Fontaines, pendant le combat, fit un rempart de son corps au roi Jean et le suivit comme prisonnier en Angleterre. En conséquence de ces actes de bravoure et de dévouement, le roi lui donna la devise ci-dessus.

MASSUE (DE LA). — *Ecclesiâ insignis et armis.* — Remarquable dans l'Église et dans les armes.

MATHAN (DE). — Première devise : Au féal rien fall Mathan. — Deuxième devise : *Nil deest timentibus Deum.* — Rien ne manque à ceux qui craignent Dieu.

MATHAN (HUE DE). — *Aurum dedi cum sanguine.* — J'ai donné mon or avec mon sang.

MATHAREL (DE). — *In hoc signo vinces.* — Avec ce signe tu vaincras.

MATHAREL DU CHÉRY (DE). — *In hoc signo vinces.* — Avec ce signe tu vaincras. — *Armes :* d'azur à la croix d'or, cantonnée aux extrémités des trois bras supérieurs d'une étoile de même et en pointe une champagne de gueules, à trois fusées d'or, accolée et brochant sur l'azur et les gueules.

MATINEL (DE). — *Nec dominare, nec dominari.* — Ni dominer, ni être dominé.

MAUCLERC (DE). — Ne voit qu'honneur.

MAUGIRON DE MONTLÉANS (DE). — *Infriget solido.* — Sur ce mont solide il fait froid.

MAUGNY (DE NICOD DE NEUVILLE DE). — *Victor et victi protector.* — Vainqueur et protecteur du vaincu.

MAULE (DE). — *Clementiâ et animis.* — Par la clémence et la bravoure.

MAULÉON (DE). — *Malus leo, meus leo.* — Mon lion est un mauvais lion. — *Armes :* de gueules au lion d'or, armé et lampassé de sable.

MAULÉSY (DE). — Première devise : Souvenez-vous. — — Deuxième devise : *Virtus, honor.* — Courage, honneur.

MAUMIGNY (DE). — *Retrocedere nescit.* — Il ne sait reculer.

MAUNY (DU COLINOT DE). — *Semper fidelis.* — Toujours fidèle.

MAUNY (DE REVIERS DE). — Première devise : *Candore et ardore.* — Avec candeur et ardeur. — Deuxième devise : Ardent et fidèle.

MAUPAS (DE). — *Vim lumini jungit.* — Il joint la force à la lumière.

MAUPERCHÉ (DE). — *Bellicæ virtutis præmia.* — Récompense d'un courage guerrier.

MAURE (DE ROSNYVINEN DE). — *Non ferit nisi cœcus.* — A moins qu'il ne soit aveugle, il ne frappe pas.

MAURICE (POUJOLS DE SAINT-). — *Fortitudo.* — Force.

MAURIS (DE SAINT-). — Première devise : Antique, fier et sans tache. — Deuxième devise : Plus deuil que joie. — Troisième devise : *Crux est signum Christi, li-*

lia sunt Mariæ. — La croix est l'insigne du Christ, les lis sont l'insigne de Marie.

MAUROY (DE). — Dampné n'es pas sy ne le crois.

MAUSSABRÉ (DE). — *A virtute nomen.* — Le nom par le courage.

MAUSSAC DE THÉZAN DE SAINT-GENIEZ (DE). — *Candor, honor.* — Candeur et honneur.

MAUTRY (BOURRELIER DE). — Loyal et gay.

MAUVESIN (CASTILLON DE). — *Præmium vitæ, mori pro patriâ.* — La récompense de la vie c'est de mourir pour la patrie.

MAY (DU). — *Cœlum non vulnera.* — Ne blesse pas le ciel.

MAYNARD (DE). — *Pro Deo et Rege.* — Pour Dieu et le Roi.

MAZANCOURT (DE). — Oncques sans eux. — Cette devise est dans la maison de Mazancourt depuis le règne du roi Louis-le-Gros, qui la donna à un membre de cette famille.

MAZARIN (DE). — *Hinc ordo et copia rerum.* — De là l'ordre et l'abondance de toutes choses. — Cette devise était celle que le cardinal de Mazarin avait adoptée.

MAZEL (DE PARLIER DE LA ROQUE DU). — *Amando cresce.* — Crois en aimant.

MAZELIÈRE (DE ROUS DE LA). — *In Deo tuta quies.* — En Dieu sûr repos.

MAZÈRES (Bergé de). — *Solus et ego.* — Seul et moi-même.

MÉGIE (de Bessas de la). — *Semper audax et tenax.* — Toujours audacieux et tenace.

MÉHEUZE (de).— *Fortitudine, suavitate.*— Avec force et douceur.

MÉHÉRENC DE SAINT-PIERRE. — Fais honneur à tes armes, ou n'en parle jamais. — *Armes :* d'argent au chef d'azur, à la bordure de même.

MEINGRE DE BOUCICAUT (le). — *In altis habito.* — J'habite sur les hauteurs.

MÉLIGNAN DE TRIGNAN. — *Virtus et honor.* — Courage et honneur.

MÉLINE DU CHATELLIER. — Honneur, droiture, valeur.

MELLET (de). — *Spiculo et melle.* — Avec dard et miel. — *Armes :* d'azur, à trois ruches d'argent; écartelé d'azur au lion d'or, couronné de gueules.

MELLON (de). — *Crux spes mea.* — Croix mon espérance. — *Armes :* d'azur à trois croix pattées d'argent.

MÉLOIZES (des). — Droit partout.

MELUN (de). — Première devise : *Virtus et honor.* — Courage et honneur. — Deuxième devise : *Pios montes locet Deus.* — Que Dieu place des montagnes pieuses.— Troisième devise : *Ut inter spiritus sacros ora, viator.* — Prie, voyageur, comme au milieu des esprits sacrés. — Quatrième devise : A qui tienne.

MÉNAGE. — Avec tous, bon ménage.

MÉNARD DE LA MÉNARDIÈRE (DE). — Nul ne s'y frotte.

MÉNARDEAU (DE). — *Telis opponit acumen.* — Il oppose sa pointe aux traits.

MÉNARDEAU DE CHARODIÈRE (DE). — *Telis opponit acumen.* — Il oppose sa pointe aux traits.

MÉNARDEAU DES NOES (DE). — *Telis opponit acumen.* — Il oppose sa pointe aux traits.

MÉNARDEAU DU PERRAY (DE). — *Telis opponit acumen.* — Il oppose sa pointe aux traits. — *Armes :* d'azur, à trois têtes et cols de licornes d'or.

MÉNÉ (DU). — *Ober ha tével.* — Faire et taire.

MÉNÉ DE GOAZOUHALLÉ (DU). — *Ober ha tével.* — Faire et taire.

MÉNÉCLISSON (DE ROSPIEC DE). — *Fidei et amoris.* — De foi et d'amour.

MÉNEUST DE BRÉQUIGNY (LE). — *Ut olim de republicâ meritis, sic et urbis liberatori patria contulit.* — Comme autrefois on accordait à ceux qui avaient bien mérité de la république, ainsi la patrie accorde à celui qui a sauvé la ville. — Guy de Méneust de Bréquigny, référendaire en 1566 et sénéchal de la ville de Rennes pendant la Ligue, conserva cette ville à Henri IV et fut honoré aux États de Bretagne de 1593, d'une superbe chaîne d'or avec une médaille à ses armes et à celles de Bretagne, et pour légende la devise citée ci-dessus.

MENEZ (DU). — *Et fide et opere.* — Et par la foi et par le travail.

MÉNEZ DE PREMAIGNÉ (DU). — *Et fide et opere.* — Et par la foi et par le travail. — *Armes :* d'azur à la croix pleine d'or cantonnée au premier canton d'une main dextre d'argent.

MÉNILGLAISE (DE GODEFROY DE). — *Pacificè.* — Pacifiquement.

MENOU (DE). — Première devise : ni deuil ni joie. — Deuxième devise : *Ferierunt et ferunt insignia pacis.* — Ils frappèrent et portèrent les insignes de la paix. — La seconde se rapporte aux supports et au cimier de la maison de Menou qui sont des anges portant des bannières ; celle de droite, d'hermine plein qui est de Bretagne, celle de gauche, d'azur semé de fleurs de lis d'or qui est de France ancienne. Le cimier est un ange naissant, tenant d'une main une épée flamboyante, et de l'autre une bannière ; de gueules à une bande d'or qui est de Menou.

MENOUVILLE (TESTU DE). — *Vis leonis.* — Force de lion. — *Armes :* d'or à trois lions léopardés de sable l'un sur l'autre, celui du milieu contrepassant.

MENSDORFF (DE POUILLY DE). — *Fortitudine et charitate.* — Par la force et la charité.

MERCASTEL DE MONTFORT (DE). — *Hogne qui voura.* — Gronde qui voudra.

MERCŒUR (DE). — *Plus fidei quam vitæ.* — Plus de foi que devie.

MÉRENVEUE (BOUCHEL DE). — *Crux ad sidera tollit.* — La croix élève jusqu'aux astres.

MÉREY (KARUEL DE). — *Omnia nobis prospera.* — Tout nous est prospère.

MÉRINVILLE (DES MOUSTIERS DE). — Première devise : *Quod opto est immortale.* — Ce que je désire est immortel. — Deuxième devise : Dieu nous secoure.

MERLE D'AMBERT DU LIVRADOIS (DE). — *Spes mea sola Deus.* — Dieu est ma seule espérance.

MERLEMONT (DES COURTILS DE). — *Virtus sine fortuna est manca.* — Le courage sans la fortune est inutile.

MÉRODE (DE). — Première devise : Plus d'honneur que d'honneurs. — Deuxième devise : Ou serasse Mérode?

MERTRUS DE SAINT-OUEN (DE). — *Fortis et audax.* — Brave et audacieux.

MERVAL (DU BARRY DE). — Boutez en avant.

MERVALS DU TAISSY (DE). — *Usque ad mortem fidelis.* — Fidèle jusqu'à la mort. — *Armes :* de gueules au chien assis d'argent.

MERVEILLEUX DU VIGNAU. — Dieu m'en garde.

MERVOY (HIBON DE). — *Sapit qui vigilat.* — Celui qui veille est sage. *Armes :* de gueules au hibou d'or, au chef d'or chargé d'une givre d'azur accostée de deux croisettes de même.

MÉRY (DE LÉCHASSIER DE). — Je n'oublie.

MÉSANVEN (DE). — *Emé-t-hu.* — Dites-vous.

MESCANTOUX (CRÉCHQUERAULT DE). — *Tu dispone.* — Dispose.

MESCOUEZ ou DE MESGOUEZ (DE). — Rien de trop.

MESCOUEZ DE LAZ (DE). — Rien de trop.

MESCOUEZ DE LA ROCHE-HELGOMARC'H (DE).— Rien de trop.

MESCOUEZ (DE KÉRANGUEN DE). — *Laca evez.* — Prends garde.

MESGRIGNY (DE). — *Deus fortitudo mea.* — Dieu est ma force.

MESLE (DU CHASTEL DE). — Première devise : *Mar car Doué.* — S'il plaît à Dieu. — Deuxième devise : *Dà vad è teni.* — Tu n'as qu'à venir.

MESMAY (DE). — De rien je m'esmaye.

MESNARD (DE). — *Pro Deo et Rege.* — Pour Dieu et le Roi.

MESNARD DE LA CLAYE (DE). — *Pro Deo et Rege.*— Pour Dieu et le Roi.

MESNARD DE LA COUSTOUÈRE.—Nul ne s'y frotte.

MESNARD DE POUZAUGES. — Nul ne s'y frotte.

ESNARD DES TRAVERSIÈRES. — Nul ne s'y frotte.

ESNARD DE LA VILLE AU MAITRE. — Nul ne s'y frotte. — *Armes* : d'argent à trois porcs-épics de sable miraillés d'or.

MESNIL SIMON (DE). — L'effroy des Sarrasins.

MESSILLAC (DE CHAPT DE RASTIGNAC DE). — *In Domino confido.* — Je me confie dans le Seigneur.

MÉTAXA (DE). — *Justum et tenacem proposuit.* — Il met en avant le juste et l'opiniâtre.

METTRAY (PINON DU). — *Te stante virebo.* — Sous ton règne je fleurirai.

METTRIE (DE LA BOUEXIÈRE DE). — Tout en paix.

MEUGNIER (DE). — *Et vires et animus.* — Et les forces et le courage.

MEULH (DE). — Bénin sans venin.

MEYNARD (DE). — *Cor audet, manus ardet.* — Le cœur ose, la main brûle. — *Armes* : d'azur à une main appaumée d'or.

MEYNIER DE LA SALLE. — *Major famâ.* — Plus grand que la renommée.

MEYSSONIER. — *Ex semine messis.* — De la semence la moisson.

MÉZARNOU (DE PARCEVAUX DE). — S'il plaist à Dieu.

MICHAL DE LA PALU. — Première devise : Je veille.

— Deuxième devise : *Pugnat, vigilat.* — Il combat, il veille.

MICHALLON (DE). — *Virtus cœli gradus.* — Le courage est le chemin du ciel.

MICHELS DE CHAMPORCIN (DES). — *Signo, manu, voce vinco.* — Je vaincs par le geste, par la main, par la voix, ou bien je fais signe de la main et je vaincs de la voix. — *Armes :* d'azur à un cor de chasse d'or, lié et virolé de même, surmonté à dextre d'une croix de Lorraine d'or, à sénestre d'une épée d'argent la pointe en haut.

MICHELL DE SAINT-DIZANT. — *Semper probus.* — Toujours probe.

MIGNOUNEAU. — *Fidelitate et servitiis.* — Par la fidélité et les services.

MILET DE SUREAU. — *Semper fidelis.* — Toujours fidèle.

MILLERET (DE). — *Nil sinè fine.* — Rien sans fin.

MILLET. — *Vidimus stellam in Oriente.* — Nous avons vu une étoile en Orient. — *Armes :* tranché d'azur et d'or à deux étoiles de l'un en l'autre.

MILLIÈRES (DE). — *Juris lilium legimus.* — Nous avons cueilli le lis du droit.

MILLOTET (DE). — *Invitat mellitus honos.* — Un doux honneur invite.

MILLY (DU HAMEL DE). — Or ne veust.

MILLY (Marchant de). — Marchant sans bouger.

MILLY (de thy de). *Fidelis sed infelix.* — Fidèle mais malheureux.

MILON D'AMNON. — *Non est quod noceat.* — Il n'est rien qui nuise.

MILON DE LA BORDE. — *Non est quod noceat.* — Il n'est rien qui nuise.

MILON DE MESNE. — *Non est quod noceat.* — Il n'est rien qui nuise.

MINOT. — *Sanguine tinctus.* — Teint de sang. — *Armes :* d'or au lion de gueules.

MINSTIER DE LEHÉLEC (le). — Première devise : Tout ou rien. — Deuxième devise : *Deus meus ...... omnia sunt.* — Mon Dieu ..... c'est tout. — *Armes :* de gueules à la croix engreslée d'argent.

MIPONT (de). — My pont difficile à passer.

MIRABAL (du Vigier de). — *Nunquam liliis defluit.* — Jamais il ne manqua aux lis.

MIRABEAU (Riquetti, ou Riquet de). — *Juvat pietas.* — La piété plaît.

MIRAMON (de Cassagne de Beaufort de). — *Atavis et armis.* — Aux ancêtres et aux armes.

MIRBECK (de). — *Immer getreu.* — Toujours fidèle.

MIREBEL (de). — Oh! quel regret mon cœur il y a.

MIREBEL (Robe de). — Pour l'amour d'elle.

MIRIEU DE LA BARRE. — *Calamitum Burdigalæ et Aquitaniæ provinciæ reparator.* — Réparateur des calamités de Bordeaux et de la province d'Aquitaine.

MISSERY (SUREMAIN DE). — *Certa manus, certa fides.* — Main sûre, foi certaine.

MISSIRIEU (AUTRET DE). — *Dré ar mor.* — A travers la mer.

MITALLIER (DE). — *Quod vigili datur, Studio accrescit vitæ.* —

MITCHELL (DE). — *Sapiens qui assiduus.* — Celui qui est assidu est sage.

MOESLIEN (DE). — *Seel pople.* — Regarde peuple.

MOET DE ROMONT. — Première devise : *Tacere aut rectè loqui.* — Se taire ou bien parler. — Deuxième devise : *Het moët zoozin.* — Cela doit être ainsi.

MOGES (DE). — *Cœlum, non solum.* — Le ciel, non la terre.

MOGES BURON (DE) — *Cœlum, non solum.* — Le ciel, non la terre. — Lansfranc de Moges avait adopté deux emblèmes allégoriques. Le premier : Une chèvre passante de sable, allaitant un louveteau au naturel et posée sur une terrasse de sinople avec ces deux devises : Première devise : *Exsucto lacte, vorabit ubera.* — Après avoir desséché les mamelles, il les dévore. — Deuxième devise : Pour bien faire, mal avoir. — Le deuxième emblème choisi par L. de Moges était un noyer de sinople fruité d'or et posé sur une terrasse de sinople accosté à dextre d'un homme vêtu de gueules, coiffé d'or et armé d'un bâton du même, et à sénestre d'un homme vêtu d'or, les cuisses couvertes de gueules, coiffé de même et armé d'un bâton d'or, gaulant tout deux des fruits à l'arbre avec cette devise: Nul bien sans peine.

MOISMONT (FENAUX DE). — *A labore quies.* — Le repos vient du travail.

MOISSON (DE). — *Sinè messe fames.* — Sans moisson la faim. — *Armes:* d'azur à une gerbe de blé d'or et un chef cousu de gueules, chargé de trois faucilles d'argent.

MOLAC (DE). — Première devise: *Gric à Molac.* — Deuxième devise: Bonne vie.

MOLAC (DE ROSMADEC DE). — Première devise: En bon espoir. — Deuxième devise: *Uno avulso, non deficit alter.* — Que l'on en arrache un, un autre ne manque pas.

MOLAC (LE SÉNÉCHAL DE KERCADO DE). — Bonne vie.

MOLLERUS (DE). — *Labore ad salutem.* — Au salut par le travail.

MONCELLE (DE MONTAIGNAC DE LA). — *Pro fide et patria.* — Pour la foi et la patrie.

MONDALIS (DE). — *Virtus, rex, honor.* — Courage, Roi, honneur.

MONDE (MANDON DE). — *Superna licet, sustentant*

lilia fulcrum. — Bien qu'ils soient hauts, les lis soutiennent le trône.

MONDÉZERT (Godet (de)). — *Fides potens.* — Foi puissante.

MONDRU (Colas de). — *Ulterius ardet.* — Il brûle encore au-delà.

MONET (de). — *Florens suo orbe Monet.* — Monet fleurit dans sa roue. — *Armes:* de gueules à la roue d'or adextrée en chef d'une rose d'argent et senestrée aussi en chef d'une fleur de lis du second. Cette devise fut donnée par Eric de Lorraine, évêque de Verdun, à Jacques Monet, qui, dans une révolte du peuple contre l'évêque, parvint à détourner l'esprit des séditieux du vrai motif de leur insurrection, en portant l'évêque Eric à leur accorder des droits de labourage et de jardinage dans les domaines épiscopaux ; ce dont ils se contentèrent, au mois de juin 1598.

MONISTROL (de). — *Justus et fortis.* — Juste et fort.

MONNAY (de). — *Numine, rege, patriâ.* — Pour la divinité, le roi, la patrie.

MONNECOVE (Le Sergeant de). — *Nunquam retro nec clam.* — Jamais en arrière ni en secret.

MONNIER (de). — En Dieu ma fiance.

MONNOT DE MAUNAY (de). — Vigilance.

MONS (Martha Becker de). — Courage, honneur, loyauté.

MONSÉGOUS (DE PINS DE). — L'un des neuf barons de Catalogne.

MONSO (DE). — *Pro fidelitate.* — Pour la fidélité.

MONSON (DE). — Prest pour mon pays.

MONSPEY (DE). —J'en rejoindrai les pièces.

MONSPOIX (DE). — J'aye espoire Monspoix.

MONT (DE). — Loyal.

MONT (DOMET DE). — *Virtus omnia domta* — Le courage dompte tout.

MONTAGU (DE). — Première devise: Je l'ai promis à Dieu et l'ai tenu. — Deuxième devise : J'ai le corps délié.

MONTAIGNAC (DE). — *Pro fide et patriâ.* — Pour la foi et la patrie.

MONTAIGNAC DE CHAUVANCE (DE). — *Pro fide et patriâ.* — Pour la foi et la patrie.

MONTAIGNAC D'ESTANÇANNES (DE). — *Pro fide et patriâ.* — Pour la foi et la patrie.

MONTAIGNAC DE LA MONCELLE (DE).— *Pro fide et patria.* — Pour la foi et la patrie.

MONTAIGU (DE). — Apre à faillir Montaigu.

MONTALEMBERT (DE). — Première devise : *Ferrum fero, ferro feror.* — Je porte le fer, je suis porté par le fer. — Deuxième devise : Ni espoir, ni peur.

MONTALEMBERT DE CERS (DE).—Première devise :

Cecidi ; sed usrgam. — Je suis tombé, mais je me relèverai.— Deuxième devise : *Ferrum fsro, ferro feror.* — Je porte le fer, je suis porté par le fer.—Troisième devise : Ni espoir, ni peur. — Ancien dicton :

> La maison Montalembert,
> D'Essé, de Vaux et de Cers,
> Mi partie Engomoisine
> Et Mi partie poitevine,
> Vaillamment a combattu
> En champs de gloire et vertu.

MONTALENT (DE CROISY DE).— Première devise : *Nomen in cruce, salus in fide.* — Dans la croix le nom, dans la foi le salut.

MONTARAN (HUGUET DE). — *Candor et robur.*—Candeur et force.

MONTAULIEU (DE GINESTOUS DE). — Fort et ancien.

MONTBAROT (LE MAREC DE).—*In te, Domine, speravi, non confundar in œternum.*— J'ai espéré en toi, Seigneur, je ne serai pas confondu dans l'éternité.

MONTBAS (BARTON DE). — Sans y penser.

MONTBERTOIN (DES COURTILS DE). — *Virtus sine fortuna est manca.* — Le courage sans la fortune est inutile.

MONTBOISSIER (DE). — *Nunquam impune.* —Jamais impunément.

MONTBOURCHER (DE). — Première devise : Assez d'amis quand elles sont pleines. — Deuxième devise : Tant qu'elles bouillent d'amis assez.

MONTBOURCHER DE LA MAYANNE DU BORDAGE (DE). — Première devise : Assez d'amis quand elles sont pleines.—Deuxième devise : Tant qu'elles bouillent d'amis assez.—*Armes :* d'or à trois channes (marmites) de gueules, posées deux et une.

MONTBRISON (BERNARD DE). — *Et pace et bello.* — Et en paix et en guerre.

MONTBRUN (DE). —Et quoy plus.

MONTBRUN (DE ROCHEFORT DU PUY DE). — *Agere et pati fortia.* — Souffrir et faire de grandes choses.

MONTBY (DE). — Échec au roi. — De Montby qui était bâtard de Montmartin, prit au roi François Ier son épée à la bataille de Pavie, et choisit en souvenir de ce fait la devise : Échec au roi. — Il paya cher tant d'insolence; plus tard, son château de Montby fut pris et démantelé.

MONTCALM GOZON (DE). — Première devise : Mon innocence et ma forteresse qui est de Montcalm. — Deuxième devise : *Draconis extinctor.*— Exterminateur du dragon qui est de Gozon.

MONTCHAL (DE). — Première devise : *Certamen para.* —Prépare le combat.—Deuxième devise : Je l'ai gagné. — Cette dernière devise se place sur une couronne de lauriers.

MONTCHAL (DE RUOLTZ DE). — Toujours prest.

MONTCHENU (DE). — La droite voie. — *Armes :* de gueules a la bande engreslée d'argent.

MONTCHENNAIS (de). — Autrefois tout pour l'honneur, aujourd'hui tout pour argent.

MONTCLAR (Arbalestrier de). — Le coup n'en faut.

MONT D'HIVER (Taverne de). — Je meurs où je m'attache.

MONTD'OR (de). — *Melius mori quam inquinari.* — Plutôt mourir que d'être sali.

MONTD'OR (de). — *Melius mor quam inquinari.* — Plutôt mourir que se souiller. — *Armes :* d'hermines à la bande de gueules.

MONTÉCLER (de). — *Magnus inter pares.* — Grand parmi ses égaux. — *Armes :* de gueules au lion d'or armé, couronné et lampassé de même.

MONTEILHE (Aubier de). — *Unguibus et rostro fidelis.* — Fidèle par les ongles et le bec.

MONTELS (de Faramond de). — *Luceat omnibus.* — Qu'il brille pour tous. — *Armes :* d'or au volcan de sable enflammé de gueules.

MONTÉREUX (de). — *Pro fide et rege.* — Pour la foi et le roi.

MONTESQUIEU (de Secondat de la Brède de). — *Virtutem fortuna secundat.* — La fortune seconde la vertu.

MONTESQIOU (Brun de). — Invincible.

MONTESQUIOU-FEZENZAC (de). — *Hinc labor, hinc merces.* — De là le travail, de là la récompense.

— Cette maison, originaire de la Gascogne, descend de Sanche Mittara, duc de Gascogne en 890. Ducs de Fezenzac le 30 avril 1821.

MONTESSON (DE). — Rallié au roi.

MONTET DE LA TERRADE (DU). — Ferme et loyal.

MONTET (DU FISSON DU). — *In variis non varius.* — Immuable dans le changement.

MONTEYNARD (DE). — *Pro fide et rege.* — Pour la foi et le roi.

MONTFALCONNET (DE). — *Tempore fallimur.* — Nous sommes trompés par le temps. — Le corps de cette devise est un soleil couché et couvert de nuages.

MONTFORT (DE). — *Melius mori quàm inquinari.* — Plutôt mourir qu'être sali.

MONTFORT DE BAY (DE). — On ne me prend pas.

MONTFORT (MERCASTEL DE). — *Hongue qui vonra.*

MONTFORT-TAILLANT (DE). — *Fides nomen honorat.* — La foi honore un nom. — Cette devise est l'anagrame du nom de Johannes de Montfort qui, le premier de sa maison, l'adopta.

MONTGAILLARD (DE GRESNIER DE). — Honneur et droicture.

MONTGASCON (D'ACHER DE). — *Morte reperiunt vitam.* — Par la mort ils retrouvent la vie.

MONTGERMONT (DE LA ROCHE DE). — *Firmus ut rupes.* — Ferme comme une roche.

MONTGOMMERY (DE). — Garde bien. — *Armes :* d'azur, au lion d'or armé et lampassé d'argent.

MONTGONTIER (BOCSOZEL DE). — Quoi qu'il en advienne.

MONTGRILLET (DE). — *Ad œthera virtus.* — Le courage porte au nues.

MONTHIERS (DE). — *Angelis suis mandavit de te.* — Il a chargé ses anges de toi.

MONTHOLON (DE). — *Subvenite oppresso.* — Secourez le malheureux.

MONTIFAULT (LE MAIRE DE). — Première devise : Monter tous iours il fault. — Deuxième devise : *Sine macula fertur.* — Il est porté sans tache. — *Armes :* d'or au lion de sable, armé et lampassé de gueules, tenant entre ses pattes dextres un écusson d'azur.

MONTIGNY DE THYMEUR (DE). — *Causa latet.* — La cause est cachée.

MONTJOUET (DE). — Dieu seul mon joug est.

MONTLAUR (DE VILLARDY DE). — *Virtuti palma præmium.* — La palme est la récompense donnée au courage.

MONTLAVILLE (DE CHAPUYS DE). — *Miseris succurrere disco.* — Je sais secourir les malheureux.

MONTLÉANS (DE MAUGIRON DE). — *Infringet solido.* — Il brisera sur la montagne.

MONTLEVIE (d'Orsanne de). — *Spes captivos alit*. — L'espérance nourrit les captifs.

MONTLOUIS (Prousteau de). — *Prout sto in periculis ardentior*. — Je me tiens plus ardent dans les dangers.

MONTMARIN (de). — *Aspiciendo crescit*. — Il croit en regardant.

MONTMAYEUR (de). — *Unguibus et rostro*. — Avec le bec et les ongles.

MONTMAYEUR (de). — Première devise : *Unguibus et rostro*. — Avec les ongles et le bec. — Deuxième devise : *Erecta ferar et non conniveo*. — Que l'on m'elève et je ne sourcille point.

MONTMOREL (de Carrière de). — Fort et fidèle.

MONTMORENCY (de). — Première devise : Dieu aide au premier baron chrestien — Deuxième devise : ἀπλάνος. — Qui n'erre pas ; — qui ne se trompe pas. — Hervé de Montmorency vivant en 1172, portait pour devise : *Si Deus nobiscum, quis contra nos.* — Si Dieu est avec nous, qui est contre nous ? — Cette illustre maison a possédé les titres de duché-pairie de Montmorency créé en 1551, éteint en 1632. Duché-pairie de Luxembourg crée en 1662. Duché de Montmorency en 1758. Duché de Beaumont en 1765. Duché de Laval en 1783.

MONTOISON (de). — A la rescousse Montoison ! — Pendant la bataille de Fornoue, le 8 juillet 1495 Charles VIII appela à son aide un seigneur de la maison de Montoison, en Dauphiné. Le secours opportun de ce brave chevalier changea la face du combat. Le roi Charles VIII récompensa son défenseur en lui donnant pour devise perpétuelle ces mots qui lui étaient échappés pendant la bataille : A la rescousse Montoison !

MONTPAYROUX (Guyot de). — *Quis attingat!* — Qui atteindra !

MONTPEZAT (Tremoleti de). — *Cygnus aut victoria ludit in undis.* — Le cigne ou la victoire joue dans les ondes.

MONTPINÇON (de Bourbel de). — L'an 936. — Une ancienne chronique de l'abbaye de Foucarmont écrite vers l'an 1100, affirme qu'en l'an 936 le duc de Normandie fit bâtir une tour sur la Bresle et en donna le commandement à un seigneur d'antique souche du nom de Bourbel, qui devint l'un des plus ardents protecteurs du monastère.

MONTRAVEL (de Tardy de). — *Cum eo aut in eo.* — Avec lui ou en lui.

MONTRIGAUD (Alleman de). — Première devise : Place, place à Madame ! — Deuxième devise : *Tot in corde quot in armis.* — Autant dans le cœur que dans les armes. — Cette seconde devise fait allusion aux armoiries de cette maison qui sont : de gueules semé de fleurs de lis d'or a la bande d'azur brochant sur le tout.

MONTS (DES). — *Dabit Deus his quoque finem.* — Dieu leur donnera aussi une fin.

MONTS (PINCZON DU SEL DES). — Vite et ferme.

MORANDAIS (CHATON DES). — Dieu et mon courage.

MORAND (DE). — *Ex candore decus.* — De ma blancheur l'honneur. — *Armes :* de gueules à la bande d'argent chargée de cinq mouchetures d'hermines de sable.

MORANT D'ESTREVILLE (DE). — *A candore decus.* — Par ma blancheur l'honneur.

MORANT DE FONTENAY (DE). — *A candore decus.* — Par ma blancheur l'honneur.

MORANT DU MESNIL GARNIER (DE). — *A candore decus.* — Par ma blancheur l'honneur. — *Armes :* d'azur à trois cormorans d'argent.

MORANT (DE). — *Impavidi.* — Intrépides.

MORANVILLE (DE LA LANCE DE). — *Hæc virtus iter.* — Le courage est un chemin.

MORDANT DE MASSIAC (DE). — *Mordens hostem Domino-fidelis.* — Mordant l'ennemi, fidèle à Dieu.

MORE (DE). — Comme je fus.

MOREL (DE). — Première devise : *Pugna pro patriâ.* —Combats pour la patrie. — Deuxième devise : *Lilia Francigenorum defendam hoc vindice ferro.* — Je défendrai avec ce fer vainqueur les lis des Francs.

MOREL DE COURCY. — *Hoc defendi lilia ferro.* — Avec ce fer j'ai défendu les lis.

MOREL-VINDÉ (TERRAY DE). — *Nescit labi virtus.* — La vertu ne sait faillir.

MORET (DE). — Sans force.

MORETON DE CHABRILLAN (DE). — *Antès quebrar que doblar.*—Plutôt rompre que ployer.— Cette devise espagnole fut acquise par Raymond de Chabrillan et par son cousin Godefroy de Chabrillan. Ces nobles chevaliers servirent longtemps sous les ordres de Bertrand du Guesclin. En 1361, le connétable ayant conduit en Espagne les fameuses bandes noires contre Pierre-le-Cruel, en faveur de Henri de Transtamare, il fut accompagné par Godefroy et Raymond de Chabrillan, qui furent chargés de la défense d'un château fort. Sommés de se rendre par les troupes de Pierre-le-Cruel, les deux guerriers ne répondirent au chef ennemi que par ces mots espagnols : *Antès quebrar que doblar,* et forcèrent Pierre-le-Cruel à lever le siége.

MOREUIL (DE).—Péquigny, Moreuil et Roye sont ceints de même courroye.

MORGAN (DE). — *Patientia victrix.* — La patience est victorieuse.

MORI DE PONGIBAUD (DE). — *Morey por Dios.* — Mourir pour Dieu.

MORIN D'AUVERS. — *Fortis fidelisque simul.* — A la fois fort et fidèle.

MORIN DE BERTONVILLE. — *Fortis fidelisque simul.* — A la fois fort et fidèle.

MORIN DE LA MARCHANDRYE. — *Mori ne timear.* — Mourir pour ne pas être craint.

MORIN DE LA MASSERIE. — Celuy a le cœur dolent qui doit mourir et ne sait quand.

MORIN DE LA RIVIÈRE. — *Fortis fidelisque simul.* Fort et fidèle en même temps.

MORINERIE (Michell de la). — *Semper probus.* — Toujours probe.

MORISOT. — *Fert maturos prudentia fructus.* — La prudence porte des fruits mûrs.

MORIZUR (de Parcevaux de). — S'il plaît à Dieu.

MORNAY (du Plessis de). — *Arte et Marte.* — Par Minerve et par Mars.

MORNY (de). — *Pro patriâ et imperatose.* — Pour la patrie et pour l'Empereur. — Ancienne devise : *Memento sed tace.* — Souviens-toi, mais tais-toi. — Créé duc, par sa M. l'Empereur. Les armes de Morny sont : d'argent à trois merlettes de sable, à la bordure componée d'azur et d'or de seize pièces ; les compons d'azur chargés d'une aigle d'or empiétant sur un foudre de même, qui est de l'empire, les compons d'or chargés d'un dauphin d'azur, crété, barbé et oreillé de même qui est des dauphins d'Auvergne. — En juillet 1862, l'Empereur Napoléon III répondit à M. le comte de Morny qui lui avait présenté le conseil général du Puy-

de-Dôme : —« Qu'en souvenir de cette journée, et com-
» me preuve de sa sympathie, il voulait donner au pré-
» sident du conseil général, à celui qui depuis vingt
» ans était le représentant du pays, à celui qui s'était
» associé si courageusement au grand acte du 2 dé-
» cembre, à celui enfin qui présidait le Corps législa-
» tif depuis huit ans, un témoignage de son estime et
» de son amitié en lui conférant le titre de Duc. »

MOROGES (DE). — Dieu aide au Maure chrétien. — Le cimier des armes de cette maison est un demi-Maure tenant une flèche.

MOROGUES (BIGOT DE). — Tout de par Dieu.

MORRY (DE). — Sans tache.

MORTAIN (DE). — *Vera fides.* — Vraie foi.

MORTEMART DE MARLES DE BOISSE (DE). — A ton cheval noble duc ! — Légénde : *Drutus a mortuo mari.* — Le duc d'Aquitaine ayant mis le siége devant la ville de Bellac, en faisait un jour le tour pour s'assurer du lieu le plus favorable à l'assaut, lorsque Drutus, Seigneur de Mortemart, l'aperçut du haut du rempart ; il prit alors un pal à fer aigu, son arme favorite et s'écria : A ton cheval noble duc ! Au même instant le pal vola dans les airs et vint frapper au front le cheval du duc d'Aquitaine. — Le chroniqueur ajoute qu'à l'instar de ce soldat de l'antiquité, qui avait écrit sur son javelot : A l'œil droit de Philippe, Drutus de Mortemart avait écrit sur le sien : *Drutus a mortuo mari.*

MORTEMART (DE ROCHECHOUART DE). — *Antè mare*

undæ. — Avant la mer les ondes. — *Armes* : fascé d'argent et de gueules de six pièces. — Cette antique et illustre maison originaire du Poitou reçut les titres de duc de Mortemart en 1663, duc de Vivonne en 1668.

MORTEUIL (DE RIOLLET DE).—Devise : Plus de sang que d'or! — Ancien dicton bourguignon: Il ny a n'y pauvre croix, ny pauvre femme que ne salut un Riollet. — Jean III de Riollet surnommé le brave, noble homme, écuyer, seigneur de Riollet, Paimblanc et autres lieux, fut page du marquis de Tavannes, puis gendarme de ce même seigneur. Il fut tué à la bataille de Renti le 15 août 1554, il était alors brigadier de cinquante gendarmes de Tavannes. Gaspard de Saulx Tavannes, plus connu sous le nom de maréchal de Tannes, s'était élancé au milieu de la mêlée ; bientôt entouré d'ennemis, il allait périr accablé par le nombre, quand tout-à coup, Jean de Riollet accourt suivi de ses hommes et le dégage : il était à peine sauvé que Jean de Riollet s'affaissa en murmurant à l'oreille du marquis de Tavannes qui le soutenait à cheval: J'ai plus de sang que d'or, souvenez-vous de Riollet! On le descendit de cheval, mais il était mort: un coup d'épée lui avait traversé la poitrine. La maison de Riollet de Morteuil est d'une noblesse exclusivement militaire, elle a formé des officiers très-distingués, dix-neuf membres sont mortsi sur les champs de bataille de l'ancien régime: auss cette noble et simple devise: Plus de sang que d'or, leur convient bien. Car, après avoir sacrifié leur fortune pour leurs souverains, ils en ont reçu, en 1814, le grade de lieutenant !

MORVAN (LE SENS DE). — Première devise : *Fides sanctificavit*. — La foi l'a sanctifié. — Deuxième devise : *Pro rege et patriâ*. — Pour le Roi et la patrie.

MOSTUÉJOULS, ou DE MONSTUÉJOULS (DE). —

Ancien dicton : Levezoulx, d'Estaing, Vésins
Haults barons et mauvoysins,
Mostuéjouls et d'Arpajon,
Forts châteaux et beau renom.

MOTET (DE). — *Post tenebras, lucem evergo*. — Après les ténèbres, je répands la lumière.

MORTHAYE (DE LAUNAY DE LA). — Tout pour Dieu et l'honneur.

MOTHE (DE LA). — Tout ou rien.

MOTHE (DE LA). — *In tenebris adest*. — Elle est présente dans les ténèbres.

MOTHE (BOUCHER DE LA). — *Honor et Rex*. — L'honneur et le Roi.

MOTHE (DANIS DE LA). — *Gloria Deo in excelsis*. — Gloire à Dieu au plus haut des cieux.

MOTHE (DU TEILLET DE LA). — *Virtute et fide*. — Par le courage et par la foi.

MOTIN DE PERCHE. — *Miserere mei, Domine*. — Seigneur, ayez pitié de moi.

MOTTE (BOUCHER DE LA MOTHE, OU DE LA). — *Honor et Rex*. — L'honneur et le Roi.

MOTTE (Henry de la). — Toujours en ris, jamais en pleurs.

MOTTET (du). — Tout droit.

MOUCHART, ou DEMOUCHARD (de). — Mort l'honneur, meure la race !

MOUCHERON (de). — *Altum alii teneant.* — Que d'autres tiennent le haut.

MOULLART DE TORCY. — *Virtute.* — Par le courage.

MOULLART DE VILMAREST. — *Virtute.* — Par le courage.

MOUSIN DE BERNECOURT (de). —

> Sur terre sans fortune je chemine
> Au ciel par l'espérance me confine.

MOUSSAYE (de la). — Honneur, honneur à Moussaye.

MOUSTIER (de). — Moustier sera maugré le Sarrasin. — Cette antique maison tire son nom du bourg de Moustier Haute-Pierre, dans les montagnes du Jura; on y voit encore les ruines d'une abbaye fondée vers la fin du VIIIe siècle.

Près de là fut dispersée, d'après une ancienne tradition, une armée de Sarrasins qui dans le VIIIe siècle avaient envahi la Provence, la Savoie, la Bourgogne et saccagé la ville de Besançon.

La devise de la maison de Moustier fait allusion à cet

événement à la suite duquel elle fonda le monastère de Moustier.

MOUSTIERS MÉRINVILLE (DE). — Première devise : *Quod opto est immortale.* — Ce que je désire est immortel. — Deuxième devise : Dieu nous secoure.

MOYENCOURT (AMYOT DE). — Plutôt mourir que se salir.

MOYRIA (DE). — *In via virtutis nulla est via.* —Dans la route du courage il n'y a aucune route.

MUEG DE BOFFSHEIM. — *Virtus et honor.* — Courage et honneur.

MUGUET DE CHAMPALIER. — *Post fata superstes.* Survivant au trépas.

MUGUET DE VARANGES. — *Post fata superstes.* — Survivant au trépas.

MUN (DE). — *Nihil ultra.*—Rien au-delà. *Armes :* d'azur à un monde d'argent, cintré et croisé d'or.

MURARD DE SAINT-ROMAIN (DE).—*Foris, sed magis intus.* — Dehors, mais plus en dedans. — *Armes :* de gueules, à la fasce crénelée d'azur, surmontée de trois têtes d'aigles arrachées de sable, une flamme de gueules en pointe.

MURAT (DE). — *Vim utroque repello.* — Je repousse la force de tout côté.

MURAT DE L'ÉTANG (DE). — *Vim firmitate repello.*— Par la fermeté je repousse la force.

MUREAULT (Estouff de Milet de).— *Auspicium in terris habet hæc domus, manet altera cœlis.* — Cette maison a un destin sur la terre et un autre dans le ciel.

MUSSE DE PONTHUS (de la). — (Autrefois Chanvin avant 1500.) — *Auro micante refulget.* — Il brille d'un or étincelant. — *Armes :* de gueules à neuf besants d'or, posés trois, trois et trois. — *Alias :* de gueules à neuf besants d'argent.

MUSSET (de).—Courtoisie, bonne aventure aux preuses. — Catherine du Lis, nièce de Jeanne d'Arc, épousa François de Villebresme, allié très-proche de la maison de Musset. C'est en mémoire de Jeanne d'Arc que les de Musset adoptèrent cette devise.

MYPON (de Favyn de). — My pont difficile à passer.

N

NADAILLAC (du Pouget de). — Première devise : *Virtus in hœredes.* — Le courage se transmet aux héritiers. — Légende : Por loyaulté maintenir.

NARBONNE (de). — *Nos descendonos de reges, si no los reges de nos.*—Nous descendons des rois, sinon les rois descendent de nous.

NARBONNE LARA (de).—Première devise : *Nos descendonos de reges, si no los reges de nos.* — Nous descendons des rois, sinon les rois descendent de nous.— Deuxième devise : *Non enim sine causa gladium portant.* — Ce n'est pas sans cause qu'ils portent l'épée.

NARBONNE PELET (de). — Première devise : *Nos descendonos de reges, si no los reges de nos.* — Nous descendons des rois, sinon les rois descendent de nous. — Deuxième devise : *Non enim sine causa gladium portant.* — Ce n'est pas sans cause qu'ils portent l'épée.—Troisième devise : *Vis nescia vinci sine causa.* La force ne sait être vaincue sans cause. — Cette maison issue d'une des plus puissantes maisons de la Septimanie était déjà remarquable du temps de Charlemagne, reçut les titres de duc de Narbonne Lara, 1789 en Espagne; et duc de Narbonne Pelet le 31 août 1815.

NASCOL (QUEMPER DE LA). — En bon repos.

NAVAILLES (DE). — *A un tada no es habeado.*

NAVAISSE (DE). — *In Domino confido.* — Dans le Seigneur j'ai confiance.

NAVOIR DE POUZAC (DE). — *Semper fidelis.* — Toujours fidèle.

NAYSCANDAU (DE). — *Tollam et defendam.* — Je lèverai et défendrai. — *Armes* : d'argent à une croix de sable fleuronnée.

NÉDONCHEL (DE). — *Antiquitas et nobilitas.* — Antiquité et noblesse.

NEILSON (DE). — *His regi servitiis.* — Pour les services rendus au Roi.

NÉMARA (MAC). — *Firmitas in cœlo.* — La fermeté dans le ciel.

NÉMARANS (DE). — *Regi ac Deo fidelis.* — Fidèle au roi et à Dieu.

NEMPONT (DU MAISNIEL DE). — *Os ad hostem.* — Le visage vers l'ennemi.

NESLÉ (DE COEURET DE). — Plus de cœur que de vie.

— *Armes :* d'argent, à trois cœurs de gueules posés deux et un.

NÉTUMIÈRES (Hay de). — *A togá nitisco et ense.* — Je brille par la toge et l'épée.

NEUILLY (de Brunet de). — *Virtute duce.* — Le courage pour guide.

NEUVILLE (Testart de la). — A Dieu mon âme, au roi mon sang.

NÉVET (de). — *Pérag ?* — Pourquoi ?

NIBLES (d'Arnaud de). — *Eo dulcior quo fortior.* — D'autant plus doux qu'il est plus fort.

NICOD DE NEUVILE DE MAUGNY (de). — *Victor et victi protector.* — Vainqueur et protecteur du vaincu.

NICOLAI (de). — Laissez dire.

NIEUWERKERKE (de). — *Fortis in periculo.* — Fort dans le péril.

NOBLET DE LESPAU (de). — *Nobilitat virtus.* — Le courage annoblit.

NOCEY (de). — *Multa nocent.* — Beaucoup de choses nuisent.

NODANCOURT (Parent de). — De tout temps apparent.

NOE (Carrion de la). — *Nihil virtute pulchrius.* — Rien n'est plus beau que la vertu.

NOEL, ou NOUEL. — Tout bien, ou rien.

NOEL DE BUCHÈRES (DE). — *Pacem inveniret.* — Il trouverait la paix. — *Armes :* d'azur à la colombe volante d'argent en bande becquée et membrée d'or ; à la bordure componnée d'or et de gueules.

NOES (ACHARD DES HAUTES-).— Bon renom, loyauté.

NOGUÉS (DE). — *Liliorum amore viget.* — Il est vigoureux par l'amour des lis. Cette devise est portée par la branche ainée de cette maison ; la cadette porte la devise : *Liliis acuti.* —Aiguisés pour les lis.— *Armes:* d'azur au chevron d'or accompagné de trois fers de lance d'argent.

NOIVANS (CALF DE). — Valeur et droiture. —*Armes :* d'argent à deux palmes adossées de sinople, liées d'argent. — *Supports :* à dextre une panthère la tête contournée, à sénestre un homme d'armes tenant une banderolle sur laquelle on lit : *Virtus et avi :* — Le courage et les ancêtres.

NORMAND DE LA TRANCHADE. — *In fide quiesco.* — Dans la foi je me repose.

NOS, ou DESNOS DE LA FEUILLÉE (DES). — Première devise: Lion rampant n'est pas soumis. — Deuxième devise: Tout pour honneur et par honneur. — Troisième devise : Marche droit.

NOS, ou DESNOS DE LA VILLEDANIEL (DES). — Première devise : Lion rempant n'est pas soumis. — Deuxième devise: Tout pour honneur et par honneur

— Troisième devise : Marche droit. — *Armes :* d'argent au lion de sable, armé, lampassé et couronné de gueules.

NOTTRET DE SAINT-LYS.—*Deo ac Regi.* — A Dieu, au Roi.

NOUE (DE LA). — *Amor et fides.* — Amour et foi.

NOUE (COLAS DE LA). — *Ulterius ardet.* — Il brûle encore au-delà.

NOUE (HENRY DE LA). — *Potius mori quàm fœdari.* — Plutôt mourir qu'être souillé.

NOUE (DU PONTAUBEVOIS DE LA). —*Virtute et labore.* — Par le courage et le travail.

NULLY (DE LA ROCHE DE). — Première devise : *Sublimi feriam vertice.* — Je frapperai de mon front sublime. — Deuxième devise : Qui s'y heurte s'y brise.

NUVÉRY (DE). — *De profundis clamavi ad te, Domine.* — J'ai crié de l'abîme vers vous, Seigneur.

NY DE COETELEZ (LE). — Humble et loyal.

O

OBERT (DE). — *Pro lumine virtus.* — Le courage pour la lumière. — *Armes :* d'azur, à trois chandeliers d'argent.

O'BRIEN. — Vigueur de dessus.

ODEBERT. — *Suaviter, sed fortiter.* — Doucement, mais fortement.

O'HÉGERTHY. — *Nec flectuntur, nec mutant.* — Ils ne se courbent ni ne changent.

OILLIAMSON (D'). — *Venture and win.* — Hasard et gain.

OLBREUSE (PRÉVOST D'). — *Spes usquè, metus unquam.* — Jusqu'à l'espérance, jamais jusqu'à la crainte.

OLÉCOURT (D'). — Richesse est tout.

OLIPHANT DE SALAIN (D'). — A tout pouvoir.

OLIVIER DU BOURDON. — Ni trop, ni trop peu.

OLIVIER DE KERJEAN. — *Signum pacis.* — Signe de paix. — *Armes:* d'azur à la colombe esjorante d'argent portant en son bec un rameau d'olivier de sinople.

OLIVIER DE LA VILLENEUVE (L'). — *Nobili pace victor.* — Vainqueur par une noble paix.

O'MURPHY. — *Fortis et hospitalis.* — Fort et hospitalier.

O'NEIL DE TYRONE. — *Solo, salo et cœlo potentes.* — Puissants sur terre, sur mer et dans le ciel.

ONGLÉE (DE LAUNAY D'). — Tout pour Dieu et l'honneur.

ONSEMBRAY (LEGENDRE D'). — *Antiquâ ætate decor.* — Honneur d'un âge antique.

OPPEZZI DE CHERIO. — Tout espoir en Dieu.

ORBIGNY (DE CORDAY D'). — *Corde et ore.* — De cœur et de bouche.

O'REILLY. — *Vis et prudentia.* — Par force et par prudence.

ORGEIX (DE THOINEL D'). — *Semper fidelis.* — Toujours fidèle.

ORGLANDE (D'). — *Candore et ardore.* — Avec candeur et ardeur.

ORIGNY (HUTTEAU D').— *Deo et regi fides impavida.*— Foi intrépide à Dieu et au roi.

ORMANDI DE FRÉJAQUES. — Il adviendra.

ORMEAUX (COLAS DES). — *Ulterius ardet.* — Il brûle au-delà.

ORNANO (D'). — *Deo favente comes Corsiæ.* — Par la miséricorde de Dieu comte de la Corse.

ORNÉE (DE GAIGNE D'). — *In me fel nullum.* — En moi aucune tromperie.

ORNOY (D'). — Ah! la vertu ! la vertu !

ORSANNE (D'). — *Spes captivos alit.* — L'espérance nourrit les captifs.

ORSANNE DE DOUHAULD (D'). — *Spes captivos alit.* — L'espérance nourrit les captifs.

ORSANNE DE MONTLEVIE (D'). — *Spes captivos alit.* L'espérance nourrit les captifs.

ORSANNE DE THISAY (D'). — *Spes captivos alit.* — L'espérance nourrit les captifs. — *Armes :* d'argent au chevron de gueules au chef d'azur lozangé de trois macles d'or. — Après la bataille de Poitiers, René d'Orsanne fut fait prisonnier, il eut l'honneur de partager, en Angleterre, la captivité du roi Jean le Bon, qui pour reconnaître le dévouement sans borne dont fit preuve René d'Orsanne, augmenta les armes de la maison d'Orsanne d'un chef d'azur et de trois macles d'or, emblèmes de trois années de captivité, de plus il donna à René d'Orsanne la devise : *Spes captivos alit.*

ORRY, ou ORY, ou ORYE. — Première devise : *Ubi*

non ascendam ? — Où ne monterais-je point? — Deuxième devise : Monte qui peut.

ORYE DE BANNAY. — Première devise : *Ubi non ascendam?* — Où ne monterais-je point? — Deuxième devise : Monte qui peut.

ORYE DE FULOY. — Première devise : *Ubi non ascendam?* — Où ne monterais-je point? — Deuxième devise : Monte qui peut.

ORYE DE VIGNORY. — Première devise : *Ubi non ascendam?* — Où ne monterais-je point? — Deuxième devise : Monte qui peut. — *Armes :* de pourpre à un lion d'or, rampant et grimpant contre un rocher d'argent se mouvant à dextre de l'écu.

OSMONT (D'). — *Nihil obstat.* — Rien ne s'oppose. — *Armes :* de gueules au vol fondant d'hermines.

OUESSANT (HEUSSAFF ou D'). — *Mar couez en em saff.* — S'il tombe il se relève.

OUESSANT (DE RIEUX DE). — Première devise : Tout un. — Deuxième devise : A tout heurt bélier, à tout heurt Rieux.

OYSELET (D'). — *Non inferiora secutus.* — Il n'a pas dévié de l'exemple.

P

PABRIS DE LOMBART (DE). — *Semper Deo ac regi fidelis.* — Toujours fidèle à Dieu et au roi.

PAGAN (DE). — *Fortior pugnavi.* — J'ai combattu plus brave.

PAGERIE (DE TASCHER DE LA). — *Honori fidelis.* — Fidèle à l'honneur.

PAIGE DE BAR. — Où que tu soies, suivray toi.

PALIKAO (COUSIN-MONTAUBAN DE). — *Deo, imperatori et patriæ.* — A Dieu, à l'empereur et à la patrie.

PAILLONNE (DE BENOIT DE LA). — *Voca me cum benedictis.* — Appelle-moi avec les bénis.

PAILLOUX (DE). — *Fortes creantur fortibus.* — Les forts sont créés pour les forts.

PALAIS (DE DIGOINE DU). — *Virtutis fortuna comes.* — La fortune est la compagne du courage.

PALCY (DIGARD DE). — Si vous n'êtes pas contents!!!

PALICE (DE CHABANNES DE LA). — Je ne le cède à nul autre.

PALIGUYA (BEUFVIER DE).— *Sunt etiam præmia laudi.* Il y a aussi des prix pour la gloire.

PALMAERT (VAN PRADELLES DE).— La lenteur avance souvent plus.

PALMES D'ESTAING. — *In adversis virtus.* — Dans l'adversité la vertu.

PALU (MICHAL DE LA). — Première devise : Je veille.— *Pugnat, vigilat.* — Il combat, il veille.

PALUAT DE JALAMONDES. — *Animus et prudentia.* — Esprit et prudence.

PALUD (DE LA). — *Potius mori quàm fœdari.* — Plutôt mourir qu'être souillé.

PALUE (DE LA). — *Quémer quélen.* — Prendre conseil.

PALUELLE (DE LA). — *Gloria mihi calcar.* — La gloire est mon éperon. — *Armes :* d'azur à trois molettes d'éperon d'or.

PALUSTRE DE FOND VILLIERS. — *Dignare me laudare te, Virgo sacrata.* — Permets que je te loue, Vierge sacrée.

PAMPELONNE (DE GUYON DE GEIS DE). — *Vis unita fit fortior.* — La force unie devient plus forte.

PANCHAUD DE BOTTENS. — *Perseverando.* — En persévérant.

PANISSE (DE). — Première devise : *Virtute clarior*. — Plus éclatant par la vertu. — Deuxième devise : *Quières qui n'a*. — Cherche qui n'a. — *Armes* : d'azur à sept épis de millet d'or, recourbés et posés quatre, deux et un.

PANTIN (DE). — *Crux dux certa salutis*. — La croix est le guide certain du salut. — *Armes* : d'argent, à la croix de gueules cantonnée de quatre molettes d'éperon de cinq raies de même.

PAPE DE LÉZUZAN (LE). — Point gêhenné, point gêhennant.

PAPIN (DE). — *Sinè maculis*. — Sans taches.

PAPON DE GOUTELAS. — *Non quod acuero sanguine dentem*. — Non deceque j'aiguiserai ma dent dans le sang.

PARADIS (DE). — *Consolatur immortalis promissio*. — Une promesse immortelle console.

PARC (DU). — Bon sang ne peut mentir. — *Armes* : d'azur au léopard d'or au lambel de gueules.

PARC (DU). — Vaincre ou mourir.

PARC DE COETFREC (DU). — Vaincre ou mourir.

PARC DE GUÉRAND (DU). — Vaincre ou mourir.

PARC DE KERRET (DU). — Vaincre ou mourir.

PARC DE LOCMARIA (DU). — Première devise : Vaincre ou mourir. — Deuxième devise : Tout est beau. *Armes* : d'argent à trois jumelles de gueules.

PARC (Jourdain du). — *Servire Deo regnare est.* — C'est régner que servir Dieu.

PARC DE LA ROCHEJAGU (du). — Bon sang ne peut mentir.

PARCEVAUX (de). — *Mar plich Doué.* — S'il plaît à Dieu.

PARCEVAUX DE TRONJOLY (de). — *Mar plich Doué.* — S'il plait à Dieu.

PARCIEU (de Regnault de). — *Ardens et æquum.* — Ardent et juste.

PARCIUS (de). — *Musæ pacis amicæ.* — Les muses sont amies de la paix.

PARDOUX (du Bousquet de Saint-). — Toujours prests.

PARENT DE BOISREGNAULT. — De tout temps apparent.

PARENT DE BOURGUIGNEMONT. — De tout temps apparent.

PARENT DE NODENCOURT. — De tout temps apparent.

PARISIS DE ZÉVALLOS (de). — *Es ardid de cavalleros, y zevallos para vincellos.* — C'est ruse de cavaliers et stratagèmes pour vaincre.

PARLIER DE LA ROQUE DU MAZEL (de). — *Amando cresce.* — Crois en aimant.

PAROY (LE GENTIL DE). — *Suis ardens nittitur alis.* — Ardent, il s'appuie sur ses ailes.

PARSCAU (DE). — *Amzéri.* — Temporiser.

PASCAL ou PASCALI. — *Sanguinem quid plura?* — Quoi de plus que le sang? — *Armes :* de gueules, à l'agneau pascal d'argent portant un guidon d'argent, à la croix alésée de gueules, au chef cousu d'azur, chargé d'un croissant d'argent, accosté de deux étoiles d'or.

PASCALIS DE LONGPRA. — *Agnum Dei revereor.* — Je révère l'agneau de Dieu. — *Armes :* de sinople à un agneau d'or à la croix d'argent.

PASCHAL DE MÉRINS. — *Spes mea Christus.* — Le Christ est mon espoir.

PASQUET DE SALAIGNAC. — *Spes mea Deus.* — Dieu mon espérance.

PASSALAIGUE (DE). — *Passa Laïga.* — Qui a passé l'eau. — *Armes :* d'azur au navire d'argent.

PASTORET (DE). — *Bonus semper et fidelis.* — Toujours bon et fidèle.

PATERIN (DE). — Première devise : Le duc me l'a donné. Deuxième devise : C'est par la vertu.

PATOUL (DE). — *Virtute duce.* — Le courage pour guide.

PATOUL DE FIEURA (DE). — *Virtute duce.* — Le courage pour guide.

PAUL (DE). — *Ut palma florebit*. Il fleurira comme une palme. — *Armes :* d'argent, au palmier de gueules.

PAUL (DE CADIOT DE SAINT-). — *Virtus et fidelitas*. Courage et fidélité.

PAULMIER (DE). — *Diex el volt*. — Dieu le veut.

PAULMY D'ARGENSON (DE VOYER DE). — Première devise : *Major famâ*.— Plus grand que la renommée. Deuxième devise : *Vis et prudentia vincunt*. — La force et la prudence l'emportent.

PAUNCEFOTE (DE). — Pensez forte.

PAVIC DE TROSTANG.— *Cuz ha tao*. — Dissimule et te tais.

PAVIE DE CRECHANGOER (DE). — *Dissimul a tao*. —Dissimule et te tais.

PAYEN (DE). — *In arduis fortior*. — Plus fort dans les difficultés.

PAYEN DE LA RIVIÈRE (DE). — Première devise · La foy, le Roy. — Deuxième devise : D'abord payen, ensuite chrestien.

PAZZIS (DE SÉGUINS DE). — Première devise : *Sola salus servire Deo*. — Le seul salut, c'est de servir Dieu. — Deuxième devise : *Tendit ad sidera virtus*. — Le courage élève jusqu'aux astres. — Troisième devise : *Servire Deo regibusque suis*. — Servir Dieu et ses rois.

PECCADUC (PICOT DE). — *Nullus extinguitur*. —

Aucun n'est éteint. — *Armes* : d'or au chevron d'azur accompagné de trois falots allumés de gueules.

PÉCHAURIOLLES (DU BOURG DE). — Une foi, un roi, une loi.

PÊCHE (DE LA). — *Post flores fructus.* — Les fruits après les fleurs.

PÉCHEYROU (DE GUITTAUT COMMINGES DE). — *Ut fata trahunt.* — Comme les destins l'entraînent.

PECHPEYROU DE BEAUCAIRE. — *Ut fata trahunt.* — Que les destins te mènent.

PELET DE BEAUFRANCHET (DE). — Première devise : *Bello Franci.* — Francs en guerre. — Deuxième devise : *Fideles contra infideles.* — Fidèles contre les infidèles.

PELETIER D'AUNAY (LE). — *In cruce spes et robur.* — Dans la croix l'espérance et la force.

PELETIER DE ROSAMBO (DE). — *In cruce spes robur.* — Dans la croix l'espérance et la force.

PÉLICHY (DE). — *Vulnerat et sanat.* — Il blesse et guérit.

PÉLICHY DE LICHTERVELDE (DE). — *Vulnerat et sanat.* — Il blesse et guérit.

PÉLISSIER DESGRANGES (DE). — *Semper immaculatus ero.* — Je serai toujours sans tache. — *Armes* : d'azur, au héron d'or, au chef d'argent, chargé de trois mouchetures d'hermine.

PÉLISSIER DE MALAKOFF.—*Virtus fortuna comes*.
— La fortune est la compagne du courage.—*Titres:*
Le maréchal Pélissier a reçu le titre de duc de Malakoff
le 22 juillet 1856. — *Armes :* écartelé, au premier à
l'épée en pal, d'or sur champ d'azur; au deuxième
d'or, au palmier de sinople; au troisième d'or, au lion
couronné, lampassé de gueules; au quatrième d'azur,
à la croix grecque d'argent; sur le tout d'argent à la
couronne murale de sable, portant inscrit sur son ban-
deau le mot Sébastopol et surmonté des trois pavillons
Français, Anglais et Sarde.

PELLEPORT (DE). — *Non œre sed œre.* — Non avec
l'argent, mais avec les armes.

PELLERIN DE SAINT-LOUP (LE).— *Et nostro sanguine tinctum.* — Et teint de notre sang.

PELLET DES GRANGES. — Première devise : *Vis
nescia vinci.* — La force ne sait être vaincue. —
Deuxième devise : *Semper immaculatus ero.* — Je
serai toujours sans tache.

PELLET DU ROCHER. — *Pro Deo, pro rege, pro patriâ.* — Pour Dieu, pour le roi, pour la patrie.

PELLETRAT DE BORDES. — *Fides et patria.* — Foi
et patrie.

PELLETIER DE GLATIGNY (LE).—*Fidelis et audax.*
Fidèle et audacieux.

PELLETIER DE LIANCOURT (LE). — *Fidelis et
audax.* — Fidèle et audacieux. *Armes :* d'azur, à la

fasce d'argent, chargée d'un croissant de gueules, accompagné de trois étoiles, deux en chef, une en pointe.

PELLETIER DE MARTAINVILLE (LE). — *Adversis moveri nefas.* — Il est honteux de se laisser abattre par l'adversité. — *Armes* : d'argent à la fasce d'azur, chargée de trois besants d'or.

PELLISSIER DE LA COSTE (DE). — Première devise : *Virtute, non dolo.* — Avec le courage, non avec la ruse. — Deuxième devise : *Stellâ duce.* — Pour guide une étoile. — *Armes* : d'or au lion de sinople rampant, armé et lampassé de gueules, surmonté d'une étoile de gueules en chef.

PÉNANCOET DE KÉROUAL (DE). — Première devise : *A bep pen lealdet.* — En tout temps loyauté. — Deuxième devise : *En diavez.* — A découvert.

PÉNANDREFF (DE). — Qu'aucun querelleur n'y entre.

PÉNAUDREFF (DE KERSAUSON DE). — *Pred eo! pred a eo!* — Il est temps! il sera temps!

PÉNAURUE (HAMON DE). — En bon espoir.

PÉNAURUN (TOUTENOUTRE DE). — Première devise : Tout en outre. — Deuxième devise : Tout passe.

PÉNAUVÉRU (LE MARANT DE). — *Bonâ voluntate.* — Avec bonne volonté.

PENET DU CHATELARD. — *Tendunt ad sidera pennas.* — Ils dirigent leurs vols vers les astres.

PENFEUNTENIOU ou DE CHEFFONTAINES (DE). — *Plura quàm opto.* — Plus que je ne désire.

PENGUERN (DE). — *Doué da guenta.* — Dieu d'abord.

PENHOAT (HERVÉ DU). — Plus penser que dire.

PENHOET (DE). — Première devise : *Red eo!* — Il faut ! — Deuxième devise : Antiquité de Penhoët.

PENMARC'H (DE). — *Prest ve!* — Il serait temps !

PENNANECH (GUICAZNOU DE). — Dieu me tue.

PENNAÜTIER (DE BEYNAGUET DE). — *Cara patria, carior libertas.* — Chère est la patrie, plus chère est la liberté.

PENNES DE VENTO (DE). — *Super pennas ventorum.* — Au-dessus des ailes des vents.

PENQUÉLEN (BRIANT DE). — Sans détour.

PÉPIN DE LA BOUYÈRE. — *Fidelis dum vivam.* — Fidèle tant que je vivrai.

PÉPIN DE MARTIGNÉ. — *Fidelis dum vivam.* — Fidèle tant que je vivrai.

PÉPIN DE PRÉLAMBERT. — *Fidelis dum vivam.* — Fidèle tant que je vivrai.

PÉQUIGNY (DE). —

> Péquigny, Moreuil et Roye,
> Sont ceints de même courroye.

PÉRANDIE (DE). — Après la mort, le jugement.

PÉRARD DE VAIVRE. — *Victrix per ardua virtus.* — Le courage est vainqueur par les difficultés.

PERCHE (Motin de). — *Miserere mei, Deus.* — Ayez pitié de moi, Seigneur.

PERCY (de). — Espérance en Dieu.

PERCY (Le Blanc de). — L'honneur guide mes pas.

PERDRIOL (de). — *Suavis et vigil.* — Doux et vigilant.

PÉRÉFIXE DE BEAUMONT (Hardouin de). — *Usquè ardent fixa, nec errant.* — Elles brillent toujours fixes, et n'errent pas.

PÉRET (de). — Digne et loyal.

PÉRIER (de). — *Ad sidera ramos.* — Des rameaux vers les cieux.

PÉRIER DUSSAU (du). — Ni vanité ni faiblesse.

PÉRIGORD (de Talleyrand de). — *Ré que Diou.* — Rien que Dieu. — Cette maison, originaire du Périgord, reçut les titres de : Prince-duc de Chalais en 1714, prince de Bénévent le 5 juin 1806, duc de Dino en 1815, duc de Talleyrand en 1817, duc Français de Dino en 1817.

PERN (de Saint-). — *Fortis et paternus.* — Fort et paternel. — Variante : *Fortiter et paternus.* — Fortement et paternel.

PÉROGES (de Favre de). — Fermeté.

PERRÉAL. — Bonne fin.

PERRENOT DE GRANVELLE. — Première devise :

Sic visum superis. — Ainsi il a plu aux dieux. — Deuxième devise : *Durate, et vosmet rebus servate secundis.* — Durez et conservez-vous pour la prospérité. — Le chancelier adopta la première de ces devises, et le cardinal son fils, choisit la seconde.

PERREY (DE). — Faict service au droict.

PERRIER (DU). — Ni vanité, ni faiblesse.

PERRIER DE QUINTIN (DU). — Ni vanité ni faiblesse.

PERRIN DE BRASSAC (DE). — *Un. Li. Su. Ten.* — Un lien suffit pour tenir.

PERRIN DE LABESSIÈRE (DE). — Un. Li. Su. Ten. — Pour comprendre la devise de cette maison, il faut savoir que ses armes sont : de gueules, à trois fasces d'or en chef, au faisceau de même, lié d'azur en pointe avec cette devise : Un. Li. Su. Ten.

PERRIN DE LENGARI (DE). — Un. Li. Su. Ten.

PERSAN (DOUBLET DE). — Courage.

PERSIGNY (PHIALIN OU FIALIN DE). — Je sers. — Duc le 9 septembre 1863.

PÉRUSSE DES CARS ou D'ESCARS (DE). — Première devise : *Sic per usum fulget.* — Il brille ainsi par l'usage. — Deuxième devise : Fais que dois, advienne que pourra.

PÉRUSSIS (DE BERLUC DE). — A recommencer.

PÉRUZZIS DE BARLES. — *Datum de super.* — Donné d'en haut.

PÉRY (DE). — *Per Christum.* — Par le Christ.

PESTAISIÈRES. (DE). — *In me non spes vana.* — L'espérance en moi n'est pas vaine.

PESTEL LA MAJORIE (DE). — *O crux, ave, spes unica.* — Salut, ô croix, unique espérance.

PETIT DE LA FOSSE. — *Dura lex, sed lex.* — La loi est dure, mais c'est la loi.

PETIT DE VIÉVIGNE. — *A Domino factum est istud.* — Cela a été fait par le Seigneur.

PETITON. — Première devise : *Rex Philippus mihi dedit.* — Le roi Philippe me le donna. — Deuxième devise : *Ex recto decus.* — De droiture loyauté.

PÉTRÉ. — *Nomen mihi fecit gloria.* — La gloire m'a fait un nom.

PEULAN (CONEN DE). — Qui est sot a son dam.

PEYRONNET (DE). — *Togâ et armis.* — A la toge et aux armes.

PHALE (DE VAUDREY DE SAINT). — Première devise : A tout vaudray. — Deuxième devise : J'ai valu, vaux et vaudray.

PHALLE (DE SAINT). — *Cruce Deo, gladio Regi jungor.* — Je suis attaché à Dieu par la croix, au Roi par l'épée.

PHÉLINES DE LA CHARTONNIÈRE (DE). — Première devise : prompt et sûr. — Deuxième devise : *Nunquam defluit.* — Jamais il n'a coulé.

PHELIPES (DE VINCENT DE). — Je me contente.

PI DE COSPRONS ROUSSILLON. — *Ad alta et ardua.* — Vers les hauteurs et les escarpements.

PICAUD DE QUÉHÉON.— *Potius mori quàm fœdari.* — Plutôt mourir qu'être souillé.

PICHARD (DE). — *Non solum cœlo, salo, sed solo.* — Non seulement au ciel, sur mer, mais sur la terre.

PICHARD (DU). — *In hoc signo vinces.* — Tu vaincras par ce signe.

PICHARD DE VERNEY (DU). — *In hoc signo vinces.* — Tu vaincras par ce signe.

PICOT DE DAMPIERRE. — *Nullus extinguitur.* — Aucun n'est éteint.

PICOT DE PECCADUC. — *Nullus extinguitur.* — Aucun n'est éteint.

PICOT DE VAULOGÉ. — *Nullus extinguitur.* — Aucun n'est éteint. — *Armes :* d'or au chevron d'azur, accompagné de trois falots allumés de gueules, au chef de gueules.

PICTET DE SERGY. — *Sustine et abstine.* — Soutiens et abstiens-toi.

PIÉDOUE (DE). — *His non ferit sed tuetur.* — Avec eux il ne frappe pas, mais protège. — *Armes :* d'azur à trois pieds d'oie d'argent.

PIELLAT (DE). — *In antiquis.* — Dans les temps anciens.

PIERRRE (Méhérenc de Saint-). — Fais honneur à tes armes, on n'en parle jamais.

PIERRE DE BERNIS (de). — Armé pour le Roi.

PIERREBASSE (Testu de). — *Vis leonis.* — Force du lion.

PIERREBRAIS DE L'ÉTOILE (de). — Dieu, le Roi, ma Dame.

PIERREDON (de Carméjane de). — *Deus, patres, patria.* — Dieu, les ancêtres, la patrie.

PIERREPONT (Garaby de). — *Mihi meta polus.* — Pour moi, le pôle est ma borne.

PIERRES (de). — Pour loyaulté soutenir. — *Armes :* d'or à la croix pattée et alésée de gueules. — *Cimier :* un ours issant une pierre en l'une de ses pattes et ces mots : Ours lance Pierre.

PIERRES D'ESPINAY (de). — Pour loyauté soutenir.

PIHMAUD (de). — *Atavis et armis.* — Aux aïeux et aux armes.

PIGNIOL DE ROCREUSE (de). — *Deus et meus Rex.* — Dieu et mon Roi.

PILLES (d'Andrée de). — Je crois pour être utile.

PILLOT DE CHÉNECEY DE COLIGNY (de). — *Virtus et fides per Deum et gladium.* — Courage et foi par Dieu et l'épée. — *Armes :* d'azur, à trois fers de lance d'argent, la pointe en bas. Écartelé : de gueules à l'aigle d'argent becquée, membrée et couronnée d'azur, qui est de Coligny. Sur le tout d'or à l'aigle éployé de sable. — Un des membres de la famille de Pillot de Chénecey ayant épousé la dernière héritière de la maison de Coligny, releva les armes et les noms de cette maison en vertu de lettres patentes du 5 février 1718.

PIMEL (DE VIART DE). — *Vivit et ardet.* — Il vit et brûle.

PIMODAN (DE RARÉCOURT DE LA VALLÉE DE). — *Mori potius quàm fœdari.* — Mourir plutôt qu'être souillé. — *Armes* : d'argent, à cinq annelets de gueules en sautoir, accompagnés de quatre mouchetures de sable.

PINCZON DU SEL DES MONTS. — Vite et ferme.

PINDRAY (DE). — *In signis vinces.* — Tu vaincras par ces signes.

PINEL DE LA TAULE. — *Mihi fidelitas decus.* — Pour moi, l'honneur c'est la fidélité.

PIN (LE BORGNE DU). — *Monstrat virtus honorem.* — La vertu indique l'honneur.

PIN DE LA GUÉRIVIÈRE (DU). — *Fidem perigrinans testor.* — En faisant un pèlerinage, je montre ma foi.

PINON DE METTRAY. — *Te stante virebo.* — Je verdirai sous votre règne.

PINON DE SAINT-GEORGES. — *Te stante virebo.* — Je verdirai sous votre règne.

PINS (DE). — Après Dieu la maison de Pins.

PINS OU DE PIIS (DE). — Première devise : *Despues Dios la casa de Pinos.* — Après Dieu la maison de Pins. — Deuxième devise : L'un des neuf barons de Catalogne.

PINTEVILLE CERNON (DE). — *Prodesse omni, obesse nulli.* — Être utile à tous, nuisible à personne.

PIOGER (DE). — *Nec pavent, nec recurrunt.* — Ils ne tremblent ni ne reculent. — *Armes :* d'argent à trois écrevisses de gueules en pal.

PIOLENC (DE). — *Campi tui replebuntur ubertate.* — Tes champs seront remplis de fertilité. — *Armes :* de gueules à six épis de blé d'or en pal, posés trois, deux et un, engrêlés d'une bordure d'or.

PIOMELLES (DE). — *Semper fidelis.* — Toujours fidèle.

PIOSSAQUE (DE). — *Qui ?* — Qui ?

PIRÉ (DE ROSNYVINEN DE). — *Non ferit nisi læsus.* — Il ne frappe que s'il est blessé. — *Armes :* d'or à la hure de sanglier de sable, arrachée de gueules, défendue d'argent.

PISCATORY DE VAUFRELAND. — A confiance bonne chance.

PISTOLLET DE SAINT-FERGEUX. — Première devise : *Antè ferit quàm flamma micet.* — Il frappe avant que la flamme brille. — Deuxième devise : *Fidelis.* — Fidèle. — Sous le règne du roi Louis XII, à la fin du quinzième siècle, un des aïeux de la maison Pistollet, nommé Sébastien de Corbion, écuyer et capitaine, imagina de faire exécuter, à Sedan, une petite arme à feu qu'il appela : Pistollet à feu, par analogie avec l'arme appelée pistollet, qui était un petit poignard fabriqué, dit-on, d'abord à Pistoya, d'où lui était venu le nom de pistollet; plus tard, on écrivit le mot pistollet avec un seul *l*. Après avoir inventé l'arme à feu à laquelle il avait donné le nom de pistollet, Sébastien de Corbion fut appelé : le capitaine Pistollet. Ce nom fut porté par ses descendants; il prit pour armoiries : deux pistollets d'or en sautoir sur champ d'azur, avec les deux devises citées ci-dessus.

PLACE. — *Ut sint unum.* — Qu'ils soient un. — Devise de monseigneur Charles Place, prélat romain, auditeur de Rote pour la France, etc., etc.

PLACE DE CHAUVAC (DE LA). — *Regi et Deo semper fidelis morior.* — Je meurs toujours fidèle à Dieu et au roi.

PLAINES (DE). — Pour gloire, ne plaine mourir.

PLAINTEL (DE ROBIEN DE). — Première devise : Sans vanité ni faiblesse. — Deuxième devise : *Manet alta mente repostum.* — Il dure, déposé dans une grande âme.

PLAISANT DU BOUCHAT (DE). — *Esse quàm videri.* — Être et non paraître.

PLAISANT DU BOUCHAT DU RIGAUDEL (DE). — *Esse quàm videri.* — Être et non paraître.

PLAN DE SIEYÉS DE VEYNES (DE). — Nul souci fors Dieu.

PLANTADE (DE). — *Caritas nescia vinci.* — Charité ignore la défaite.

PLASTRE (LE). — *Non est mortale quod opto.* — Ce que je désire n'est pas mortel.

PLATIÈRE (IMBERT DE LA). — *Nescit labi virtus.* — Le courage ne sait broncher.

PLATIÈRE (ROLAND DE LA). — Rien sans peine.

PLÉDRAU (POTIER DE). — *Dextera fecit virtutem, dextera salvabit me.* — Ma droite a fait mon courage, ma droite me sauvera. — *Armes :* d'azur, à deux mains dextres d'or; au franc quartier échiquetée d'argent et d'azur.

PLESSEYS LE LERGUE DE PINAY (DE). — A jamais celle.

PLESSIS DE MORNAY (DU). — *Arte et Marte.* — Avec Minerve et Mars.

PLESSIS (LE BAR DU). — *Vel avulsæ frondescent.* — Même arrachées, elles verdoient. — *Armes :* d'or, à un lion de gueules accompagné de trois arbres de sinople arrachés, posés deux en chef, un en pointe.

PLESSIS (BOYNET DU). — *Oculis vigilantibus erit.* — Il aura les yeux vigilants.

PLESSIX (DE COATANLEM DU). — *Germinavit sicut lilium et florebit in æternum antè Dominum.* — Il a germé comme le lis, et il fleurira dans l'éternité devant le Seigneur.

PLESSIX (FERRON DU). — *In hoc signo vinces.* — Par ce signe tu vaincras.

PLESSY MAURON DE GRÉNÉDAN (DU). — Plesseis Mavron!

PLEURS (DE). — *Deus fortitudo mea.* — Dieu est ma force.

PLOMBY (DE). — *Ave, Maria.* — Salut, Marie.

PLOMBY DE LA GENESTE (DE). — *Ave, Maria.* — Salut, Marie.

PLOESQUELLEC ou DE PLUSQUELLEC (DE). — Aultre ne veuil. — *Armes* : chevronné de six pièces d'argent et de gueules. — *Alias* : brisé d'un lambel d'azur.

PLŒUC (DE). — L'âme et l'honneur.

PLŒUC DU TIMEUR (DE). — L'âme et l'honneur. — *Armes :* d'hermines à trois chevrons de gueules.

PLŒUC (DE LA RIVIÈRE DE). — *Undecunque inspiciendum.* — Qu'on doit regarder de tous côtés. — *Armes :* d'azur, à la croix engreslée d'or.

POEZE (DE LA). — *Auxilium ad alta.* — Le secours vient d'en haut.

POILVILAIN ou PELLEVILAIN DE CRENAY. — *Ab avis et armis.* — Par les ancêtres et les armes.

POILVILAIN ou PELLEVILAIN DE MONTCHAU-
VEAU. — *Ab avis et armis.* — Par les ancêtres et les
armes.

POILLOT (de). — *Melior fortuna notabit.* — Il con-
naîtra une meilleure fortune. — *Armes :* d'argent à
sept larmes de sable, posées quatre, deux et une.

POILLOT D'OIGNY (de). — *Melior fortuna notabit.*
— Il jouira d'une meilleure fortune.

POINCY (Blondel de). — *Cruce et ense.* — Par la croix
et l'épée.

POINT (de Saint-). — *Moderata durant.* — Les choses
modérées durent.

POIPPE ou DE LA POYPE (de la). — *Nec temerè,
nec timidè.* — Ni témérairement ni timidement.

POIRRIER D'AMFRÉVILLE. — Oncques ne fauldray.

POIRRIER DE FRANGUEVILLE. — Oncques ne fauldray.

POIRRIER DE NOISSEVILLE. — Oncques ne fauldray.

POIX DE FRÉMINVILLE (de la). — En avant.

POGNIAT (de Bonnevie de). — De bonne vie nous sommes.

POLE (de). — *Pollet virtus.* — Le courage est en pleine vigueur.

POLI (DE). — *In sudore sanguinis.* — Dans une sueur de sang. — *Légende :* Pol en vaillance est lion. — *Armes :* d'argent, à trois violettes d'azur tigées et feuillées de sable, au chef cousu d'azur, chargé en cœur d'une molette d'éperon à huit pointes d'or. Le nom originaire de cette antique maison était Paul ou Pol.

POLIER (DE). — *Phœbi et Martis.* — De Phœbus et de Mars.

POLIER DE BRÉTIGNY (DE). — *Et Phœbi et Martis.* — Et de Phœbus et de Mars.

POLIGNAC (DE). — Première devise : *In antiquissimis.* — Dans les temps les plus reculés. — Deuxième devise : *Sacer custos pacis.* — Gardien sacré de la paix. Cette maison, originaire du Velay, reçut le titre de duc héréditaire en 1780, prince du Saint-Empire en 1820, prince en Bavière avec transmission à tous les descendants.

POLIGNY (DE). — Vertu et fortune.

POLINIÈRE (DE). — *Sinè Deo, nihil!* — Sans Dieu, rien !

POLLADION DE GLAVENAS. — Liesse à Polladion.

POLLALION (DE). — Liesse à Pollalion !

POLLOD (DE). — *Contra audentior ito.* — Il marche contre avec plus d'audace. (Devise tirée de Virgile.)

POMEREU (DE). — *Pereat nomen, cum peribit honor.* — Que le nom périsse quand l'honneur périra.

POMEREU D'ALIGRE (DE). — *Pereat nomen, cum peribit honor.* — Que le nom périsse quand l'honneur périra. La maison d'Aligre, qui a donné à la France deux chanceliers et un premier président au Parlement de Paris, s'est éteinte en 1847, en la personne du marquis d'Aligre, pair de France, etc., etc., dont la fille unique a épousé le marquis de Pomereu, chevalier de Malte de minorité, ancien membre du conseil général de la Seine-Inférieure, etc., etc. Par deux ordonnances du roi Charles X, de 1825, le second fils du marquis de Pomereu a été autorisé à prendre le nom de son grand-père, le marquis d'Aligre, et à en recueillir le titre et la pairie. La devise de la maison d'Aligre était : — *Non uno gens splendida sole*, et les armes : burelé d'or et d'azur, chargé de trois soleils d'or.

POMMIER (ACHARD DE). — *Ex virtute nobilitas.* — La noblesse naît du courage.

POMMORIO (CHRESTIEN DE). — En bon chrestien.

POMPADOUR (DE LAURIÈRES DE). — *Majores donec superem.* — Jusqu'à ce que je surpasse mes ancêtres. — *Armes :* d'azur, à trois tours d'argent, maçonnées de sable.

PONCEAU (AMYS DU). — *Virtus et fidelitas.* — Courage et fidélité.

PONCELIN DE LA ROCHETILHAC (DE). — *Firmior petrâ*. — Plus ferme qu'une pierre.

PONCIÉ (DE LA ROCHE DE). — Première devise : *Sublimi feriam sidera vertice*. — De mon front sublime je frapperai les astres. (Devise tirée d'Horace.) — Deuxième devise : Qui s'y heurte s'y brise.

PONIATOWSKI. — *Pro fide, lege, rege*. — Pour la foi, la loi, le roi.

PONS RENEPONT (DE). — Rien par force, tout par vertu.

PONT LABBÉ (DU). — *Heb chench'*. — Jamais ne change.

PONT (DE SAINT-). — *Moderata durant*. — Les choses modérées durent.

PONT (DE SASSENAY DU). — Première devise : J'en ai la garde du pont. — Deuxième devise : *Si fabula, nobilis illa est*. — Si c'est une fable, elle est noble. — Troisième devise : Sur toutes.

PONT JARNO D'AUBANUYE (DE). — *Spes mea Deus*. — Dieu mon espérance.

PONTAUBEVOYE D'OYSONVILLE (DE). — *Virtute et labore*. — Par le courage et le travail.

PONT (DU). — *Amico patriæ, patriæ carissimo*. — A l'ami de la patrie, à celui qui est très-chéri de la patrie.

NTAUMONT (LANGEVIN DE). — *Deo juvante*. — Avec l'aide de Dieu.

PONTBODIN (Bigot de). — Tout de par Dieu.

PONTCALLER (de Guer de). *Sinè maculis.* — Sans taches.

PONTCARRÉ (Camus de). — *Justitia est potentia regum.* — La justice est la puissance des rois. — Devise parlante, la plupart des membres de cette maison étaient de robe, à savoir : premiers présidents des parlements de Provence, de Normandie, conseillers d'État, etc., etc.

PONTCROIX (de). — Naturellement.

PONTCROIX (de Rosmadec de). — En bon espoir.

PONTENIER (de Cadiot de). — *Virtus et fidelitas.* — Courage et fidélité.

PONTEVEZ (de). — Première devise : *Separata ligat.* — Il lie ce qui est dispersé. — Deuxième devise : *Fluctuantibus obstat.* — Il s'oppose aux flots. — Troisième devise : *Mediis totus in undis.* — Tout entier au milieu des ondes. — Ancien dicton provençal : Prudence des Pontevez. — *Armes :* de gueules, au lion d'argent; parti de gueules au pont maçonné de sable. *Titres :* Substitution le 18 juillet 1828 aux titres et dignités du duc de Sabran, qui fut créé duc le 30 mai 1825.

PONTGIBAUD (de Mori de). — *Morey por Dios.* — Mourir pour Dieu.

PONTGUILLY (de Phélipes de). — Je me contente.

PONTHON D'AMÉCOURT (DE). — Ayde à autrui, Dieu t'aydera.

PONTHUS (DE LA MUSSE DE).—*Auro micante refulget.* — Il resplendit a un or étincelant.

PONTIS (DE). — *In Domino facit virtutem.* — Dans le Seigneur il fait des prodiges.

PONTIS DES DOURBES (DE). — *In Domino facis virtutem.* — En Dieu, tu jettes de l'éclat.

PONTLEVOYE (DE LOUVART DE). — *Fortis fortiori cedit.* — Le brave cède au plus brave.

PONTOI DE PONTCARRÉ (DE). — *Justitia est potentia regPm.* — La justice est la puissance des rois.

PONTOUE (DES RICHARDS DE).— *Semper in paupertate dives.* — Toujours riche dans la pauvreté. — *Armes :* de gueules au lion d'or, au chevron d'argent brochant chargé à dextre d'un rameau de sinople et à sénestre de trois angemmes de gueules. — Ce fut la réponse d'Adrian des Richards seigneur d'Ancemont à qui Richelieu promettait de l'argent et des honneurs à la condition de livrer le brave et généreux Charles, duc de Lorraine.

PORCELLET (DE). — Les grands de Porcellet. — Le roi René de Naples, comte de Provence, se plaisait à donner des sobriquets aux principaux seigneurs de Provence, il attribua la grandeur à l'ancienne maison de Porcellet en disant d'elle : les grands de Porcellet.

PORCELLET DE LA MAILLANE (DE). — Première

devise : *Finxi me esse pro rege regem.* — J'ai feint d'être roi pour le roi. — Deuxième devise : *Gens deorum, deinde genus Porcella Maillana.* — Race des dieux, plus tard, race des Porcellets de la Maillane. — Épithète donnée par le roi René : Les grands de Porcellet.

PORET DE BLOSSEVILLE. — *Ex robore robur.* — La force vient de la force. — *Armes :* d'azur, à trois glands d'or.

PORT (DE BERNARD DU). — *Fortitudo, nobilitas.* — Force, noblesse.

PORT DE BANNES (DU). — *Cingit et obstat.* — Il entoure et s'oppose.

PORTE (DE LA). — *Omnia mecum porto.* — Je porte tout avec moi.

PORTE DE L'ARTAUDIÈRE (DE LA). — Pour elle tout mon sang. — *Armes :* de gueules, à la croix d'or.

PORTE D'YSSERTIEUX (DE LA). — *Gardiatores de porta.* — Les gardiens de la porte.

PORTES (BOUVIER DE). — *Caveto !* — Gare !

PORTIER DE PROLOIS. — De tous châteaux portier.

PORTZIC (DE RODELLEC DU). — Première devise : *Mad ha léal.* — Bon et loyal. — Deuxième devise : *Cominùs et eminùs feriunt.* — Ils frappent de près et de loin. — *Armes :* d'argent, à deux flèches d'azur en pal, les pointes en bas.

PORTZMOGUER (DE). — Première devise : *Soul Doué, sel peri.* — La volonté de Dieu, prends garde à ce que tu feras. — Deuxième devise : *Var vor ha zar zouar.* — Sur terre et sur mer.

PORTZMOGUER DE LA VILLENEUVE (DE). — Première devise : *Soul Doué, sel peri.* — La volonté de Dieu, prends garde à ce que tu feras. — Deuxième devise : *Var vor ha zar zouar.* — Sur terre et sur mer.

POSANGES (DE). — *Non sibi sed patriæ.* — Non pour soi, mais pour la patrie.

POSTEL DES MINIÈRES (DE). — A toutes heurtes, tout appuie. — *Alias :* Où tout te heurte, tout t'appuie.

POT DE PIÉGU (DU). — Tant elle vaut.

POTERAT DE BATILLY. — *Prosperat tutè.* — Il prospère en sûreté.

POTERAT DE VAUCLOS. — *Prosperat tutè.* — Il prospère en sûreté.

POTIER (DE). — *Dextera fecit virtutem, dextera salvabit me.* — Ma droite a fait mon courage, ma droite me sauvera.

POTIER DE BAILLIVY (DE). — *Dextera fecit virtutem, dextera salvabit me.* — Ma droite a fait mon courage, ma droite me sauvera. — *Armes :* d'azur, à une fasce d'or accompagnée de trois étoiles d'argent en chef et d'un croissant d'or en pointe.

POTIER DE COURCY. — A la parfin, vérité vainc.

POTIER DE LA GALAISIÈRE. — A la parfin, vérité vainc. — *Armes :* de gueules à la fasce d'argent, accompagnée de trois croisettes de même posées deux et une.

POTIER DE GESVRES. — *Dextera fecit virtutem, dextera salvabit me.* — Ma droite a fait mon courage, ma droite me sauvera.

POTIER DU GUESLIN. — *Dextera fecit virtutem, dextera salvabit me.* — Ma droite a fait mon courage, ma droite me sauvera.

POTIER DE NOUVION. — *Dextera fecit virtutem, dextera salvabit me.* — Ma droite a fait mon courage, ma droite me sauvera.

POTIER DE PLÉDRAU. — *Dextera fecit virtutem, dextera salvabit me.* — Ma droite a fait mon courage, ma droite me sauvera.

POTIER DE TRESME. — *Dextera fecit virtutem, dextera salvabit me.* — Ma droite a fait mon courage, ma droite me sauvera. — *Armes :* d'azur à trois mains dextres d'or, au franc canton échiqueté d'argent et d'azur. Cette maison, originaire de Paris, qui porta les titres de ducs de Tresme, de Gesvres, s'est éteinte en la personne du duc de Gesvres, condamné à mort par le tribunal révolutionnaire de Paris, le 7 juillet 1794; il avait épousé T.-M. du Guesclin, également la dernière de son nom; il n'eut pas de postérité de son mariage.

POUCQUES D'HERBINGHEM (DE). — *Fortis atque fidelis.* — Fort et fidèle.

POUDENX (DE). — *Atavis et armis.* — Aux aïeux et aux armes.

POUGET DE NADAILLAC (DU). — *Virtus in hæredes.* — Courage dans les héritiers. — *Légende :* Pour loyaulté maintenir.

POUGÉSIE (DE). — Vertu, courage, fidélité.

POUILLY (DE). — *Fortitudine et caritate.* — Par force et charité.

POUILLY DE CORNAY (DE). — *Fortitudine et caritate.* — Par force et charité.

POUILLY DE MENSDORFF (DE). — *Fortitudine et caritate.* — Par force et charité.

POULHARIEZ (DE). — *Vigil et alacer.* — Vigilant et alerte.

POULLADOU (GAUTHIER DU). — Chacun a sa vue.

POULLE (DE). — *Non te negabo.* — Je ne te nierai pas.

POULMESTRE (LE FROTTER DE). — *Nil conscire sibi.* — N'avoir rien à se reprocher.

POULMIE (DE). — De bien en mieux.

POULPIQUET (DE). — De peu assez.

POULPIQUET DE BRESCANVEL (DE). — De peu assez.

POULPIQUET DU HALGOUET (DE). — De peu assez. — *Armes :* d'azur, à trois poules d'argent, becquées et membrées de gueules.

POUPET. — Heur m'est malheur, et malheur m'est heur. — Devise adoptée par N. Poupet, évêque de Châlons. Sa famille, en mémoire de ce prélat, a continué de porter cette devise.

POURCELLET ou DE PORCELLET (DE). — Grandeur des Porcellet.

POURDIAC (BASSABAT DE). — Il m'est fidèle.

POURROY DE L'AUBERIVIÈRE DE QUINSONNAS. — *Cito tutoque.* — Rapidement et sûrement.

POURTALÉS (DE). — *Quid non dilectis.* — Que ne ferais-je pas pour ceux que je chéris. — Cette devise a rapport au pélican qui figure dans les armes de cette maison.

POUSSIN. — *Scopum attingam.* — J'atteindrai le but.

POUSSOIS (DE). — *Semper fidelis.* — Toujours fidèle.

POUZOLS DE CLAIRAC. — *Fortitudo.* — Force.

POUZOLS DE SAINT-MAURICE. — *Fortitudo.* — Force.

POYET (DE). — *Justitiæ columnam sequitur leo.* — Le lion suit la colonne de la justice. — *Armes :* aux un et quatre d'azur à trois colonnes rangées d'or; aux deux et trois de gueules au griffon d'or.

POYET DE BEINE (DE). — *Justitiæ columnam sequitur leo.* — Le lion suit la colonne de justice.

POZZO DI BORGO. — *Consilio et virtute.* — Par conseil et courage. — La maison Pozzo di Borgo reçut le titre de duc au royaume de Naples le 29 novembre 1852.

PRACOMTAL (DE). — Partout vit Ancône.

PRAHEC (DE). — *Usquè ad mortem fidelis.* — Fidèle jusqu'à la mort. — Armes : d'argent, au lévrier de sable courant, colleté d'or.

PRAINGY (SAULNIER DE). — *Spes, virtus, fides.* — Espérance, courage, foi.

PRAT (DU). — *Spes mea Deus.* — Dieu mon espérance. — Le chancelier Antoine du Prat, outre l'ancienne devise de sa maison, avait choisi pour emblème un homme foulant aux pieds une plante d'oseille, avec cette devise : *Virescit vulnere virtus.* — La vertu fleurit par la blessure. — C'était au temps où les accusations et les calomnies attaquaient sa personne et son ministère. Il faisait par là profession de son mépris pour de vaines injures et prétendait montrer qu'elles ajouteraient à son mérite.

PRAT (DE ROSPIEC DU). — *Fidei et amoris.* — De foi et d'amour.

PRAT DE LAMARTINE. — *Accordisse de Lamartine.* — Aux accords de Lamartine.

PRATZ DE MAVILLON. — Partout vit Ancône.

PRÉAMÉNEU (BIGOT DE). — Tout de par Dieu.

PRÉAUX (FRIGNET DES). — *Sæpè victor, semper clemens.* — Souvent vainqueur, toujours clément.

PRÉCIPIANO (DE). — Dieu et mon épée.

PRÉGIPIANO (DE). — *Non in gladio, sed in nomine Domini.* — Non par l'épée, mais au nom du Seigneur. — *Armes :* de gueules à l'épée d'argent garnie d'or, posée en fasce.

PRÉCONTAL (DE). — Partout vit Ancône.

PRÉGENT DE COETIVY. — *Prest ve !* — Il serait temps !

PRÉMIAN (DE). — *Summa lex candor.* — La candeur est la loi suprême.

PRÉPÉAN (CONEN DE). — Qui est sot à son dam.

PRÉS (DE NOBLET DES). — *Nobilitat virtus.* — Le courage anoblit.

PRÊTOT D'AUVERS (MORIN DE). — *Fortis fidelisque simul.* — Fort et fidèle en même temps.

PRÉVOST DU BARAIL (LE). — *Votum Deo regique vovit.* — Il a fait un vœu à Dieu et au roi.

PRÉVOST DE BASSERODE (LE). — Première devise: Rhodes ! Rhodes ! — Deuxième devise : Aymez sans craindre le Prévost.

PRÉVOST DU BOIS DE LA HAYE (LE). — *Votum Deo regi que vovit.* — Il a fait un vœu à Dieu et au roi.

PRÉVOST DE LA BOUTELIÈRE DE SAINT-MARS. — Défense.

PRÉVOST DE LA CROIX. — *Magis ac magis.* — Davantage et davantage.

PRÉVOST DE GAGEMONT. — *Spes usquè, metus unquam.* — Jusqu'à l'espérance, jamais jusqu'à la crainte.

PRÉVOST D'IRAY (LE). — *Votum Deo regique vovit.* — Il a fait un vœu à Dieu et au roi.

PRÉVOST DE LONGPÉRIER. — *Sinè maculâ, maculæ.* — Ce sont des mâcles sans tache. — *Armes* : d'azur à trois mâcles d'or.

PRÉVOST D'OLBREUSE. — *Spes usquè, metus unquam.* — Jusqu'à l'espérance, jamais jusqu'à la crainte.

PRÉVOST DE PRESSIGNY (LE). — *Magis ac magis.* — De plus en plus.

PRIE ou DE PRYE (DE). — *Non degener ortu.* — Il ne dégénère pas de son origine.

PRIEST (DE GUIGNARD DE SAINT). — Fort et ferme.

PRIEST D'ALMAZAN (DE GUIGNARD DE SAINT). — Première devise : Fort et ferme. — Deuxième devise : *Esse quàm videri.* — Être plus que paraître. — Cette maison reçut le titre espagnol de duc d'Almazan.

PRIX (DE SOUBEYRAN DE SAINT). — *Ainsin lou voù lou Soubeyran.* — Ainsi j'ai vu le souverain. — En patois languedocien le mot soubeyran signifie souverain.

PROLOIS (Portier de). — De tous châteaux portier.

PROUSTEAU DE MONTLOUIS. — *Proùt sto in periculis ardentior.* — Je me tiens, mais je me maintiens plus ardent dans le péril.

PROVOST DE BOISBILLY. — *Adversis major et secundis.* — Au-dessus de la prospérité et de l'adversité.

PROVOST DE SQUIRIOU. — Jamais arrière.

PRUNARÈDE (Benoist de la). — *Voca me cum benedictis.* — Appelle-moi avec les bénis.

PRUNIER (de). — *Turris mea Deus.* — Dieu est ma tour. — *Armes* : de gueules, à la tour d'argent donjonnée et maçonnée de sable, ouverte et ajourée de gueules.

PRUNIER (le Blanc de). — *Sustentant lilia turres.* — Les tours soutiennent les lis.

PRUNELÉ (de): — *Freni nescia virtus.* — La force ne sait ce qu'est le frein. — *Armes :* de gueules à six annelets d'or. — *Cimier :* un cheval sans frein. — Un chevalier de la maison de Prunelé ayant été fait prisonnier, aurait brisé ses fers : son ennemi le voyant s'échapper s'écria : *Prou ne l'ay!* — Plus ne l'ai! — Le nom de cette antique famille s'écrivait autrefois : Prounelay.

PUCHEVILLERS (de Morel de). — *Nescit labi virtus.* — Le courage ne sait broncher.

PUINERT (de Roux de). — *Lethum quam lutum.* —

La mort plutôt qu'une tache. — *Armes :* d'argent à six mouchetures d'hermine, posées trois, deux et une. — Cette devise a été donnée par Simon de Montfort à un membre de la maison de Roux de Puinert en souvenir d'un brillant fait d'armes.

PUNTIS (DE CALMELS). — *Sustinet et abstinet.* — Il soutient et s'abstient. — *Armes :* de gueules à trois troncs d'arbre d'argent, au chef cousu d'azur chargé de trois étoiles d'or.

PUSIGNAN (DE). — Prospérité.

PUY MONTBRUN (DU). — Première devise : *Agere et pati fortia.* — Faire et souffrir de grandes choses. — Deuxième devise : *Virtute non genere niti.* — S'appuyer sur la vertu et non sur la naissance. — Troisième devise : *Vicit leo e tribu Juda.* — Le lion de la tribu de Juda a vaincu. — *Armes :* d'or, au lion de gueules armé et lampassé d'azur.

Q

QUARRÉ — *Quadrati æquales undique recti.* — Les carrés bien faits sont droits de tous côtés.

QUARRÉ D'ALIGNY. — *Quadrati æquales undique recti.* — Les carrés bien faits sont droits de tous côtés.

QUARRÉ DE VERNEUIL. — *Quadrati æquales undique recti.* — Les carrés bien faits sont droits de tous côtés.

QUATREBARBES (DE).— *In altis non deficio.*—Dans les hauteurs, je ne faillis pas.

QUÉLÉGEN (TAILLARD DE). — *Antè québrar què doublar.* — Plutôt rompre que plier.

QUÉLEN (DE), — Première devise : Avize! avize! — Deuxième devise : *E peb amzer Quélen.* — En tout temps Quélen.— En breton le mot *quélen* signifie houx, la devise de cette maison peut signifier : En tout temps Quélen, ou bien encore : En tout temps il y a du houx, allusion à la feuille de cet arbre qui ne tombe pas l'hiver. La devise avize! avize! était portée par la branche de la maison de Quélen, créé duc de La Vauguyon, branche éteinte.

QUÉLENEC DE BELLEVILLE (DU). — En Dieu m'attends.

QUÉLENEC DE LA BROUSSE (DU). — En Dieu m'attends.

QUEMPER DE LA NASCOL DU GUÉRAUD, — En bon repos.

QUENGO (HENRY DE). — *Potius mori quàm fœdari.* — Plutôt mourir qu'être souillé.

QUENTIN DE CHAMPCENETS. — *Semper stabit claritas.* — La clarté durera toujours.

QUENTIN DE CHAMPLOST. — *Semper stabit claritas.* — La clarté durera toujours.

QUENTIN DE LA SALLE. — *Semper stabit claritas.* — La clarté durera toujours.

QUENTIN DE LA VIENNE. — *Semper stabit claritas.* — La clarté durera toujours.

QUENTIN (DE SAINT-). — *In manibus Dei sortes meæ.* — Mes destinées sont dans les mains de Dieu.

QUENTIN (DE LA TOUR SAINT-). — Tiens toujours ferme la **Tour**.

QUERHOENT (DE). — Première devise : Dieu soit loué. — Deuxième devise : Sur mon honneur.

QUÉRELLES (DE). — Envers et contre tous.

QUILLIEN (DE). — *Tevel hag ober.* — Agir et se taire.

QUILLIMADEC (DE). — *Hep remet.* — Jamais ne revient.

QUINSON (DE). — *Suavis suavi.* — Doux avec le doux.

QUINSONNAS (POURROY DE L'AUBERIVIÈRE DE). — *Cito tutoque.* — Rapidement et sûrement.

QUINTIN (DU PERRIER DE). — Ni vanité ni faiblesse.

QUIQUERAN DE BEAUJEU (DE). — *Vis contra vim.* — Force contre force.

QUIRIT DE COULAINE. — Va ferme à l'assaut, Quirit à la prise!

QUITRY (DE CHAUMONT). — *Furibundi calvi montenses.* — Les montagnards chauves sont furibonds.

R

RACONIS (DE SAVOYE DE). — Tout net.

RADEPONT (DU BOSQ DE). — Plus qu'un lyon.

RADEVAL DE SELLETOT DE BARRE (DE). — *Virtus omnia in se habet.* — La vertu a tout en elle.

RAFÉLIS DE BROVES. — *Genus et virtus.* — Noblesse et vertu.

RAGON DE BANGE. — *Bonorum operum gloriosus fructus.* — Fruit glorieux des bonnes œuvres.

RAGUSE (VIESSE DE MARMONT DE). — *Patriæ totus et ubique.* — Tout et partout à la patrie. — L'ancienne famille Viesse de Marmont reçut son titre de duc de Raguse de l'empereur Napoléon Ier. Cette maison ducale est éteinte.

RAHIER DE BIERDEL. — *Fides agit.* — La foi agit.

RAHIER DE LA BRETONNIÈRE. — *Fides agit.* — La foi agit.

RAHIER DE LA FRESNAYE. — *Fides agit.* — La foi agit.

RAHIER DE TREVENIE. — *Fides agit.* — La foi agit. — *Armes :* de gueules, à la croix d'or cantonnée de quatre croisettes de même.

RAIGECOURT (DE). — *Inconcussibile.* — Inébranlable.

RAIGECOURT-GOURNAY (DE). — *Inconcussibile.* — Inébranlable.

RAIMOND DE MODÈNE. — *Saucias et defendis.* — Tu blesses et tu protéges.

RAISON DU CLEUZIOU. — Toujours raison.

RAMBAUD (DE). — *Et habet sua gaudia luctus.* — Le deuil aussi a ses joies.

RAMBEL (ALEXANDRIS DE). — *Semper Deo ac regi fidelis.* — Toujours fidèle à Dieu et au roi.

RAMBELLEVILLE (CONEN DE). — Qui est sot à son dam (préjudice).

RAMBERCOURT (DE). — *Nil timendum est Ramberti cordi.* — Il n'y a rien à craindre pour le cœur de Rambert.

RAMBUTEAU (BARTHÉLOT DE). — Noblesse oblige.

RAMIGNIES CHIN (DE SOURDEAU DE). — De Sourdeau hayne aux villains.

RAMPONT (DE). — *In sudore vultus tui vesceris pane.* — Tu mangeras ton pain à la sueur de ton front.

RANCÉ (DE CHAVANNES DE). — *Crescendo virtus augetur.* — En croissant, le courage s'augmente.

RANCHER (DE). — *Celeritas atque fidelitas.* — Célérité et fidélité.

RANCHICOURT (DE). — *Unguibus et rostro armatus in hostem.* — Armé du bec et des ongles contre l'ennemi.

RANCOGNE (BABINET DE). — *Licet major semper idem.* — Il peut être plus grand, mais il est toujours le même.

RANDON (DE CHATEAUNEUF DE). — *Deo juvante.* — Dieu aidant.

RANGOUGE (LEIGOUGE DE). — *Virtus et honor.* — Courage et honneur.

RANGUENDY (DE). — *Cognoscat ex unguine leonem.* — Que l'on reconnaisse le lion à sa griffe. — *Armes :* de gueules au lion d'or.

RANLÉON (CHATON DE). — Dieu et mon courage.

RAOUL DE CLERC LA DEVÈZE. — *Virtute clara.* — Brillant par le courage.

RARÉCOURT (DE LA VALLÉE DE PIMODAN DE). — *Mori potius quam fœdari.* — Mourir plutôt qu'être souillé.

RASOIR (DE). — *Usque ad metam.* — Jusqu'au terme.

RASTIGNAC (DE CHAPT DE). — *In Domino confido.* — Je me confie dans le Seigneur.

RASTIGNAC DE MESSILLAC (DE CHAPT DE). — *In Domino confido.* — Je me confie dans le Seigneur.

RAVARD DE TRESSOLEIL. — J'éclaire ou je brûle. *Armes :* d'azur, au soleil de douze rayons d'or.

RAVEL (DE). — *Valore et prudentia fortior.* — Plus brave par sa valeur et sa prudence.

RAVINEL (DE). — Après Dieu, l'honneur.

RAYMOND (DE). — *Are de mon no mudera.* —

RAYNAUD (DE). — *Domine probasti me.* — Seigneur, vous m'avez éprouvé.

RÉAULX (DES). — *Sic fortis ut humanus.* — Aussi brave qu'humain. — *Armes :* d'or, au lion de sable à la face humaine de carnation chevelue et barbue.

RÉAUX (DES). — *Sic fortis est humanus.* — Aussi brave qu'humain. — *Armes :* d'or, au lion de sable à la tête humaine de front de carnation chevelue et barbue.

REBECQUE (DE CONSTANT DE). — *In arduis constans.* — Constant dans le malheur.

RECHIGNEVOISIN (DE). — Qui oncques ne faillit. — Depuis l'an 1400, cette devise appartenait à cette maison.

RECLUS DE GAGEAC (DE). — *Etiam inclusus, semper reclusus.* — Même inclus, toujours reclus.

RÉCOURT (DE). — *Sic omnia.* — Ainsi tout.

RÉCOURT DE RIVIÈRE. (DE). — Droit dire au cœur.

RÉCOURT DU SART (DE). — *Audacter et sincere.* — Audacieusement et sincèrement.

REFFYÉ (VERCHÈRES DE). — *In tenebris lumen rectis.* Dans les ténèbres, il est une lumière pour les justes.

REFUGE DE COESMER (DE ou DU). — Première devise : *Victrix innocentia.* — Innocence victorieuse. — Deuxième devise : A tous, refuge.

RÉGNARD DE LAGNY. — *A liliis omnia.* — Tout vient des lis.

REGNAULT DE BISSY. — *Ardens et œquum.* — Ardent et juste.

REGNAULT DE PARCIEU. — *Ardens et œquum.* — Ardent et juste.

RÉGNIER (DE). — *Constringe eos.* — Domptez-les. — Armes : de gueules, à la molette de huit raies d'or. — Devise donnée à la famille de Régnier par Réné Ier, duc de Lorraine, en 1477, en l'anoblissant.

REGNON (DE). — *Mel regi.* — Le miel au roi. — Armes · d'azur à trois abeilles d'or.

REGNOUARD-VILLAGER. — *Spectat ad astra.* — Il regarde les astres.

REMBURES (DE). — Ancien dicton : Rembures, Rubempré, Renty belles armes, et piteux cry.

RÉMERVILLE (DE). — Première devise : *Aderit vocatus Apollo.* — Apollon appelé reviendra. — Deuxième devise : *Meminisse juvabit.* — Il sera doux de se souvenir.

RÉMY (AUVRAY DE SAINT-). — *Semper armatus in hostem.* — Toujours armé contre l'ennemi.

RENARD DU SERRE. — *Marte et Arte.* — Avec Mars et Minerve.

RENAUD D'AVESNE DES MÉLOISES. — Droit partout.

RENAUDIÈRE (DES MARAIS OU DES MARETS DE LA). — *Spes mea fortitudo.* — Mon espoir fait ma force.

RENCY (SURIREY DE SAINT-). — *Pietà, fedeltà.* — Piété, fidélité. — Pieusement et fidèlement.

RENGIES (LE HARDY DE). — *Nec fortior alter.* — Et nul autre n'est plus fort.

RENNEPONT (DE PONS DE). — Rien par force, tout par vertu.

RENOARD (ANDRÉE DE). — Je crois pour être utile.

RENOUARD DE BUSSIÈRE. — *Non renuo ardua.* — Je ne récuse pas les difficultés.

REPAIRE (DE BEAUMONT DU). — Amitié de Beaumont.

RÉQUENA (DE). — *Veritas vincit.* — La vérité est victorieuse.

RESSENCOURT (Morin de).— *Fortis fidelisque simul.*
— Brave et fidèle à la fois.

RESSIZ (Sallmard de). — *Labor in armis est nostri testis honoris.* — Ma valeur sous les armes est témoin de notre honneur.

REST (de Cœtauscourt de). — *Ha galon vat.* — De grand cœur.

RESTAURAND (de). — *Virtus vetat mori.* — Le courage défend de mourir.

RESTAURAND DE LIRAC (de).— *Virtus vetat mori.*
— Le courage défend de mourir. — *Armes :* d'argent à un phénix sur un bûcher, qui se brûle à l'ardeur du soleil.

RETZ (Prégent de). — *Prest ve!* — Il serait temps!

RÉVEL (de). — *Nil nisi a Deo.* — Rien ne vient que du Seigneur.

REVIERS DE MAUNY (de). — Première devise : Ardent et fidèle. — Deuxième devise : *Candore et ardore.* Avec blancheur et ardeur. — *Armes :* d'argent, à six losanges de gueules, posés trois, deux et un. — C'est ainsi que les armes de cette maison sont rapportées dans un armorial du dix-septième siècle avec la devise : *Candore et ardore.* — Quant à l'autre devise, elle semble consacrée par un grand nombre de jetons gravés vers la fin du dix-septième, ou au commencement du dix-huitième siècle. Ces jetons représentent, d'un côté, les armes de cette famille, de l'autre un chien s'appuyant sur un tertre pour regarder le soleil, au-dessus on lit la devise : Ardent et fidèle.

REYMONDIS (DE). — *Ad altiora.* — Plus haut.

REYMONS (DE). — *Semper fidelis.* — Toujours fidèle.

REYNARD DE BUSSIL (DE). — *Gopil en bien conseil.* —Le renard est de bon conseil. —*Armes :* de gueules, au renard rampant d'or.

REYNIER POT. — A la belle.

REYNOLD DE SÉRÉZIN. — Sans décliner.

RIANCEY (DE). — *Virtuti et honori.* — Au courage et à l'honneur.

RIBÉRE (DE). — *Quo fluit fert.*— Où il coule, il porte. — *Armes :* d'azur, à la fasce d'azur ondée d'argent avec trois cannettes de même, posées deux en chef, une en pointe, membrées et becquées de gueules.

RICARD (DE). — A la vie à la mort.

RICCÉ ou DE RICCIS (DE). — *Quæ sunt Cæsaris Cæsari, quæ sunt Dei Deo.*— Rendons à César ce qui est à César, et à Dieu ce qui est à Dieu.

RICEY (VIGNIER DE). — *Tunc satiabor.* — Alors je serai rassasié.

RICHARD. — *Ever.* — Toujours. — *Armes :* Parti au premier d'or, au lion de gueules, armé et lampassé d'azur, au deuxième d'azur à la bande d'argent, chargée de trois pensées de gueules.

RICHARD DE BÉLIGNY. — *Quo justior eo ditior.* — D'autant plus juste qu'il est plus riche.

RICHARD DE KERRIEL. — Première devise : *Dominus in circuitu.* — Le Seigneur est dans l'enceinte. — Deuxième devise : *Caret Doué, meuli Doué, énori Doué.* — Aimer Dieu, louer Dieu, honorer Dieu.

RICHARD DE MONTAUZÉ. — *Quo justior eo ditior.* — D'autant plus juste qu'il est plus riche.

RICHARD DE PONTOUE (DES). — *Semper in paupertate dives.* — Toujours riche dans ma pauvreté.

RICHARD DE RUFFEY D'IVRY. — *Quo justior eo ditior.* — D'autant plus juste qu'il est plus riche.

RICHARD DE SOULTRAIT. — *Semper virescent.* — Toujours ils verdoient. — *Armes :* d'argent à deux palmes de sinople adossées, accompagnées en pointe d'une grenade de gueules tigée et feuillée du second émail.

RICHARD DE VERVROTTE. — *Quo justior eo ditior.* — D'autant plus juste qu'il est plus riche.

RICHEBOIS (HARRINGTON DE). — *Nodo firmo.* — Bien serré.

RICHERAND. — Mérite et dévouement.

RICOUART D'HÉROUVILLE DE CLAYE (DE). — *Sub umbrâ solis nascitur virtus.* — A l'ombre du soleil naît la vertu. — — *Armes :* d'azur à l'ombre de soleil d'or, au chef d'argent chargé d'un lion léopardé de sable, armé et lampassé de gueules.

RIEUX (de). — Première devise : Tout un. — Deuxième devise : A tout heurt bélier, à tout heurt Rieux.

RIOLLET DE MORTEUIL (de). — Plus de sang que d'or.

RIOUX DE KÉRANGOUEZ. — *Mud oud é?* — Es-tu muet?

RIOUST. — *Cantat pugnat que vicissim.* — Il chante et combat tour à tour.

RIOUST DE L'ARGENTAYE. — *Cantat pugnat que vicissim.* — Il chante et combat tour à tour. — Armes : d'azur, au coq chantant d'argent, crêté et barbelé de gueules, la patte dextre levée, accompagné de trois étoiles d'or, posées deux et une.

RIQUET DE CARAMAN. — *Juvat pietas.* — La piété m'aide.

RIQUET ou RIQUETTI DE MIRABEAU. — *Juvat pietas.* — La piété m'aide.

RIVAROL (de). — *Leo meruit aquilam.* — Le lion a mérité l'aigle.

RIVIÈRE (de). — *Deo, Regi, mihi.* — A Dieu, au roi, à moi. — Devise composée à Hartwel par le roi Louis XVIII, pour le chevalier, depuis baron de Rivière.

RIVIÈRE (de). — Pour les dieux.

RIVIÈRE (de la). — *Nodos virtute resolvo.* — Par le courage je dénoue les nœuds.

RIVIÈRE DE PLŒUC (DE LA). — *Undèquoque inspiciendum.* — Qu'il faut regarder de tous côtés.

RIVIÈRE (DE L'HERMITE DE LA). — Prier vault à l'hermite.

RIVIÈRE (MORIN DE LA). — *Fortis fidelisque simul.* — Brave et fidèle à la fois.

RIVIÈRE (PAYEN DE LA). — Première devise : D'abord payen, ensuite chrestien. — Deuxième devise : La Foy, le Roy. — *Armes :* d'or au chevron d'azur, accompagné de deux croisettes de gueules en haut et d'une fleur de lis d'azur en pointe.

RIVOIRE (DE). — *Semper honos et fidelitas.* — Toujours l'honneur et la fidélité.

RIVOIRE (DE). — *Nec si cœlum ruat.* — Pas même si le ciel s'écroulait.

RIVOIRE DU PALAIS (DE). — *Semper honor et fidelitas.* — Toujours honneur et fidélité.

RIVOIRE DE ROMAGNEU (DE). — *Semper honor et fidelitas.* — Toujours honneur et fidélité. — *Armes :* Fascé d'argent et de gueules de six pièces, à la bande d'azur, chargée de trois fleurs de lis d'or brochant.

ROBAULX (DE). — *Quocumque ferar.* — Quelque part que je sois porté. — *Armes :* d'azur, à un chevron d'or, accompagné de trois chausse-trapes de même.

ROBE DE MIREBEL. — Pour l'amour d'elle.

ROBERT DU GARDIER. — Tant soleil luira, tant

Gardier gardera. — *Armes :* d'azur, à un lion d'argent regardant un soleil d'or, mouvant de l'angle dextre du chef de l'écu.

ROBERT DE LIGNERAC DE CAYLUS. — *Dum spiro spero.* — Tant que je respire j'espère. — Cette maison reçut les titres de duc à brevet de Caylus en 1783, duc héréditaire de Caylus le 31 août 1817.

ROBIEN (DE). — Première devise : Sans vanité ni faiblesse. — Deuxième devise : *Manet alta mente repostum.* — Il reste enfoui dans un vaste génie.

ROBIEN DE KÉRAMBOURG (DE). — Première devise : Sans vanité ni faiblesse. — Deuxième devise : *Manet alta mente repostum.* — Il reste enfoui dans un vaste génie.

ROBIEN DE PLAINTEL (DE). — Première devise : Sans vanité ni faiblesse. — Deuxième devise : *Manet alta mente repostum.* — Il reste enfoui dans un vaste génie.

ROBIN DE BARBENTANE (DE). — *Più forte nell' avversità.* — Plus fort que l'adversité.

ROBUSTE DE LAUBARIÈRE (DE). — *Ardius superiores.* — Plus chaudement les ancêtres.

ROBUTTE (DE KÉROAS DE). — *Ardius superiores.* — Plus chaudement les ancêtres.

ROCHAS-AIGLUN (DE). — *Potius cruciari quam fadari.* — Plutôt être torturé que déshonoré. — *Armes :*

d'or, à la croix pommetée de gueules du chef d'azur chargé d'une étoile d'or.

ROCHE (DE LA). — Première devise : *Sublimi feriam sidera vertice.* — De mon front superbe je frapperai les astres. — Deuxième devise : Qui s'y heurte s'y brise. — Le cimier de cette maison est un soleil d'or.

ROCHE (DE LA). — *Lassus firmius figit pedem.* — Celui qui est las appuie plus fermement le pied.

ROCHE (CHARRIER DE LA). — *Semper in orbita.* — Toujours dans l'orbite. — *Armes :* d'azur à la roue d'or.

ROCHE (LENOIR DE LA). — *Albor latet.* — Je blanchis, il se cache, ou la blancheur se cache.

ROCHE-BOURDEIL (DU BOIS DE LA). — Loué soit Dieu.

ROCHECHOUART DE MORTEMART (DE). — *Antè mare undæ.* — Avant la mer, les ondes. — *Armes :* fascé ondé d'argent et de gueules de six pièces. — *Titres :* Duché pairie de Mortemart en 1663. — Rappel de la pairie, le 4 juin 1814.

ROCHE-FERMOI (DE LA). — *Valore et virtute.* — Avec valeur et vertu.

ROCHE-FONTENILLES (DE LA). — *Deo duce, ferro comite.* — Sous la conduite de Dieu et la garde de mon épée.

ROCHEFOUCAULD (DE LA). — C'est mon plaisir. —

La maison de La Rochefoucauld qui descend de l'antique maison de Lusignan, dont elle porte les armes chargées de trois chevrons de gueules, leur cimier est une Mélusine se mirant, avec ces mots pour devise : C'est mon plaisir.

Voici la légende : Un roi, appelé Élénas, prit pour femme une jeune fille nommée Pressine ; cette dernière exigea de son royal époux qu'il n'entrât pas dans ses appartements qu'elle n'eût mis au monde les trois enfants qu'elle portait dans son sein; mais Élénas n'ayant pu tenir son serment, les deux époux se séparèrent. Pressine emmena avec elle ses trois filles, dépouillées du royaume qui leur appartenait, grâce à la curiosité de leur père. Aussi, pour l'en punir, enfermèrent-elles Élénas dans une caverne profonde, ce qui leur attira la colère de leur mère et divers châtiments qu'elle leur infligea.

Mélusine, la plus jeune des trois sœurs, dut se résigner à se voir chaque samedi moitié femme et moitié serpent. Un jour un comte de Forez, la rencontra dans une forêt ; épris de sa beauté, il sut toucher son cœur et l'épousa, ne se préoccupant pas de son infirmité. De cette union naquirent sept fils, tous plus affreux et plus laids les uns que les autres. Mélusine se voyant mère d'une famille nombreuse, fit bâtir le château de Lusignan pour loger sa progéniture et les marier aux plus nobles familles d'alors.

Mélusine avait supplié son mari de ne point chercher à la voir le samedi ; il n'en tint aucun compte; Mélusine s'envola par la fenêtre et ne revint jamais, si ce n'est, nous dit la légende, pour apparaître à ses descendants, quand il devait arriver quelque malheur, ou lorsqu'ils allaient mourir.

Ceci est la légende, voici maintenant ce qu'il y a de vrai dans ce conte de fée. Mélusine, ou Mélusende (*me*, moitié, *llusowen*, serpent, en langage celtique), fille de Beaudoin du Bourg, roi de Jérusalem et de Morfie, princesse d'Arménie, épousa Foulques, comte d'Anjou, et eut pour petite fille Mélusine de Lusignan, femme de Raymond de Poitiers, prince d'Antioche, laquelle ne dut sa grande réputation de magicienne et sa soi-disant forme de serpent qu'à l'équivoque de son nom.

Les plus illustres et les plus anciennes maisons voulurent, comme les La Rochefoucauld, l'avoir pour ancêtre; il suffit de citer les Rosenberg et les Neuhaus en Allemagne; en France, les Rohan, les Sassenage, les Coucy, les Luxembourg, etc.

La maison de La Rochefoucauld a reçu les titres de duc et pair le 4 avril 1622. Duc d'Anville à brevet en 1732, duc d'Estissac en 1737, héréditaire dans la branche aînée en 1758. Accordé à la seconde branche en 1839. Duc de Liancourt en 1765. Le nom de Liancourt, substitué à celui d'Estissac en 1828, avec son ancienne date de 1737, est porté héréditairement par le fils aîné du chef de la maison. Duc de Doudeauville en Espagne en 1780. Duc de Bisaccia (Deux Siciles).

ROCHEFORT (DE). — Bien fondé Rochefort.

ROCHEFORT (DE). — *Lilia sustinet virtus.* — Le courage soutient les lis.

ROCHEFORT (DE). — Point n'est pris Rochefort.

ROCHEFORT (FARGES CHAUVEAU DE) *Vis et amor.*
— Force et amour.

ROCHEFORT DE MONTFERRANT (DE). — Bien fondé Rochefort.

ROCHEJAGU (DU PARC DE LA). — Bon sang ne peut mentir.

ROCHEJAQUELEIN (DU VERGER DE LA). — Première devise : Vendée, Bordeaux, Vendée. — Deuxième devise :

> Si j'avance, suivez-moi ;
> Si je recule, tuez-moi ;
> Si je meurs, vengez-moi !

— La première de ces devises rappelle les diverses époques et les différents théâtres où la maison de La Rochejaquelein a versé son sang pour la cause royale.
— La seconde devise, qui sont les paroles du héros vendéen, n'est pas portée par toutes les branches de cette maison.

ROCHE LA CARELLE (DE LA). — Première devise : *Sublimi feriam sidera vertice.* — De mon front sublime je frapperai les astres. (Devise tirée d'Horace.) — Deuxième devise : Qui s'y heurte, s'y brise. — Le cimier des armes de cette maison est un soleil.

ROCHE-LAMBERT (DE LA). — Première devise : Amour ou guerre. — Deuxième devise : Ni crainte, ni envie. — Troisième devise : *Vale me Dios.* — Adieu.

ROCHE-MACÉ (DE LA). — *Inter aspera mitis.* — Doux au sein des épreuves. — Armes : De gueules à trois têtes de cerf d'or, au chef d'azur chargé d'une croix d'argent engrêlée.

ROCHE-MONTGERMONT (DE LA). — *Firmus ut rupes.* — Ferme comme un roc.

ROCHEMORE (DE). — *Rupibus firmior.* — Plus ferme que les rocs. — Armes : d'azur, à trois rocs d'échiquier d'argent.

ROCHE-NULLY (DE LA). — Première devise : Qui s'y heurte, s'y brise. — Deuxième devise : *Sublimi feriam sidera vertice.* — De mon front sublime je frapperai les astres.

ROCHON-LAPEYROUSE (DE). — Rochon, vaillance!

ROCHEPLATTE (COLAS DE). — *Ulterius ardet.* — Il brûle encore par delà.

ROCHE-PONCIÉ (DE LA). — Première devise : Qui s'y heurte, s'y brise. — Deuxième devise : *Sublimi feriam sidera vertice.* — De mon front sublime je frapperai les astres.

ROCHES (DES). — *Lancea disrupta pro Deo et patriâ.* — Lance brisée pour Dieu et la patrie.

ROCHES DE CHASSAY (DES). — *Lancea disrupta pro Deo et patriâ.* — Lance brisée pour Dieu et la patrie.

ROCHE DU SAUVAGE (DE LA). — Première devise :

Qui s'y heurte, s'y brise. — Deuxième devise : *Sublimi feriam sidera vertice*. — De mon front sublime je frapperai les astres. — Le cimier des armes de cette maison est un soleil.

ROCHES DE MARIT (DES). — *Lancea disrupta pro Deo et patriâ*. — Lance rompue pour Dieu et la patrie. — *Armes* : d'azur, à une lance d'or rompue, posée en bande. — *Alias* : en chevron.

ROCHETILLAC (PONCELET DE LA). — *Firmior petra*. — Plus dur que la pierre.

ROCHETIN (DE). — Deuxième devise : Bon sang ne peut mentir. — Deuxième devise : *Semper vigilans*. — Toujours vigilant : *Armes* : d'or, à trois corps de gueules.

ROCHETULON (DE LA). — *Nobilitat virtus*. — Le courage anoblit.

ROCLES DE TAURIERS (DE). — Première devise : *Ut rupes animo firmus*. — Ferme d'esprit comme un roc. — Deuxième devise : *Prœliis semper crescendo*. — S'accroissant toujours par les combats. — Légende : *Leonelli palma*. — La palme au petit lion.

ROCLIS BRIMARAIS (DE). — *Semper regi fidelis*. — Toujours fidèle au roi.

ROCQUIGNY (DE). — Rien de bas ne m'arreste.

ROCREUSE (DE PIGNIOL DE). — *Deus et meus rex*. — Dieu et mon roi.

RODALVEZ (DE COATANLEM DE). — *Germinavit sicut*

lilium et florebit in æternum ante Dominum. — Il a germé comme le lis, et il fleurira devant le Seigneur dans l'éternité.

RODDE DE SAINT-HAON (DE LA). — *Audaces fortuna juvat.* — La fortune favorise les audacieux.

RODELLEC (LE). — *Mad ha léal.* — Bon et loyal.

RODELLEC DU PORZIC (LE). — Première devise : *Cominùs et eminùs feriunt* — Ils frappent de près et de loin. — Deuxième devise : *Mad ha léal.* — Bon et loyal. — *Armes :* d'argent, à deux flèches d'azur en pal, les pointes en bas.

ROFFIGNAC (DE). — Premier chrétien du Limousin. Cette devise choisie par l'illustre maison de Roffignac, l'une des plus anciennes du Limousin, se rapporte à la légende suivante : Saint Martial, premier évêque de Limoges, vivant vers la fin du premier siècle, ayant été reçu dans le château d'Alassac, chez le sire de Roffignac, lui administra le sacrement du baptême.

ROGUET. — *Dux semper honos.* — Toujours l'honneur pour guide. — Cette devise fut choisie par le comte François Roguet, général, pair de France, etc., mort en 1846; son fils, le général comte Roguet, premier aide de camp de l'Empereur, sénateur, porte également cette devise.

ROHAN (DE). — Première devise : A plus. — Deuxième devise : Roi ne puis, prince ne daigne, Rohan je suis. — *Aliàs :* Roi ne puis, duc ne daigne, Rohan suis. — Troisième devise : Plaisance. — Quatrième devise :

Dieu garde le pèlerin. — Cette ancienne et illustre maison, qui descend des premiers souverains de la Bretagne, porta le titre de duc depuis Henri de Rohan, gendre de Sully, fait duc et pair en 1603.

ROHAN CHABOT (DE). — Première devise : *Potius mori quam fœdari.* — Plutôt mourir que se souiller. — Deuxième devise : *Concussus resurgo.* — Frappé, je ressuscite. — La maison de Chabot fut substituée aux ducs de Rohan-Gié, princes de Léon et de Soubise, en 1645. Le nom de Rohan n'est attaché qu'au titre de duc.

ROLAND DE LA PLATIÈRE. — Rien sans peine.

ROLANDS (CANTELME DES). — *Volat fama per orbem.* — La renommée vole à travers le monde.

ROLANDS-RAILHANÊTE (CANTELME DES). — *Volat fama per orbem.* — La renommée vole à travers le monde.

ROLIN. — *Nil agere pœnitendum, pudendum, imo reparandum.* — Ne rien faire dont on doive se repentir, rougir, et bien plus qu'on doive réparer.

ROLLAND (DE). — *Nomine magnus, virtute major.* — Grand par le nom, plus grand par la vertu.

ROLLAND DE VILLAREZ. — Je n'oublierai et obtiendrai.

ROMAIN (DE MURARD DE SAINT-). — *Foris sed magis intus.* — Dehors, mais plus en dedans.

ROMAN (DE SAINT-). — *Nunquàm timuit.* — Jamais il n'a craint.

ROMÉCOURT (DE MARTIMPREY DE). — *Pro fide pugnando.* — En combattant pour la foi.

ROMEY (DE). — *Crede Romey.* — Croyez Romey.

ROMONT (MOET DE). — Première devise : *Het Moët zoozin.* — Cela doit être ainsi. — Deuxième devise : *Tacere aut recte loqui,* — Se taire ou bien parler.

ROQUE (DE LA). — *Adversis duro.* — Je persiste pour être frappé. — *Armes :* d'azur, à deux rochers d'argent posés en fasce.

ROQUE D'ESTUER (DE LA). — *Cinxitque ducntibus armis.* — Il l'entoura d'armes.

ROQUEFEUIL (DE). — Première devise : L'honneur me reste, cela suffit. — Deuxième devise : Mon sang coule pour la France.

ROQUEFORT (DE LAS CASES). — *Semper paratus.* — Toujours prêt.

ROQUETAILLADE (JULIEN DE). — Tunis, gloire à Dieu, tout au roi. — En 1270, lors du siége de Tunis par le roi Philippe le Hardi, Étienne-Julien de Roquetaillade s'y distingua particulièrement; le roi lui permit, en mémoire de ses exploits, d'ajouter à ses armes deux lions en sautoir contre le croissant des infidèles et lui donna la devise mentionnée ci-dessus. — *Armes :* Parti au premier d'azur, au rocher fendu d'or, (Roquetaillade vient de *rupe scissa,* rocher fendu,) au deuxième d'azur à la gerbe d'ivraie, (Dans l'idiome patois, l'ivraie s'appelle *juel*, Julien.) surmontée de trois étoiles d'or posées en fasce. — Par concession du roi Philippe le Hardi, la maison de Roquetaillade peut meubler ses armes de deux lions en sautoir contre un croissant.

RORTHAYS DE SAINT-HILAIRE (DE). — *Fortis et fidelis.* — Brave et fidèle.

ROSALEC (DE COETAUSCOURT DE). — *Ha galon vat.* — De grand cœur.

ROSAMBO (LE PÉLETIER DE). — *In cruce spes et robur.* — Dans la croix espérance et force.

ROSAMPOUL (DE KERLOAGUEN DE). — Sans effroy.

ROSANCOUET (CARRION DE). — *Nihil virtute pulchrius.* — Rien de plus beau que la vertu.

ROSEIL (PUY DE). — Ne peur, ne mal.

ROSEN (DE). — *In omnibus dux honor.* — En toutes choses l'honneur me guide.

ROSGRAND (JOLY DE). — *Magnus amoris amor.* — Grand amour de l'amour.

ROSIÈRES (DE). — *Sine dente rosa.* — Rose sans épine.

ROSILY MESROS (DE). — Point géhennant, point géhenné.

ROSLAN (DE). — Fidèle et sincère.

ROSMADEC DE GUÉBRIANT (DE). — En bon espoir.

ROSMADEC DE TIVARLEN (DE). — En bon espoir.

ROSMORDUC (LE GENTIL DE). — *Spargit undequaque venenum.* — Il répand de toute part le poison. — Armes : d'azur, au serpent volant d'or.

ROSNEL (DU). — *Constantia et labor.* — Constance et travail.

ROSNYVINEN DE PIRÉ (DE). — Première devise : *Non ferit læsus.* — Blessé, il ne frappe pas. — Deuxième devise : Défends-toi. — Armes : d'or, à la hure de sanglier de sable arrachée de gueules défendue d'argent.

ROSPAIS (DE). — *Fidei et amoris.* — De foi et d'amour.

ROSSALIC (DE CAMÉRU DE). — *En quichen rei é ma quémeret* — Quand on a donné, il faut prendre.

ROSSEL (DE). — *Festina lentè.* — Hâte-toi lentement.

ROSSEL DE CERCY DE TANNOY (DE). — *Festina lentè.* — Hâte-toi lentement. — Armes : d'azur, à trois tortues d'or posées deux et une.

ROSSELLY DE LORGUES. — *Vulnerasti cor meum, ros cœli.* — Rosée du ciel, tu as blessé mon cœur.

ROSSET (DE). — Là, non ailleurs.

ROSTRENEN (DE). — Première devise : *Oultre.* — Deuxième devise : Si je puis.

ROTHSCHILD (DE). — *Concordia, integritas, industria.* — Concorde, intégrité, industrie.

ROUAZLE (DE). — *Sel petra ri.* — Prends garde à ce que tu feras.

ROUAZLE DE PENANCOET (DE). — *Sel petra ri.* — Prends garde à ce que tu feras.

ROUCY (DE). — *Vera nobilitas virtute virescit.* — La vrai noblesse verdoie par la vertu.

ROUELLE (LE LIMONIER DE LA). — *Fortes creantur fortibus.* — Les forts sont créés par les forts.

ROUGEMONT (DE). — A moy.

ROUHER DE JUILLAC. — *De bello propter pacem.* De la guerre à cause de la paix.

ROUILLÉ DE BOISSY (DE). — *Moderatur et urget.* — Il est modéré et il presse.

ROUILLÉ DU COUDRAY (DE). — *Moderatur et urget.* — Il modère et presse.

ROUNAY (DE). — *Illuminat virtus.* — Le courage illumine.

ROURE (DU). — Première devise : Ferme en tout temps Deuxième devise : *A vetustate robur.* — La force vient de l'antiquité.

ROURE DE GRIMOARD (DE BEAUVOIR DU). — *A vetustate robur.* — La force vient de l'antiquité.

ROUS DE LA MAZELIÈRE (DE). — *In Deo tuta fides.* — En Dieu la foi est sûre.

ROUSSEAU DE LA BROSSE. — *Non me frustra lædes.* — Tu ne me blesseras pas impunément.

ROUSSILLON (Changy de). — Vous m'avez! vous m'avez!

ROUVRAY (Baret de). — Tout à Dieu et au roi.

ROUVRAY (Nottret de). — *Deo ac regi.* — A Dieu et au roi.

ROUVROIS (de). — *Virtus et umbra.* — Courage et ombre. — *Armes :* coupé au premier d'argent, à un rouvre ou chêne de sinople; au deuxième de sinople à une oie d'argent.

ROUVROY (de). — *Virtus et umbra.* — Courage et ombre.

ROUX DE KERDANIEL (le). — *Pé brézel, pé carantez.* — La guerre ou l'amour.

ROUX DE LAUNAY (le). — *Pé brézel, pé carantez.* — La guerre ou l'amour.

ROUX DE PUINERF (de). — *Lethum quàm lutum.* — Lar mort plutôt que la boue. — *Armes :* d'argent, à six mouchetures d'hermine posées trois, deux et une.

ROVÈRE (de). — Force et vertu.

ROYE (de). — *Domine, adjuvandum me festina.* — Seigneur, hâtez-vous de me secourir.

ROYE DE WICHEN (de). — *Domine, adjuvandum me festina.* — Seigneur, hâtez-vous de me secourir.

ROYER, ou DE ROYER (LE). — *Pro fide et patriâ*. Pour la foi et la patrie.

ROYER DE LA LOUVINIÈRE. — *Fortis et prudens simul.* — Fort et prudent à la fois.

ROYER DE LA SAUVAGÈRE (LE). — *Pro fide et patriâ*. — Pour la foi et la patrie.

ROZEN (DE). — Malgré la tour, les roses fleuriront. — Le général de Rozen fit broder cette devise sur ses étendards en mémoire d'un vif ressentiment qu'il eut contre le vicomte de Turenne, qui venait de quitter la France pour suivre Monsieur le Prince. — Cette devise fait allusion aux noms de l'un et aux armes de l'autre de ces personnages, qui étaient : d'or, à trois roses de gueules.

ROZEROT (DE). — *Spera quod licet.* — Espère ce qui est permis.

ROZEROU DU MOS (DE). — *Semper fidelis.* — Toujours fidèle.

ROSIÈRE (CARLET DE LA). — *Lilia sempes et corde et armis.* — Toujours les lis et dans le cœur et dans les armes.

ROSIERS (DU BOIS DE). — Loué soit Dieu !

RUBEMPRÉ (DE).
   Rembures, RUBEMPRÉ, Renty.
   Belles armes, piteux cry.

RUEL (DE). — *Vincenti dedi palmam.* — J'ai donné la palme au vainqueur. — *Armes* : d'or, au lion naissant de gueules. — *Supports :* deux génies ailés; l'un tient une épée flamboyante, l'autre un étendart chargé de trois fleurs de lis.

RUFFIÉ (DE). — *Semper erectus.* — Toujours droit.

RUFFO LAFARE (DE). — *Vis unita fortior.* — La force unie est plus forte.

RUMAIN (DE). — *Ractal.* — Debout !

RUOLZ (DE). — Toujours prest.

RUNGETTE (LE). — *Runca runcatoris runcat rura.* — Le sarcloir de Rungette échardonne les champs. — *Armes :* de sinople au sarcloir d'or en chef et à trois chardons d'argent en pointe posés deux et un.

RUPELMONDE (DE). — Qu'y qu'en grongne ?

RUPIÈRE (DE). — *Superbia immanis.* — Prodigieux d'orgueil.

S

SABBATIER. — *Pleno sidere plena*. — Pleines d'un astre plein. — Cette famille avait un croissant dans ses armes.

SABLON DU CORAIL (DE). — *Spes et virtus*. — Espoir et courage.

SABRAN (DE). — *Noli irritare leonem.* — N'irrite pas le lion. — *Armes :* de gueules, au lion d'argent. *Aliàs* de gueules, au lion d'or.

SABRAN (DE). — Ancien dicton provençal : Simplicité de Sabran. — *Armes :* écartelé aux un et quatre, de gueules à la croix de Toulouse d'or, aux deux et trois d'azur au rocher de trois pointes de sable, celle du milieu supérieure surmontée d'une étoile : sur le tout de gueules, au lion d'argent.

SACY (LE MAISTRE DE). — Aux maîtres les soucis. — *Armes :* d'azur, à trois soucis d'or, posés deux et un.

SADE (DE). — Ancien dicton provençal : Opinion de Sade.

SADOLET (GUIRAMAND DE). — C'est un abîme.

SAFFRÉ (O'RIORDAN DE). — *Certavi, sanguinavi, vici.* — J'ai combattu, j'ai saigné, j'ai vaincu. — *Armes ;* écartelé aux un et quatre de gueules au dextrochère de carnation, armé d'une épée haute d'argent mouvante d'un nuage d'azur. A senestre aux deux et trois d'argent au lion de gueules, grimpant le long d'un chêne de sinople terrassé de même.

SAILHAS (ADOUE DE). — *Tendit ad ardua virtus.* — Le courage se tourne vers le difficile.

SAILLANS (DE). — Première devise : Dieu l'a permis. — Deuxième devise : *Virtutis præmium est virtus.* — La vertu est la récompense du courage.

SAILLET (DE). — L'aigle a niché à Wandelincourt. — *Armes :* d'azur à une bande componnée d'or et de gueules de six pièces à une aigle éployée d'argent brochant sur le tout.

SAILLY (DE). — De plus haut Sailly.

SAINT DE KÉRAMBELLEC (LE). — *Et sanctum nomen ejus.* — Et saint est son nom.

SAINT DE KERLÉCHANT (LE). — *Et sanctum nomen ejus.* — Et saint est son nom.

SAINTIGNON (DE). — *Fortitudini.* — A la force. — *Armes :* de gueules à trois tours d'or ajourées et maçonnées de sable.

SAISY (DE). — Première devise : Qui est Saisy est fort.

Deuxième devise : *Mitis ut columba*. — Doux comme la colombe.

SASSEREY (Suremain de). — *Certa manus, certa fides*. — Main sûre, foi sûre.

SAIX (de). — Première devise : Quoiqu'il advienne. — Deuxième devise : *Non mobile saxum*, — Inébranlable rocher.

SALA (de). — A toi nul mal ne gi.

SALAT (de). — *Nec dura, nec aspera terrent*. — Ni le malheur ni la difficulté ne l'arrêtent.

SALAIGNAC (Pasquet de). — *Spes mea Deus*. — Dieu est mon espoir.

SALAUN DE KERTANGUY. — *Guir ha léal*. — Vrai et loyal.

SALES (de). — *Nec plus, nec minus*. — Ni plus, ni moins.

SALES DE BUGNÉVILLE (de). — La tour du Seigneur est ma forteresse.

SALIGNAC DE LA MOTTE DE FÉNELON (de). — *A te principium tibi desinet*. — A toi on commence et en toi on finit. — Cette devise s'écrit sur une banderolle entre les lettres *alpha* et *oméga*.

SALINIS (de). — *Sic sale viresco*. — Ainsi je verdoie dans le sel. — *Alias : Sic sale vivisco*. — Ainsi je me fortifie dans le sel.

SALIS (DE). — *Non auro, sed virtute.* — Non avec de l'or, mais avec du courage.

SALLE (MEYNIER DE LA). — *Major famâ.* — Plus grand que la renommée.

SALLES ou DESSALLES (DES). — *Et habet sua munera virtus.* — Et le courage a sa récompense.

SALLMARD DE RESSIZ (DE). — *Labor in armis est nostri testis honoris.* — Notre valeur sous les armes, c'est le gage de notre honneur.

SALMOND DU CHASTELLIER (DE). — Franc et sans dol.

SALUCES (DU VACHE DE). — *Dio giove amata assai.*

SALUS DE LA MANTE. — *Leit! Leit!* — Léger! Léger!

SALVAGE DE FAVEROLLES. — *Non sanguine, ambitione, corde.* — Ni sang ni ambition; mais du cœur.

SALVAING (DE). — Première devise : Que ne ferais-je pour elle? — Deuxième devise : Loyauté de Salvaing. — La devise de cette maison se voit encore sculptée à Rhodes, rue des Chevaliers.

SALVAIRE D'ALEYRAC. — *Sempre il re.* — Toujours le roi.

SALVAIRE DES PLANTIERS. — *Sempre il re.* — Toujours le roi.

SALVERT (DE). — *Sic me virtus.* — Ainsi mon courage.

SAMATAN (DE). — Conscience et confiance.

SANDRAS (DE). — *Sic tendo sursum.* — Ainsi je tends plus haut.

SANSAY DE POITOU. — Sansay sans aide.

SANTANS (DE TERRIER DE). — *Gazâ lœtus agresti.* — Joyeux d'un champêtre trésor.

SAPIN (DE). — *In altum aspiciam.* — Je regarderai en haut.

SAPINAUD (DE). — *Ne varietur.* — Qu'il ne varie pas.

SARRAN (DE SELVE DE). — *Spes antiqua domus.* — Notre espoir, c'est notre antique maison.

SARRAZIN DE CHAMBONNET. — *Prœmium victoriæ.* — Prix de la victoire. — Armes : d'or à trois têtes humaines de gueules tortillées d'argent, posées de profil.

SARSFIELD (DE). — *Virtus non vetitur.* — Le courage n'est pas repoussé.

SARTEL (FRÉMIN DU). — *Fides et caritas.* — Foi et charité.

SARTÈNE (DE SUSINI DE). — *Salva me Deus.* — Dieu, sauvez-moi.

SARTIGES (DE). — *Lilium pro virtute.* — Le lis pour la vertu.

SARTIGES DE MONTCLAR (DE). — *Lilium pro virtute.* — Le lis pour la vertu.

SARTIGES DE SOURNIAC (DE). — *Lilium pro virtute.* — Le lis pour la vertu. — *Armes :* d'azur à deux chevrons d'or, accompagné de trois étoiles d'argent, deux en chef, une en pointe, celles du chef surmontée d'une fleur de lis d'or.

SASSENAGE DU PONT (DE). — Première devise : J'en ai la garde. — Deuxième devise : *Si fabula nobilis illa est.* — Si c'est une fable, elle est noble. — Troisième devise : Sur toutes.

SASSENAY (BERNARD DE). — *Et pace et bello.* — Et en paix et en guerre.

SATGÉ DE THOREN (DE). — Suivez-moi.

SAULNIER DE PRAINGY. — *Spes, virtus, fides.* — Espérance, vertu, foi.

SAULX-TAVANNES (DE). — *Semper leo.* — Toujours lion. — *Armes :* d'azur au lion d'or, armé, lampassé. — *Alias :* couronné d'or. — Le titre héréditaire de duc de Saulx-Tavannes, donné à cette maison le 29 mars 1786, s'est éteint dans les mâles le 14 novembre 1845. Elle n'est plus représentée que par les femmes, à savoir : la comtesse de Greppi, la marquise d'Aloigny, nées de Saulx-Tavannes, et par M. le vicomte de Digeon et madame E. de Barthélemy, petit-fils et petite-fille du dernier duc; le vicomte Digeon, dont le père appartenait à la maison militaire du roi Charles X, est nommé duc de Saulx-Tavannes ; sa mère était la dernière du nom.

SAUMERY (DE JOHANNE DE LACARRE DE). — Amy seur.

SAUNOIS (BÉSUCHET DE). — Avec l'aide de Dieu.

SAUSSAYE (DE LA). — *Cominus et eminus.* — De près et de loin. — La pièce principale des armes de cette maison à laquelle cette devise a rapport, est un porc-épic.

SAUVAGE. — *Cunctando.* — En temporisant.

SAUVAGE DE SAINT-MARC. — *Vive revicturus.* — Vis pour revivre.

SAUVAGE DES MARCHES. — *Vive revicturus.* — Vis pour revivre.

SAUVAGE DE VERDUN. — *Bene velle omnibus nemini nocere.* — Vouloir du bien à tous et ne nuire à personne.

SAUVAGE (DE LA ROCHE DU). — Première devise : *Sublimi feriam sidera vertice.* — De mon front sublime, je frapperai les astres. — Deuxième devise : Qui s'y heurte s'y brise.

SAUVAGET (DE). — Dieu ayde qui s'ayde. — *Armes :* de gueules à la croix pattée d'argent

SAUVAGET DE LA SOUCHE DES CLOS (DE). — Dieu ayde qui s'ayde.

SAUVAN D'ARAMON (DE). — *Salvum Deus faciet.* — Dieu le sauvera.

SAUVANEULE (DE). — *Spera in cruce.* — Espère dans la croix.

SAUVANELLE DE TRIGANT (DE). — *Spera in cruce.* — Espère dans la croix. — *Armes :* d'argent, à la croix tréflée de gueules.

SAUVECANNE (DE). — *Silva cana, albaque anima.* — — Forêt chenue et âme blanche.

SAVARON (DE). — *Una rosa.* — Une rose.

SAVEUSE (DU MAISNIEL DE). — *Os ad hostem.* — Le visage contre l'ennemi.

SAVINAYE (L'ESTOURBILLON DE). — Crains le tourbillon.

SAVOILHANS (DE VINCENT DE). Ainsi le veux.

SAVONNIÈRES (DE). — Première devise : *Diex el volt.* — Dieu le veut. — Deuxième devise : *Absit mihi gloriari nisi in cruce Domini.* — A Dieu ne plaise que je me glorifie en autre chose que dans la croix du Seigneur. — *Armes :* de gueules à la croix pattée d'or.

SAVOYE RACONIS (DE). — Tout net.

SAYVE (DE). — *Velis quod prosis.* — Ne désire que d'être utile.

SAYVE (DE LA CROIX DE CHÈVRIÈRES DE). — *In domitum domuere cruces.* — Les croix ont dompté l'indompté.

SCARRON. — *Vis duplex fulget in uno.* — Une double force brille en un seul.

SCÉPEAUX (DE). — *In spem contra spem.* — Espérer contre l'espérance.

SCEY (DE). — Point ne veut changer de Scey.

SÉBEVILLE (KADOT OU CADOT DE). — Sauve roi.

SECONDAT DE LA BRÉDE DE MONTESQUIEU. — *Virtutem fortuna secundat.* — La fortune seconde la vertu.

SÉGOIN (DE). — *Pietas homini tutissima virtus.* — La piété est la plus grande sûreté de l'homme.

SÉGUIER (DE).— *Indole bonus.* — D'un bon caractère.

SÉGUIN DE JALLERANGE. — *Cave ne maculetur.* Prends garde qu'il ne se salisse.

SÉGUINS (DE). — *Sola salus servire Deo.* — Le seul salut est de servir Dieu.

SÉGUINS DE CABASSOLLE (DE). — Première devise : *Sola salus servire Deo.* — Le seul salut est de servir Dieu. —Deuxième devise : *Tendit ad sidera virtus.* — La vertu tend au ciel. — Troisième devise : *Servire Deo regibusque suis.* — Servir Dieu et ses rois.

SÉGUINS DE COHORN (DE). — Première devise : *Sola salus servire Deo.* — Servir Dieu est le seul salut. — Deuxième devise : *Tendit ad sidera virtus.* — La vertu tend au ciel. — Troisième devise : *Servire Deo regibusque suis.* — Servir Dieu et ses rois.

SÉGUINS DE VASSIEUX (DE). — *Tendit ad sidera virtus.* — La vertu tend au ciel.

SÉGUR (DE LAIGUE DE). — En arrousant. — *Armes* de gueules semé de gouttes d'eau d'argent, à trois triangles ondés de même en chef.

SHEEHY (MAC).— 1692. *Semper et ubique fideles.* 1792. — Toujours et partout fidèles.

SELVE DE SARRAN (DE). — *Spes antiqua domus.* — Notre espoir est notre antique maison.

SÉMONVILLE (HUGUET DE). — *Candor et robur.* — Blancheur et force. — *Armes :* Écartelé : aux un et quatre d'azur au cygne d'argent ; aux deux et trois d'or au chêne de sinople englanté d'or.

SÉNECEY (DE). — *In virtute senesce.* — Vieillis dans la vertu.

SÉNÉCHAL DE KERCADO MOLAC (LE). — *Macula sinè maculâ.* — Des mâcles sans tache. — *Armes :* d'azur, à neuf mâcles d'or accolées et aboutées, posées trois, trois et trois.

SENNEVILLE (COLAS DE). — *Ulterius ardet.* — Il brûle encore par delà.

SÉNONNES (DE LAMOTTE BARACÉ DE). — *Sanitatis fortitudo comes.* — La force est la compagne de la santé.

SENOCQ.— *Senior civisque sum nec non ero nobilior cujuscunque senatus.* — Je suis sénateur et citoyen et je ne serais jamais plus noble dans un autre sénat.— Pour comprendre cette devise, il est bon de savoir que la famille Senocq encore existante est l'une des quatre grands lignages de l'antique république de Verdun en Lorraine.

SENS DE FOLLEVILLE (LE). — *Fides sanctificavit.* La foi a sanctifié.

SEPTENVILLE (DE). — *Soli fas cernere solem.* — A lui seul de fixer le soleil.

SERAINCOURT (DE). — *Angelis suis mandavit de te.* — Il t'a recommandé à ses anges.

SÉRENNES (DE). — *Per Venezia.* — A travers la Vénétie.

Cette devise prouve l'ancienneté de la maison de Sérennes, qui est originaire de Venise, où elle occupait un rang distingué parmi les patriciens de cette république.

SÉRÉZIN (REYNOLD DE). — Sans décliner.

SERGEANT (LE). — Sans estre, je suis Sergeant.

SERGEANT DE MONNECOVE (LE). — *Nunquam retro nec clam.* — Jamais en arrière ni derrière.

SÉRIGNAN (DE LORT DE). — *Quo non ascendam.* — Où ne monterais-je pas ?

SÉRIGNY (D'HOZIER DE). — *Et habet sua sidera tellus.* — Et la terre aussi a ses astres.

SERINCHAMPS (DE). — *A sereno campo natus.* — Né d'un champ serein.

SERMIZELLES (DE). — *Spes et fides.* — Espoir et foi.

SERPÈZE (DE). — *Suaviter et fortiter*. — Doucement et énergiquement.

SERPILLON (DE). — Cerf, pie, lion.

SERRE (DE). — Bien régnerez.

SERRE (DE LIOTAUD DU) *Signavit per orbem*. — Il a manifesté à travers le monde.

SERRES DU PRADEL (DE).—Première devise : *Cuncta in tempore*. — Toutes choses dans le temps. — Deuxième devise : *Etiam veni, Domine Jesu*. — Je suis aussi venu, Seigneur Jésus ; ou : Venez aussi, Seigneur Jésus.

SÉVIN (DE). — *Virescit vulnere virtus*. — Le courage a fleuri de la blessure.

SÉVIN DU PÉCILE (DE). — *Virescit vulnere virtus*. — Le courage a fleuri de la blessure.

SEY (HÉLIE MOISSON DE). — En moisson loyauté.

SEYMANDI DE SAINT-GERVAIS. — Une foi, une loi, un Dieu, un roi.

SEYMOUR DE CONSTANT. — *In arduis constans*. — Ferme dans les difficultés.

SÊZE (DE). — 26 décembre 1792. — *Armes :* de gueules : à la prison du Temple, maçonnée et girouettée d'argent, accompagnée en chef de deux étoiles d'or, et en pointe de seize fleurs de lis d'argent, posées sept, six et trois.

Cette devise rappelle le courage avec lequel le vertueux de Sèze osa, au péril de sa vie, défendre le trop malheureux roi Louis XVI, le 26 décembre 1792.

SIAUGEAT (LAIZER DE). — *Atavis et armis.* — Aux ancêtres et aux armes.

SIBERT DE CORNILLON. — *Semper floreo, nunquàm flaccesco.* — Je fleuris toujours, jamais je ne me fane. — *Armes* : d'azur à une rose d'argent tigée et feuillée de même, posée en cœur entre deux bandes d'or.

SIBOUR. — *Major autem horum est charitas.* — De toutes c'est la charité la plus grande.

SIBBALD (DE). — *A Domino factum est.* — Il a été fait par le Seigneur.

SILGUY (DE). — Passe hardiment. — *Armes :* d'argent à deux lévriers de sable, accolés d'argent, passant l'un sur l'autre.

SILVECANNE (DE). — *Justus ut palma florebit.* — Le juste fleurira comme le palmier.

SIMIANE (DE). — Première devise : *Sustinent lilia turres.* — Les tours soutiennent les lis. — Deuxième devise : *Certamine parta.* — Donnée par le combat. — Ancien dicton provençal : Sagesse des Simiane. — *Armes :* d'or semé de fleurs de lis et de tours d'azur.

SIMON DE KERBINGAL. — C'est mon plaisir.

SIMON DE KERGOULOUARN. — C'est mon plaisir.

SIMON DE LA LANDE. — C'est mon plaisir.

SIMON DE TROMENEC. — C'est mon plaisir.

SIMON (Dexmier d'Archiac de Saint-). — Anno. M. C. C. C. L. V. I.

SINETY (de). — Première devise : *Virtute nitet*. — Il resplendit de courage. — Deuxième devise : *In candore decor*. — L'honneur est dans la blancheur. — *Armes :* d'azur au cygne d'argent, ayant le cou passé dans une couronne à l'antique de gueules.

SINÉTY (de). — *Virtute nitet*. — Il brille de vertu.— *Armes :* d'azur, au cygne d'argent ayant le cou passé dans une couronne à l'antique de gueules.

SISTRIÈRES (de Murat de). — *Vim utraque repello.* — Des deux côtés je repousse la force.

SOLAGES (de). — *Sol agens*. — Le soleil agissant.— *Armes :* Écartelé aux un et quatre d'azur au soleil d'or agissant, aux deux et trois d'azur à trois rocs d'échiquier d'argent.

SOLAGES (de). — *Sol agens*. — Le soleil agissant. — *Armes :* d'azur au soleil d'or agissant.

SOLARA (de). — Tel fiert (blesse) qui ne tue pas.

SOLMINIAC (de). — *Fidesque valorque*. — Foi et valeur.

SOLRE (de Croy de). — Je maintiendrai.

SORDEVAL (de). — Dieu et mon droit.

SORTEVAL (de Marguerye de). — Honneur passe richesse.

SOUASTRES (de). — *Non deficient.* — Ils ne se fatigueront pas.

SOUBEYRAN DE SAINT-PRIX (de). — *Ainsin lou vou lou Soubeïran.* — Ainsi j'ai vu le souverain.

SOUCHAIS (Maillart de la).—Pour assembler le sautoir il faut maillets et chevilles. — *Armes :* d'azur, au sautoir alésé.d'or, cantonné en chef et en flanc d'un maillet d'or, et en pointe d'un lion d'argent lampassé de gueules.

SOUCHEY (Le Grand de). — *Quinich bas Alpin.* — Souvenez-vous de la mort du roi Alpin.

SOULANGES (Jacobé de). — *Tantum prodest, quantum prosunt.* — Il sert autant qu'ils servent.

SOULIER (de). — Adroits et vaillants tout Solier ayant. — Légende : Tel fiert qui ne tue pas.

SOULTRAIT (Richard de). — *Semper virescent.* — Toujours ils verdoieront.

SOUPLIS (de Saint-). — Vivre.pour mourir et mourir pour vivre.

SOURDÉAC (de Rieux de). — Première devise : Tout un. — Deuxième devise : A tout heurt bélier, à tout heurt Rieux.

SOURDEAU DE RAMIGNIES CHIN (de). — De Sourdeau hayne aux villains.

SOURDEVAL (Leneuf de). — *Nunquam non paratus.* — Jamais au dépourvu.

SOUVERT (DE). — *Altum petit ima relinquens.* — Il gagne ce qui est élevé en abandonnant les petites choses. — *Armes :* de gueules à l'aigle essorant d'or, au chef de même.

SOUVIGNARGUES (BRUEYS DE). — *Oculi mei semper ad Dominum.* — Mes yeux sont toujours tournés vers le Seigneur.

SOYANS (DE LA TOUR DU PIN MONTAUBAN DE).—Première devise. — Courage et loyauté. — Deuxième devise : *Turris fortitudo mea.* — Mon bouclier, c'est le courage.

SPARLER (LE). — Première devise : *Æstus et frigoris expers.* — Connais le froid et le chaud. — Deuxième devise : Tout au naturel.

SPIRLEY. — *Splendore candidus.* — Blanc de lumière.

SPLAN DE LESLEC'H. — Plaid me déplaist.

SQUIRIOU (PROVOST DE). — Jamais arrière.

STÉPHANOPOLI DE COMNÈNE. — *Fama manet, fortuna perit.* — La gloire reste, la fortune passe.

STASSART DE CORIOUL.— *Semper fidelis.*— Toujours fidèle.

STRATEN (DE). — Preux et loyal.

STUERS (DE). — Franc et loyal.

SUAREZ D'AULAN (DE). — Première devise : *Mas*

alto. — Plus haut. — Deuxième devise : *Unicuique sua res.* — A chacun son bien.

SUFFREN (DE). — Dieu y pourvoira.

SUFFREN DE SAINT-TROPEZ (DE). — Dieu y pourvoira.

SUGER. — *De carcere clarior exit.* — Il sort plus brillant de prison.

SULMONE (DE LANNOY DE). — *Me quod urit insequor.* — Je suis ce qui me brûle.

SULLY (DE). — Première devise : *Ardeo ubi aspicior.* — J'enflamme dès que je suis vu. — Deuxième devise : *Quo jussa Jovis.* — Va où Jupiter ordonne.

SUPPLIX (HUGUET DE SAINT-). — *Candor et robur.* — Candeur et force.

SUREMAIN DE MISSERY.. — *Certa manus, certa fides.* — Main sûre, foi sûre.

SUREMAIN DE SAISSERY. — *Certa manus, certa fides.* — Main sûre, foi sûre.

SURGÈRES (MANGOT DE). — *Post tenebras spero lucem.* — Après les ténèbres j'espère la lumière.

SURGY (JORDAN DE). — *In veritate virtus.* — Dans la vérité la vertu.

SURIREY DE LA RUE. — Première devise : *Pietà, fedeltà.* — Pieusement, fidèlement. — Deuxième devise : *Segui la tua stella.* — Suis ton étoile.

SURIREY DE SAINT-RÉMY. — *Pietà, fedeltà.* — Pieusement, fidèlement.

SUSINI DE SARTÈNE (DE). — *Salva me, Deus.* — Mou Dieu, sauvez-moi.

SUTTON (DE). — Toujours prêt.

SURVILLE (DE CILLART DE). — Mon corps et mon sang. — *Armes :* de gueules, au corps de chasse d'argent.

SUZANNET (DE). — *Veritas, semper veritas.* — La vérité, toujours la vérité.

SUZE (DE LABAUME DE). — A la fin tout Suze.

SUZE (DE LABAUME). — *Dulce est pro patriâ mori.* — Il est doux de mourir pour la patrie. — Légende : A la fin tout s'use.

SYLVESTRE (DELPONT DE SAINT-). — *Nullo quatitur impetu.* — Il n'est brisé par aucun choc.

T

TABOUILLOT. — *Æternâ tabescere voce.* — Se dessécher en criant sans cesse.

TAFFIN (DE). — Pense à ta fin.

TAILLARD (DE). — *Frangas non flectes.* — Que tu brises, mais que tu ne courbes pas.

TAILLARD DE RESTOLES (DE). — *Antè quebrar que doublar.* — Plutôt rompre que plier.

TAILLE (DE LA). — *In utrumque paratus.* — Prêt pour l'un et l'autre. — Jean de la Taille, vivant en 1607, portait cette devise, dont le corps était un lion rempant tenant une épée nue et un livre sur lequel était écrit cette devise.

TAILLEBOURG (PRÉGENT DE). — *Prest ve!* — Il serait temps !

TAILLEFER (DE). — Taille fer. — *Armes :* de gueules, à deux léopards d'or. — *Alias :* Trois fers de lances.

TAILLEFER (DE). — *Non quod, sed ubi?* — Non quoi, mais où? — Cette devise fait allusion à un passage d'un historien latin qui représente les Romains comme ne demandant jamais quelle était la grandeur du péril, mais seulement où il fallait aller pour l'affronter.

TAILLEPIED DE BONDY (DE). — *Aspera non terrent.* — Les difficultés ne l'effrayent point.

TALLEYRAND (DE). — *Rè què Diou.* — Rien que Dieu.

TALLEYRAND DE DINO (DE). — *Rè què Diou.* — Rien que Dieu.

TALLEYRAND DE PÉRIGORD (DE). — *Rè què Diou.* — Rien que Dieu. — Titres : Prince-duc de Chalais en 1714, prince de Bénévent le 5 juin 1806, duc de Dino au royaume de Naples le 9 novembre 1815. Duc de Talleyrand le 31 août 1817, duc de Dino français le 2 décembre 1817.

TALBOT. — Prêt d'accomplir.

TALBOY (DE). — *Semper fidelis.* — Toujours fidèle.

TALLIA (DE). — *Cœlestia cum terrestribus.* — Le céleste avec le terrestre.

TANCQUES (DE). — Ancien dicton : *Ailly, Mailly, Tancques, Créquy,* tels noms, telles armes, tel cri.

TANNEGUY DUCHATEL. — *Honos, patria, fides.* — Honneur, patrie, foi.

TANNOYS (DE). — *Quid timeo?* — Que craindre ?

TARDY DE MONTRAVEL (DE). — Première devise : *Cum eo, aut in eo.* — Avec lui ou en lui. — Deuxième devise : *Sanguine nobilis, virtute nobilior.* — Noble de sang, plus noble par le courage.

TARENTE (Mac-Donald DE). — *My hope is constant in thee.* — Mon espoir en toi est constant. — Duc de Tarente le 7 juillet 1809.

TARRAGON. (DE). — *Tanta modestia virtus.* — Une aussi grande modestie est vertu.

TARTEREAU DE BERTHEMONT (DE). — *Infractus et fidelis.* — Intacte et fidèle.

TASCHER DE LA PAGERIE (DE). — *Honori fidelis.* — Fidèle à l'honneur. Cette ancienne maison reçut le titre de duc de Tascher par décret du 2 mars 1859 et par dévolution du duc de Dalberg, décédé le 27 avril 1833 (lettres patentes du 8 juillet 1810, et du 16 mai 1811. — *Armes :* Coupé au premier d'azur, à trois bandes d'or, chargées chacune de trois besants de gueules, qui est de Tascher, branche aînée ; au deuxième d'argent, à deux fasces abaissées d'azur, chargées chacune de trois flanchis d'argent et surmontées de deux soleils de gueules rangés en chef, qui est de Tascher, branche cadette ; au chef ducal : de gueules semé d'étoiles d'argent.

TAURIAC (DE). — *Nil timet.* — Il ne craint rien. — *Armes :* d'azur au taureau d'or.

TAVANNES (DE Saulx DE). — *Semper leo.* — Toujours

lion. — *Armes :* d'azur au lion (*Alias :* couronné) d'or, lampassé et armé de gueules. — Cette illustre maison, originaire de Bourgogne, reçut le titre héréditaire de duc le 29 mars 1786, et s'est éteinte dans les mâles le 14 novembre 1845.

TAVERNE DE MONTDHIVER. — Je meurs ou je m'attache.

TAVERNIER DE LA MAIRIE (LE). — *Rex et lex.* — Le roi et la loi.

TAVIGNON DE KERTANGUY. — *In hoc signo vinces.* — Par ce signe tu vaincras. — *Armes :* de sable à la croix d'argent cantonnée au premier quartier d'un trèfle de même.

TEILLARD (DE). — *Ignis est vigor et est cœlestis origo.* — Le feu est une force qui a une céleste origine. — *Armes :* d'or au tilleul arraché de sinople semé de flammes de gueules; au chef d'azur chargé de trois étoiles d'or.

TEILLET DU CLUZEAU (DU). — *Virtute et fide.* — Avec courage et foi.

TEILLET DE LAMOTHE (DU). — *Virtute et fide.* — Avec courage et foi.

TENCIN (DE GUÉRIN DE). — *In trino et uno.* — En trois et en un. — *Armes :* d'or à l'arbre arraché de sinople au chef de gueules chargé de trois besants d'argent.

TERNAY (DU BOURG DE). — Une foi, une loi, un roi.

TERTRE (du). — Dieu et le roi.

TERTRE (Gravoil du). — Dieu !

TERTU (du Bois de). — *Utinam !* — Plaise au ciel !

TERRADE (du Montet de la). — Ferme et loyal.

TERRAIL (du). — Prouesse du Terrail.

TERRAT DE CHANTOME. — *Pristini memorare status.* — N'oublie jamais ta première position.

TERRAY DE MOREL VINDÉ. — *Nescit labi virtus.* Le courage ne bronche pas.

TERRIER SANTANS (de). — *Gaza lœtus agresti.* — Content d'un trésor champêtre.

TESSON. — *Fidelitas, honos, virtus.* — Fidélité, honneur, courage.

TESTART DE CAMPAGNE. — A Dieu mon âme, au roi mon sang.

TESTART DE LA NEUVILLE. — A Dieu mon âme, au roi mon sang.

TESTART DU VALIVON. — A Dieu mon âme, au roi mon sang.

TESTU DE BALINCOURT. — *Vis leonis.* — Force de lion. — *Armes* : d'or, à trois lions léopardés l'un sur l'autre de sable, armés et lampassés de gueules, le second contrepassant.

TEXIER D'HAUTEFEUILLE. — Première devise

Ad gloriam. — A la gloire ! — Deuxième devise : *Splendor honoris, virtutis fidelitas.* — Splendeur de l'honneur, fidélité du courage.

THAAS (DU VAL DE). — *Caritas, spes, fides.* — Charité, espérance, foi.

THENISSEY (DE CLUNY DE). — Généreux et fidèle.

THÉPAULT DU BREIGNON. — Dieu sur le tout.

THÉVENIN. — *Scientiæ, litteris, virtuti et aris.* — A la science, aux lettres, à la vertu, aux autels.

THEYS (DE). — De tout me tais. — Ancien dicton : Mines de Theys.

THÉZAN (DE). — *Pro aris et focis.* — Pour l'autel et le foyer. — Ancien dicton populaire :

> *Qué Pompadour pounpé,*
> *Qué ventadour venté,*
> *Banté Lévi qué boudra,*
> *Biba l'oustal de Théza.*

Traduction : Que la pompe joue pour Pompadour,
Que le vent souffle pour Ventadour,
Vante qui voudra la maison de Lévis,
Je n'en dirai pas moins, vive la maison de Thézan.

THÉZU (DE). — *Quod sis esse velis.* — Ce que tu seras, dois-le à ta volonté.

THIARD (DE). — *Retrocedere nescit.* — Il ne sait reculer.

THIARD DE BISSY (DE). — *Retrocedere nescit.* — Il ne sait reculer. — *Armes :* d'or à trois écrevisses de gueules, posées deux et une. Cette devise fut adoptée par Étienne de Thiard, président du tribunal de Dôle.

THIBALLIER (DE). — *Dum spiro spero.* — Tant que je respire, j'espère.

THIBAULT. — *Messis multa.* — Grande moisson. — Armes : d'azur à cinq gerbes de blé d'or posées, une trois et une.

THIBOULT (DE). — *Æquâ mente.* — Avec un esprit équitable.

THIENNES (DE). — Tienne, quoiqu'advienne.

THIERRY (DE). — Dieu et mon roi.

THIERRY (DE). — *Fortitudo mea Deus.* — Dieu est ma force.

THIÉRY — *Duci nostro.* — A notre duc.

THIOLLAZ (DE). — *Post mortem lauda.* — Loue après la mort.

THIZAY (D'ORSANNE DE). — *Spes captivos alit.* — L'espoir nourrit les captifs.

THOMAS (DE). — *Non est mortale quod opto.* — Ce que je désire n'est pas mortel.

THOMAS DE LA VALETTE. — *Godefricus mihi dedit.* — Godefroy me l'a donné.

THOMAS DE VARENNES. — *Crescat flos debitus astris.* — Quelle croisse cette fleur due aux astres.

THOMASSIN. — *Agnosce tuos.* — Reconnais les tiens.

THOMELIN ou DE THUOMELIN (DE). — A droit aller, nul ne trébuche.

THONEL D'ORGEIX (DE). — *Semper fidelis.* — Toujours fidèle.

THOREN (DE SATGÉ DE). — Suivez-moi.

THOU (DE). — *Ut prosint aliis.* — Pour qu'ils soient utiles aux autres.

THOU (DU). — *Dant adversa decus.* — L'adversité donne la gloire.

THUILEY (GODET DE). — *Fides potens.* — Foi puissante.

THUISY (DE GOUJON DE). — Première devise : Sans mal penser. — Deuxième devise : *Virtus et honor.* — Courage et honneur.

THY (DE). — *Fidelis sed infelix.* — Fidèle, mais malheureux.

THY DE MILLY (DE). — *Fidelis sed infelix.* — Fidèle mais malheureux. — A la bataille désastreuse de Massoure, sous le roi saint Louis, l'étendard royal fut pris par les Sarrazins. Deux frères de la maison de Thy se jettèrent dans la mêlée, enlevèrent aux ennemis l'étendard royal et le rapportèrent à Louis IX. Mais un des deux frères qui avait été blessé tomba mort aux pieds du roi. Ce fut à cette occasion que saint Louis donna à cette maison cette devise et le droit de fleurdeliser leurs armes.

TIERCELIN DE BROSSES (DE). — A moi ne tienne.

TILLET (du). — *Nihil parum, nihil nimis.* — Ni peu ni trop.

TILLET DE VILLARS (du). — *Nil parum, nihil nimis.* — Rien de peu, rien de trop.

TILLIA (de). — *Cœlestia cum terrestribus.* — Le céleste avec le terrestre.

TILLY (de). — *Nostro sanguine tinctum.* — Teint de notre sang. — Alias : *Nostro sanguine tincta.* — Teintes de notre sang. — A la suite d'un combat singulier qu'un chevalier de la maison de Tilly déclara à Vaspan, ce dernier fut terrassé, et le roi, pour ce haut fait d'armes, accorda au chevalier de Tilly la concession d'une fleur de lis de gueules, en champ d'or avec la devise citée ci-dessus que la maison de Tilly a continué de porter.

TIMEUR (de Plœuc de). — L'âme et l'honneur.

TINSEAU (de). — *Humilia tene.* — Tiens à l'humilité.

TIRONE (O'Neill de). — *Solo, salo et cœlo potentes.* — Puissant sur terre, sur mer et au ciel.

TISSERAND (de). — En travail repos.

TIVOLLIER (de). — Si tu manques à l'honneur ! ! !

TIXIER DAMAS DE SAINT-PRIX. — *Premi potui, sed non depremi.* — J'ai pu être pressé, mais non déprécié.

TOCQUEVILLE (du Val de). — *Fortis atque fidelis.* — Brave et fidèle.

TOICT (DU). — *A Dios y al rei.* — A Dieu et au roi.

TONIGNAN (LACROIX DE). — *A cruce salus.* — Le salut est dans la croix.

TONNELIER DE BRETEUIL (LE). — *Nec spe, nec metu.* — Ni par espoir ni par crainte. — *Alias : Nec pœna, nec metu.* — Ni par peine ni par crainte.

TOQUET (DE). — *Speravi et spero.* — J'ai espéré et j'espère.

TORCHEFELON (DE). — *Optima fata dant animum.* — Les destins favorables donnent du courage.

TORCY (MOULLART DE). — *Virtus.* — Courage.

TORIGNY (DE). — *Brevior ac clarior.* — Plus petit et plus remarquable.

TORINI (DE). — *Nec terra satis.* — La terre n'est pas assez.

TOUCHEBŒUF-BEAUMONT (DE). — *Semper et ubique fidelis.* — Toujours et partout fidèle.

TOUCHET. — Je charme tout. — Marie Touchet, fille de noble Jean Touchet, lieutenant particulier au présidial d'Orléans, maîtresse du roi Charles IX, portait pour devise cet anagramme composé par ce roi.

TOULLIER DE LA VILLEMARIE, — *Plebeius moriar.* — Je mourrai plébéien.

TOUR (LE BORGNE DE LA). — Attendant mieux.

TOUR (DE GOHORY DE LA). — *Spiritus et cor.* — Esprit et cœur.

TOUR (DE LARY DE LA). — Première devise : *Pro fide.* — Pour la foi. — Deuxième devise : *Durum patientiâ frango.* — Par ma patience je brise ce qui est dur.

TOUR DU PIN (DE LA). — Première devise : Courage et loyauté. — Deuxième devise : *Turris fortitudo mea.* — La tour, c'est ma force. — *Armes :* d'argent, à la croix dentelée d'azur, chargée de cinq fleurs de lis d'or, le premier canton chargé d'un écu de gueules de trois coquilles d'or. — La branche de la Tour du Pin de Montauban porte écartelé : de gueules, à la tour d'argent maçonnée de sable, crénelée de trois pièces sénestrées d'un avant mur maçonné de même.

TOUR SAINT-QUENTIN (DE LA). — Tiens toujours ferme la Tour.

TOUR TAXIS (DE LA). — *Perpetuâ fide.* — Foi éternelle.

TOUR VOLAIMES (DE LA). — *Odiate e aspettate!* — Haïssez et attendez !

TOURETTE (DE GINESTOUS DE LA). — Fort et ancien.

TOURNAY (LE BOURGEOIS DE). — *Reddite Deo et Cæsari.* — Rendez à Dieu et à César.

TOURNE (FAYOLLE DE LA). — *Tendit ad gloriam.* — Il tend à la gloire.

TOURNEMINE (DE) — Aultre n'auray. — *Armes* : écartelé d'or et d'azur.

TOURNEMOUCHE DU BODON (DE). — *Plus mellis quam messis.* — Plus de miel que de moisson. — *Armes* : d'argent à une ruche de sable, accompagnée de sept abeilles de même en orbe.

TOURNEROCHE DE BOURVAL (DE). — *Virtuti et honori.* — Au courage et à l'honneur.

TOURNEROCHE DE SAINTE-MARGUERITE (DE). — *Virtuti et honori.* — Au courage et à l'honneur.

TOURNEROCHE DE VALMONT (DE). — *Virtuti et honori.* — Au courage et à l'honneur. — Cette maison, une des plus anciennes de Normandie, s'est éteinte dans la maison de Riancey, qui en a relevé les armes et la devise.

TOURNES (DE). — *Quod tibi fieri non vis alteri ne feceris.* — Ne fais pas à un autre ce que tu ne voudrais pas qu'on te fît à toi-même.

TOURNON (DE). — Première devise : *Potentiâ et virtute.* — Par la puissance et le courage. — Deuxième devise : Les tours soutiennent les lis. — *Armes :* Écartelé aux un et quatre parti d'azur semé de fleur de lis d'or et de gueules au lion d'or : aux deux et trois d'or, semé de tours et de lis d'argent.

TOURONCE (DE). — A bien viendra par la grâce de Dieu.

TOURY (DE). — Première devise : *Absens pastor mihi*

credit ovile. — Le pasteur, pendant son absence, me confie son bercail. — Deuxième devise : *Scandit fastigia virtus.* — Le courage franchit les sommets. — Troisième devise : *Habitat mens cauta recessus.* — Un esprit prudent habite dans la retraite.

TOUSTAIN (DE). — Première devise : Vive le sang des rois normands ! — Deuxième devise : *Toti sanguine tincti.* — Tous teints de sang.

TOUSTAIN DE FONTEBOSC (DE). — Première devise : Vive le sang des rois normands ! — Deuxième devise : *Toti sanguine tincti.* — Tous teints de sang.

TOUSTAIN DE VIRAY (DE). — Première devise : Vive le sang des rois normands ! — Deuxième devise : *Toti sanguine tincti.* — Tous teints de sang.

Au temps des Croisades, dit la légende, trois frères ou parents de l'antique maison de Toustain se perdirent dans une sanglante mêlée, après avoir donné aux assistants les plus sérieuses inquiétudes, on les vit revenir tous trois, couverts de sang et de blessures ; un chevalier s'écria aussitôt : Ah ! les voilà, tous teints de sang ! faisant ainsi un jeu de mots analogue à leur état.

TOUTENOUTRE (DE). — Première devise : Tout passe. — Deuxième devise : Tout en outre.

TOUTENOUTRE DE PÉNAURUN (DE). — Première devise : Tout passe. — Deuxième devise : Tout en outre.

TRAILLE (DE). — *Discrimine salus.* — Le salut est dans le discernement.

TRAMECOURT (DE). — *Virtus et nobilitas.* — Courage et noblésse. — *Alias : Virtus et antiquitas.* — Courage et antiquité.

TRANCHADE (NORMAND DE LA). — *In fide quiesco.* — Je me repose dans la foi.

TRANSFLAYOSC (DE VILLENEUVE DE).— *Per hœc regnum et imperium.* — Par ces choses, on règne et l'on domine. — Épithète donnée par le roi René : Libéralité de Villeneuve. La devise de cette ancienne maison a rapport à ses armes qui sont : de gueules, fretté de six lances d'or, accompagnées de petits écussons de même, semés dans les claires-voies, et sur le tout un écusson d'azur, chargé d'une fleur de lis d'or.

TRAONÉLORN (DE). — *Martezé.* — Peut-être.

TRAOUMANOIR (DE KERGROADEZ DE). — En bon espoir.

TRÉANNA (DE). — *Sine maculâ macla.* — C'est une macle sans tache. — *Armes ;* d'argent à la macle d'azur.

TRÉAUNOIS (DE). — Aimons-nous.

TRÉDERN (DE). — *Ha souez ve !* — Quelle surprise ce serait.

TRÉDION (DE LANTIVY DE). — Qui désire n'a repos.

TRÉMOILLE (DE LA). — Sans sortir de l'ornière. — Jean de la Trémoille s'était choisi la devise : Ne m'oubliez.

Cette maison, originaire du Poitou, portait les titres de princes de Talmont en 1469; ducs de Thouars, en 1563 ; princes de Tarente, en 1521.

TRÉMOLETI DE MONPEZAT. — *Cygnus aut victoria ludit in undis.* — Le cygne ou la victoire se joue sur les ondes. — *Armes :* d'azur au cygne d'argent nageant sur une rivière du même mouvante au bas de l'écu, accompagné en chef de trois molette d'éperon d'or, à la bordure du second émail chargée de seize tourteaux du champ.

TRÉOURET DE KERSTRAT (DE). — *Sævit furit et ardet.* — Il sévit, il rage, il rugit. — *Armes :* d'argent au sanglier de sable, ayant l'œil et la défense d'argent.

TRESSÉOL (DE). — *Splendent et micant.* — Ils brillent et rayonnent. — *Armes :* d'azur à trois soleils d'or.

TRESME (POTIER DE). — *Dextera fecit virtutem, dextera salvabit me.* — Ma droite a fait mon courage, ma droite me sauvera.

TRESSAN (LE GONIDEC DE). — *Joul Doué.* — Volonté de Dieu.

TRESSOLEIL (RAVARD DE). — J'éclaire ou je brûle. — *Armes :* d'azur au soleil de douze rayons d'or.

TRÉVILLE (LE VASSOR DE). — *Semper viridis.* — Toujours verdoyant.

TRÉVOU (DE). — *Pa garro Doué.* — Quand il plaira à Dieu.

TRIBAULD (DE). — Après Dieu, vive le roi, vive moi!

TRIGNAN (MÉLIGNAN DE). — *Virtus et honor.* — Courage et honneur.

TRIMOND DE PUYMICHEL (DE). — *In hoc signo vinces.* — Par ce signe tu vaincras.

TRINQUAIRE ou TRINQUÈRE (DE). — *Ut morus.* — Comme le mûrier. — *Armes :* d'or au mûrier arraché de sinople fruité au naturel.

TROGOFF-COATALIO (DE). — Tout du tout.

TROPLONG DE SAINT-LUC (DE). — *Ractal!* — Sans délai!

TROMELIN (BOUDIN DE). — *Ad sidera tentat.* — Il tente de monter aux astres. — *Armes :* de sable à l'épée en pal d'argent, la pointe en haut, surmontée de deux étoiles d'or.

TROMENEC (SIMON DE). — C'est mon plaisir.

TROMERIE (DE LA). — *Semper Deo, semper regi.* — Toujours à Dieu, toujours au roi.

TRONÇAY (DE BOUILLÉ DU). — Première devise : *A vero bello Christi.* — A dater de la véritable guerre du Christ. — Deuxième devise : Tout par labeur.

TRONCENOR (CHAUBRY DE). — Faire bien et laisser dire.

TRONSON (DE). — *Virtuti non divitiis.* — A la vertu et non aux richesses.

TRONSON (DE).— *Ubi erit corpus ibi congregabuntur et aquilæ.* — Les aigles se rassembleront là où sera le corps.

TROSTANG (PAVIC DE). — *Cuz ha tao.* — Dissimule et te tais.

TROUIN (DU GUAY).— *Dedit hæc insigna virtus.*— Le courage me donna ces insignes.

TUBEUF (DE). — Première devise : *Visu et nasu.* — Par la vue et l'odorat. — Deuxième devise : *Levat non abripit aura.* — Le zéphir soulève, mais n'enlève pas.

TRUCHY (DE). — *Virtute et viribus.* — Vertu et forces.

TUDE DE GANGES (VISSEC DE LA). — *Sistor non sistor.* — Je m'arrête, je ne suis pas arrêté.

TUDUAL DE KERPEULVAN. — Peu me suffit.

TUDUAL DE TRÉGOET. — Peu me suffit.

TURGOT (DE).—*Malo mori quàm maculari.* — J'aime mieux mourir qu'être taché. — *Armes :* d'hermines, treillissées de gueules.

TURPIN DE CRISSÉ.— *Vixi, victurus, vivo.* — J'ai vécu, et pour vivre je vis.

U

URRE (d'). — En tous lieux et à toute heure.

URSINS (des). — *Sauciat et defendit.* — Il blesse et défend.

UZARD (d'). — Sans déroger.

UZOIS D'AUVAY (d'). — *Semper et ubique fidelis.* — Toujours et partout fidèle.

V

VACHÉ (du). — *Pax in virtute.* — Paix dans la vertu.

VACHÉ DE SALUCES (du). — *Dio giove amata assai.* — Dieu aide la famille aimée.

VACHON (de). — *Solerti simplicitate in melius.* — Une habile simplicité mène au mieux.

VACHON DE BELMONT (de). — *Solerti simplicitate in melius.* — Une habile simplicité mène au mieux.

VAGUET (de). — *Tu, auge.* — Toi, augmente.

VAILLAC (de). — *Ne fren ne tempo.* — Ni frein, ni temps.

VAILLANT DES ARBRES. — *Semper regi fidelis.* — Toujours fidèle au roi.

VAILLANT DE BOVENT (le). — *Fortis ut mors.* — Fort comme la mort.

VAILLANT DE FLORIVAL (le). — Le Vaillant!

VAILLON (LE) — *Non impugnant sed multiplicant.*
— Ils ne les combattent pas ; mais ils les multiplient.
— *Armes :* de gueules semées de croisettes recroisetées aux pieds fichés d'or, à deux lions affrontés de même.

Devise donnée à Jean Le Vaillon par le duc de Lorraine, à cause de la réponse que ce noble gentilhomme fit au caldinal de Richelieu, quand, invité à porter le duc à se soustraire à l'influence de la maison d'Autriche, Jean Le Vaillon demanda : Qui défendra les catholiques d'Allemagne? — Les lions du nord feront l'affaire, reprit le cardinal. — En ce cas, monsieur le cardinal, dit Jean Le Vaillon, les miens défendent et multiplient le règne de la croix, mais ils ne le combattent pas.

VAITE (LALLEMAN DE). — Quoiqu'il soit Lalleman.

VAIRIÈRE (DE). — *Accipe daque fidem.* — Reçois et donne ta foi.

VAL (DU). — En tout candeur.

VAL DE BEAULIEU (DU). — *Fidelitate.* — Par fidélité.

VAL DE BLAREGNIES (DU). — *Fidelitate.* — Par fidélité.

VAL DE BONNEVAL (DU). — *Dei gratiâ et avito jure.* — Par la grâce de Dieu et le droit des aïeux.

VAL D'ESSERTENNE (DU). — En tout candeur.

VAL DE THAAS (DU). — *Caritas, spes, fides.* — Charité, espérance, foi.

VAL DE TOCQUEVILLE (du). — *Fortis atque fidus.*
— Fort et confiant.

VALANCHES (d'Assier de). — Suis de bonne trempe.

VALBRUNE (de). — *Non homines, sed conscientia.* —
Non les hommes, mais la conscience.

VALENTIN (de). — Est encore temps.

VALENTINE (du Maitre de la Sainte-). — Bravoure
et victoire.

VALENTINOIS (de Goyon de Matignon de Monaco
de). — *Virtute, tempore.* — Par le courage, par le
temps.

La principauté de Monaco passa par substitution en
1731 de la maison de Grimaldi à une branche de la
maison de Goyon de Matignon.

VALETTE (de la). — *Plusquam valor, valetta valet.*
— Valette vaut plus que valeur.

Louis de la Valette, duc d'Épernon, portait la devise :
Clarius in adversis, c'est-à-dire : Plus remarquablement dans les adversités.

VALIDIRE DE SAINT-LÉON. — *Deum time.* —
Crains Dieu.

VALIER (de Saint-). — *Quis me alit, extinguit.* — Celui qui me nourrit m'éteint.

VALLETTE (Thomas de la). — *Crescat flos debitus
astris.* — Qu'elle croisse cette fleur due au ciel.

VALLIER (de). — *Sic Vallier.* — Ainsi Vallier.

Armes : d'or à un chevron d'azur, abaissé sous une fasce du même, et un chef dentelé aussi d'azur.

VALLONS (DES). — Nous valons.

VALLOURE (DE). — *Valore notus.* — Connu par sa valeur.

VALMONT (LE TOURNEROCHE DE) — *Virtuti et honori.* Au courage et à l'honneur.

VALON (DE). — *May d'honnour qué d'honnours.* — Plus d'honneur que d'honneurs.

VALON D'AMBRUGEAC (DE). — *Meriti honores.* — Honneurs mérités.

VALORI (DE). — *Ove alzata per se non fora mai.* — Source naturelle n'a jamais besoin de forage.

VALORI DE LECÉ (DE). — *Aquilæ valori laurus.* — Le laurier de l'aigle a la valeur.

VALPERGUE (DE). — Ferme-toi.

VANÇAY (DE). — La vertu en nous a l'âge devancé.

VANDERBOURG (BOUDENS DE). — Aultre ne veux.

VANEL (DE). — *Roborant lilia robur.* — Les lis augmentent la force.

VANNES (CARPENTIER DE). — Dieu m'aide.

VAN PRADELLES DE PALMAERT. — La lenteur avance souvent plus.

VARAIGNE (DE). — *Nulli cedo.* — Je ne cède à personne.

VARANGES (Catherine de). — *His virtus erecta rotis.* — Le courage élevé sur ces roues.

VARANGE (Muguet de). — *Post fata superstes.* — Vivants après le trépas.

VARCES (de). — Ancien dicton : *Arces, Varces, Granges et Commices.* — Tel les regarde, qui ne les ose toucher.

VARENARD DE BILLY. — Sans tromperie.

VARENNES (de). — *Non est mortale quod opto.* — Ce que je désire n'est pas mortel.

VARENNE (Charrier de la). — *Semper in orbita.* — Toujours dans l'orbite. — *Armes :* d'azur à la roue d'or.

VARENNES (de Goddes de). — Ne vante, ne foiblesse.

VARENNES (Thomas de). — *Crescat flos debitus astris.* — Qu'elle croisse cette fleur due au ciel.

VASSAN (de). — *Virtus vulnere virescit.* — La vertu reverdoie dans le sang de la blessure.

VASSEL DE LILLEROY (de). — *Roborant lilia robur.* — Les lis renforcent la force.

VASSELOT (de). — *In hoc signo vinces.* — Par ce signe tu vaincras.

VASSOR DE BONNETERRE (le). — *Semper viridis.* — Toujours verdoyant.

VASSOR DE LATOUCHE (LE). — *Semper viridis.* — Toujours verdoyant.

VASSOR DE LONGPRÉ (LE). — *Semper viridis.* — Toujours verdoyant.

VASSOR DE TRÉVILLE (LE). — *Semper viridis.* — Toujours verdoyant.

VASSY (DE). — *Nodos virtute resolvo.* — Par le courage je dénoue les nœuds.

VASSY (DE MARGUERYE DE). — Cherche qui n'a.

VAUBERCEY (LE GRAS DE). — *Spes mea in Deo.* — — Mon espoir est en Dieu.

VAUCHÉ (DE). — Première devise : *Dio giove amata assai.* — Deuxième devise : *Pax in virtute.* — La paix dans la vertu.

VAUCLOS (POTERAT DE). — *Prosperat tutè.* — Il prospère en sûreté.

VAUCOULEURS DE LANJAMET (DE). — Pour mon honneur.

VAUDREY (DE). — Première devise : A tout vaudray. — Deuxième devise : J'ai valu, vaux et vaudray.

VAUDREY DE SAINT-PHALE (DE). — Première devise : A tout vaudray. — Deuxième devise : — J'ai valu, vaux et vaudray. — Un homme mal élevé écrivit un jour à la suite de cette dernière devise : Rien du tout. Ce mauvais plaisant ignorait que cette devise faisait allusion, non pas aux qualités de la maison de

Vaudrey, mais aux noms des trois plus anciennes terres seigneuriales de cette famille. On disait en proverbe : Montre-toi des Vaudrey.

VAUFRELAND (Piscatory de). — A confiance, bonne chance.

VAUGELAS (Fabre de). — Fermeté.

VAUJUAS DE LANGAN (de). — *Immune opprobrio genui.* — Je l'ai engendré exempt de tout reproche.

VAULOGÉ (Picot de). — *Nullus extinguitur.* — Nul ne s'éteint. — *Armes :* d'or au chevron d'azur accompagné de trois fallots allumés de gueules, au chef de gueules.

VAULSERRE (Corbeau de). — *Nihil nisi virtute.* — Rien que par la vertu.

VAULX (de la). — Tout par amour.

VAULX (de la).

> *Cujus fidem habueris*
> *Illius virtutem augebis.*
>
> Tu accroîtras le poids
> De qui tu auras eu la foi.

VAULX (de Bermond de). — *Plus fidei et fidelitatis quàm vitæ.* — Plus de foi et de fidélité que de vie.

VAUMALE (de Marmet de). — *Implebuntur odore.* — Ils seront remplis de parfum.

VAUMELOISEL (des Nos de). — Lion rampant n'est

pas soumis. — *Armes* : d'argent au lion de sable armé lampassé de gueules.

VAUSTAING (DE TOUSTAIN DE). — Première devise : Vive le sang des rois normands! — Deuxième devise : *Toti sanguine tincti.* — Tous teints de sang.

VAUTRAVERS (DE). — Tous à travers.

VAUX (D'ARTHUYS DE). — Franc au roi suis.

VAUX DE FOLETIER (DE JOURDA DE). — *Pro Deo et rege.* — Pour Dieu et le roi.

VAUX (GRANT DE). — *Quinich bas Alpin.* — Souvenez-vous de la mort du roi Alpin.

VAUZELLE (DE). — Abritez-moi sous vos ailes.

VAUZELLES (DE). — Crainte de Dieu vaut zèle.

VAVASSEUR D'HIÉVILLE (LE). — *Fortis et prudens.* — Brave et prudent.

VAVASSEUR DE GÉRISY (LE). — *Fortis et prudens.* — Brave et prudent.

VAYER DE LA FONTAINE (LE). — *Omnibus carus.* Cher à tous.

VAYER DE VANTEVILLE (LE). — *Omnibus carus.* — Cher à tous.

VAYER DE NÉVENT (LE). — *Cognoscat ex ungue leonem.* — Qu'il connaisse le lion à sa griffe. — *Armes :* de gueules au lion d'or.

VAYLAC D'EUDEVILLE (DE). — *Robur et lenitas.* — Force et douceur.

VAYSSIÈRE DE VERDUSAY (DE LA). — *Vis et virtus.* — Force et courage.

VEDEAU DE GRANDMONT. — *Ex humilitate cordis pergam ad astra.* — Par l'humilité de mon cœur, je parviendrai aux astres.

VÉNASQUE (D'AUDIFFRET DE). — *Virtus omni obice major.* — La vertu est plus grande que tout obstacle.

VENCE (CAMOIN DE). — *Per hæc regnum et imperium.* Par cela on a règne et empire.

VENÇOIS D'ESTOUS (DE). — Tous passent, tous lassent, tous cassent.

VENDEUIL (DE CLÉREMBAUT DE). — De Vendeuil nous sommes.

VENTE (ACHARD DE LA). — *Dulcis amor patriæ ratione valentior omni.* — Le doux amour de la patrie est plus fort que toute raison.

VÉRAC (DE SAINT-GEORGES DE). — *Nititur per ardua virtus.* — Le courage s'appuie à travers les rocs.

VERCHÉRES DE REFFYE. — *In tenebris lumen rectis.* — Dans les ténèbres, la lumière apparaît aux justes.

VERCLAUSE (DE LA TOUR DU PIN DE). — Première devise : Courage et loyauté. — Deuxième devise : *Turris fortitudo mea.* — Ma tour, c'est mon courage.

VERCLOSE (L'HOMME DE). — L'Homme, sois l'homme.

VERDIER DE GENOUILLAC (DE). — *Invicto fulmine fulget.* — Il brille d'une foudre invincible. — *Alias : Invicto fulmine crescet.* — Il brille d'une foudre invincible. — *Armes :* d'or à l'arbre de sinople, le chef d'azur chargé d'un croissant montant d'argent.

VERDUSAY (DE LA VAYSSIÈRE DE). — *Vis et virtus.* — Force et courage.

VERFEUIL (DE LA TOUR DU PIN DE VERCLAUSE DE). — Première devise : Courage et loyauté. — Deuxième devise : *Turris fortitudo mea.* — Le courage est ma forteresse.

VERGENNES (GRAVIER DE). — *Recto ubique.* — Droitement partout.

VERGER DE CHAMBORS (DU). — *Invito fulmine fulget.* — *Armes :* de gueules à la comète à huit raies d'argent.

VERGER (DE CHABANNES DU) — Je ne le cède à nul autre.

VERGIER DE LA ROCHEJACQUELEIN (DU). — Première devise : Vendée, Bordeaux, Vendée. — — Deuxième devise : Si j'avance, suivez-moi ; si je recule, tuez-moi ; si je meurs, vengez-moi !

VERGNE (DE BESSAS DE LA). — Première devise : *Semper audax et tenax.* — Toujours audacieux et tenace.

— Deuxième devise : *Deo ac regi, semper fidelis.* — A Dieu et au roi toujours fidèle.

VERGY (DE). — Sans varier.

VERNE (DE LA). — *Vernum tempus.* — Le temps du printemps.

VERNEUIL (QUARRÉ DE). — *Quadrati æquales undique recti.* — Les carrés parfaits sont droits de tout côté.

VERNEUIL (SUMIS DE). — Fidèle à Dieu, au roi, au pays.

VERNEY (DE OU DU PICHARD DE). — *In hoc signo vinces.* — Par ce signe tu vaincras.

VERNON (D'AMIGUET DE). — *Vernum semper viret.* — Le printemps fleurit toujours.

VERNON (DE GINESTOUS DE). — Fort et ancien.

VERNON (DU HAGET DE). — *Res non verba.* — Des actes, non des paroles.

VERNOT DE JEUX (DE). — *Tacere qui nescit, nescit loqui.* — Celui qui ne sait se taire, ne sait parler.

VERNOU DE BONNEUIL (DE). — Première devise : *Usque ad extrema lucet.* — Il brille jusqu'aux extrémités. — Deuxième devise : *Intacta veneno.* — Pure de poison.

Cette dernière devise fut donnée à M. de Vernou, seigneur de la Rivière, baron de Chancelée, comte de Melzéard, marquis de Bonneuil, par le roi Louis XIV, qui le nomma chevalier de ses ordres, pour avoir résisté au prince de Marrillac, lors des troubles de la Fronde, et avoir, par son exemple et par son influence, maintenu la noblesse du Poitou dans sa fidélité au roi.

VERTEILLAC (DE LA BROUSSE DE). — Oncques ne rebrousse.

VERTHAMON (DE). — Fais que doys, advienne que pourra.

VERTHAMON D'AMBLOY (DE). — D'Ambloy fays que doys.

VERVROTTE (RICHARD DE). — *Quo justior eo ditior.* — D'autant plus juste qu'il est plus riche.

VESC (DE). — Pas une ne m'arreste. — *Armes :* de gueules au château d'argent, sommé de trois tours de même, maçonné de sable.

VEYNES (DE PLAN DE SIEYÈS DE). — Nul soucy fors Dieu.

VEYNY D'ARBOUZE (DE). — Vivre pour mourir. — Françoise de Veyny d'Arbouze, morte à l'âge de trente ans, le 19 août 1507, femme d'Antoine du Prat, qui fut plus tard le célèbre chancelier du Prat, avait pris cette devise. Elle fut inhumée en l'église des Bons-Hommes (Minimes) de Chaillot. Ses fils lui élevèrent un superbe monument ; elle était représentée à genoux, les mains jointes devant un prie-Dieu. Sous ses yeux, une colonne portant sa devise était surmontée de la figure de la sainte Vierge tenant l'enfant

Jésus. En souvenir de Françoise de Veyny d'Arbouze, sa maison a continué de porter cette devise.

VEYRAC (DE). — Dieu et le roi.

VEZINS (LE CLERC DE). — *Ad alta.* — En haut.

VIAL (BALBIAN DE). — *Prœvide futura.* — Prévois l'avenir.

VIART DE PIMEL (DE). — *VivIT et ARdeT.* — Il vit et brûle. — *Armes :* d'or au phénix de sable sur son immortalité de gueules et un chef de même chargé de trois coquilles d'argent.

VIAS (DE). — *Vias tuas, Domine, demonstra mihi.* — Seigneur, montrez-moi vos voies.

VIBRAC (DE). — *De mia firmezza nacen mias palmas.* — De ma fermeté naissent mes lauriers.

VIBRAYE (HURAULT DE). — Je prouve par les astres. — *Armes :* d'or à la croix cantonnée de quatre ombres de soleil de gueules.

VICENCE (DE CAULAINCOURT DE). — Désir n'a repos. — L'ancienne maison de Caulaincourt reçut de l'empereur Napoléon Ier le titre de duc de Vicence en 1806.

VICTOR (CASTILLON DE SAINT-). — *Pro rege et fide.* — Pour le roi et la foi.

VICTOR (DE SAINT-). — *Una rosa.* — Unique rose.

VIDAL DE LÉRY. — *Phœnix è cinere, è sanguine miles.* — Le Phénix renaît de sa cendre, et le soldat de son sang. — Cette devise a rapport aux armes de cette maison, qui représentent un phénix sur un bûcher; elle fait également allusion à la profession des de Léry, qui tous suivirent la carrière des armes et servirent surtout dans la marine sous les règnes de Louis XIV, Louis XV et Louis XVI ; plusieurs furent tués en combattant pour la France; un, entre autres, S. de Léry, chef d'escadre, qui fut tué en 1684, au bombardement de Gênes.

VIDART (DE). — Aux Maures. — Cette devise fut prise par cette maison en souvenir de la victoire remportée sur les Maures le jour de Saint-André, sous le règne de Ferdinand III, roi de Castille, dans l'une des premières années du treizième siècle.

VIELCASTEL (DE). — *Quàm vetus est castrum, cujus nescitur origo.* — Combien vieux est le castel, dont on ignore l'origine. — *Armes :* de gueules à un château donjonné d'or.

VIENNE (DE). — Première devise : Tout bien à Vienne. — Deuxième devise : Tôt ou tard Vienne. — Troisième devise : A bien Vienne.

VIENNE (QUENTIN DE LA). — *Semper stabit claritas.* — La gloire se maintiendra toujours.

VIESSE DE MARMONT DE RAGUSE. — *Patriæ totus et ubique.* — Dévoué à sa patrie tout entier et partout.

VIEUVILLE (PÉPIN DE LA). — *Fidelis dum vivam.* — Tant que je vivrai je serai fidèle.

VIEUXBOURG (LE PAPE DE). — Point géhene, point gehenant.

VIEUX CHASTEL (DE LANNION DE). — *Prementem pungo.* — Je pique celui qui m'excite.

VIEUX CHATEL (DE QUÉLEN DE). — *Peb amzer Quelen.* — En tout temps Quélen.

VIÉVIGNE (PETIT DE). — *A Domino factum est istud.* — Cela a été fait par le Seigneur.

VIGNACOURT (DE LAVIEFVILLE DE). — La victoire couronne l'œuvre.

VIGNANCOURT (DE). — *Durum patientia frango.* — Je brise ce qui est dur avec de la patience.

VIGNAU (MERVEILLEUX DU). — Dieu m'en garde.

VIGNE (DE LA). — *Manco capac.*

VIGNEMONTÉE (DE MARVILLE DE). — *Facere benè et lœtari.* — Bien faire et se réjouir.

VIGNEROT DU PLESSIS DE RICHELIEU (DE). — Première devise : *Non deserit alta.* — Il ne quittera pas les hauteurs. — Deuxième devise : *Arda para subir.* — Désire t'élever. — Le cardinal de Richelieu reçut, en 1621, le brevet de duc transmissible aux hoirs mâles et femelles, titre passé en 1642 au petit-neveu du cardinal; transmis par extinction et substitution nouvelle du 19 décembre 1832, à Armand de Chapelle de Jumilhac, fils du marquis de Jumilhac et de Simplice-Gabrielle-Armande de Vignerot du Plessis de Richelieu.

VIGNOD (DE). — Sûreté et confiance.

VIGNORY (ORY ou ORYE DE).— *Ubi non ascendam.* — Où ne monterais-je pas?

VILADE (DE). — Première devise : *Crux ex sanguine.* — La croix est le prix du sang. — Deuxième devise : *Ardet fidelis.* — Il brûle fidèle. — Cette ancienne maison, originaire de Normandie, portait d'abord pour armes : de gueules à une croix pattée d'or, avec la devise. Les armes actuelles de cette antique famille sont : d'azur à un chevron d'or, accompagné en chef de deux étoiles d'or et en pointe d'un lion passant d'argent, tenant en sa gueule un flambeau d'or allumé de gueules ; en dessous de ces armoiries, la devise : *Ardet fidelis*. Les armes parlantes indiquent les services de guerre par le lion, et les services de magistrature, de chancellerie au parlement de Rouen, par le flambeau allumé pour sceller le sceau.

VILLAINE DE SAINT-AUBIN. — *Dum spiro spero.* — J'espère tant que je respire.

VILLANDRY (BIGOT DE). — Tout de par Dieu.

VILLADARY (DE) — *Ne re crayne.* — Ne rien craindre.

VILLARDY DE MONTLAUR (DE). — *Virtuti palma præmium.* — Au courage la palme pour salaire.

On trouve cette devise dans la maison de Villardy de Montlaur depuis le quatorzième siècle.

Le cimier de cette maison est un bras cuirassé, tenant une palme : ce bras a été introduit dans l'écusson par le roi Louis XIII, lorsqu'un baron de Villardy de Montlaur défendit le château de ce nom contre le duc de Rohan pendant les guerres de religion.

VILLARET (DE FAVRE DE). — Fermeté.

VILLAREZ (ROLLAND DE). — Je n'oublierai et obtiendrai.

VILLARGEAUT (ARBALESTE DE). — *Domine, ut videam!* — Seigneur, faites que je voie!

VILLARS (DE) — *Fortis fortunam superat.* — Le brave surmonte la fortune.

VILLEAUCOMTE (DE LA). — Je meurs où je m'attache. — *Armes :* d'azur à trois feuilles de chêne d'argent, posées deux et une. Pour supports cette maison porte une guirlande de lierre.

VILLEAUDREN (RIOUST DE LA). — *Cantat pugnatque vicissim.* — Il chante et combat tour à tour. — *Armes :* d'azur au coq d'argent, crêté, barbelé, membré de gueules, accompagné de trois étoiles d'or.

VILLEBASSE (CONEN DE). — Qui est sot a son dam.

VILLEBIOT (GUILLEMOT DE LA). — Doux et terrible. — *Armes :* d'azur au lion d'or couronné, accompagné de trois molettes de même, posées deux et une.

VILLEBOIS (DE). — *Memini.* — Je me souviens.

VILLECADET (NOE OU LA NOUE DE LA). — *Amor et fides.* — Amour et foy.

VILLE (DE LA). — Tiens ta foy.

VILLE DE BEAUGÉ (DE LA). — Tiens ta foy.

VILLE DE FERROLLES DES DORIDES (DE LA).
— Tiens ta foy.

VILLE (LE FÉRON DE). — *Eques ad Bovinam.* — Chevalier à Bouvines.

VILLE (DE LARDENOIS DE LA). — Franc et loyal.

VILLEFONT (DE MARTIMPREY DE). — *Pro fide pugnando.* — En combattant pour la foi.

VILLEFORT (D'ISCHER DE). — Partout fidèle.
Cette devise se trouve passée dans la garde d'une épée, qui est le cimier de cette maison.

VILLEGAS DE CLERCAMP (DE). — *Vilia ne legas.* — Ne cherche pas les choses viles.

VILLEHUSLIN (NOEL OU NOUEL DE LA). — Tout bien ou rien.

VILLÈLE (DE). — Première devise : Tout vient à point à qui sait attendre. — Deuxième devise : *Col tempo.* — Avec le temps.

VILLELEVESQUE (CONEN DE LA). — Qui est sot a son dam.

VILLEMARQUÉ (HERSART DE LA). — *Evertit et œquat.*
— Il abat et aplanit. — *Armes :* d'or à la herse de sable.

VILLEMONTÉE (HAUTIER OU AUTIER DE). — *Nec*

dura, nec aspera terrent. — Ni dureté, ni âpreté ne l'effraye ; ni le malheur, ni les difficultés ne l'épouvantent.

VILLEMORIN (LÉVESQUE DE). — *Mihi non defuit Vincentius.* — Vincent ne m'a pas manqué.

Jean et Carle Lévesque de Villemorin prirent cette devise en souvenir de tout ce que saint Vincent de Paul avait fait pour leurs parents à la suite des guerres de Lorraine.

VILLEMUR (DE). — *Dum clavum teneam.* — Pourvu que je tienne le clou.

VILLENEUVE (DE). — Première devise : *Victor et fidelis.* — Vainqueur et fidèle. — Deuxième devise : *Sicut sol emicat ensis.* — Comme le soleil, mon épée rayonne. — *Armes :* de gueules à une épée à l'antique d'argent montée d'or posée en bande, la pointe en bas.

Cette maison portait jadis, au lieu d'une épée, un soleil d'or ; mais Pons de Villeneuve, sénéchal du Languedoc, en 1240, reçut, après plusieurs brillants faits d'armes, l'épée au lieu du soleil, et la devise : *Sicut sol emicat ensis*, devise qui rappelle les armes primitives.

VILLENEUVE (DE). — *Per hæc regnum et imperium.* — Par cela on a règne et empire. — Épithète donnée par le roi René : Libéralité de Villeneuve.

VILLENEUVE BARGEMONT (DE). — *Per hæc regnum et imperium.* — Par eux on a règne et empire. — Épithète : Libéralité de Villeneuve.

VILLENEUVE ESCLAPON (DE). — *Per hæc regnum et imperium.* — Par eux on a règne et empire. — Épithète : Libéralité de Villeneuve. — *Armes :* de gueules, fretté de six lances d'or, accompagnées de petits écussons de même, semé dans les claires-voies, sur le tout un écusson d'azur, chargé d'une fleur de lis d'or.

VILLENEUVE (DE). — Naître, souffrir, mourir. — *Armes :* coupé d'azur et d'or, à deux coquilles de l'un en l'autre.

VILLENEUVE (DE CILLART DE LA). — Mon cor et mon sang.

VILLENEUVE (DERRIEN DE LA). — *Nec sinè sanguine fuso.* — Ce n'est pas sans aucun sang répandu.

VILLENEUVE (DUCREST DE). — *Per sidera cresco.* — Je croîs parmi les astres.

VILLENEUVE (GEOFFROY DE). — *Turris fortissima Deus.* — La plus forte tour, c'est Dieu.

VILLENEUVE (L'OLIVIER DE LA). — *Nobili pace victor.* — Vainqueur par une noble paix.

VILLEPLESSIX (LE FROTTER DE). — *Nil conscire sibi.* — N'avoir rien à se reprocher.

VILLEQUIER (D'AUMONT DE). — *Uni militat astro.* — Il combat pour un seul astre.

VILLERABEL (DU BOIS DE LA). — *Semper virens.* — Toujours verdoyant. — *Armes :* parti d'argent, à trois pins de sinople; parti d'azur, à un duc d'or, accompagné de quatre merlettes d'argent cantonnées.

VILLERASE DE CASTELNAU. — *Non mihi, sed Deo.* — Non pour moi, mais pour Dieu.

VILLERMORO (Le Frotter de). — *Nil conscire sibi.* — N'avoir rien à se reprocher.

VILLEROY (de). — *Nec sinè gloria cadit.* — Il ne tombe pas sans gloire.

VILLERS DE GRIGNONCOURT (de). — Accueillance.

VILLERS (de Phélippes de). — Je me contente.

VILLERS LA FAYE (de). — Première devise : Les fidèles. — Deuxième devise : Fidèles de Villers la Faye. Les anciens historiens caractérisent ainsi les quatre plus illustres maisons de Bourgogne :

    Riches de Châlons ;
    Fiers de Vienne ;
    Preux de Vergy ;
    Fidèles de Villers la Faye.

VILLESAISON (Girard de). — *In camo et freno maxillas eorum astringam.* — Je dompterai leur ardeur sous le mors et le frein.

VILLESTREUX (de la). — *Mare nascitur fortitudo.* — La magnanimité naît du héros.

VILLETTE (de). — Toujours Villette, toujours fidèle.

VILLETHASSEZ (Le Court de la). — *Li droit et li cort.* — Le chemin droit est le court.

VILLIERS (de). — *His non ferit sed tuetur.* — Avec eux il ne frappe pas, mais protége.

VITON DE SAINT ALLAIS. — *Semper fuerunt semper.* — Toujours, ils furent toujours.

VITROLLES (D'ARNAUD DE). — *Eo dulcior quo fortior.* — D'autant plus doux qu'il est plus fort. — *Armes :* tranché d'azur sur gueules, d'une bande d'or bordée de sable, brochant, accompagnée en chef d'une fleur de lis d'or, et en pointe d'une rose d'argent; et sur le tout d'azur, au lion d'or, armé et lampassé de gueules.

VITTE (DE). — *Tutè ride.* — Tranquillement regarde.

VIVIER (LE BRUN DE). — J'aime la croix.

VIVIER DE FAY SOLIGNIAC DE CUIRIEU (DU). — Première devise : *Nihil nisi divinum timere.* — Ne rien craindre que ce qui est divin. — Deuxième devise : Ni regrets du passé, ni peur de l'avenir.

VIVONNE (DE). — Première devise : *Ultrà non miro.* — Je n'admire pas outre. — Deuxième devise : *Tua munera jacto.* — Je me vante de tes présents.

VOGUÉ (DE). — *Solà vel voce leones terreo.* — J'effraye les lions par ma seule voix.

VOGUÉ DE MONTLOR (DE). — *Solà vel voce leones terreo.* — J'effraye les lions par ma seule voix. — *Armes :* d'azur au coq d'or, crêté et membré de gueules.

VOISINS DE CUXAC (DE). — *Pro fide.* — Pour la foi.

VOLAGNE (DE FEILLENS DE). — En Dieu votre vouloir.

VOREPPE (D'AGOULT DE). — *Avidus committere pugnam.* — Avide d'engager le combat.

VOUGLANS (DE). — *Omnia est vanitas.* — Tout est vanité.

VOUTY (DE BEAUVAIS). — *A cruce salus.* — De la croix le salut.

VOYER DE PAULMY D'ARGENSON (LE ou DE). — Première devise : *Vis et prudentia vincunt.* — La force et la prudence vainquent. — Deuxième devise : *Major famâ.* — Plus grand que la renommée.

VOYSIN DE GARTEMPE. — Confiance en Dieu.

VRAINCOURT (JACQUES DE). — *Ventre matris aquila.* — Aigle par le sein de ma mère. — *Armes :* d'azur à une bande componnée d'or et de gueules de six pièces à une aigle éployée d'argent brochant sur le tout.

Cette famille est originaire du Clermontois, en Lorraine ; son nom patronymique est *Jacques* ; elle tire son origine d'une descendante de l'illustre maison de Wandelincourt, dans cette province. A la suite des guerres terribles qui désolèrent la Lorraine, au seizième siècle, comme tous les gentilshommes des plus anciennes familles de la chevalerie de cette province, avaient été tués ou sur le champ de bataille ou dans la glorieuse défense des châteaux ; les ducs permirent à des bourgeois notables, ou à des gentilshommes étrangers à la province, d'épouser les demoiselles ainsi délaissées des familles nobles de l'ancienne chevalerie de Lorraine. Ils accompagnèrent cette autorisation de trois priviléges qui étaient de *relever le nom des familles,* d'en *prendre* les armes et *d'entrer en jouissance des seigneuries,* terres et biens féodaux de noblesse qui avaient jadis appartenu à ces maisons, et qui étaient abandonnés aux paysans, faute de possesseurs nobles. En 1540, trois filles seulement restaient à toute la maison de Wandelaincourt. 1º *Jeanne,* qui épousa Joseph Richier, père de Didier Richier dit de Wandelaincourt-Clermont, héraut d'armes et grand généalogiste du duc Charles de Lorraine, dont la famille retint la terre, le nom et les armes de Wandelaincourt ; 2º *Didon,* qui épousa Christophe-Jacques, homme de la maison de Son Altesse, dont la famille retint les armes de Wandelaincourt avec la seigneurie de Vraincourt; 3º *Salebigothon,* qui épousa le sieur Claude de Lavallée, archer de Son Altesse, et lui donna la terre de Souchesme-la-Grande. Ce dernier était un gentilhomme issu d'une maison bien connue dans le Clermontois, d'où elle est originaire. Les deux autres appartenaient à des familles anoblies ou simplement bourgeoises. C'est de ces ordonnances des ducs de Lorraine, comme aussi de l'autorisation préalable accordée par le roi de France aux filles sorties de la famille de Jeanne d'Arc, qu'est venu le vieux dicton si connu et tant de fois *pratiqué depuis en Lorraine et dans les parties* de la Champagne qui confinent à cette province : *Que le ventre anoblit.* — La devise latine des Jacques de Vraincourt en rend comme on voit toute l'énergie et tout l'historique.

VRÉGILLE (DE). — Première devise : Fais ce que dois... — Deuxième devise : Aide-toi.

VULSON DE LA COLOMBIÈRE. — Première devise : Pour bien faire. — Deuxième devise : *Uno avulso non deficit alter.* — Que l'on en arrache un, l'autre ne manque pas. — Troisième devise : *In utrumque paratus.* — Prêt à l'un et l'autre.

VYAU. — *Amicis, inimicis promptus.* — Prompt pour ses amis et ses ennemis.

WAGRAM (Berthier de). — *Commilitoni victor Cæsar.* — César vainqueur à son compagnon d'armes.

Prince de Neufchâtel, le 31 octobre 1806; prince de Wagram, en 1809; duc de Wagram, le 31 août 1817.

WALCKENAER. — *Semper virens et niveus.* — Toujours verdoyant et blanchissant.

Cette devise est en parfait rapport avec les supports des armes de cette maison, qui sont : une double branche de lis et de laurier.

WALEWSKI. — *Usque ad fines.* — Jusqu'à la fin.

WALL (de). — *Aut Cæsar, aut nullus.* — Ou César ou personne.

WALSH (de). — Première devive : *Semper et ubique fidelis.* — Toujours et partout fidèle. — Deuxième devise : *Pro Deo, honore et patriâ.* — Pour Dieu, l'honneur et la patrie.

WALSH SERRENT (DE). — *Semper et ubique fidelis.* Toujours et partout fidèle.

WANDONNE (DE DION DE).—*Domine, ad adjuvandum me festina.* — Seigneur, hâtez-vous de me secourir.

WARANGEST (DE RUPELMONDE DE). — Quy qu'en grongne?

WAREN (DE). — Première devise : *Mox sese attollit in auras.* — Bientôt il s'élève dans les airs. — Deuxième devise concédée par le roi Louis XVIII : *Semper et ubique fidelis.* — Toujours et partout fidèle.

WARENGHIEN (DE). — *Vis unita fortior.* — La force unie est plus forte.

WAROQUIER (DE). — Première devise : A jamais Waroquier. — Deuxième devise : *Dux Burgundiæ 1340 mihi dedit.* — Le duc de Bourgogne me le donna en 1340. — Cette seconde devise signifie qu'en 1340 Eudes IV, duc de Bourgogne, changea le blason de cette maison. Le président de Waroquier, conseiller d'État et maître d'hôtel du roi, portait pour devise ces mots : *Recto ubique et sicut cor.* — Droit partout et comme mon cœur.

WASSENAER (DE BREDA DE). — *Dominus protector vitæ meæ a quo trepidabo?*— Le Seigneur est le protecteur de ma vie : de qui aurais-je peur?

WATHIER. — *Amare rectum.* — Chérir le droit.

WHITE D'ALBYVILLE. — *Semper inclyta virtus.* — Courage toujours illustre.

WICHEN (DE ROYE DE). — *Domine, ad adjuvandum me festina.* — Seigneur, hâtez-vous de me secourir.

WICQUET (DE). — Toujours loyal.

WIGNACOURT (DE). — *Durum patientia frango.* — Je désarme le malheur par ma patience.

WILLOT DE BEAUCHEMIN (DE). — *Is mihi pro aris et rege animus.* — Le courage viril est pour les autels et le roi.

WOLSTONS (DE SAINT-). — *Fortis et fidelis.* — Brave et fidèle.

X

XONOT (DE). — *Abundantia in turribus tuis.* — L'abondance dans tes tours.

Y

YRIEIX (DE SAINT-). — Saint-Yrieix, à moy!

YSUARD (D'). — Les vaut trop mieux.

YSSERTIEUX (DE LA PORTE D'). — *Gardiatores de porta.* — Les gardiens de la porte.

YVIGNAC (D'). — Selon le temps.

YVIGNAC DE BOUTRON (D'). — Selon le temps.

YVIGNAC DE LANGEVINAIS (D'). — Selon le temps.

Z

ZERBI (DE). — *Fidelitas, fortitudo, victoria.* — Fidélité, force, victoire.

ZEVALLOS (DE PARISIS DE). — *Es ardid de cavalleros, y zevallos para vincellos.* — C'est ruse de cavaliers et stratagème pour vaincre.

SUPPLÉMENT

EMPIRE DU MEXIQUE. — *Equidad en la justicia*. — L'équité dans la justice.

Empereur du Mexique : Ferdinand (Maximilien-Joseph), archiduc d'Autriche, etc., etc.; né le 6 juillet 1832, élu empereur du Mexique le 10 juillet 1863; marié, le 29 juillet 1857, à Marie-Charlotte-Amélie-Auguste-Victoire-Clémentine-Léopoldine, née le 7 juin 1840, fille du roi des Belges.

VILLE DE FRANCE

ROANNE. — *Crescam et lucebo*. — Je croîtrai et brillerai. *Armes :* d'azur au croissant d'argent et à la croix de la Légion d'honneur.

FAMILLES

BOYER DE SAINTE-SUZANNE (DE). — *Amor, labor.* — Amour et travail.

BUISSON DE BOURNAZEL (DE). — *Semper virens.* — Toujours florissant.

CORN D'AMPARE (DE). — Dieu est tout.

CURIÈRES (DE). *Currens post gloriam semper.* — Courant toujours après la gloire.

DIDELOT. — *Nobiliter vivi nec dimittam.* — J'ai vécu noblement et je ne dérogerai pas.

DOUBLET DE PERSAN. — Courage.

GÉNIN. — *In plena luce.* — En plein jour.

GONDT. — En pire chose mieux.

GRÉAULME (DE). — *Candide et secure.* — Avec pudeur et force.

GUILLEMIN. — *Leniter.* — Doucement.

HIGONET. — *Virtus, labor, pietas.* — Courage, travail, piété.

HUMBERT. — *Scisne aliquid ?* — Sais-tu quelque chose ?

LAGRELETTE (de). — *In omnibus veritas.* — En toute chose la vérité.

MONTALIVET (de). — *Nec spe, nec metu.* — Ni par espérance, ni par crainte.

MONTHAIRON (de). — *Mons non timet collem.* — La montagne ne craint pas la colline.

ODEBERT. — *Suaviter et fortiter.* — Avec douceur et force.

OLIVIER DE LOCHRIST (l'). *Nobili pace victor.* — Vainqueur par une noble paix.

OTARD DE LA GRANGE. — Dieu, le roi et mon droit.

PATRAS (de). — *Crescens cruce duplex, crescit crescens.* — Le croissant, en se entant sur la croix, devient un double croissant. — *Armes :* de gueules à la croix de religion d'or, chargée en cœur d'un croissant de sable.

DU CRI DE GUERRE

Le cri de guerre remonte à la plus haute antiquité; il date du premier combat que les humains se livrèrent; c'est une clameur naturelle poussée par les combattants à l'instant d'engager la lutte. Tacite nous rapporte que les Barbares, en criant, épouvantaient les Romains les plus braves. Voici le texte de Tacite : « Les Germains
» prétendent avoir eu chez eux un Hercule, et de tous
» leurs héros, c'est le premier qu'ils célèbrent par des
» chants en allant au combat. Ils ont des chants guerriers
» qu'ils entonnent avec une sorte de cri nommé *Bardit*.
» Ils se servent de ce cri pour exalter leur courage; à
» leur chant seul, ils augurent du succès que doit avoir
» le combat. Ils sont ou timides ou braves, selon que le
» cri de guerre a été plus ou moins éclatant. Dans ce
» cri, ils se figurent entendre l'accent même du courage;
» ils font tous leurs efforts pour tirer de leur gorge un
» bruit sonore en posant avec soin leurs boucliers devant

» leur bouche, afin que leur voix rejaillisse en échos plus
» terribles et plus résonnants. »

Le cri se rattache à l'institution primitive de la noblesse ; les nobles feudataires étaient obligés, par la condition même de leur vasselage, non-seulement à suivre le roi ou le duc à la guerre, mais encore à fournir un certain nombre d'hommes armés dont ils avaient le commandement sous les ordres du chef ou du roi ; les nobles furent par là même forcés d'adopter un cri de guerre tout à fait personnel et indépendant de celui du chef général ; nul n'était reconnu noble de nom, d'armes et de cri, s'il n'avait le droit de lever bannière. Ainsi les bannerets et les châtelains seuls pouvaient avoir des cris, d'où les cris de bannières.

Les fils d'un chevalier banneret ou d'un seigneur châtelain n'avaient pas le droit de faire crier ; l'aîné seul, possesseur du fief, tenu pour cela de conduire les vassaux à la guerre, pouvait crier bannière ; mais les frères puînés des familles nobles plaçaient au-dessus de leurs armes le cri de leur frère aîné pour montrer le sang dont ils descendaient. Il arrivait alors fréquemment que, lorsque les maisons se divisaient en plusieurs branches, et que, par suite d'acquisition de terres, elles perdaient leur nom primitif, elles conservaient cependant, pour indiquer leur extraction, le cri de guerre qui rappelait ainsi leur origine.

Lorsque le roi était à l'armée, tous criaient : Montjoie Saint-Denis ! Le cri d'un chevalier banneret ne pouvait être proféré que lorsque le chevalier était lui-même sous les armes.

Selon le père Ménestrier, très-versé dans la science héraldique, il y avait huit espèces de cris : le cri de bannière que les chevaliers bannerets portaient, d'où vient l'expression crier bannière ; ces cris servaient dans les combats, les joutes et les tournois.

Le second cri était appelé cri d'invocation ; c'était celui par lequel on se mettait sous la protection de Dieu ou d'un saint ; ainsi les rois de France criaient : Montjoie Saint-Denis ! Le duc de Normandie criait : Diex Aye ! Diex Aye ! Les Montmorency criaient : Dieu aide ! auquel cri on ajouta depuis : Dieu aide au premier chrétien ! Les Lévis criaient : Dieu aide au second chrétien Lévis !

Le troisième cri se nommait cri de résolution ; c'est ainsi que les Croisés, au concile de Clermont, partant pour la Palestine avec Godefroy de Bouillon, se mirent à crier comme un seul homme : Dieu le veut ! Dieu le veut !

Le quatrième cri était connu sous le nom de cri d'exhortation ; c'est de cette manière que les comtes de Chartres et de Champagne criaient : Passavant ! et Passavant li meillor ! pour exciter la bravoure de leurs soldats ; à la bataille de Fornoue, le roi Charles VIII cria au seigneur de Montoison de la maison de Clermont : Au plus dru ! c'est-à-dire au plus fort de la mêlée.

Le cinquième cri était le cri de défi, pour exciter au combat et aiguillonner l'ennemi ; tel le cri des Laqueuille : A qui se rebiffe, bien l'accueille !

Le sixième cri était une exclamation de terreur ou de courage ; ainsi les seigneurs de Bar criaient : Au feu ! au feu ! Les ducs de Bretagne criaient : Saint-Malo au noble duc ! Les d'Ambly : *Totum pro gloriâ !*

Le septième cri était un cri d'événement ; celui des seigneurs de Prye, par exemple : Cant à l'oiseau ! parce qu'ils avaient chargé l'ennemi pendant que les oiseaux chantaient.

Le cri se changeait souvent en une feinte de ruse, qui consistait à employer le stratagème pour effrayer l'ennemi.

La huitième espèce de cri était celui que l'on a appelé cri de ralliement ; tel était le cri du sire de Culant : Au peigne d'or ! parce qu'il portait dans ses armes un peigne d'or sur champ d'azur. Les comtes de Flandre criaient : Flandre au lion ! à cause du lion de leurs armoiries.

Contrairement à la devise, le cri de guerre se place au-dessus des armes.

CRIS DE GUERRE

LA MAISON ROYALE DE FRANCE. — Montjoie ! Saint-Denis ! — Les anciens historiens expliquent ainsi le cri de la maison de Bourbon : Clovis, premier roi chrétien, à la bataille de Tolbiac, se souvenant avoir entendu parler à sainte Clotilde de saint Denis, réclama son appui et l'appela à son aide; en invoquant ce saint, il ajoutait Montjoie, au lieu de mon iove, c'est-à-dire mon Jupiter, que le roi, qui n'était pas encore chétien, adorait alors.

LA MAISON DE NAVARRE.— Bigore ! Bigorro ! — Bourbon ! Bourbon ! — Bourbon ! Notre-Dame ! Notre-Dame ! Notre-Dame !

CRIS DES GRANDS FIEFS

L'ANJOU. — Vallie! Vallie! — Montjoie! Anjou!

L'ARTOIS. — Montjoie à l'épervier!

L'AUVERGNE. — Clermont au dauphin d'Auvergne!

BAR. — Bar au riche duc! — Au feu! au feu!

LA BOURGOGNE. — Chastillon au noble duc! — Bourgogne! Bourgogne! — Philippe, duc de Bourgogne, fondateur de l'ordre de la Toison d'or, institué à Bruges en 1429, avait les cris de guerre suivants : Monjoie au noble duc! — Il frappe son coup avant que rien éclate! Monjoie Notre-Dame!

LA BRETAGNE. — Saint-Yves! Saint-Malô, Mallou!

LA CHAMPAGNE. — Passavant! — Thibaud, comte de Champagne, criait : Thibaud!

CHARTRES. — Thibaud le Tricheur, comte de Chartres, criait : Passavant li meillor!

ARRAS. — Diex aie! Dame Diex aie! Rouen! Rouen!

CRIS DE GUERRE

DES ROYAUMES D'EUROPE

AUTRICHE (EMPIRE D'). — Premier cri : A dextre et à sénestre !— Deuxième cri : Hongrie ! — Troisième cri : Notre-Dame à la rescousse ! — L'empereur Othon ! — Rome !

BELGIQUE. — Les ducs de Brabant, premier cri : Louvain au riche duc ! — Deuxième cri : Limbourg à celui qui l'a conquis ! — Troisième cri : Limbourg ! Limbourg ! — Quatrième cri : Louvain ! Louvain ! — Les comtes de Flandre : Flandre au lion ! — Les révoltés de Gand : Gand ! Gand ! Les chaperons blancs ! — Les comtes de Haynaut, premier cri : Haynaut ! Haynaut ! — Deuxième cri : Notre-Dame Haynaut ! — Troisième cri : Haynaut au noble comte !

BOHÊME.—Premier cri : Prague ! Prague ! — Deuxième cri : Christus ! Christus !

DEUX-SICILES (ANCIEN ROYAUME DES). — Montjoie d'Anjou !

ESPAGNE. — San Iago ! San Iago !

ÉTATS DE L'ÉGLISE. — Notre-Dame! Saint Pierre!

GRANDE BRETAGNE. — Montjoie! Notre-Dame! Saint Georges!

ÉCOSSE. — Hellicourt en Ponthieu!

SAVOIE. — Premier cri : Saint Maurice! — Deuxième cri : Bonnes nouvelles! — Troisième cri : Savoye! Savoye!

SAXE. — Saint Pierre! Saint Pierre!

CRIS DE GUERRE

DES PRINCIPALES MAISONS NOBLES DE FRANCE

ACHARD DE BONVOULOIR. — Achard hache!

ACHARD DE LA LUARDIÈRE. — Achard hache!

ACHARD DE POMMIER. — Achard hache!

ACIGNÉ (D'). — Bretagne!

ACIGNY (D'). — Acigny!

AGLIÉ (DE SAINT-MARTIN D'). — *In armis jura!* — La justice appartient aux armes.

AILLY (D'). — Ailly!

ALLEMAN (D'). — Premier cri : *Robur!* — Force! — Deuxième cri : Place! place à Madame!

AMBLY (D'). — Premier cri : *Totum pro gloriâ!* — Tout pour la gloire! — Deuxième cri : Pour la gloire! — Ces cris de guerre de la maison d'Ambly se trouvent sur des armoiries peintes au seizième siècle.

AMERVAL (d'). — Boulogne !

ANGLURE (d'). — Saladin ! Damas !

ANTOING (d'). — Bury !

ARCHAMBAULT (de Bourbon l'). — Archambault !

ARMISSAN (de Chef de bien d'). — *Virtute !* — Par courage !

ASPREMONT (d'). — Aspremont !

ASSAS (d'). — A moi, Auvergne !

AUTEUIL (de Combauld d'). — Bourbon !

AUVERGNE (de la Tour d'). — La Tour !

AVRINCOURT (de Cardevac d'). — A jamais Cardevac ! — Au ciel Beaumont ! — Mieux mourir que ternir !

B

BACQUEHEM (de). — Neufville !

BAILLIVY (de Potier de). — Pour Dieu !

BAILLONCOURT ou DE BAILLESCOURT (de). — *Laudas!* — Tu loues !

BARVILLE (de). — Dieu à nous !

BARRUEL (de). — *Vivat rex !* — Vive le roi !

BARRUEL DE BEAUVERT (de). — Dieu et mon souverain !

BASSERODE (le Prévost de). — Daesniel !

BAUDET (de). — Cambraisis !

BAUME MONTREVEL (de la). — La Baume !

BAZOCHES ou DE BASOCHES (de). — Chatillon !

BEAUFFREMONT (de). — Beauffremont !

BEAUJEU (de). — Flandre ! — Ce cri fut adopté par la maison de Beaujeu pour perpétuer le souvenir de l'alliance d'un membre de cette famille avec Sibille de Hainaut, fille de Beaudoin et de Marguerite de Flandre.

BEAUMANOIR DE LAVARDIN (DE). — Beaumanoir!

BEAUMONT (DE). — Beaumont! Beaumont!

BEAUMONT DE ROCHEMURE (DE). — Beaumont! Beaumont!

BEAUVEAU (DE). — Beauveau! — Sans départir!

BEAUVOIR (DE). — Walincourt!

BECCARIA (DE). — Beccaria!

BELLECOMBE (DE). — Bellecombe!

BELLEFORIÈRE (DE). — Bernemicourt!

BELLEROIS (DE). — Bellerois!

BESSAS (DE). — Larieu! Larieu!

BLACAS (DE). — Vaillance!

BLAMONT (DE). — Blamont!

BLANQUEMAILLE (DE). — Tournay!

BLÉCOURT (DE). — Cambraisis!

BLONDEL D'AUBERS (DE). — Jérusalem!

BLONDEL DE BEAUREGARD (DE). — Gonnelieu!

BLONDEL DE LONGVILLIERS (DE). — Jérusalem!

BLONDEL DE POINCY (DE). — Jérusalem!

BERNAY (JANVRE DE). — Moult me tarde!

BERNIÈRE (DE). — *Ah! fuge!* — Ah! fuyez!

BERTRINCOURT (DE). — Bouloygne!

BÉTHUNE DE SULLY (DE). — Béthune!

BÉVERNE (DE). — Béverne!

BOISÉON (DE). — Talbia!

BONNEVIE DE POGNIAT (DE). — Montaignet!

BOSCAGE (DE GUILLAUMANCHES DU). — Guillaumanches!

BOUBERS ABBEVILLE TUNC (DE). — Abbeville!

BOUCHETIÈRE (JANVRE DE LA). — Moult me tarde!

BOUFFLERS (DE). — Cambéron!

BOUILLÉ DU CHARRIOL (DE). — Le Charriol!

BOUILLON (GODEFROY DE). — Dieu le veult! Dieu le veult!

BOURBON L'ARCHAMBAULT (DE). — Bourbon!

BOURMONT (DE). — Berne! Berne!

BOURNONVILLE (DE). — Bournonville!

BOUSIES (DE). — Les corbeaux! — Bousies au bon fiz!

BOUTON DE CHAMILLY. — Ailleurs jamais!

BRAILLY (DE BUIGNY DE). — Va ferme à l'assaut, Buigny à la prise!

BUCHEPOT (DE). — Buchepot!

BUCQUOY (DE LONGUEVAL DE). — Dragon!

BUEIL DE SANCERRE. — Passavant!

BUISSERET (DE). — Attente nuit!

BURG (DE). — Burg!

BUVES (DE). — Buves tost assis!

C

CAMPEAU (DE). — Escaillon! Denaing!

CANTAING (DE). — Cambrésis!

CARBONEL D'HIERVILLE (DE). — Huc, huc, Carbonel!

CARLIER DE HERLY (LE). — Buenne vendegies!

CARONDELET (DE). — A moy Chauldey!

CARPENTIER DE CRÉCY. — Carpentier!

CARTHY (Mac). — *Lam laidir abou!* — Vive le bras fort!

CASTEL (DE). — En assurance.

CASTELBAJAC (DE). — Bigorre! Bigorre! Castelbajac!

CASTILLON (DE). — *Diex el volt!* Dieu le veut!

CAUMONT DE LA FORCE (DE). — Ferme, Caumont!

CAUNY (DE). — Croisilles!

CAVECH (DE). — Fraincourt!

CAYEUX (DE). — La jolie!

CHABRILLAN (DE MORETON DE). — Moreton! Moreton!

CHALENÇON (DE). — Chassignoles!

CHAMBORANT (DE). — Oncques ne faillis!

CHAMILLY (BOUTON DE). — Ailleurs jamais!

CHAPEL DE LA PAGERIE (DE). — Murat!

CHARRIOL (DE BOUILLÉ DU). — Le Charriol!

CHARNY (DE). — Charny! Charny!

CHASTILLON CHEMILLA (DE). — Chastillon! Chastillon!

CHASTRE (DE LA). — A l'attrait des bons chevaliers!

CHATEAUBRIAND (DE). — Chateaubriand!

CHATEAUNEUF-RANDON (DE). — Châteauneuf!

CHATEAUVILLAIN (DE). — Châteauvillain à l'arbre d'or!

CHAUMONT D'AMBOISE (DE). — Amboise!

CHAUVIGNY (DE). — Chevaliers pleuvent! Jérusalem!

CHEFDEBIEN (DE). — *Virtute.* — Par courage!

CHEFDEBIEN D'ARMISSAN (DE). — *Virtute.* — Par courage!

CHEFDUBOIS (DE). — *Penhoat!* — Chef du bois!

CHÉNECEY (DE PILLOT DE). — Haut la lance, Pillot!

CHÉRY (DE). — Chéry!

CLERC DE JUIGNÉ (LE). — Battons et abattons!

CLERC DE VÉZINS (LE). — Battons et abattons!

CLERMONT (DE). — Clermont de Lodève !

CLERMONT-TONNERRE (DE). — Clermont !

COETMEN (DE . — Hary avant !

COMBAULD D'AUTEUIL (DE). — Bourbon !

CONTAMINE (DE). — A moi !

COUCY (DE). — Notre-Dame au seigneur de Coucy ! — Coucy à la merveille ! — Place à la bannière !

COULAINE (QUIRIT DE). — Va ferme à l'assaut, Quirit, à à la prise !

COYEGEN (DE). — Courtray !

CRAMAILLES (DE). — Au guet !

CRÉQUY (DE). — A Créquy le grand baron !

CRÉTON D'ESTOURMEL (DE). — Créton !

CROIX (BLONDY DE LA). — Blondy ! Blondy !

CROIX DE CHEVRIÈRES DE SAYVE (DE LA). — Guerre ! Guerre !

CROUY-CHANEL (DE). — Jérusalem !

CRUPILLY (DE). — Sorel !

CULANT (DE). — Au peigne d'or !

D

DAMAS (de). — Damas!

DAUCHY (de). — Montigny Saint-Christophe!

DESCLAIBES. — Chièvre!

DESMAISIÈRES. — Walincourt!

DINAN (de). — Hary avant!

DOLHAIM (de). — Boulogne!

DUGUESCLIN ou DU GUESCLIN. — Notre-Dame Guesclin!

DURAS (de Durfort de). — Duras!

DURFORT DE CIVRAC (de). — Duras!

DURFORT DE LORGE (de). — Duras! — Cette maison, originaire de l'Agénois et du Languedoc, reçut les titres de duc de Duras en mai 1668, de duc de Lorge en 1691, éteinte en 1775. La branche de Civrac, seule existante aujourd'hui, est titrée duc de Civrac en 1774, duc de Lorge en 1775.

E

ESCAILLON (d'). — Ramillies !

ESCAUFFOURS (d'). — Mancicourt !

ESTOURBEILLON (de l'). — Crains le tourbillon !

ESTOURBEILLON DE LA GAMACHE (de l'). — Crains le tourbillon !

ÉTERNAC (d'). — Main droite !

F

FAGES (de). — *Intacta !* — Intacte !

FAILLY (de). — Renty !

FEILLENS (de). — Valeur !

FIENNES (de). — Artois le noble !

FLOCQUETTE (de). — Griboval !

FOIX (de). — Notre-Dame de Béarn !

FONTAINE-WALINCOURT (de). — Walincourt !

FONTENILLES (de la Roche-). Guyenne ! Guyenne !

FRÉMINVILLE (de la Poix de). — En avant !

FRESSIES (de). — Escaillon Denaing !

G

GALLÉAN DES ISSARTS (DE). — *Semper magis !* — Toujours davantage !

GAMACHES (DE). — Gamaches !

GANNE (LYONNET, ou LYONNEL DE). — Haro le lévrier !

GAUCOURT (DE). — Gaucourt !

GENLIS (DE SILLERY DE). — Au guet ! Au guet !

GILLABOZ (DE). — *Fideli obsequio !* — Sincèrement attaché !

GILLON (DE). — Descordes !

GLARGES (DE). — Montigny au bélier !

GLÉON (DE). — Au seigneur de Gléon !

GODERIE (DE). — Graincourt Saint-Haubert !

GODIN (DE). — Hordaing le sénéchal !

GOGNIES (DE). — Boussoy !

GORGE (LE MERLE DE LA). — Or sus fiert !

GOYON DE MATIGNON (DE). — Liesse à Matignon !

GRAINCOURT (DE). — Saint-Haubert !

GRAINTEVILLE (LEFÈVRE DE). — A l'éclat des roses !

GRAMONT (DE). — *Dios nos ayude.* — Dieu nous aide !

GRANT DE VAUX. — Tenons ferme !

GRÉAULME (DE). — A tous Gréaulme !

GRÉBERT (DE). — Haucourt !

GRÉNÉDAN (DU PLESSIS DE). — Plessis Mavron !

GROLÉE (DE). — Je suis Grolée !

GUITON (DE). — Diex aie !

H

HANGEST (D'). — Hangest!

HAUCHIN (DE). — Montigny-Saint-Christophe!

HAUCOURT (DE). — Walaincourt!

HAUSSY (DE). — Haussy!

HAUTECLOQUE (DE). — Saint-Pol!

HAUTEFORT (DE). — *Altus et fortis!* Haut et fort!

HAUSSE (DE LA). — Sancy! Sancy!

HERLY (LE CARLIER DE). — Buenne vendegies!

HERTAING (DE). — Du Bois de Hove!

HONNECOURT (DE). — Oisy!

HUPAIS DE SALIENNE (D'). — Dammartin!

HURAIS D'ESTRAINS (D'). — Hurais! Hurais!

I

ISLE (DE L'). — L'Isle!

ISLE (DE L'). — Frayes Phalempin!

ISOARD DE VAUVENARGUES (D'). — Izuard!

J

JANVRE DE BERNAY. — Moult me tarde !

JANVRE DE LA BOUCHETIÈRE. — Moult me tarde !

JANVRE DE LESTORIÈRE. — Moult me tarde !

JANVRE DE LA MOUSSIÈRE. — Moult me tarde !

JARS (DE). — Rochechouart !

JOINVILLE (DE). — Joinville !

JUIGNÉ (LE CLERC DE). — Battons et abattons !

———

K

KÉRANGOUAT (de). — Défends-toi !

KÉRAUTRET (de). — *Marthezé !* — Peut-être !

KERGORLAY (de). — Kergorlay !

KÉRIBERT (de Sansay de). — Sansay sans aide !

KERLOUET (de). — *Araog ! araog !* — En avant ! en avant !

KÉROUZÉRÉ (de). — *List ! list !* — Laissez ! laissez !

KERSAINT (de Coëtnempren de). — Coëtnempren ! Coëtnempren !

L

LACHATRE (DE). — A l'attrait des bons chevaliers !

LADOUVE (DE). — Saint-Aubert !

LALAING (DE). — Croisilles ! Croisilles !

LANCELOT. — Lancelot ! — Lance de Loth !

LAPLANCHE (DE). — Fiennes !

L'APLANCHE D'AUMAY. — Vive le roi !

LAQUEUILLE (DE). — A qui se rebiffe, bien l'accueille !

LARIEU (DE). — Larieu ! Larieu !

LARIEU DE BESSAS (DE). — Larieu ! Larieu !

LARIEU DE MAULÉON-BAROUSSE (DE). — Larieu ! Larieu !

LASSIGNY (LE CLERC DE). — Battons et abattons !

LATOUR (DE). — Latour ! Bertrand !

LAWŒSTINE (DE). — Lawœstine ! Sainte-Marie de Lawœstine !

Un sire de Lawœstine, parent du comte de Flandre, accompagna, avec des hommes d'armes, Godefroy de Bouillon, à la première croisade; avant de partir, il fonda, près Saint-Omer, un couvent de filles nobles, sous le nom de Sainte-Marie de Lawœstine. Les débris de ce monastère existent encore près de Saint-Omer, et toujours sous le nom de couvent de Lawœstine; les descendants de cette antique et illustre maison nommaient l'abbesse de ce couvent, droit qu'ils conservèrent jusqu'à la révolution de 1789. Par suite de la fondation de ce couvent, cette maison ajouta à son cri de guerre, qui était Lawœstine! le nom du couvent, et criaient : Lawœstine! Sainte-Marie de Lawœstine!

LÉANE (DE). — Boulogne!

LEDOYNÉE. — Descordes!

LÉNONCOURT (DE). — Lénoncourt!

LENS (DE). — Gaure! Gaure!

LIANCOURT (DE). — Liancourt!

LIGUIÈRES (DE). — Liguières! Liguières!

LONGUEVAL BUCQUOY (DE). — Dragon!

M

MAC SHEEHY. — *Aon Dia, aon righ!* — Un Dieu, un Roi!

MAIGNANE (DE SANSAY DE LA). — Sansay sans ayde!

MAILLY (DE). — Mailly! Mailly!

MAIRE DE MONTIFAULT (LE). — *Major!* — Plus grand!

MALAINCOURT (DE). — Walaincourt!

MALARMEY (DE). — Sans peur!

MALESTROIT (DE). — Malestroit!

MANCICOURT (DE). — Crève-cœur!

MARAIS (LE HARDY DU). — Auffay!

MARTIN D'AGLIÉ (DE SAINT-). — *In armis jura!* — La justice vient des armes!

MATIGNON (DE GOYON DE). — Matignon!

MAUNY (DE). — Mauny! Mauny! — Haynault l'ancien!

MAURAN ou **DE MORAND** (DE). — Jailhac!

MAURE (DE Sainte). — Sainte-Maure !

MELLO (DE). — Mello!

MELUN (DE). — A moy Melun !

MERLE DE LA GORGE (DE). — Or sus fiert !

MERLO (DE). — Merlo ! Merlo !

MIKOMONT (DE). — Boulogne !

MŒURS (DE). — Mœurs au comte !

MOLAC (Le Sénéchal de Kercado de). — Cric à Molac !

MOLEIRE (DE LA). — Serre !

MONNIER. — *Io la diffesi*. — Je la défends.

MONTAFILAN (DE). — Hary avant !

MONTAGU (DE). — Montagu !

MONTCHENU (DE). — Montchenu !

MONCORNET (DE). Moncornet !

MONTEYNARD (DE.) — *Potius mori!* — Plutôt mourir.

MONTFORT (Simon DE). — Toulouse ! Toulouse ! Montjoie !

MONTGARDÉ (DE).   Montgardé !

MONTIFAULT (Le Maire de). — *Major* ! — Plus grand !

MONTJOU ou DE MONTJOUI (DE). — Cropières !

MONTJUZIEU. — Laval !

MONTMORENCY (DE). — Dieu aide ! Dieu aide au premier chrétien !

MONTREVÉL (DE LA BAUME). — La Baume !

MORETON DE CHABRILLANT (DE). — Moreton ! Moreton !

MORTEUIL (DE RIOLLET DE). — A moi Riollet ! c'est pour le duc !

MOTHE-LANGON (DE LA). — Tout ou rien !

MOUSSAYE (DE LA). — Honneur à Moussaye !

MOUY (DE). — Séchelles. — Saucourt !

MOY (DE). — Saucourt !

MURAT (DE). — Murat ! Murat !

MURAT DE L'ÉTANG (DE). — Murat !

N

NETTANCOURT (DE). — Nettancourt !
NÉVET (DE). — l'érag ? Pourquoi ?
NOYERS (DE). — Noyers !

O

OFFREMONT (d'), — Offremont! Aumont!

O'KELLY. — O'Kelly!

ORVILLE (d'). — Hesdaing Wallaincourt!

OUDART (d'). — Estrées!

P

PALU (DE LA). — Hé! Dieu aydez-moy!

PANTIN (DE). — Pantin, hardi avant!

PARC (DU). — Honour!

PAUL (DE SAINT-). — Lésignem!

PENHOAT (DE). — Penhoat! Chef du bois!

PÉQUENY (DE). — Boulogne!

PIÉGU POT (DE). — A la belle!

PIIS ou PINS (DE). — Du plus haut les pins!

PILLOT DE CHÉNECEY DE COLIGNY (DE). — Haut la lance, Pillot!

Le cimier des armes de cette maison est : Un sagittaire de carnation, ayant un tortil aux couleurs de l'écu, qui est d'azur et d'argent, brandissant une lance d'argent.

PINDRAY (DE). — Meltes Saint-André!

PINS (DE). — Dieu et de Pins!

PITOIE DE MONTBELON. — Pitoye!

PLESSIS DE GRÉNÉDAN (du). — Plessis Mavron !

PLOMBY (de). — Plomby !

PLOMBY DE LA GENESTE (de). — Plomby !

POITOU (de Sansay de). — Sansay sans ayde !

POIX FRÉMINVILLE (de la). — En avant ! — Cri concédé par le roi Louis XI à la bataille de Montlhéry, en 1465, avec un cadeau de six couleuvrines de bronze.

PONS (de Barruel de Saint-). — Vivat rex ! — Traduction : Vive le roi !

PONT (de Sassenaye du). — Sassenaye !

PONTALLIERS (des). — Pontalliers !

PONTARLIER (de). — Pontarlier ! Pontarlier !

POT. — A la belle !

POTIER (de). — Pour Dieu !

POTIER DE BAILLIVY (de). — Pour Dieu !

PRATMEUR (de Sansay de). — Sansay sans ayde !

PRÉAUX (de). — César Auguste !

PRÉVOST DE BASSERODE (le). — Daesniel !

PRIE OU DE PRYE (de). — Cant à l'oiseau !

R

RABIERS (DE). — *Victoria!* — Victoire!

RAIS (DE). — Rais!

RÉCOURT DU SART DE BRUÉRES (DE). — Aux châtelains!

RENGIES (LE HARDY DE). — *Nec fortior alter.* — Et un autre n'est plus fort. — Auffay!!

RENSEY (DE). — *Deus! Rex!* — Dieu! le Roy!

RENTY (DE). — Renty!

RÉTHEL (DE). — Réthel!

RIBAUMONT (DE). — A moi Ribaumont!

RIOLLET DE MORTEUIL (DE). — **A moi, Riollet, c'est pour le duc!**

ROBIEN (DE). — *Roc'h Bihan!* — Petit Roc, ou Robien!

ROCHEFONTENILLE (DE LA). — Guyenne! Guyenne!

ROCHEFOUCAULD (DE LA). — La Roche !

ROCHEPOT (DE). — Rochepot !

ROHAN (DE). — Plaisance !

RORTHAYS DE SAINT-HILAIRE (DE). — Rorthays !

ROSIÈRES (DE). — Grande joie !

ROSIÈRES D'EUVESIN (DE). — Moult liesse !

ROSNYVINEN DE MAURE DE PIRÉ (DE). — Défends-toi !

ROSTRENEN (DE). — Oultre !

ROUGEMONT DE). — A moy !

RUBEMPRÉ (DE). — Rubempré !

S

SALADIN D'ANGLURE. — Saladin Damas!

SALES (DE). — Mamour! Mamour!

SALIENNE (D'HUPAIS DE). — Dammartin!

SALVAING (DE). — A Salvaing le plus Gorgias!

SANCERRE (DE) — Notre-Dame Sancerre! — Le maréchal de France, comte de Sancerre, criait : Passavant!

SAUCOURT (DE). — Saucourt!

SAULIEU (DE). — Boulogne!

SAULX TAVANNES (DE). — Saulx! Saulx!

SAULX (DE LA). — Des Mortiers!

SAVEUSE (DE). — Saveuse!

SELLES (DE). — Selles!

SÊVE (DE). — Justice!

SÉVÈRE (DE SAINT-) — Brosse!

SILLERY DE GENLIS (DE). — Au guet! Au guet!

SOREL (DE). — Normandie!

SOYECOURT (DE). — Soyecourt!

SUBSAINLEGIER (DE). — Les Fertiaux!

T

TAILLEFER (DE). — Taillefer! Taillefer!

TAILLEFER DE LA BRUNAIS. — Taillefer! Taillefer!

TRÉMOILLE (DE LA). — La Trémoille!

TRIE (DE). — Boulogne!

TOUR (DU). — La pucelle!

TOURNON (DE). — Au plus dru!

TOUSTAIN (DE). — Toustain!

TOUTENOUTRE (DE). — Tout en outre!

V

VALÉRY (DE). — Valéry!

VALETTE DE CHABRIOL (DE LA). — *Non œs sed fides!* — Traduction : Non le fer mais la foi!

VARAGUE (DE). — *Deo juvante!* — Avec l'aide de Dieu!

VARAX (DE). — Varax!

VASSY (DE). — Chastillon!

VAUDENAY (DE). — Au bruit!

VAUGEMONT (DE). — *Deus! Maria!* — Dieu! Marie!

VAUX (GRANT DE). — Tenons ferme!

VENDOME (LE COMTE DE). — Chartres!

VERGIER DE LA ROCHEJAQUELEIN (DU). — Vendée! Bordeaux! Vendée!

VERGY (DE). — Vergy Notre-Dame!

VERNON (D'AMIGUET DE). — Vernon! Vernon!

VERNON (du Haget de). — Honneur à Haget!

VIENNE en Bourgogne (de). — Saint Georges au puissant duc!

VILLENEUVE (de). — A tout!

VILLENEUVE BARGEMONT (de). — A tout!

VILLENEUVE ESCLAPON (de). — A tout!

VILLENEUVE VENCE (de). — A tout!

VILLENOIR (de). — A la belle!

VILLERS (de). — Villers!

VOGUÉ (de). — *Fortitudine, Vigilantid.*—Par la force, la vigilance.

VOUGLANS (de). — Vouglans!

W

WALINCOURT (DE FONTAINE). — Walincourt!

WANDELAINCOURT (DE). — Mon aigle. — Ma cotte!

WALSH (DE). — *Transfixus, sed non mortuus!* — Transpercé, mais non mort!

WAROQUIER (DE). — Hersin!

WICQUET (DE). — Machicourt!

WIGNACOURT (DE). — Quiéret!

WIMARSAN (DE). — *Pro rege! pro rege!* — Pour le roi! pour le roi!

ERRATA

DEVISES

MENON (DE). — Ni deuil ni joie. — C'est par erreur que cette devise se trouve à l'article de la maison de Menou.

SAULX TAVANNES (DE). — C'est par erreur que nous annoncions que M. le vicomte de Digeon, petit-fils, par sa mère, du dernier duc de Saulx-Tavannes, était appelé à relever le titre, le nom et les armes de son grand-père.

SUPPLÉMENT

DEVISES

ANDELOT (d'). — Les combats sont mes ébats.

ANDELOT DE CHEMILLY (d'). — Les combats sont mes ébats. — *Armes :* Échiqueté d'argent et d'azur au lion de gueules couronné d'or brochant sur le tout.

MENON (de). — Ni deuil ni joie.

PONTEVÈS D'AMIRAT (de). — *Deus ponet super te.* — Dieu veille sur toi.

SEREZIN (Gairal de). — *Semper ardens ictus etsi.* — Toujours ardent bien que percé. — *Armes :* d'argent au chevron de gueules, accompagné en chef de deux tréfles de sinople, posés dans le sens du chevron, et en pointe d'un cœur ardent de gueules, percés d'une flèche de sable.

SILMON (POTTIER DU). — *Semper fidelis Deo et regi.* — Toujours fidèle à Dieu et au roi.

VISME (DE). — J'aspire.

www.ingramcontent.com/pod-product-compliance
Lightning Source LLC
Chambersburg PA
CBHW070332240426
43665CB00045B/1444